Literatur- und Mediengeschichte der Moderne

Band 11

Herausgegeben von
Ingo Stöckmann

Reihe mitbegründet von
Hermann Korte

Sebastian Susteck (Hg.)

Grenzgänger des 20. Jahrhunderts

Perspektiven auf das literarische, journalistische und filmische Werk Heinrich Hausers (1901–1955)

Mit 27 Abbildungen

V&R unipress

Bibliografische Information der Deutschen Nationalbibliothek
Die Deutsche Nationalbibliothek verzeichnet diese Publikation in der Deutschen
Nationalbibliografie; detaillierte bibliografische Daten sind im Internet über
https://dnb.de abrufbar.

© 2023 Brill | V&R unipress, Robert-Bosch-Breite 10, D-37079 Göttingen, ein Imprint der Brill-Gruppe
(Koninklijke Brill NV, Leiden, Niederlande; Brill USA Inc., Boston MA, USA; Brill Asia Pte Ltd,
Singapore; Brill Deutschland GmbH, Paderborn, Deutschland; Brill Österreich GmbH, Wien,
Österreich)
Koninklijke Brill NV umfasst die Imprints Brill, Brill Nijhoff, Brill Hotei, Brill Schöningh, Brill Fink,
Brill mentis, Vandenhoeck & Ruprecht, Böhlau, V&R unipress und Wageningen Academic.

Umschlagabbildung: Heinrich Gottselig (1884–1935): Titelbild zu Heinrich Hauser: Umgang mit
Maschinen.
Druck und Bindung: CPI books GmbH, Birkstraße 10, D-25917 Leck
Printed in the EU.

Vandenhoeck & Ruprecht Verlage | www.vandenhoeck-ruprecht-verlage.com

ISSN 2198-5227
ISBN 978-3-8471-1535-9

Inhalt

Sebastian Susteck

Vorbemerkung

Grenzgänger des 20. Jahrhunderts stellt den ersten wissenschaftlichen Sammelband zu Heinrich Hauser dar, der von 1901 bis 1955 gelebt und als Romancier, Reporter, Industrieschriftsteller, Fotograf und Filmemacher gearbeitet hat, aber auch Matrose, Werkspraktikant, Erfinder, Besitzer zweier Farmen, mehrfacher Ehemann und Vater war. Der Band beruht auf einer Tagung, die unter dem Titel *Donner überm Meer* am 22. und 23. September 2021 an der Ruhr-Universität Bochum stattfand, und wurde um wenige zusätzliche Beiträge ergänzt.

Grenzgänger war Hauser nicht nur aufgrund seiner Reisen nach Mittel- und Osteuropa, Australien und Süd- wie Nordamerika. Vielmehr hat er als Grenzgänger gearbeitet und gelebt, indem er zwischen den Künsten und zwischen unterschiedlichen fiktionalen und faktualen Textgenres wechselte, aber auch divergente Lebensentwürfe verfolgte, die er nicht zu harmonisieren vermochte. Er bewegte sich zeitlebens zwischen dem Streben nach Einsamkeit und nach Gemeinschaft, Natur und Technik, Nähe und Ferne sowie Sachlichkeit und der Sehnsucht nach Empathie und affektiver Wärme. Künstlerische Arbeit und Leben waren dabei einerseits eng verknüpft: wie wenigen anderen Autorinnen und Autoren gelang es Hauser, eigene Interessen und Erfahrungen für das Schreiben zu nutzen und zu monetarisieren, und zwar Interessen und Erfahrungen, die gewöhnlich geringe Affinität zu literarischer Arbeit haben. Andererseits ist bis heute nicht abschließend geklärt, wer und was sich hinter der in Hausers Werken wieder und wieder gezeigten Pose der radikal autonomen und betont männlichen Sprecher-Ichs und Protagonisten biographisch verbarg. In nahezu all seinen Texten – und zwar auch den fiktionalen – stellt Hauser sich zwar als autobiographisch sehr auskunftsfreudig dar. Tatsächlich aber vollzog er eine Inszenierung des eigenen Lebens und der eigenen Persönlichkeit mit erheblichen poetischen Lizenzen, deren Spielfeld über das künstlerische Werk hinausragte, hier jedoch den primären Ort fand. Nicht nur wurden dabei Tatsachen, Namen, Daten und Geschehnisse verfremdet, anlassabhängig rekodiert, aber ebenso verfälscht oder erfunden. Ganze Beziehungsgefüge und Lebensbereiche blieben exkludiert und stellen nach wie vor eine Herausforderung für die

Forschung dar. Auch ästhetisch und poetologisch aber sind an Hausers Arbeiten noch Entdeckungen zu machen, was nicht zuletzt daran liegt, dass es im überaus umfangreichen Werk an Selbstkommentaren und theoretischen Einlassungen fehlt, was Analyse und Deutung erschwert.

Ungeachtet des erwähnten Strebens nach Autonomie war vieles in Hausers Leben nicht selbstbestimmt. Dies betrifft die Tatsache, dass für ihn Schreiben, aber auch Filmen und Fotografieren nicht nur Befreiung war, sondern mit der Last der Existenzsicherung verknüpft blieb, deren Gewicht aufgrund der Zeitläufte – wie bei vielen weiteren Autorinnen und Autoren der ersten Hälfte des 20. Jahrhunderts – zunehmend größer wurde. Der Romancier, der hoffnungsvoll begonnen hatte, verlor schon nach einem Jahrzehnt an literarischer Innovationskraft und der Fotograf und Filmemacher beendete seine Tätigkeit nahezu vollständig mit der Machtübernahme des Nationalsozialismus, der er nicht ablehnend gegenüberstand und die ihn dennoch ins Exil trieb. Was blieb, waren die Reportagen, aber auch neue Experimente etwa im Feld des politischen Buchs und der *Science Fiction*. Hausers Weg führte ihn durch fünf Gesellschaften und politische Systeme, nämlich des deutschen Kaiserreichs, der Weimarer Republik, des Nationalsozialismus, des Exillandes USA und der frühen Bundesrepublik. Ein Gefühl von Ort- und Heimatlosigkeit, das zugleich aufregend und belastend war, hat ihn begleitet.

Der Topos des unbekannten oder marginalisierten Autors Hauser kann im Jahr 2022 ad acta gelegt werden. Seit den 1990er Jahren nämlich hat sich, über ältere Vorarbeiten hinaus, eine systematische Hauser-Forschung mit zahlreichen instruktiven Beiträgen gebildet, die durch die intensive bio- und bibliographische Recherche Grith Graebners entscheidend vorangetrieben wurde und mit Graebners Dissertation »*Dem Leben unter die Haut kriechen…*« (2001) und der jüngst vorgelegten Untersuchung *Das Verhältnis von Mensch und Maschine im Werk Heinrich Hausers* (2021) von Mirjam Schubert auch über Monographien verfügt.[1] Auch Leserinnen und Lesern stehen Hauser-Texte jedoch jenseits der ursprünglichen Ausgaben zur Verfügung. Bekanntheit hat insbesondere die Reportage *Schwarzes Revier* erlangt, die im Kontext der Präsentation des Ruhrgebiets als Europäische Kulturhauptstadt 2010 im Weidle-Verlag neu herausgegeben wurde. Hinzuweisen ist aber auch auf den Roman *Donner überm Meer* und die autobiographische Darstellung *Zwischen zwei Welten* (2001 und 2012 ebenfalls bei Weidle).[2] Hinzu kommen die in der Schriftenreihe ›Retrobuch‹

---

1   Vgl. für einige neuere Forschungsbeiträge zu Heinrich Hauser die Bibliographie auf S. 243–245.
2   Vgl. Heinrich Hauser: Schwarzes Revier. Hg. von Barbara Weidle m. einem Nachwort von Andreas Rossmann. Bonn 2010; Heinrich Hauser: Donner überm Meer. Hg. m. einem Nachwort von Walter Delabar. Bonn 2001; Heinrich Hauser: Zwischen zwei Welten. Hg. m. einem Nachwort von Stefan Weidle. Bonn 2012.

des Dolde-Verlags 2004 neu publizierte Reportage *Fahrten und Abenteuer im Wohnwagen*[3] und Neuausgaben von *Die letzten Segelschiffe* und *Brackwasser*, die beide von Wolfgang Bühling vorgenommen wurden.[4]

Hauser war in einer Weise, die nicht jeder Autor und jede Autorin für sich reklamieren kann, Akteur der Literatur- *und* Mediengeschichte. Auch wenn Untersuchungen zu Person und Werk daher einen thematisch engen Fokus zu haben scheinen, der durch Hausers Drang zu scheinbar autobiographischem Schreiben noch verstärkt wird, informieren sie stets über künstlerische, gesellschaftliche, technische und industrielle Kontexte mit und reichen daher über Hauser hinaus.

Die folgenden Beiträge fokussieren überwiegend auf Aspekte von Hausers Biographie und auf Arbeiten, die bislang in der Forschung vergleichsweise wenig Aufmerksamkeit erhalten haben. Entsprechend geht es nicht allein um Hausers Weimarer Jahre, sondern auch die Jahre im Nationalsozialismus und überhaupt die gesamte Schaffenszeit Hausers. Bislang marginalisierte Texte wie die Romane *Noch nicht* und *Gigant Hirn*, die Novelle *Die Flucht des Ingenieurs* oder die Reportage *Fahrten und Abenteuer im Wohnwagen*, aber auch Hausers Rezensionen in der *Frankfurter Zeitung* oder der posthum erschienene USA-Bericht *Zwischen zwei Welten* werden Gegenstand der Analyse und dabei auch in das Licht neuer Fragestellungen gerückt. Jedoch finden auch vergleichsweise prominente Texte wie *Schwarzes Revier* Beachtung. In den Fokus tritt auch der Filmemacher, dessen Arbeit sich, wie erwähnt, auf einen vergleichsweise schmalen Zeitraum konzentrierte. Zu kurz kommt dagegen, wie bislang generell in der Hauser-Forschung, die Arbeit Hausers für Zeitungen und Zeitschriften. Zu kurz kommen auch Themen wie die Selbstpositionierung Hausers in der (post-) kolonialen Welt nach 1918, seine heute oft schwer lesbare Auseinandersetzung mit Völkern und sogenannten ›Rassen‹ oder seine sensible Beobachtung der ökologischen Frage.

Das Titelbild des Bandes versucht nicht nur, Hausers Interessen zu skizzieren, sondern ist auch Hinweis auf potenziell unerfasste und, gerade von ihm selbst, nicht thematisierte Aspekte von Hausers Leben. Dies betrifft konkret seine Beziehung zum Judentum, das in Hausers Texten nur gelegentlich Erwähnung findet und dort mindestens als orthodoxes Judentum eher pejorativ behandelt wird. Zwei Mal jedoch war Hauser mit Frauen jüdischer Abstammung verheiratet, nämlich mit Anna Louise Duisberg, geb. Block, aus dem Oppenheim-Zweig

---

3 Vgl. Heinrich Hauser: Fahrten und Abenteuer im Wohnwagen. Hg. u. kommentiert von Robert Hilgers. Stuttgart 2004.

4 Vgl. Heinrich Hauser: Die letzten Segelschiffe. Mit Pamir 1930 um Kap Horn. Hg. u. kommentiert von Wolfgang Bühling. Hamburg 2020 [zuerst Bremen 2010]; Heinrich Hauser: Brackwasser. Hg. u. kommentiert von Wolfgang Bühling. Hamburg 2022.

der Familie Mendelssohn, und mit Ursula Bier.[5] Das Bild wiederum entstand im Kontext der Arbeit an der frühen Schrift *Friede mit Maschinen* bzw. dem Sonderdruck *Umgang mit Maschinen*,[6] auf dessen Titelblatt es erschien. Es stammt vom jüdischen Künstler Heinrich Gottselig (geb. 1884), der in Frankfurt arbeitete und den Sonderdruck auch innen illustrierte. Gottselig starb bereits 1935 eines natürlichen Todes.[7] Wie seine Zusammenarbeit mit Hauser sich gestaltete und ob und inwiefern Gottseligs Judentum hierbei eine Rolle spielte, ist unklar.

Besonders zu danken habe ich Walter Delabar und Jeanpaul Goergen für zusätzliche Beiträge zum Band, Grith Graebner für ihre interessierte Teilnahme an der Bochumer Tagung und Katrin Baumann, die sich intensiv um die Einrichtung des Bandes gekümmert hat.

Die schriftstellerischen Arbeiten Hausers werden quer durch alle Beiträge nach identischen Ausgaben und einer Sigelliste zitiert, die sich auf Seite 11–13 findet.

---

5 Ich danke Mirjam Schubert für einen entsprechenden Austausch und Hinweise.

6 Vgl. Heinrich Hauser: Umgang mit Maschinen. Sonderdruck im Auftrag der Adler-Werke, vorm. Heinrich-Kleyer AG. Frankfurt/M. O. J. [ca. 1930].

7 Vgl. o. A.: Heinrich Gottselig. In: Jüdische allgemeine Zeitung, 26.06.1935, hier abgerufen über das digitale Portal Compact Memory (uni-frankfurt.de), wo unter »Judaica« zahlreiche Informationen zu Gottselig zu finden sind. Der zitierte Artikel findet sich unter https://sammlungen.ub.uni-frankfurt.de/cm/periodical/pageview/2615205?query=%22Heinrich%20Gottselig%22 (16.08.2022).

Ausgaben- und Sigelliste

Die monographischen Texte Heinrich Hausers werden im Sammelband nach folgenden Ausgaben und teils unter Nutzung von Sigeln im Haupttext und den Fußnoten zitiert.

Alphabetisch nach Sigeln

AlB	Am laufenden Band. Frankfurt/M.: Hauserpresse 1936.
AuK	Australien. Der menschenscheue Kontinent. Berlin: Safari 1939.
Br	Brackwasser. Leipzig: Reclam 1928.
DüM	Donner überm Meer. Berlin: S. Fischer 1929.
FAW	Fahrten und Abenteuer im Wohnwagen. Dresden: Carl Reißner 1935.
FCh	Feldwege nach Chicago. Berlin: S. Fischer 1931.
FI	Die Flucht des Ingenieurs. Mit einem Nachwort von Benno Reifenberg. Leipzig: Reclam [RUB 7348] 1937.
FmM	Friede mit Maschinen. Leipzig: Reclam [RUB 6891] 1928.
GH	Gigant Hirn. Berlin: Gebrüder Weiss Verlag 1958.
KaZu	Kanada. Zukunftsland im Norden. Nach Reiseberichten und literarischen Unterlagen bearbeitet von Reinhard Jaspert. Berlin: Safari 1941.
KGe	Kampf. Geschichte einer Jugend. Jena: Eugen Diederichs o.J. [1934].
KvR	Im Kraftfeld von Rüsselsheim. Mit 80 Farbphotos von Dr. Paul Wolff. München: Knorr u. Hirth 1940.
LS	Die letzten Segelschiffe. Schiff, Mannschaft, Meer und Horizont. Berlin: S. Fischer 1930.
LS 2020	Die letzten Segelschiffe. Mit Pamir 1930 um Kap Horn. Neu hg. u. kommentiert von Wolfgang Bühling. Hamburg: ConferencePoint 2020.
Mlf	Ein Mann lernt fliegen. Mit 79 Abbildungen und Plänen. Berlin: S. Fischer 1933.
NDW	Notre Dame von den Wogen. Jena: Eugen Diederichs o.J. [1937].
NN	Noch nicht. Aufzeichnungen des Christian Heinrich Skeel. Berlin: S. Fischer 1932.
OdT	Opel. Ein deutsches Tor zur Welt. Frankfurt/M.: Hauserpresse 1937.
SR	Schwarzes Revier. Berlin: S. Fischer 1930.

SR 2010	Schwarzes Revier. Hg. von Barbara Weidle m. einem Nachwort von Andreas Rossmann. Bonn: Weidle 2010.
TiW	Time was. Death of a Junker. Translated by Barrows Mussey. New York: Reynal & Hitchcock 1942.
UmM	Umgang mit Maschinen. Hg. von Frank Arnau im Auftrag der Adler-Werke, vorm. Heinrich-Kleyer AG. Frankfurt/M.: Hauserpresse o. J. [ca. 1930].
USI	Unser Schicksal. Die deutsche Industrie. München u. Düsseldorf: Steinebach 1952.
WiO	Wetter im Osten. Mit 80 Bildern. Jena: Eugen Diederichs o. J. [1932].
ZJ	Das zwanzigste Jahr. Potsdam: Kiepenheuer 1925.
ZzW	Zwischen zwei Welten. Hg. m. einem Nachwort von Stefan Weidle. Bonn: Weidle 2012.

Alphabetisch nach Titeln

Am laufenden Band. Frankfurt/M.: Hauserpresse 1936.	Alb
Australien. Der menschenscheue Kontinent. Berlin: Safari 1939.	AuK
Brackwasser. Leipzig: Reclam 1928.	Br
Das zwanzigste Jahr. Potsdam: Kiepenheuer 1925.	ZJ
Die Flucht des Ingenieurs. Mit einem Nachwort von Benno Reifenberg. Leipzig: Reclam [RUB 7348] 1937.	FI
Die letzten Segelschiffe. Schiff, Mannschaft, Meer und Horizont. Berlin: S. Fischer 1930.	LS
Die letzten Segelschiffe. Mit Pamir 1930 um Kap Horn. Neu hg. u. kommentiert von Wolfgang Bühling. Hamburg: ConferencePoint 2020.	LS 2020
Donner überm Meer. Berlin: S. Fischer 1929.	DüM
Ein Mann lernt fliegen. Mit 79 Abbildungen und Plänen. Berlin: S. Fischer 1933.	Mlf
Fahrten und Abenteuer im Wohnwagen. Dresden: Carl Reißner 1935.	FAW
Feldwege nach Chicago. Berlin: S. Fischer 1931.	FCh
Friede mit Maschinen. Leipzig: Reclam [RUB 6891] 1928.	FmM
Gigant Hirn. Berlin: Gebrüder Weiss Verlag 1958.	GH
Im Kraftfeld von Rüsselsheim. Mit 80 Farbphotos von Dr. Paul Wolff. München: Knorr u. Hirth 1940.	KvR
Kampf. Geschichte einer Jugend. Jena: Eugen Diederichs o. J. [1934].	KGe
Kanada. Zukunftsland im Norden. Nach Reiseberichten und literarischen Unterlagen bearbeitet von Reinhard Jaspert. Berlin: Safari 1941.	KaZu
Noch nicht. Aufzeichnungen des Christian Heinrich Skeel. Berlin: S. Fischer 1932.	NN
Notre Dame von den Wogen. Jena: Eugen Diederichs o. J. [1937].	NDW
Opel. Ein deutsches Tor zur Welt. Frankfurt/M.: Hauserpresse 1937.	OdT
Schwarzes Revier. Berlin: S. Fischer 1930.	SR
Schwarzes Revier. Hg. von Barbara Weidle m. einem Nachwort von Andreas Rossmann. Bonn: Weidle 2010.	SR 2010

Time was. Death of a Junker. Translated by Barrows Mussey. New York: Reynal & Hitchcock 1942.	TiW
Umgang mit Maschinen. Hg. von Frank Arnau im Auftrag der Adler-Werke, vorm. Heinrich-Kleyer AG. Frankfurt/M.: Hauserpresse o. J. [ca. 1930].	UmM
Unser Schicksal. Die deutsche Industrie. München u. Düsseldorf: Steinebach 1952.	USI
Wetter im Osten. Mit 80 Bildern. Jena: Eugen Diederichs o. J. [1932].	WiO
Zwischen zwei Welten. Hg. m. einem Nachwort von Stefan Weidle. Bonn: Weidle 2012.	ZzW

Sanja Springer-Lipovac

»Die dichteste Leistung, die ein Mensch geben kann« – Spuren der Avantgarde in den Texten Heinrich Hausers[*]

»[Z]wischen dem untechnischen Menschen und der Maschine eine Verständigung anzubahnen« (FmM, S. 3), letztendlich zu zeigen, »daß ein Gegensatz zwischen Mensch und Maschine nicht existiert« (ebd., S. 77), bildet den gedanklichen Rahmen für Heinrich Hausers Schrift *Friede mit Maschinen*. »[V]om Auge her« (ebd., S. 4) nähert er sich dafür den technischen Vorrichtungen und Prozessen, um sie, selbst Laie, dem Laien verständlich zu machen (vgl. ebd., S. 3) – eine Art der Vermittlung, die viele der Texte Hausers anleitet. So zeigt sie sich auch in den detaillierten Beschreibungen der 1930 erschienenen Reportage *Schwarzes Revier*; in der literarischen Realität des von Heinrich Hauser nachgezeichneten Ruhrgebietes werden die beobachteten Vorgänge – an dieser Stelle die Arbeit und die Produkte eines Drahtwalzwerks – wie folgt offenbar:

> »Immer schneller wird die Bewegung, je dünner die Querschnitte werden. Der Draht saust. Aus seiner Weißglut ist ein helles Rot geworden, das gelbe Rot von Werderkirschen. [...] Weichen und Weichensteller leiten den sausenden Draht den einzelnen Walzengruppen zu. Der Anblick der Drahtwalzstraße ist so wunderbar, daß die Spannung des Zusehens die gleiche ist wie bei einem guten Akrobaten auf der Bühne eines Varietés.« (SR 2010, S. 71)

Diese Passage aus dem *Schwarzen Revier* demonstriert, dass Heinrich Hauser für die »verwirrende Vielheit der Eindrücke« (ebd., S. 12), die ihm im Ruhrgebiet begegnet, Worte zu finden weiß; sie zeigt die ihm eigene Konzentration auf das Dingliche, weist aus, inwiefern Hauser Ideen von Schönheit aus industriellen Artefakten und ihrem Gebrauch herauszulesen vermag. Ohne Zweifel ist ein Merkmal von Heinrich Hausers Texten der Stellenwert, der den Betrachtungen von Gegenständlichem, von Technik und Maschinen beikommt. Dabei thematisiert der Autor die technischen Lebenswelten nicht nur, sondern ›integriert‹

---

[*] Im Sammelband werden die Werke Heinrich Hausers mit Sigeln im Text der Beiträge zitiert. Vgl. hierzu S. 11–13.

Aspekte des Technischen gewissermaßen in sein eigenes Handeln[1]: Einige Räume werden so etwa erst durch Autofahrten und Fotografien zugänglich gemacht, Gegenstände und Gegebenheiten erst mithilfe technischer Apparate gesehen und erschlossen. Dass Heinrich Hauser sich bisweilen als Missionar für die Maschine und für den an Technik gebundenen Fortschritt inszeniert,[2] gilt nicht nur für *Friede mit Maschinen*, sondern z. B. auch dann, wenn er in seiner 1933 erschienenen Schrift *Ein Mann lernt fliegen* von seinen Erfahrungen als Flugschüler berichtet und davon, in welche ›Vorkämpferrolle‹ ihn dies versetzt:

> »Ich bin überzeugt, daß noch große Teile unseres Volkes dem Fluggedanken innerlich sehr fern stehen, daß man darum nicht müde werden darf, für die Idee zu kämpfen, zu versuchen in solche Kreise einzudringen, sie heranzuziehen, kurzum, fliegerisch gesagt: sie ›auf Touren zu bringen.‹« (Mlf, S. 9)

1. ›Auf dem äußersten Vorgebirge der Jahrhunderte‹ – Proklamationen des Futurismus

»Wir brauchen Flügel! Bauen wir also Aeroplane!«,[3] fordert bereits zu Beginn des 20. Jahrhunderts auch der Futurist Filippo Tommaso Marinetti; am 20. Februar 1909 begründet der italienische Schriftsteller den Futurismus mit dem in französischer Sprache erschienenen Gründungsmanifest des Futurismus, innerhalb dessen die »äußersten Vorgebirge der Jahrhunderte«[4] zu einem der Ausgangspunkte werden, von dem aus das futuristische Kollektiv sich denkt. Mit der Proklamation Marinettis beginnt die futuristische Bewegung ihren gewaltsam anmutenden Weg nach vorne, auf dem das avantgardistische Schaffen die Lebenswelt grundlegend umgestalten, in Aufruhr bringen wollte, ›von der Kunst aus eine neue Lebenspraxis organisiert‹ werden sollte.[5] Die mit dem Manifest vollzogene Ausrufung eines Ismus äußert sich dabei als »ein performativer Akt,

---

1 Wenngleich sich dies insbesondere im Rahmen der literarischen Inszenierung – und auch hier nicht immer konsequent – äußert. In vielen seiner Darstellungen bleibt Hauser Reisender und Beobachter.

2 Auch hier vollzieht sich der Einsatz für den technisierten Fortschritt zum Teil eher innerhalb einer literarischen Imagination; Hauser bleibt an vielen Stellen passiver Beobachter. Weiterhin gilt der Einsatz für die Maschine nicht für alle Passagen in allen Texten Hausers, dessen Werke von einer grundlegenden Ambivalenz gegenüber der Technik gezeichnet sind; s. dazu ausführlicher Anm. 16.

3 Filippo Tommaso Marinetti: Tod dem Mondschein! In: Manifeste und Proklamationen der europäischen Avantgarde (1909–1938). Hg. von Wolfgang Asholt u. Walter Fähnders. Stuttgart 2005, S. 7–11, hier: S. 9.

4 Filippo Tommaso Marinetti: Gründung und Manifest des Futurismus. In: Asholt u. Fähnders (Hg.), Manifeste und Proklamationen (wie Anm. 3), S. 3–7, hier: S. 5.

5 Vgl. Peter Bürger: Theorie der Avantgarde. Göttingen 2017 [1974], S. 68.

der die Proklamation selbst zur avantgardistisch-künstlerischen Praxis erhebt und Verkündung und Vollzug, Theorie und Praxis vereinigt.«[6]

Das Gründungsmanifest des Futurismus setzt mit einem narrativen Textteil ein, an dessen Anfang sich das futuristische Kollektiv als »die einzigen Wachen und Aufrechten«[7] positioniert, – »wie stolze Leuchttürme oder vorgeschobene Wachposten vor dem Heer der feindlichen Sterne.«[8] Von diesem erhöhten Standpunkt aus bewegen die Futuristen sich in ihrem Text mit je einem Automobil in aktionistischer Gewaltsamkeit nach vorne. Es wird schnell deutlich, dass das Auto für die Futuristen dabei nicht bloß ein Mittel zur Fortbewegung ist, vielmehr bedingt die »rasende[] Autofahrt auch eine Akzeleration des Lebensgefühls, das auf Ekstase bis hin zur Selbstopferung zielt.«[9] Diese »im doppelten Wortsinn auto-destruktive Ästhetik«[10] zeigt sich in dem Text der Futuristen in der Stilisierung eines Autounfalls, der Marinetti auch in der Realität widerfahren ist. Als »triumphales Ereignis glorifiziert«,[11] findet er nun Eingang in das Manifest, bedingt die futuristische Menschwerdung, aus der sich wiederum die Voraussetzung für das darauffolgend formulierte Programm der Bewegung ergibt. Nach dem Unfall erhebt der Sprecher sich, verkündet, »[d]a, das Antlitz vom guten Fabrikschlamm bedeckt [...], diktieren wir unseren ersten Willen allen *lebendigen* Menschen dieser Erde.«[12] Dieser ›erste futuristische Wille‹ setzt sich aus 11 Thesen zusammen, von denen sieben hier teilweise gekürzt in der deutschen Übersetzung wiedergegeben sind:

> »1. Wir wollen die Liebe zur Gefahr besingen, die Vertrautheit mit Energie und Verwegenheit.
> 2. Mut, Kühnheit und Auflehnung werden die Wesenselemente unserer Dichtung sein.
> 3. Bis heute hat die Literatur die gedankenschwere Unbeweglichkeit, die Ekstase und den Schlaf gepriesen. Wir wollen preisen die angriffslustige Bewegung, die fiebrige Schlaflosigkeit, den Laufschritt, den Salto mortale, die Ohrfeige und den Faustschlag.
> 4. Wir erklären, daß sich die Herrlichkeit der Welt um eine neue Schönheit bereichert hat: die Schönheit der Geschwindigkeit[13] [...].

---

6 Ebd.
7 Marinetti, Manifest des Futurismus (wie Anm. 4), S. 3.
8 Ebd.
9 Magnus Wieland: Der Geist der Avantgarde. Eine Einleitung. In: Avantgarden und Avantgardismus. Programme und Praktiken emphatischer kultureller Innovation. Hg. von Andreas Mauz, Ulrich Weber u. Magnus Wieland. Göttingen u. Zürich 2018, S. 9–29, hier: S. 16.
10 Ebd.
11 Ebd., S. 17.
12 Marinetti, Manifest des Futurismus (wie Anm. 4), S. 4.
13 Die Futuristen nennen hier als Beispiel: den Rennwagen und ein aufheulendes Auto.

5. Wir wollen den Mann besingen, der das Steuer hält, dessen Idealachse die Erde durchquert, die selbst auf ihrer Bahn dahinjagt. [...]

9. Wir wollen den Krieg verherrlichen – diese einzige Hygiene der Welt –, den Militarismus, den Patriotismus, die Vernichtungstat der Anarchisten, die schönen Ideen, für die man stirbt, und die Verachtung des Weibes. [...]

11. Wir werden die großen Menschenmengen besingen, die die Arbeit, das Vergnügen oder der Aufruhr erregt; [...] besingen werden wir die nächtliche, vibrierende Glut der Arsenale und Werften, die von grellen elektrischen Monden erleuchtet werden; die gefräßigen Bahnhöfe, die rauchende Schlangen verzehren; die Fabriken, die mit ihren sich hochwindenden Rauchfäden an den Wolken hängen; die Brücken, die wie gigantische Athleten Flüsse überspannen, die in der Sonne wie Messer aufblitzen; die abenteuersuchenden Dampfer, die den Horizont wittern; die breitbrüstigen Lokomotiven, die auf den Schienen wie riesige, mit Rohren gezäumte Stahlrosse einherstampfen und den gleitenden Flug der Flugzeuge, deren Propeller wie eine Fahne im Winde knattert und Beifall zu klatschen scheint wie eine begeisterte Menge.«[14]

2. Futuristische Leitgedanken und Motive im ›Drahtwalzwerk‹

Es sind unter anderem Ausführungen wie die zu Beginn genannten, die es vor dem Hintergrund einer Betrachtung der futuristischen Postulate möglich erscheinen lassen, in Heinrich Hausers frühen faktualen Texten[15] einer bislang eher wenig beachteten Unterströmung nachzuspüren: Einer ›avantgardistischen Tendenz‹, die sich aus dem Gegenstand und – zum Teil – auch aus der ›Machart‹ der Schriften Hausers ergibt; dieser Grundzug macht es denkbar, Werkaspekte in einen weiteren Deutungszusammenhang zu setzen, Hausers Texten damit eine neue, eine zusätzliche Lesart beizugeben. Motive, wie sie sich so unter anderem in dem Gründungsmanifest des Futurismus und in zahlreichen der folgenden futuristischen Manifestationen finden, treten auch in einigen der Texte Heinrich Hausers in Erscheinung.[16]

---

14 Marinetti, Manifest des Futurismus (wie Anm. 4), S. 4f.

15 Der Fokus liegt hier insbesondere auf dem Werk *Schwarzes Revier* (1930), in Ansätzen werden auch *Friede mit Maschinen* (1928), *Wetter im Osten* (1932), *Feldwege nach Chicago* (1931) und *Ein Mann lernt fliegen* (1933) betrachtet; lohnenswert wäre aber auch ein Blick auf weitere Texte Hausers, wie *Am laufenden Band* (1936), unter Umständen auch *Die Letzten Segelschiffe* (1931) sowie, über die Text- und dazugehörigen Bilderzeugnisse hinausgehend, auch die Stummfilme *Windjammer und Janmaaten* (1930) und *Weltstadt in Flegeljahren* (1931).

16 Es gibt zahlreiche Passagen in den faktualen wie auch fiktionalen Texten Hausers, auf die dieser Gedanke nicht bezogen werden kann, Werke, in denen eine Gegenwelt zu der technisierten entworfen wird – eine ›Urwelt‹, in die das Individuum auch vor der Welt des Technischen zu fliehen sucht –, in denen die wechselseitige Anpassung von Mensch und Maschine zwar einerseits erstrebt wird, die hierdurch entstandene Entgrenzung für den Sprecher aber auch angstbesetzt ist, Passagen, in denen der Stillstand die Dynamik über-

Um zu ergründen, inwiefern sich die hier aufgerufenen Leitgedanken und Bilder in Hausers Texten wirksam zeigen, soll exemplarisch eine Passage aus dem Band *Schwarzes Revier* näher betrachtet werden: Das Kapitel ›Drahtwalzwerk‹ (SR 2010, S. 70–74), das die Vorgänge in einem Hüttenwerk im Ruhrgebiet nachzeichnet. Die für den Futurismus kennzeichnende Verherrlichung der Geschwindigkeit, ein Ineinandergreifen von Maschine und Mensch bis hin zu einem Verschmelzen beider, die Schönheit, die in der Kunstfertigkeit der so entstehenden Arbeitsprozesse liegt, wird im Verlauf dieses Abschnitts unter anderem in der Darlegung materieller Produktionsprozesse, hier der Abläufe um das Walzen von Draht, sichtbar gemacht. Hauser schreibt, wie gesehen:

> »Immer schneller wird die Bewegung, je dünner die Querschnitte werden. Der Draht saust. […] Weichen und Weichensteller leiten den sausenden Draht den einzelnen Walzengruppen zu. Der Anblick der Drahtwalzstraße ist so wunderbar, daß die Spannung des Zusehens die gleiche ist wie bei einem guten Akrobaten auf der Bühne eines Varietés.« (Ebd., S. 71)

In dieser bereits anfänglich zitierten Passage wird vorbereitet, was sich in den folgenden Darstellungen noch weiter ausschärfen wird: Das Schöpferische, die besondere körperliche Gewandtheit der Arbeiter, die sich aus dem Miteinander von Mensch und Maschine ergibt, sich gewissermaßen als Erweiterung des menschlichen Vermögens durch die Maschine zeigt; die enorme Schnelligkeit von Mensch und Material, in der der Reporter die Unterhaltsamkeit – und insbesondere die Schönheit – wahrnimmt, die sich auch in einer artistischen Darbietung zeigt. Gleich den künstlerischen Manifestationen der Avantgarde, »die ihre eigenen Elemente [aus] der sie umgebenden Umwelt […]«[17] zu beziehen haben, gewinnt Heinrich Hauser das Material für seine Darstellungen aus den sogenannten »greifbaren Wundern des zeitgenössischen Lebens«,[18] wie es in dem Manifest der futuristischen Maler gefordert und auch in der 11. These des ersten futuristischen Manifests umschrieben wird.

---

stimmt; die nachfolgenden Überlegungen wollen diese Tendenzen nicht negieren, sie möchten den Blick insbesondere auf die Textmerkmale und -inhalte richten, die Hausers bejahende Haltung gegenüber dem ›Modernen‹, dem Technischen und der Verbindung von Mensch und Maschine ganz eindringlich exponieren und so eine verbindende Betrachtung futuristischer Programmatik und dem Schaffen Hausers möglich erscheinen lassen. Der Autor Heinrich Hauser und sein Werk zeigen sich in vielen Bereichen gezeichnet von einer ungemeinen Ambivalenz; die zum Teil bestehende Nähe der früheren faktualen Schriften Hausers zu dem Gedankengut des Futurismus fügt sich in diesen Zustand der Spannung.

17 Umberto Boccioni, Carlo Dalmazzo, Luigi Russolo, Giacomo Balla, Gino Severini: Manifest der futuristischen Maler. In: Asholt u. Fähnders (Hg.), Manifeste und Proklamationen (wie Anm. 3), S. 11–13, hier: S. 12.

18 Ebd. Die Futuristen schreiben hier von »dem eisernen Netz der Geschwindigkeit, das die Erde umspannt, […] den Überseedampfern, den Dreadnoughts, den wunderbaren Flügeln, die die Lüfte durchziehen […].«

Die gezeichnete Industrie-Kulisse wird Hauser zu dem Hintergrund, vor dem sich darauffolgend eine Art Kampf zwischen Mann und Material entspinnt, in dem dem beseelten Material eine ungehemmte, aggressive Kraft zugeschrieben wird, die auch den arbeitenden Menschen berührt. Hausers Sprecher erkennt:

> »Die Wucht des sausenden Drahts reißt den Mann herum. Der rote Blitz schlägt eine wilde Schlinge in der Luft, umschließt den Mann wie ein Lasso, trifft ihn aber nicht, denn die Zange hält ihn ab vom Körper des Mannes. In sausendem Flug gleitet sie gegen die Walzen zurück, trifft den Spalt zwischen den rotierenden Körpern und wird eingesaugt. Der Arbeiter steht in der Schlinge, das rote Drahtseil dehnt sich die Walzstraße hinab […]. Dann kommt das Ende zuckend, schlagend wie eine Peitschenschnur, bis die Walze es verschlingt.« (SR 2010, S. 71 f.)

Über der Szene schwebt die Ahnung einer permanenten Bedrohung – in Hausers Darstellungen erfolgt jedoch keine Warnung angesichts potenzieller Gefahren; eher klingt an, was unter der ersten These des futuristischen Manifests gefasst ist – ›die Liebe zur Gefahr, die Vertrautheit mit Energie und Verwegenheit‹, die in den Handlungen der Arbeiter sichtbar wird und die der Sprecher mit Faszination hervorhebt.

Was der Reporter durch seine Erfahrungen im Ruhrgebiet bezeugen kann, kommt in der Darstellung auch der fünften These des futuristischen Manifests nahe, in der das Kollektiv ›den Mann besingen will, der das Steuer hält, dessen Idealachse die Erde durchquert‹ – den Mann, der sich der Maschine anheimgibt, ihrer Geschwindigkeit verfällt, so aber auch steuernder Teil, und damit Wegbereiter, der technisierten Bewegung wird; es erinnert überhaupt an den ›epischen Vorspann‹ des futuristischen Manifests, in dem sich »die Initiation des futuristischen Menschen [vollzieht], der aus der Verschmelzung des Menschen mit der Maschine […] erzeugt wird.«[19] In Heinrich Hausers Beschreibungen äußert sich diese Wahrnehmung auch in noch verdichteter Form, wenn sein Sprecher noch tiefer in die Vorgänge des Drahtwalzens hineinblickt:

> »Der Mann mit der langen Zange schnappt den Draht irgendwo in der Nähe der Spitze, und während die Schlinge sich um seinen Körper schlingt, geschieht etwas Außerordentliches: Mitten in der Luft verläßt die Zange den Draht, läßt ihn völlig los für den Bruchteil einer Sekunde. Die rote Schlinge fällt nicht, sie hat keine Zeit zu fallen. Sie steht sozusagen in der Luft. Die Zange wirbelt herum, […] sie schießt vor und greift den schwebenden Draht von neuem, diesmal näher an der Spitze. Und jetzt sieht man erst, daß vor den Walzen noch eine weitere Maschine angeordnet ist, ein stampfender Kolben, ein Stempel, dessen Ende eine Schneide ist. Ehe man den Vorgang begreift, hat die Zange den Kopf des Drahtes unter die Schneide geschoben, das Ende fällt ab, ohne sichtbare Unterbrechung der geschmeidigen Bewegung, unter die Walzen.« (SR 2010, S. 72)

---

19 Hansgeorg Schmidt-Bergmann: Futurismus. Geschichte, Ästhetik, Dokumente. Reinbek bei Hamburg 2009, S. 29.

›Der Mann mit der Zange‹ wird im Verlauf des Erzählten zu ›der Zange‹, die letztlich der schneidenden Maschine zuarbeitet; nur in dieser Verbindung ist der von dem Reporter beschriebene Produktionsprozess überhaupt möglich. Die Grenze zwischen Arbeiter und Werkzeug zergeht in der Wahrnehmung des Beobachters, der ›Werkzeug gewordene‹ Mensch und die Maschine gehen in der Geschwindigkeit des Arbeitsprozesses ineinander auf. Es scheint an dieser Stelle, als habe der Arbeiter eingelöst, was Marinetti in einem seiner späteren Manifeste fordert, das in der deutschen Übersetzung den Titel ›Der multiplizierte Mensch und das Reich der Maschine‹[20] trägt; jene ›Multiplizierung‹ meint die Steigerung und Erhöhung des menschlichen Subjekts, die sich aus der Verschmelzung mit der Maschine ergibt.[21] Marinetti proklamiert in diesem Sinne:

> »Es gilt daher, die unmittelbare Identifikation des Menschen mit der Maschine vorzubereiten, indem man einen ununterbrochenen Austausch von Intuition, Rhythmus, Instinkt und metallischer Disziplin erleichtert und vollendet, wovon die Mehrheit noch keinerlei Begriff hat und nur die erleuchtetsten Köpfe etwas ahnen.«[22]

›Intuition, Rhythmus, Instinkt und metallische Disziplin‹ scheinen auch die Prozesse im Drahtwalzwerk anzuleiten; sie (über-)formen den hier arbeitenden Mann, der in den Beschreibungen Hausers zum futuristischen Menschen erwächst, der berührt, ›wovon die Mehrheit noch keinerlei Begriff hat‹. In diese Richtung weist auch der nachfolgende Abschnitt, der zunächst erneut das Bild des ›Bewegungskünstlers‹ aufruft, es über das des arbeitenden Mannes legt. Dass Hauser hier explizit den Namen des zu seiner Zeit international bekannten Artisten Rastelli anführt, der aufgrund seines Einfallsreichtums und seiner Kunstfertigkeit bei der Jonglage zu großer öffentlicher Aufmerksamkeit gelangte, gibt der von ihm geschaffenen Szenerie einen Eindruck von Innovation und Modernität bei, lässt Hausers Denken erscheinen, als würde es sich in besonderer Weise ›am Puls der Zeit‹ bewegen, gibt der Arbeit im Drahtwalzwerk aber auch etwas Spielerisches. Die Fertigkeit der beobachteten Männer scheint in einem zirkelartigen Wechsel ›aufzuglimmen‹, dann wieder von der gesteigerten Kraft und Geschicklichkeit eines anderen Arbeiters in der Überbietung aufgezehrt zu werden:

> »Fünf Männer arbeiten auf dem Kamm der Walzenstraße, fünf Rastellis, die sich gegenseitig überbieten. Die Halle ist dunkel, sie ist erhellt nur durch die sausenden Schlingen der glühenden Drähte. Das macht ein wechselnd-schwingendes Licht, das

---

20　Filippo Tommaso Marinetti: Der multiplizierte Mensch und das Reich der Maschine. Aus: Marinetti, F. T., Teoria e invenzioni futurista. A cura di Luciano De Maria. Arnoldo Mondadori Editore. Milano 1983, S. 297–301; übersetzt von Heinz-Georg Ortmanns für Schmidt-Bergmann, Futurismus (wie Anm. 19), S. 107–110.

21　Schmidt-Bergmann, Futurismus (wie Anm. 19), S. 29.

22　Marinetti, Der multiplizierte Mensch (wie Anm. 20), S. 108.

ähnlich einer großen Lichtreklame ist. Dieses Licht, das den Schweiß auf den Gesichtern der Männer glänzen macht, das das Weiße in ihren Augen blitzen läßt, das jeder Bewegung ihrer Arme gefesselt folgt, diese fast magische Beleuchtung macht die Szene zu einer der wunderbarsten, die man auf technischen Gebieten sehen kann.« (SR 2010, S. 72)

Grundsätzlich zeigt sich der Arbeiter in dieser Darstellung ›hochstilisiert‹, wie bis hierhin bereits anklingt, auch im Sinne einer ›überzeichneten Männlichkeit‹; Wagemut, ›angriffslustige Bewegung‹, eine angesichts von Gefahr herrschende furchtlos getragene Spannung – Attribute einer ›männlichen Übercharakterisierung‹, wie sie als Ideal auch dem Futurismus eigen ist, haften an den Arbeitern des Drahtwalzwerks. Gegen Ende des Kapitels geht Hausers Sprecher nun noch einmal so weit, auszurufen:

> »Wenn ich ein Dichter wäre, dann würde ich die Walzwerkmänner besingen. Sie geben die dichteste Leistung her, die ein Mensch geben kann. In jeder Sekunde müssen sie mit allen Nerven und aller Anspannung an der Arbeit sein. So stark ist diese Konzentration, so erschöpfend die riesige Hitze, daß man diese Männer alle zwanzig Minuten ablösen muss.« (Ebd., S. 73)

Es ist auffällig, dass Hauser nun genau das tut – er besingt die Walzwerkmänner: Sprachlich verdichtet er das Gesehene, überhöht es so in und mit seinen literarischen Auseinandersetzungen; unweigerlich, bis hin zur Wortwahl, erinnert das Kapitel ›Drahtwalzwerk‹ damit an das erste futuristische Manifest: Die Liebe zur Gefahr, Kühnheit und Mut, die angriffslustige Bewegung des Mannes, seine Tatkraft vor der Literatur gewordenen industriellen Kulisse, die Schönheit der Geschwindigkeit, die dem Arbeiter ganz zur Natur wird, ihn in permanente Bewegung versetzt, in dieser Position gewissermaßen selbst die Welt mobilisieren lässt. Interessant ist, dass die Bewegung, von der Hauser schreibt, dass die Arbeit, die er ›besingt‹, auch als zehrend offenbart wird, dieser Umstand jedoch nicht negativ behaftet ist; selbst wenn Hauser die Arbeit an anderer Stelle Kriegsszenarien annähert, wird damit nichts in Frage gestellt, sondern den Männern, die sich im Sinne eines ›Gemeinwohls‹ ungerührt potenziellem Leid ausliefern, etwas Heroisches beigegeben – bezogen auf den Ablauf der Arbeit im Drahtwalzwerk heißt es so z.B.: Die Arbeiter »kommen aus ihrer Schlacht ruhig, unbewegt, sitzen auf einer Bank, essen ihr Brot, nehmen einen Schluck aus der Kaffeeflasche, und nach zehn Minuten gehen sie zurück auf ihren Posten.« (SR 2010, S. 73) ›Rhythmus und metallische Disziplin‹ definieren den Arbeiter, den ›multiplizierten Menschen‹ Hausers, der seine Bewegung im Drahtwalzwerk bis zur Selbstauflösung vorantreibt:

> »Während der Arbeit spüren diese Männer ihre Nerven nicht. Nach der Schicht sind viele nervös, und keiner ist imstande, diese Arbeit bis ins Alter fortzusetzen. Es sind junge Männer. Selbstbewußt, weil sie hervorragen unter anderen; auch an Entlohnung.

Ein Mann in dieser vordersten Stellung im Krieg mit dem Stahl verdient in achtstündiger Schicht zwanzig bis zweiundzwanzig Mark [...].« (Ebd.)

Hauser macht sehr deutlich, dass die Arbeit im Drahtwalzwerk Körper bricht, ihre Last kein Leben lang getragen werden kann. Dennoch bleibt die Arbeit im Walzwerk immerwährend, eine stets zu ihrem Ausgangspunkt zurückkehrende Bewegung, die von einer dem Anschein nach immerfort zu erneuernden Masse junger Männer durchspült wird: »In drei Schichten arbeitet das Walzwerk, es arbeitet Tag und Nacht bis auf die vierundzwanzig Stunden vom Sonntagmorgen um sechs bis Montagmorgen um sechs.« (Ebd., S. 74) Die Arbeit, die damit hier ›besungen‹ wird, ist also eine Arbeit, die in Selbstverbrauch, in (Selbst-)Vernichtung mündet. Und gewissermaßen fasziniert zeigt der Sprecher hier und auch an anderen Stellen auf, wie dieser restlose Verbrauch von menschlichen Ressourcen ihm im Ruhrgebiet sichtbar wird.[23] Die Darstellung erinnert an die auto-destruktive Szene um den Unfall Marinettis zu Beginn des futuristischen Gründungsmanifests, in der die Selbstvernichtung erst den Fortschritt, die Neuwerdung ermöglicht; sie erinnert an den von den Futuristen ›verherrlichten Krieg‹, die ›besungenen‹ ›schönen Ideen, für die man stirbt‹. Die Szene spiegelt damit aber auch eine weitere Passage, die in dem Manifest auf die Ausführung der futuristischen Programmpunkte in einem abschließenden narrativen Textteil folgt; dort heißt es:

»Die Ältesten von uns sind jetzt dreißig Jahre alt: es bleibt uns also mindestens ein Jahrzehnt, um unser Werk zu vollbringen. Wenn wir vierzig sind, mögen andere, jüngere und tüchtigere Männer uns ruhig wie nutzlose Manuskripte in den Papierkorb werfen. Wir wünschen es so!«[24]

Die Rolle als ›Mann in vorderster Stellung im Krieg mit dem Stahl‹, oder als ›Mann, der das Steuer hält, dessen Idealachse die Erde durchquert‹, kann nur ausgefüllt werden, wenn das Subjekt die eigene Vernichtung erträgt, die der Fortschritt, die die Position des Neuerers mit sich führt: Sich selbst als ›Spitze der Entwicklung‹ zu denken, schließt eine Überwindung von allem Gewesenen, also auch eine Überwindung des eigenen Denkens und Bestehens immer mit ein, macht es sogar zwingend. Die avantgardistische Welttransformation, so deutet

---

23 Auf das Kapitel ›Drahtwalzwerk‹ folgt eine Bildstrecke von neun Fotografien, die Rainer Schlautmann als »Todesallegorie« liest (ders.: Ansichten vom Ruhrgebiet: Heinrich Hausers Schwarzes Revier. In: Leben in der Arbeitslandschaft. Narrationen des Ruhrbergbaus. Hg. von Arnold Maxwill. Paderborn 2021, S. 173–206, hier: S. 194); die Darstellungen des Lebens im Ruhrgebiet seien hier von Themen wie »Krankheit, Tod und Trauer, Verheerung und Krieg, Gefangenschaft, Hoffnungs- und Aussichtslosigkeit« (ebd., S. 195) bestimmt. Durch die Inszenierung des Selbstverbrauchs der Arbeiter im Walzwerk zitiert auch das Kapitel ›Drahtwalzwerk‹ Bilder von ›Tod‹ und ›Verheerung‹ an und trägt so Momente der ›Todesallegorie‹ in sich.
24 Marinetti, Manifest des Futurismus (wie Anm. 4), S. 6.

sich hier an, kann nicht gedacht werden, ohne den Impuls der Selbstauslöschung, ohne die eigene Aufhebung miteinzuschließen. Nicht nur in dem Gesehenen offenbart sich dieser (Selbst-)Verbrauch dem Sprecher in Hausers *Schwarzem Revier*, auch er selbst fällt ihm gewissermaßen anheim; einerseits in der erlebten Arbeit im Ruhrgebiet, an der er in reduzierter Form für eine kurze Zeit selbst teilhat,[25] andererseits in seiner Arbeit als Reporter, die den Sprecher Eindrücken ausliefert, die ihn teilweise aufzuzehren scheinen – der »verwirrende[n] Vielheit der Eindrücke« (SR 2010, S. 12), wie Hauser selbst schreibt, der er nicht immer produktiv beizukommen vermag.

3. Verbindungslinien zwischen futuristischer Programmatik und dem Schaffen Heinrich Hausers – weiterführende Überlegungen

Wenngleich Heinrich Hauser selbst nie als aktiver Teil der Avantgarden gewirkt hat, so pulsiert in seinen Werken doch ein den futuristischen Postulaten nahekommendes Gefühl des technisierten, des durch die Technik dynamisierten Lebens. Konkrete Anknüpfungspunkte, von denen aus sich Verbindungslinien zum Gedankengut der Avantgarde ziehen lassen, bestehen also zunächst im weiteren Bereich der literarischen Auseinandersetzung mit ›Technik‹ und dem vom Menschen Gemachten sowie den damit einhergehenden Phänomenen wie Männlichkeit und Energie, Geschwindigkeit und Bewegung bis hin zur Selbstauslöschung und auch der daran gebundenen Gefahr – Elemente, die vor allem auch die Schriften und Proklamationen des Futurismus kennzeichnen. Die Überschneidung zwischen futuristischen Postulaten und ihrer (unbewussten) Realisierung in den Schriften Heinrich Hausers scheint nicht verwunderlich, denn, so formulieren es Wolfgang Asholt und Walter Fähnders in Bezug auf die ›Strahlkraft‹ futuristischen Gedankenguts, »[d]em avantgardistischen Großmanager Marinetti ist es gelungen, seine Bewegung national und international bekannt zu machen; das war sicher nur möglich, weil es auch anderswo ver-

---

25 Vgl. Leben als Arbeiter. In: SR 2010, S. 95–120; in dieses Kapitel bezieht Hauser vermutlich Eindrücke aus der Zeit mit ein, die er unter anderem als Schmelzer und Volontär in einem Hüttenwerk im Ruhrgebiet verbracht hat. Vgl. hierzu Grith Graebner: »Dem Leben unter die Haut kriechen …«. Heinrich Hauser. Leben und Werk. Eine kritisch-biographische Werk-Bibliographie. [Diss.] Aachen 2001, S. 41. Diese Zeit fiel in der Realität jedoch deutlich kürzer aus als in Heinrich Hausers Schilderungen dargestellt. Vgl. hierzu auch das Nachwort zu der Neuauflage der Reportage *Schwarzes Revier* von Andreas Rossmann: Augen auf und durch. In: SR 2010, S. 210–220, hier: S. 217.

gleichbare Erwartungen […] gab«[26] – Hausers Wirken, wenn es auch ›zeitversetzt‹ stattfindet, macht diesen Umstand ganz real greifbar.

Eine Auseinandersetzung mit ›Technischem‹ findet nun in beinahe jedem von Heinrich Hausers Werken auf gewisse Weise statt; in dem genannten Zusammenhang relevant erscheinen – wie auch der Bezug zu *Schwarzes Revier* gezeigt haben soll – aber insbesondere die früheren Reportagen bzw. Reiseberichte Hausers; von ihm im Auftrag durch verschiedene Verlage, aber auch »durch Firmen und die deutsche Wirtschaft geschriebene[] Texte«,[27] die aus mehreren Gründen wichtig sind: Vor allem letztgenannte zählen zu »der umfangreichen Kollektion seiner Bücher über Technik, bzw. mit technischer Thematik«,[28] machen also die Technik und ihre Ausprägungen sowie -wirkungen zum Kerngegenstand. Ein weiterer, oder weiterführender Aspekt bezieht sich nicht auf den Inhalt, sondern auf die ›Machart‹ dieser Texte: Der Umstand, dass die Reportage als Gattung zu den ›naturgemäß‹ wirklichkeitsbezogenen Textsorten gehört, was sie in die Nähe des Manifests mit seinen *aus* der wie *auf* die Wirklichkeit wirken wollenden Äußerungsformen rückt. So legt der Autor mit den Reportagen eine durch ihn konstruierte Momentaufnahme bestimmter Orte, Personen und Geschehnisse vor, die er der Welt außerhalb seines Denkens zu vermitteln sucht.

Dabei ist kennzeichnend, dass Heinrich Hauser nicht nur *über* die Dinge schreibt, die er um sich herum wahrnimmt, sondern es in seinen Texten auch so erscheinen lässt, als würde er sich selbst in der Aktion in Gesehenes mit *ein*schreiben.[29] Ein Aspekt, der an die Forderungen avantgardistischen Schaffens erinnert, denn was der Autor so erschreibt, erweckt den Anschein, Grenzen zu verrücken und vermittelt damit auch den Eindruck, dass das, was vorliegt, sich ›zwischen Kunstwerk und außerkünstlerischer Realität‹ bewegt. Der Fortschritt, den die Texte erkunden und ›dem Laien‹, dem gewöhnlichen Menschen seiner Zeit aufzuschlüsseln suchen, wirkt damit zugleich ›vollzogen‹: Er wird gewissermaßen im Tun des Sprechers selbst realisiert. Die Reportage konserviert all das, lässt es in der Rezeption auf die gegebene Realität ›übergreifen‹. In *Wetter im Osten* appelliert Heinrich Hauser so z.B.: »Es wird Zeit für uns, die wir heute dreißig sind, die wir schon eine Leistung hinter uns haben. Zeit, einzugreifen,

---

26 Wolfgang Asholt u. Walter Fähnders: Einleitung. In: Asholt u. Fähnders (Hg.), Manifeste und Proklamationen (wie Anm. 3), S. XV–XXX, hier: S. XXII.

27 Graebner, »Dem Leben …« (wie Anm. 25), S. 7.

28 Ebd.

29 Wie bereits erwähnt, kann diese These nicht grundsätzlich auf alle (literarischen) Äußerungen Hausers übertragen werden. Teilweise wird der Autor Teil der Innovation, indem er z.B. immer wieder gewisse Arbeiten erprobt, u.a. im Praktikum oder auch als Flugschüler, oder aber die Technik (Fotokamera, Auto, Flugzeug) ihm erst ermöglicht, die ›Welt‹ so wahrzunehmen, wie er sie in seinen Texten beschreibt. Selbstverständlich bleibt all das teils Inszenierung und Fiktion, ein ›literarisches Spiel‹; dies gilt allerdings auch für einen Großteil der futuristischen Proklamationen.

Zeit, den Alten zu erklären, daß ihre Erfahrungen wertlos sind, daß ihre Methoden nichts taugen, daß sie einfach abzutreten haben« (WiO, S. 139). In diesem
Sinne bewegt Hauser sich mitunter auch durch die (literarische) Welt, die er in
seinen verschiedenen Werken zeichnet, indem er – so lässt er es zumindest
wirken – in seinen Texten ›eingreift‹: Als Pionier am Steuer von Auto und
Flugzeug, mit Blick durch die Kamera auf den Industriearbeiter, der für ihn eine
Verkörperung des Fortschritts ist, dessen Handlungen er selbst erprobt. Gemäß
der avantgardistischen Intention scheint Heinrich Hauser mit seinen Darstellungen »das Neue im eigenen Projekt zu erschaffen«,[30] was sowohl in seinen
literarischen und Literatur gewordenen Handlungen sichtbar wird als auch in der
Rezeption auf die gegebene Wirklichkeit zurückstrahlt. Heinrich Hauser erschreibt so dem durch Technik dynamisierten Leben seinen Platz in der ›realen
Welt‹. Diese Art des ›Wirklichkeiterdenkens‹ wird gleichermaßen dadurch bedingt wie ebenso erst ermöglicht, dass Hauser sein Sehen – auch das gemäß der
futuristischen Gesinnung – dynamisch erscheinen lässt, als würde es in Bewegung erfolgen; ein Umstand, der sich sowohl an dem Gehalt seiner Schriften zeigt
– im *Schwarzen Revier* z. B. im Verfolgen der energiegeladenen Arbeitsprozesse
von Menschen, von Maschinen, im Nachvollzug der raschen Wandlung des
Ruhrgebiets, auch hier im unmittelbaren Springen zwischen den Jahren seiner
Zeit als Reporter (1928) und der als jungem Mann im Praktikum (1918), zwischen
Vergangenheit und Gegenwart – gleichermaßen findet diese Bewegung Reflexion
in dem Text-Bild-Gefüge, das diesen Gehalt umspannt; es wirkt so, als spräche
das Neben- und Miteinander von Text und Fotografien von ebenjener Bewegung, von einer Rasanz in der Wahrnehmung, einer ›geistigen Dynamik‹, die in
ihrer Gewandtheit und Umfänglichkeit über die ›Umspannkraft‹ eines einzelnen
Mediums hinausgeht. In seiner künstlerischen Realisierung, in dem Band
Schwarzes Revier auch als ›Experiment‹ in der Nutzung verschiedener Textfor-
men und Blickwinkel und ebenso durch den Einsatz unterschiedlicher Medien,
wirkt Hausers Schaffen ›mobil‹ in seiner Art, Gesellschaft zu erfassen, gegebene
Lebenswelten zu lesen und sie, sowohl literarisch als auch gewissermaßen in
seinem eigenen Handeln, erneuernd zu erschaffen.

Die Beweglichkeit ist es, die Hausers Wahrnehmung in gewisser Weise auch
technisch, wie ›mechanisch gerührt‹ erscheinen lässt. Doch auch der wahrhaftig
›technisch sehende Blick‹ trägt dazu bei, ein Begreifen und Vermitteln der Welt in
dem genannten Umfang zu ermöglichen; Hausers Wahrnehmungen ›vom Auge
her‹, sein Sehen erfolgt mit Film und Fotografie nicht nur durch eine Maschine
hindurch, auch ergibt es sich aus einer Maschine heraus, im ›*Erfahren*‹ des le-

---

30 Hubert van den Berg u. Walter Fähnders: Die künstlerische Avantgarde im 20. Jahrhundert –
    Einleitung. In: Metzler Lexikon der Avantgarde. Hg. von Hubert van den Berg u. Walter
    Fähnders. Stuttgart 2009, S. 1–19, hier: S. 17.

bensweltlichen Kontexts – häufig im Auto, das sich auch als »zentrales Vehikel für die Ästhetik und Programmatik der frühen Avantgarden«[31] zeigt. So durchfährt der Autor in der Reportage *Schwarzes Revier* das Ruhrgebiet in seinem Cabrio, sucht die *Feldwege nach Chicago* in dem seinem Empfinden nach ›hässlichsten Ford‹, der je gebaut wurde (vgl. FCh, S. 22); dem *Wetter im Osten* nähert er sich im Zug, in *Ein Mann lernt fliegen* steht ihm das zur Zeit seiner Entstehung wohl modernste Fortbewegungsmittel, das Flugzeug, zur Verfügung; teilweise vollzieht sich die ›technisierte Wahrnehmung‹ auch in Verbindung, simultan, so wenn Hauser, auch in den *Feldwegen nach Chicago*, von einer durchfahrenen Straße »zu Filmaufnahmen vom fahrenden Wagen« (ebd., S. 79) aus »verlockt[]« (ebd.) wird. Eine Erweiterung des Menschen durch die Maschine, wie der Futurismus sie ersehnt, wird zum Teil in Hausers eigenem Schaffen, in der Wahrnehmung und Vermittlung seiner Sprecher sichtbar. Den von Hauser erschriebenen Welten ist so auch ein ›Pathos des Zukünftigen‹ innerlich: einer aus dem Technischen allein bzw. aus der Verbindung von Mensch und Maschine erwachsenden, im Schreiben Normalität werdenden, auch gegenwärtig werdenden Zeit; der Autor schreibt also nicht nur von einem technisierten Leben, er lässt es aus seinen eigenen Handlungen heraus erwachsen.

* * *

›Zwischen dem untechnischen Menschen und der Maschine eine Verständigung anzubahnen‹, zeigt sich als Ziel vieler der literarischen Äußerungen Heinrich Hausers. Mit Blick auf diese Intention lassen sich auch ›Spuren der Avantgarde‹ im Schaffen des Autors ermitteln, die insbesondere anhand zentraler Themen und Motive innerhalb seiner früheren faktualen Texte nachvollzogen werden können. Diese Inhalte und Bilder kommen den Proklamationen des Futurismus sehr nahe, was in besonders kondensierter Form auch das Kapitel ›Drahtwalzwerk‹ aus dem Band *Schwarzes Revier* reflektiert. So greift die Passage u. a. futuristische Leitgedanken, wie die der Verherrlichung technischer Errungenschaften und ihrer Artefakte (u. a. Thesen 4, 5 und 11) sowie der daraus erwachsenden Wahrnehmung einer ›Schönheit des Zweckmäßigen‹ (Thesen 4 und 11), auf; auch die Konstruktion eines futuristischen Männlichkeitsideals (Thesen 5 und 9), das an die Forderung nach immerwährender – neuordnender, schöpferischer – Bewegung (Thesen 1, 3 und 5), einer Hingabe an die Gefahr bis hin zur Selbstvernichtung gebunden ist (Thesen 1, 2 und 9), zeigt sich in diesem Auszug. Die Vermittlung Hausers ›vom Auge her‹ und seine damit verquickte Nähe zu den technischen Apparaten sowie Hausers zum Teil bestehende Involviertheit in beschriebene Prozesse, lassen auch bezüglich der ›Machart‹ seiner

---

31 Wieland, Der Geist der Avantgarde (wie Anm. 9), S. 13.

Texte eine Nähe zum Futurismus erahnen. So sind futuristische Tendenzen nicht nur anhand einer auf inhaltlicher Ebene erfolgenden Technikverherrlichung und ihrer ›Symptome‹ nachzuvollziehen, sondern äußern sich auch in den von Hauser (bewusst inszenierten) Darstellungsweisen dieser Inhalte, in seinem Versuch, sich die Technik ›anzueignen‹, sie mithilfe der Literatur auch in die außerliterarische Welt zu ›integrieren‹. Innerhalb der literarischen Fiktion wird der Autor so bisweilen zum Träger von Innovationsprozessen – wenngleich dieser Umstand weder immer ›konsistent‹ noch konsequent umgesetzt ist. Wo dies jedoch zutrifft, wo Textmerkmale und -inhalte eine bejahende Haltung gegenüber dem Technischen und der Verbindung von Mensch und Maschine ausweisen, tragen der Autor bzw. der jeweilige Sprecher seiner Texte die Idee der »einzigen Wachen und Aufrechten«[32] mit sich, agieren sie im Sinne einer futuristischen Bewegung – auch im Sinne einer Bewegung ›vor‹ dem gegenwärtigen Zustand ihrer Zeit, in einem Vorwärtsdrängen, das Heinrich Hausers Schaffen für das ›Denken der Avantgarden‹ empfänglich macht.

---

32 Marinetti, Manifest des Futurismus (wie Anm. 4), S. 3.

Mirjam Schubert

»matt, lächerlich, schwach und leer« –
prekäre Konstruktionen von Männlichkeit in Romanen
Heinrich Hausers

»Der Mann oder Männer, selbst wenn dem Alter nach Jünglinge oder Knaben,
sind Helden der charakteristischsten Bücher und Dramen der letzten Jahre. Nicht
auf das Jünglingstum, – auf das Mannwerden oder Mannsein kommt es an.«[1]
Mit diesen Worten richtet 1929 Kurt Pinthus eine Forderung an die Literatur
seiner Zeit: männlich soll sie sein. Wenn in Heinrich Hausers Texten aus den
Zwanziger- und Dreißigerjahren vornehmlich Männer als Akteure in Erscheinung treten, scheint er damit zumindest auf der Ebene des Personals dieser
Forderung des Zeitgenossen zu entsprechen: Fonck, Christian Heinrich Skeel
und Jorg Borcke sind die Hauptfiguren der Romane *Donner überm Meer*, *Noch
nicht* und *Notre Dame von den Wogen*. Bei Kurt Pinthus und in anderen Veröffentlichungen der Zwanzigerjahre erkennt Ulrike Baureithel einen »neusachliche[n] Männlichkeitskult«, einen »neuen Männlichkeitsentwurf«, in dem sich
Mannsein insbesondere durch Härte, Kälte und Sachlichkeit auszeichnet.[2] Doch
welche Form(en) des Mannseins, welche Vorstellung(en) von Männlichkeit
vermittelt Hauser durch seine Roman-Figuren aus den Zwanziger- und Dreißigerjahren des 20. Jahrhunderts? Dieser Frage werde ich im Folgenden nachgehen.
Es gilt, Schilderungen und Erzählungen von Männlichkeit, die sich vor allem in
den drei genannten Romanen Hausers verbergen, aufzuspüren.

Im Hinblick auf Hausers Werk herrscht bislang ein gewisses Maß an Einig-
keit darüber, dass es männliche Literatur sei, die der Männlichkeit geradezu
huldige. Für Grith Graebner ist klar: »Der männliche Held kommt Heinrich
Hauser und seiner Art zu schreiben entgegen, denn seine Welt ist eine Männerwelt«.[3] »Plump« ist der »Männermythos«, den Erhard Schütz in Heinrich

---

1 Kurt Pinthus: Männliche Literatur. In: Das Tagebuch 10 (1929), S. 903–911, hier: S. 903.
2 Ulrike Baureithel: »Kollektivneurose moderner Männer«. Die Neue Sachlichkeit als Symptom
des männlichen Identitätsverlusts – sozialpsychologische Aspekte einer literarischen Strö-
mung. In: Die »Neue Sachlichkeit«. Lebensgefühl oder Markenzeichen? Hg. von Pierre Vaydat.
Lille 1991, S. 123–143, hier: S. 128.
3 Grith Graebner: »Dem Leben unter die Haut kriechen …«. Heinrich Hauser. Leben und Werk.
Eine kritisch-biographische Werk-Bibliographie. [Diss.] Aachen 2001, S. 258.

Hausers Reportagetext *Feldwege nach Chicago* erkennt.[4] Als »geradezu klischeehaft männlich« bezeichnet der Literaturkritiker und Linguist Rolf-Bernhard Essig den Schriftsteller Hauser, nämlich »ruhelos, einsamkeitsbedürftig und reisesüchtig«.[5] Vergleichbar sieht Matthias Uecker Hausers männliche Figuren charakterisiert durch »Risikobereitschaft, Individualismus und eine ständige Unruhe, die nach Bewährungsprobe sucht«.[6] Für Uecker zeigt sich Hausers Männerbild in dessen Bewunderung für die Pionierleistungen von Ingenieuren und Unternehmern. Dieses Bild sieht er als zentral für Hausers »ganze Arbeit« an, obgleich Uecker es vor allem in Hausers frühen literarischen Texten und dem autobiographischen Werk *Kampf* entdeckt.[7] Uecker erkennt in den Figuren zudem eine »Ambivalenz gegenüber Sexualität und emotionalen Bindungen, die immer wieder begeistert gesucht werden, um rasch zu kommunikationslosen Gefängnissen zu mutieren«. Um ein Mann zu bleiben, müsse der Mann aus diesen Bindungen fliehen.[8] Die in diesen Untersuchungen beschriebene Form von Männlichkeit scheint recht konservativ zu sein: individualistisch, risikofreudig, kommunikationsarm und beziehungsunfähig. Blickt man in Hausers literarische Texte, ergibt sich rasch der Befund, dass Männer hier in ganz unterschiedlichen Rollen gezeigt werden: als Pilot, als ehemaliger Kriegsteilnehmer, als Vater und als Partner. Im Folgenden soll anhand einer exemplarischen Analyse ausgewählter Texte der Frage nachgegangen werden, welche Formen der Konstruktion von Männlichkeit in Hausers Romanen tatsächlich auftreten und ob diese den gängigen Klischees der Forschung entsprechen.

Mittlerweile gilt es insbesondere in der Soziologie und der Geschlechterforschung als ausgemacht, dass Männlichkeit ein Ergebnis soziokultureller Konstruktionen ist.[9] Daraus ergibt sich, dass es nicht die nur eine Form der Männlichkeit, sondern unterschiedliche Entwürfe von Männlichkeiten gibt, die ne-

---

4 Erhard Schütz: Romane der Weimarer Republik. München 1986, S. 75.

5 Rolf-Bernhard Essig: »Naturwesen« und »Augenmensch«. Vor hunderteins Jahren wurde der Schriftsteller Heinrich Hauser geboren. In: Literaturkritik 6 (2002). https://literaturkritik.de/public/rezension.php?rez_id=5001 (28.02.2022).

6 Matthias Uecker: Kontinuitäten und Veränderungen der neusachlichen Weltbeschreibung: Heinrich Hausers Industriereportagen. In: Modern Times? German Literature and Arts beyond Political Chronologies/Kontinuitäten der Kultur: 1925–1955. Hg. von Gustav Frank, Rachel Palfreyman u. Stefan Scherer. Bielefeld 2005, S. 25–43, hier: S. 36.

7 Ebd., hier insbesondere S. 35f.

8 Ebd., S. 36.

9 Wegweisend hierzu Raewyn Connell: Der gemachte Mann. Opladen 1999. Unterschiedliche Männlichkeitskonzepte in den Sozialwissenschaften finden sich bspw. in Nina Baur u. Jens Luedtke (Hg.): Die soziale Konstruktion von Männlichkeit. Hegemoniale und marginalisierte Männlichkeiten in Deutschland. Leverkusen 2008. Vgl. außerdem Lothar Böhnisch: Männerforschung: Entwicklung, Themen, Stand der Diskussion. In: Aus Politik und Zeitgeschehen 40 (2012), S. 24–30. https://www.bpb.de/shop/zeitschriften/apuz/144853/maennerforschung-entwicklung-themen-stand-der-diskussion/ (abgerufen 21.06.2022).

beneinander bestehen und auch miteinander konkurrieren. Den für die bürgerliche Gesellschaft seit dem 19. Jahrhundert prägenden Männlichkeitsentwurf bezeichnet die Soziologin Raewyn Connell als »hegemoniale Männlichkeit«, die definiert ist als ein Verhaltensmuster männlicher Dominanz gegenüber Frauen und Personen, die als nicht männlich genug angesehen werden.[10] In seiner Studie *Das Bild des Mannes* beschreibt George L. Mosse den heterosexuellen, patriarchalen Mann als den in der westlichen Welt vorherrschenden Männertypus, der sich durch Stärke, Willenskraft, Ehre, Mut, Stolz und Kaltblütigkeit auszeichnet und dessen Vorherrschaft gegenüber Frauen, aber auch anderen Männlichkeitsentwürfen auf körperlicher und ökonomischer Überlegenheit basiert.[11] Die Eigenschaften dieses Typus sollten sich auch in dem physischen Erscheinungsbild der Männer widerspiegeln – in einem kraftvollen, muskulösen und durchtrainierten Körper.[12] Dieses hegemoniale Konzept von Männlichkeit wird insbesondere nach dem Ersten Weltkrieg bekanntermaßen durch tiefgreifende soziale, kulturelle und ökonomische Veränderungen herausgefordert. Viele Menschen, Männer wie Frauen, sind gezwungen, sich in der Zeit der Weimarer Republik in vielen Bereichen des Lebens neu zu orientieren, sei es in ihrem alltäglichen Handeln, sei es in der Art und Weise, wie sie die Welt deuten.[13] Diese Notwendigkeit zur grundlegenden Umorientierung und die dadurch entstehende Unsicherheit und Haltlosigkeit wird zeitgenössisch vielfach als krisenhaft beschrieben und ist Teil des allgegenwärtigen Krisendiskurses während der Weimarer Jahre.[14]

Dieser Krisendiskurs schließt auch eine deutlich veränderte Konstruktion von Geschlechterbildern und somit auch eine Pluralisierung von Männlichkeit ein.[15] Das Konzept hegemonialer Männlichkeit wird irritiert und herausgefordert: zum einen durch alternative Männlichkeitsentwürfe (Mosse spricht hier von »Anti-Typen«[16]) wie beispielsweise dem des Dandys oder durch offener gelebte ho-

---

10 Connell, Der gemachte Mann (wie Anm. 9).

11 Vgl. George L. Mosse: Das Bild des Mannes. Zur Konstruktion der modernen Männlichkeit. Frankfurt/M. 1997, S. 9–11, 27 ff., 34 f., 37–56. Auch Connell, Der gemachte Mann (wie Anm. 9), S. 209 f.

12 Vgl. Mosse, Bild des Mannes (wie Anm. 11), S. 9–11, 34 f., 37–56.

13 Vgl. dazu Daniel Morat: Kalte Männlichkeit? Weimarer Verhaltenslehren im Spannungsfeld von Emotions- und Geschlechtergeschichte. In: Die Präsenz der Gefühle. Männlichkeit und Emotion in der Moderne. Hg. von Manuel Borutta u. Nina Verheyen. Bielefeld 2010, S. 153–177, hier: S. 156.

14 Zum Krisendiskurs vgl. Detlev J. K. Peukert: Die Weimarer Republik. Krisenjahre der Klassischen Moderne. Frankfurt/M. 1987, sowie Moritz Föllmer, Rüdiger Graf u. Per Leo: Einleitung: Die Kultur der Krise in der Weimarer Republik. In: Die »Krise« der Weimarer Republik. Zur Kritik eines Deutungsmusters. Hg. von Moritz Föllmer u. Rüdiger Graf. Frankfurt/M. u. New York 2005, S. 9–41.

15 Morat, Kalte Männlichkeit (wie Anm. 13), S. 155 f.

16 Mosse, Bild des Mannes (wie Anm. 11), S. 192.

mosexuelle Männlichkeit; zum anderen durch veränderte Bilder von Weiblichkeit und Konstruktionen von neuen Frauenrollen im Hinblick auf Erwerbsarbeit,
politische und gesellschaftliche Partizipation sowie wissenschaftliche Betätigung, die sich sämtlich durch eine Betonung einer Unabhängigkeit von und einer
Gleichberechtigung gegenüber Männern auszeichnen.[17] Neben diesen Irritationen erschüttern der verlorene Krieg und die sich daran anschließende Demilitarisierung das Konstrukt und vermeintliche Idealbild hegemonialer Männlichkeit. Mehr noch: Die im Krieg erlittenen körperlichen und seelischen Verwundungen zahlloser Soldaten erschüttern in der Nachkriegszeit das noch zu
Beginn des Weltkriegs propagierte Bild des Kriegshelden, der entweder siegt oder
stirbt, ganz fundamental.[18] Im Folgenden möchte ich zeigen, wie sich die Darstellungen von Männlichkeit in den drei Romantexten Hausers in diesen zeitgeschichtlichen Rahmen einfügen.

1.   Der Mann als Pilot

Die Konstruktion von Männlichkeit im Typus des Piloten findet sich bei Hauser
insbesondere im Roman *Donner überm Meer*. Die Hauptfigur Fonck wird im
Roman zunächst als »Pilot einer Skandinavien-Deutschland-Linie« vorgestellt,
also als ein Berufsflieger. Nach dem Ersten Weltkrieg waren Piloten, so Erhard
Schütz, »mehr als nur militärische Helden.« Sie seien darüber hinaus »der Typus
eines neuen Menschen, sprich: Mann« gewesen.[19] Der Erzähler schildert Fonck
im Kapitel ›Schatten eines Flugzeugs‹ (DüM, S. 20–29) als Berufspiloten, der sich
durch Verlässlichkeit, Ruhe und Können auszeichnet und in großer Genauigkeit
sein Flugzeug zu steuern vermag: »Fonck lächelte: er hatte trotz schlechter Sicht
das Festland am gleichen Punkt erreicht wie immer« (ebd., S. 28). Fonck fokussiert sich vollkommen auf die Tätigkeit als Pilot und erscheint auf diese Weise
als die literarische Version eines Charles Lindbergh, der in den Zwanzigerjahren

---

17 Zu homosexueller Männlichkeit und anderen Männlichkeitsentwürfen vgl. unter anderem
    ebd., S. 118 u. 194–201; zur Weiblichkeitskonstruktion vgl. Hannelore Bublitz: Das Geschlecht
    der Moderne – Zur Genealogie und Archäologie der Geschlechterdifferenz. In: Das Geschlecht der Moderne – Zur Genealogie und Archäologie der Geschlechterdifferenz. Hg. von
    Hannelore Bublitz. Frankfurt/M. u. New York 2008, S. 26–48, hier: S. 45; Peukert, Die Weimarer Republik (wie Anm. 14), S. 101–106, und Mosse, Bild des Mannes (wie Anm. 11),
    S. 192 ff.
18 Zur Erschütterung des hegemonialen Männlichkeitstyps durch die Erfahrungen des Ersten
    Weltkriegs vgl. Morat, Kalte Männlichkeit (wie Anm. 13), S. 156 f.
19 Erhard Schütz: Flieger – Helden der Neotonie. Jugendlichkeit und Regeneration in Literatur,
    Massenmedien und Anthropo-Biologie. Eine Studie zur unspezifischen Modernität des
    ›Dritten Reiches‹. In: Reflexe und Reflexionen von Modernität 1933–1945. Hg. von Erhard
    Schütz u. Georg Streim. Bern, Berlin u. a. 2002, S. 83–107, hier: S. 85.

als Prototyp eines Berufspiloten gelten kann. Lindbergh, so beschreibt es Felix Ingold, verstand Fliegerei »als einen anspruchs- und verantwortungsvollen Beruf, welcher von dem, der ihn ausübt, permanenten Totaleinsatz verlangt und kaum noch Spielraum für individualistische Eskapaden offenlässt.«[20]

Als erfahrener Flieger bildet Fonck junge Männer zu Berufspiloten aus. Zusammen leben Lehrer und Schüler in einem Fliegerlager am Meer. Die Kameradschaft, von der der Erzähler hier berichtet, ist am militärischen Alltag orientiert, die Ausbildung ist streng und folgt einem straffen Stundenplan. Hauser präsentiert die jugendlichen Flugschüler als fröhlich und unbekümmert, die jungen Männer verteilen »scherzhafte Rippenstöß[e]« und erzählen »Witz[e] über den Kaffee« (DüM, S. 186).[21] Von diesen jungen Männern schlägt Fonck große Bewunderung entgegen, sie behandeln ihn als »Held[en]«, was ihn – so beschreibt es der Erzähler – »verlegen« macht (ebd., S. 185). Der Erzähler ergänzt, Fonck sei es »nicht gewohnt, mit ganz jungen Leuten umzugehen, nicht gewohnt, ein Held zu sein.« (Ebd.) Was bei den jungen Fliegern zählt, sind Foncks militärische Erfolge, die Zahl der von ihm im Gefecht abgeschossenen Flugzeuge. In der Beziehung zu diesen jungen Männern ergibt sich für Fonck die Möglichkeit, die Rolle des Helden und des Anführers einzunehmen und dementsprechend zu agieren. Zunächst fühlt er sich »in die Rolle« hineingedrängt, schließlich übernimmt diese aber »freiwillig« (ebd., S. 188). Fonck wird zur Leitfigur im Fliegerlager. Er bestimmt und dominiert innerhalb der Männergruppe. Er sitzt »am oberen Ende des Tischs« und steht »am oberen Ende der Waschtische« (ebd.). Fonck wird in der Schilderung der Situation im Fliegerlager ganz offensichtlich von seinen Schülern die Rolle des heroischen Fliegerhelden zugeschrieben – und er nimmt diese Zuschreibung schließlich zunächst zögernd, später »freiwillig« an.[22]

Die Konstellation des Fliegerlagers und das Erleben einer Kameradschaft mit den Flugschülern ermöglichen ihm, alles vermeintlich fragmentarisch Un-Männliche aus seinem Leben auszublenden: »Es war ein neues Leben, merkwürdig, vielseitig, es verlangte den ganzen Mann« (DüM, S. 186). Die Engführung durch den Fliegeralltag ermöglicht ihm, seine psychischen Belastungen zu verdrängen:

---

20 Felix Philipp Ingold: Literatur und Aviatik. Europäische Flugdichtung 1909–1927. Frankfurt/M. 1980, S. 270.

21 Für Schütz stehen die neuen Fliegerhelden nach dem Ersten Weltkrieg »für Klarheit, Reinheit, Schlichtheit, Sauberkeit, Unbekümmertheit, für das Frische, Einfache, Unkomplizierte, für das selbst Vertrauensvolle wie Vertrauenerweckende« (Schütz, Flieger (wie Anm. 19), S. 89). Die Heldenbilder sieht Schütz »diversifiziert und spektralisiert ins Sportive und Technische, umgeben von Schabernack und Alberei.« (Ebd., S. 92).

22 Zum Heroismus in der Fliegerei und deren literarischer Verarbeitung vgl. Ingold, Literatur und Aviatik (wie Anm. 20), hier insbesondere S. 214–277.

»Er vergaß. [...] [Das Fliegerlager] nahm den Leib, und indem es den Leib nahm, nahm
es die Seele. Es blieb am Abend einfach nicht mehr Kraft genug für quälende Gedanken.
Besser als jede Heilstätte der Welt dämpfte es die übersteigerte Erregbarkeit des Gehirns, besser als jede Droge schützte der neue Rhythmus gegen die Fieber des Herzens.
Ein Schmerz kann Rinde bekommen wie ein Baum.« (Ebd., S. 186f.)

Hinter der Fassade des erfolgreichen Piloten, der als Kriegsheld und Berufspilot
durchaus dem tradierten hegemonialen Männlichkeitskonzept entspricht, verbirgt sich offensichtlich ein aufgewühlter, sich quälender Mann, der Schmerz
empfindet – was er gegenüber den Flugschülern aber nicht zeigt, nicht zeigen
muss.

2.   Der Mann als Veteran

Ein dem Piloten durchaus verwandtes, aber dennoch konträres Männlichkeits-
konstrukt ist das des Veteranen. Fonck hat als Flieger am Ersten Weltkrieg
teilgenommen. Von den anderen Männerfiguren in Hausers Romanen erfahren
wir, dass der Krieg bei ihnen Spuren hinterlassen hat. Sie sind regelrecht vom
Krieg gezeichnet. Die Kriegserfahrung – so diagnostiziert es der Erzähler in *Notre
Dame von den Wogen* – führe in seiner Generation zu einer großen Schwäche und
Haltlosigkeit der Männer:

»Man war schwach; alle Menschen, die man kannte, waren schwach. Man suchte Stärke,
man brauchte etwas, um sich daran festzuhalten. – Und das war das Furchtbare, was
diese Generation des Krieges und der Revolutionen erlebte: daß alles, woran sie sich
festhalten wollte, ihr zusammenstürzte.« (NDW, S. 308)

Die Kriegsheimkehrer, so beschreibt es Daniel Morat, brachten »von der Front
zwar ihr Leben, aber kein intaktes Selbstbild als Mann« mehr zurück.[23] Den Krieg
überlebt zu haben, stellt im Roman *Notre Dame von den Wogen* für Jorg das
größte Defizit seiner Generation dar. In einem inneren Monolog stellt er fest:
»Wir sind verflucht, weil wir nicht im Krieg gefallen sind« (ebd., S. 355). Er
überhöht das Kriegserlebnis im Bild des Heldentods und begreift es als eine Form
von Mannwerdung: »Jung sind wir Jungen im Krieg zu Männern geworden, zu
jung.« Im Krieg haben er und die anderen jungen Männer zwar »Schreckliches«
erlebt, aber dennoch war für ihn das Kriegserlebnis das »Größte in unserem
Leben, danach kam nicht mehr viel« (ebd., S. 354). Jorgs Gedankenstrom wird zu
einem Gebet. Er bittet Gott: »Und uns schenke den Tod, den anständigen, den
kriegerischen Tod« (ebd., S. 355). Was hier zunächst wie eine Überhöhung des
Heldentods klingt, wird allerdings im nächsten Absatz zynisch gebrochen:

---

23 Morat, Kalte Männlichkeit (wie Anm. 13), S. 157.

»Schenke ihn uns, den guten Tod im Kampf für eine verlorene Sache« (ebd.,
S. 35). In diesem Wunsch offenbart sich einer der Auslöser der inneren Zerrüt-
tung eines Veteranen: Er hat weder den Krieg gewonnen, noch ist er den Hel-
dentod für die Ehre und das Vaterland gestorben.

Das Sterben im Gefecht und der Schrecken der Kriegsgräuel erscheint in den
untersuchten Romanen auch als Inhalt von Albträumen. Vor Jorgs innerem Auge
erscheint, als der Kapitän der Notre Dame das Segelschiff bewusst zerstört, ein
»Straßenkampf der Nachkriegszeit« (NDW, S. 356). Er sieht sterbende »Kameraden«, ein Soldat wird so getroffen, dass ihm das Blut »aus der Schlagader«
springt, »stoßweise, ein Springbrunnen, das Pflaster überflutend« (ebd., S. 356).
Mit vergleichbarer Schonungslosigkeit schildert der Erzähler auch *In Donner
überm Meer* Foncks Traum, den der Pilot »nach jedem großen Flug« träumt
(DüM, S. 66). Es ist ein »wilder Traum von Krieg, von Straßengefechten« mit
»Maschinengewehrfeuer« (ebd., S. 66f.). Anders als Jorg sieht Fonck sich selbst
im Traum bluten, er sieht »seine Brust wie einen Berg, sie atmete, und aus der
Mitte sprang ein dicker Blutstrahl« (ebd., S. 67). Es ist ein »schauerliches Warten
auf den Tod« (ebd.).

Auch Skeel in *Noch nicht* träumt die »alten, bösen Träume[] von Wieder-
Krieg«. In diesen Träumen tauchen »seltsame Kriegsmaschinen« auf (NN, S. 28).
Diese bedrohen Skeel, in dem sie »in unerbittlichem Vormarsche« alle Straßen
abriegeln, weswegen er das Gefühl hat, dass es für ihn »kein Entrinnen« mehr gibt
(ebd., S. 28). Die Maschinen verwandeln sich in lebendige Wesen, vor denen er im
Traum fliehen muss.[24]

Die in den erzählten Träumen dargestellten Gewalterfahrungen verweisen
allesamt auf die für den Ersten Weltkrieg charakteristische Kriegsführung, die
anders als die kriegerischen Auseinandersetzungen des 19. Jahrhunderts ganz
maßgeblich von Maschinen und dem Einsatz von modernster Technik bestimmt
war. Joachim Radkau beschreibt sie als eine »technisiert[e] Massenschlächterei«,
die »von vielen Beteiligten als Technikschock, von manchen auch als Technik-
rausch« erlebt worden sei.[25] Insbesondere in Hausers fiktionalen Werken ist
erkennbar, dass dieser Krieg bei den männlichen Figuren keinerlei rauschhafte
Zustände (wie etwa in den Werken eines Ernst Jüngers) ausgelöst hat. Im Gegenteil: speziell in den Schilderungen der grausamen Albträume wird die
Schockwirkung, die der Einsatz von Kriegstechnik auslöst, deutlich sichtbar. Die
in vielen Texten nach dem Krieg beschriebene Angst vor der Kriegsmaschinerie
verstärkt die nach 1918 ohnehin präsente Technikskepsis, die von der Litera-

---

24 Zur Lebendigkeit von Maschinen in Hausers Werken vgl. Mirjam Schubert: Das Verhältnis
    von Mensch und Maschine im Werk Heinrich Hausers. Berlin u. a. 2021, S. 204–241.
25 Joachim Radkau: Technik in Deutschland. Vom 18. Jahrhundert bis heute. Frankfurt/M. u.
    New York 2008, S. 254.

turgeschichtsschreibung (zu Unrecht) nicht selten vor allem dem Spektrum des Expressionismus zugeordnet wird.[26] Die sprachlichen Manifestationen der Angst in den Traum-Schilderungen in Hausers Romanen lesen sich geradezu wie Schlüsselerzählungen für die Diagnose eines posttraumatischen Belastungssyndroms von Kriegsheimkehrern. In diesen Albträumen zeigt sich: Der Krieg hat die männlichen Romanfiguren Hausers zwar nicht körperlich versehrt, aber sie werden als psychisch dekompensierte und schwer traumatisierte Personen vorgestellt, die unter ihren Albträumen leiden und tagsüber nur unter großen Mühen und zum Teil widerwillig nach außen die Fassade hegemonialer Männlichkeit aufrechterhalten können.

3.   Der Mann als Vater

Das Vatersein und Vaterwerden spielt in Hausers literarischen Texten – insbesondere in *Noch nicht* und in *Notre Dame von den Wogen* – eine signifikante Rolle. Auffällig ist, dass die Auseinandersetzung mit Vaterschaft in Hausers Werk deutlich abweicht von den vorherrschenden Beschreibungsmustern der Zwanziger- und Dreißigerjahre in diesem thematischen Feld. In zahlreichen (literarischen) Texten dieser Zeit werden Vater-Sohn-Konstellationen, wie beispielsweise Barbara Stambolis gezeigt hat, aus der Perspektive des Kindes (meist des Sohns) erzählt. Sie thematisieren häufig Vater-Sohn-Konflikte oder ganz allgemein die Folgen der (in Nachkriegszeiten typischen) Vaterlosigkeit.[27]

In *Noch nicht* ist Skeels Vaterwerden ein ganzes Kapitel gewidmet (›Ein Kind bekommen‹, NN, S. 28–34). Skeel schildert darin die Geburt seiner Tochter. Nachdem er seine Frau Deirdre zunächst ins Krankenhaus begleitet hatte, wird er in der Nacht der Klinik verwiesen. In Form eines Gedankenstroms artikuliert Skeel seine Hilflosigkeit angesichts des Geburtsgeschehens: »Männer sind lächerlich. Männer versuchen sich hineinzusetzen in die blutigen Schmerzen der Frau; sie sollten wissen, wie unmöglich das ist.« (Ebd., S. 32) Am nächsten Morgen kehrt er ins Krankenhaus zurück und ist zunächst überwältigt von Deirdres Zustand: »Und mich durchschüttelt eine Ahnung von der Gewalt der

---

26 Siehe zum Beispiel Oswald Spengler: Der Untergang des Abendlandes. Umrisse einer Morphologie der Weltgeschichte. Bd. 2: Welthistorische Perspektiven. 58.–59. Aufl. München 1923 [1918]. Dieser Text schließt mit einer sehr pessimistischen Einschätzung des Verhältnisses von Mensch und Maschine. Vgl. dazu im Überblick Thomas Anz: Literatur des Expressionismus. 2. aktual. und erw. Aufl. Stuttgart u. Weimar 2010, S. 120–123; Karlheinz Daniels: Expressionismus und Technik. In: Expressionismus als Literatur. Gesammelte Studien. Hg. von Karlheinz Daniels. Bern u. München 1969, S. 171–193.

27 Vgl. Barbara Stambolis: Befreiung von den Vätern, Vatersehnsucht und Vaterlosigkeit. Historische Diskurse im 20. Jahrhundert. In: figurationen 2 (2005), S. 33–48.

Schmerzen« (ebd., S. 33 f.). Doch dann nimmt er das Kind wahr: »Ich habe eine
Tochter, ich habe eine Tochter.« Er ruft aus: »Ein Kind, wir haben ein Kind, und es
soll Lele heißen.« (Ebd., S. 34) Im Verlauf des Textes präsentiert sich Skeel selbst
immer wieder als liebevoller Vater, der sich um seine Tochter und um ihr Auf-
wachsen sorgt, wie im Briefkapitel ›Christian an Lele‹ (ebd., S. 37–41). Allerdings
ist Skeel ein abwesender Vater, der häufig verreist und schließlich, während er auf
einer langen Reise ist, von Frau und Kind verlassen wird:

> »Die Nacht, als ich nach Hause kam, nach meiner langen Reise, fiebernd den Schlüssel
> drehte – fiebernd zum Kinderzimmer stürzte […] und auf Zehenspitzen nahte ich dem
> Bett, zitternd vor Freude. […] Es war kalt, das kleine Bett. Es rührte an mein Herz wie
> Eis. Ich schrie […] leer! Leer! Leer!« (Ebd., S. 108 f.)

Skeel fühlt sich durch die Abwesenheit des Kindes existenziell alleingelassen.
»Mein Gott, warum hast du mich verlassen!«, schreit er verzweifelt wie Jesus am
Kreuz.[28] Konträr zu dieser tiefgreifenden Einsamkeit des verlassenen Vaters
endet *Noch nicht* mit dem Kapitel ›Lele träumt‹ (NN, S. 229–235). Hier lässt
Hauser seinen Ich-Erzähler am Ende des Romans zum Kind zurückkehren.
Wieder betritt der Vater das Schlafzimmer der Tochter, aber diesmal ist sie da:
»Wie sie nur liegt: Ganz auf der Seite und zusammengerollt« (ebd., S. 229). Der
Vater bleibt nicht in seiner Verlassenheit zurück. Der Autor Hauser hält es in der
Schwebe, ob in den lyrisch-fragenden, fast traumartig scheinenden Sätzen des
Ich-Erzählers die tatsächliche literarische Welt oder ein vom Ich-Erzähler ima-
giniertes ideales Zusammensein mit der Tochter geschildert wird. Die Äuße-
rungen wirken so, als ob der Ich-Erzähler hier einen hohen Grad an innerer
Ausgeglichenheit und Zufriedenheit erlangt hat. Er scheint versöhnt zu sein mit
sich und seiner Rolle als Vater: »Es ist so friedlich in mir« (ebd., S. 235).

Auch Jorg in *Notre Dame von den Wogen* ist ein abwesender Vater, der immer
wieder verreist und seine Kinder verlässt. Der Kapitän der Notre Dame spricht
Jorg direkt auf seine Familienverhältnisse an: »›Sie haben Kinder?‹ ›Ja. Zwei.
Junge und Mädchen.‹ ›Und da fahren Sie mit uns?‹« (NDW, S. 32) Der Kapitän
legt mit seinen Fragen zielsicher den Finger in Jorgs größte Wunde: »Jorg starrte
mit brennenden Augen auf Andersson. Wie war der Mann an diesen Abgrund
geraten?« (Ebd., S. 33) Offensichtlich ist sich Jorg bewusst, dass sein Verhalten
den Kindern gegenüber nicht dem entspricht, was von ihm in seiner Rolle als
Vater von anderen Menschen erwartet wird. Er weiß auch, dass seine Kinder
ihren Vater vermissen – zumindest erinnert er sich während seines Aufenthalts
auf dem Segelschiff an eine Abschiedsszene voller Enttäuschung: »Er sah sich
selbst vor seinem Haus ins Auto steigen und hörte die Stimme seines kleinen
Jungen, enttäuscht – und gleichgültig: ›Ach, er fährt schon wieder weg, der Vater

---

28 Vgl. Matthäus 27,46 bzw. Psalm 22,2.

– immer fährt er von uns weg, der Alte, Dumme …‹« (Ebd., S. 35) Dieses Wissen führt dazu, dass er versucht, seine Abwesenheit durch Geschenke zu kompensieren: »Die Kinder: zu Weihnachten sollten sie an den Vater erinnert werden.« (Ebd., S. 9) Deswegen besorgt er noch vor seiner Abreise mit der Notre Dame, also im September, Weihnachtsgeschenke, die dann vom Spielzeuggeschäft zur rechten Zeit versandt werden sollen. Während seiner Fahrt auf See denkt Jorg häufig über sein Vatersein nach und stellt fest, dass er gescheitert ist: »Himmel! War das denn wieder gutzumachen [sic!], wieder einzuholen, dieser Verlust an Leben mit den Kindern?« (Ebd., S. 223)

Im Reportagebuch *Fahrten und Abenteuer im Wohnwagen* tritt die Reporterfigur ebenfalls als Vater in Erscheinung und berichtet über das Vatersein. Dieses gebe »der Arbeit eines Mannes immer einen starken Auftrieb. Er spürt eine neue Verantwortung, das verdoppelt seine Kraft und seine Aktivität« (FAW, S. 11). Vor der Geburt des Kindes unterscheidet der Reporter ausdrücklich typisch mütterliche Aufgaben zur Vorbereitung (»bei all der Näherei kann ihr [d. h. der werdenden Mutter] der Mann nicht helfen« (ebd., S. 8)) von den typisch väterlichen: der Vater baut eine Wiege (ebd.). Während der Fahrt durch Deutschland im Wohnwagen übernimmt der Reporter aber auch pflegerische Aufgaben, zum Beispiel ist er verantwortlich für das abendliche Bad: »Wenn wir satt sind, dann geht es noch einmal hinaus in die Regennacht, denn es ist meine Aufgabe, die Rolle zu baden, und das tut sich besser im Freien als in unserem engen Raum« (ebd., S. 105). Bei den abendlichen Mahlzeiten, schreibt der Reporter explizit, fühle er sich »ganz [als] Hausherr und Familienvater« (ebd.), was ihn offenkundig mit großer Zufriedenheit und Sentimentalität erfüllt:

> »Es ist ein schöner Augenblick, wenn unsere Kinder in ihren Betten liegen […], das kleine noch schmatzend von der Wollust der letzten Flasche, das große die Augen schon voll Schlaf, die Arme ausgestreckt zum Gute-Nacht-Kuß. Wie reich sind wir doch. Wie schön ist viele Arbeit und Mühe, wenn sie Kindern dient.« (Ebd., S. 105 f.)

Als größten Erfolg der Reise im Wohnwagen beurteilt er am Ende der Reportage die Tatsache, dass seine Kinder nach der Reise in »bestem Zustand« sind: »Gewichtszunahme und allgemeine Entwicklung sind übernormal gut« (ebd., S. 279). Die Kinder seien nie krank gewesen und hätten während der Fahrt fast jeden Abend ein warmes Bad bekommen (ebd.). Hauser präsentiert sich in diesem Reportagetext als fürsorglicher Vater, der sich aktiv an der Familienarbeit beteiligt. Anders als die Männerfiguren in den Romanen stellt die Vaterschaft den Reporter nicht vor eine innere Zerreißprobe, sondern die Vaterrolle treibt ihn an, stärkt ihn und verleiht seinem Tun eine befriedigende Sinnhaftigkeit.

4.   Der Mann als Partner

Die in den fiktionalen Texten erzählten Männerfiguren werden in der Regel auch als Partner, Ehemänner oder Liebhaber vorgestellt. Die Frau an sich scheint für Fonck in *Donner überm Meer* Ausgangspunkt und Ziel all seines Tuns und Denkens zu sein: »Es kommt mir vor, als ob alles, was ein Mann sich wünscht: gute Arbeit, Schaffensdrang, Erfinderglück, große Ziele, als ob alles eins wäre: Sehnsucht nach der Frau« (DüM, S. 100).

Fonck wird gleichwohl recht überraschend zum Liebhaber. Im Kapitel ›»Aus«, dachte Fonck‹ (DüM, S. 76–83) lernt er die Großstadtfrau Lala kennen. In einem Bus taumeln sie aufeinander und die beiden küssen sich unvermittelt – ohne zuvor ein Wort miteinander gesprochen zu haben (siehe ebd., S. 78 f.). Nach diesem wortlosen Kennenlernen folgt Fonck Lala aus dem Bus zu einem Haus, in dem sie, wie er erst später erfährt, eine Abtreibung vornehmen lässt. Nachdem sie ziemlich erschöpft das Haus wieder verlässt, nimmt er sie über Nacht mit in sein Fliegerlager. Dabei ist er unsicher, wie er mit der Situation umgehen soll: »Was sollte man tun mit einer Frau, die nicht nach Hause wollte, die man nicht fragen konnte, was ihr geschehen war« (ebd., S. 94). Die gemeinsam verbrachte Nacht ist durch Kühle, Distanz, Anspannung und Regungslosigkeit gekennzeichnet (vgl. ebd., S. 100). Fonck hat den Eindruck, dass sich zwischen ihn und die Frau »etwas wie eine Glaswand« (ebd., S. 101) schiebe. Zwar spürt er Lalas Versehrtheit (durch die stümperhaft vorgenommene Abtreibung), er kann ihren Zustand aber weder für sich einordnen, geschweige denn mit ihr darüber ins Gespräch kommen.

Das – zumeist sprachlose und kommunikationsarme – Zusammensein mit Lala, in dem jedes Wort eine »Gefahr« (DüM, S. 209) darstellt, verwirrt und quält Fonck. Er selbst reflektiert dies mehrfach, wobei seine Gedanken in der Form des inneren Monologs präsentiert werden. Schweigend neben Lala stehend denkt Fonck, er habe sich »in sie hineingewühlt« und habe sie in »wahnsinnigen Kämpfen mit Haß und Liebe […] ganz zermahlen« (ebd., S. 212). Im Kapitel ›Gespräch mit einer Toten‹ (ebd., S. 229–231) beschreibt Fonck seine Unfähigkeit, mit Lala wirklich in Kontakt zu treten: »Merkwürdig: nie sind Sie mir fremder und unerreichbarer erschienen, als wenn Sie lebend mir am allernächsten waren.« (Ebd., S. 229) Im Kapitel ›Gespräch mit einem unbekannten Herrn‹ charakterisiert er Beziehungen zwischen Menschen als eine Art Finanztransaktion, bei der statt Geld oder Wertpapiere Gefühle gehandelt werden. In dieser Form der Beziehung versuche man, so Fonck, »nicht zu lieben, um nicht zu leiden, um den größeren Lustgewinn davonzutragen« (ebd., S. 156). In den inneren Monologen wird Foncks Unsicherheit und Angst vor Verletzung deutlich. Liebe assoziiert er automatisch mit Leiden, Lust ohne Emotionen scheint ihm erstrebenswerter zu sein.

Die Gefühle, die er für Lala empfindet, versucht Fonck im Fliegerlager durch die Konzentration auf die Arbeit und die Gemeinschaft mit den Flugschülern auszublenden. Das Fliegerlager fungiert für Fonck als ein Fluchtort, ein Rück-zugsraum, in dem er seine Erlebnisse mit Lala und die durchlebten Emotionen zu verdrängen sucht. Am Ende aber verursachen Lala und ihr trauriges Schicksal, das in den Tod führt, bei Fonck einen außergewöhnlichen Gefühlsausbruch, der ihn »[a]usgeschöpft und leer« zurücklässt: »Die Verzweiflung, das Gefühl völliger Hilflosigkeit, das Zuspät, das keine Hoffnung übrigließ, haben mich verhärtet, haben mich verwildert zur Ohnmacht einer sinnlosen Wut« (DüM, S. 231).

In *Noch nicht* montiert der Erzähler unter der Überschrift ›In die Ferne den-ken‹ abwechselnd Äußerungen von Christian Skeel und Deirdre hintereinander. Beide Personen kommen in einem fingierten Dialog zu Wort, dessen Äußerungen sich allerdings nicht explizit aufeinander beziehen. Während Deirdre ihrer Sehnsucht, ihrer Liebe, ihrer Erinnerung und schließlich ihrer emotionalen Ent-fernung von Christian Ausdruck verleiht: »Ich fühle, wie wir immer weiter aus-einanderkommen. Wir brauchen uns nicht mehr, es wird immer leichter getrennt zu sein« (NN, S. 104), artikuliert Skeel Schmerz und Unbehagen über sein Un-vermögen, mit dieser Frau eine Beziehung zu führen: »Der Mann weiß es schon. Er kämpft und ist doch schon besiegt. Er weiß: Ich bin kein guter Mensch, versuche immer, gut zu sein, und kann es nicht. Ich kann mit dieser Frau nicht weiterleben. Habe es doch versucht, habe uns beide fast damit kaputt gemacht.« (Ebd., S. 92) Später gesteht er: »Ich liebe dich sehr; auf meine verdammte Art, die so wenig gibt« (ebd., S. 96). Er schildert sich selbst als einen »Gefangenen« (ebd., S. 102) in der Beziehung, befürchtet, dass er seine Frau »mit meinem Wesen zerstöre«. Er sagt über sich selbst in der dritten Person: »Deine Liebe hat er von sich abgestoßen, deine schönen Augen hat er getrübt mit Tränen« (ebd., S. 103). Deirde scheint im Gegensatz zu Skeel in der Lage zu sein, mit der geschilderten Situation umzuge-hen: »Bis zur letzten Sekunde quäle ich mich furchtbar, und dann schnappt eine Feder um, und alles ist ganz anders« (ebd., S. 104). Was sich dahinter verbirgt, erfährt man im nächsten Kapitel, in dem Deirdre Skeel vor vollendete Tatsachen stellt: sie zieht mit der gemeinsamen Tochter aus der Wohnung aus und verlässt Skeel unangekündigt, während dieser auf Reisen ist. Als er zurückkehrt, findet er nur noch die »eisig[e] Leere meiner verlassenen Wohnung, die die leichenhafte Hülle meiner Ehe ist«, vor (ebd., S. 104f.).

Sowohl das Zusammenleben mit seiner Frau als auch die Trennung von ihr entziehen Christian Heinrich Skeel seinen eigenen Schilderungen zufolge seine Kraft: »Wenn wir eine Frau verloren haben, sind wir mit einemmal [sic!] fremd auf der Welt. Fremd wie Schiffbrüchige, erschöpft, kraftlos vor Schmerz« (NN, S. 136). Nachdem Deirdre ihn verlassen hat, lebt Skeel in einem leerstehenden, »ausgeräumten« (ebd., S. 121) Hotel am Elbufer in der Nähe des »Altonaer Wasserwerk[s]« (ebd., S. 124) und verbringt viel Zeit am Strand an »dem hohen Ufer bei Schulau« (ebd., S. 127). Er wirkt schwach und verzweifelt, ohne Ziel und Plan. Die ihn beherrschenden Gefühle empfindet er als ein Gefängnis, aus dem er nicht entkommen kann: »Ich bin gefangen. Ich bin der Gefangene meiner inneren Not. Ich kann nicht ausbrechen aus mir selbst« (ebd., S. 124). Skeel bezeichnet seine Existenz als »Qual«. Er empfindet eine »Sinnlosigkeit« (ebd., S. 123) der eigenen Existenz und fühlt sich »krank von den Erlebnissen einer furchtbaren Zeit« (ebd., S. 157). Schließlich stellt er sich und sein Dasein ganz grundlegend in Frage: »Himmel, was ist das für ein Leben, das ich führe. Hat das denn einen Sinn. Ist es denn möglich, daß es mit dreißig Jahren mit mir schon so zu Ende ist. Für wen bin ich noch da, zu was bin ich noch nutze.« (Ebd.)

Der Mann in der Rolle als Partner spiegelt sich nicht nur direkt in Beziehungen mit Frauen wider, sondern auch indirekt im Gespräch mit einem anderen Mann über die Beziehung zu einer Frau. In *Noch nicht* berichtet der Erzähler von einer Zugreise Skeels mit dessen Freund Liam nach Paris. Es ist eine ungeplante Reise, ohne Gepäck. Der Zweck dieser Reise ist vor allem, etwas zurückzulassen, nämlich »unsere Frauen [...] wie alle unsere Pflichten« (ebd., S. 80).

Auf der Reise sprechen die beiden Männer über Frauen. In dem Gespräch thematisieren sie auf lakonische und auch zum Teil zynische Weise die Rolle, die sie in den Beziehungen zu ihren Frauen und zu ihren Kindern einnehmen: »›Fühlst du dich eigentlich verheiratet?‹ Liam: ›Nein; fühlst du dich wie ein Vater?‹ ›Nein. Ich fühle mich verantwortlich, aber nicht als Vater. Frage nicht.‹« (NN, S. 89) Liam und Skeel entwickeln in diesem Gespräch nach und nach ein (selbstkritisches) Bild von Männlichkeit, das sie als gewaltvolle, rücksichtslose Männer charakterisiert, die ihre Partnerinnen wie Gebrauchsgegenstände abnutzen und gleichsam verbrauchen:

> »Liam: ›Wir taugen nicht für Frauen.‹ ›Wir zerstören sie. Wir sprengen sie auseinander. Wir dringen ein in ihre Schwäche wie Rost in rissiges Metall.‹ Liam: ›Wir zerstören sie nicht wirklich; wir machen sie nur unbrauchbar für uns. Wir schöpfen sie aus und sehen sie dann nicht mehr.‹ ›Wie Marder, die mehr töten, als sie fressen können.‹« (Ebd., S. 87 f.)

In ihrem Gespräch reflektieren Skeel und Liam ihre Rolle als Partner von Frauen, in dem sie die Gewalt, die sie an den Frauen ausüben, metaphorisch beschreiben. Skeel ist sich bewusst, dass – so gibt der Erzähler dessen Gedanken wieder – seine »Art zu existieren entsetzlich, menschenunwürdig und überhaupt nicht menschlich ist« (ebd., S. 91). Er bewertet sein Verhalten als grausam und menschenverachtend, sieht aber offenkundig keine Möglichkeit, dieses Verhalten zu ändern.

5.   Überwindung der Schwäche

Zu Beginn des Romans *Notre Dame von den Wogen* beschreibt der Erzähler die
Hauptfigur Jorg als einen Mann, der sich »fühlte wie einer, der sich die Pulsadern
aufgeschnitten hat; der Strom des Lebens war fast ganz ausgelaufen, er war blaß,
matt, lächerlich schwach und leer, völlig leer. Wenn er jetzt heulte, dann geschah
das einfach aus Schwäche. Die letzte Kraft zum Schmerz war verbraucht«
(NDW, S. 9).

Solche Zuschreibungen von Schwäche, Kraftlosigkeit und Verzweiflung zeichnen nicht nur Jorg, sondern alle drei hier vorgestellten Männerfiguren der Romane aus. Zur Überwindung von entsprechenden Ohnmachts-Gefühlen begeben
sich die so charakterisierten Männer häufig in die Nähe von Maschinen. In
Donner überm Meer ist es das Flugzeug, mit dem der Pilot Fonck sich eng
verbunden fühlt. Die Maschine scheint Fonck regelrecht zu durchdringen. Der
Pilot differenziert nicht mehr zwischen seinem eigenen Körper und der Maschine, sondern fühlt sich als Motor, als Steuerungsapparat und als Messgerät des
Flugzeugs. Er spürt die Maschine so, als sei sie Teil seines eigenen Körpers und
fühlt darüber hinaus die Kraft der Maschine auf seinen Körper übergehen
(DüM, S. 26).

Im Roman *Noch nicht* erfährt Skeel »Trost und Stärkung« (NN, S. 126) durch
das »Elektrizitätswerk Unterelbe« (ebd., S. 125).[29] Bei diesem Kraftwerk sucht
Skeel Zuflucht. Es scheint über all jene Eigenschaften zu verfügen, die Skeel an
sich und in seinem Leben vermisst, es ist etwas »Großes und Starkes« (ebd.,
S. 126). Skeel wünscht sich, genau wie dieses Kraftwerk zu sein:

> »Ich möchte eine Dynamomaschine sein mit sausendem Anker, von Strömen durch-
> flossen, mit einem Gesang von knatternden Funken zwischen den Kohlebürsten, sauber
> von blitzendem Kupfer und öligem Stahl. Schwingend mit zweitausend Touren, mit sich
> reißend einen Strom von Luft, Kraft empfangend und verwandelnd.« (Ebd., S. 126f.)

Die sowohl physische als auch psychische Hinwendung der männlichen Romanfiguren zu Maschinen kann als Versuch gedeutet werden, mit ihrer »inneren
Not« (ebd., S. 124) umzugehen. In Situationen der Instabilität und des Sich-
selbst-Infragestellens bieten die Maschinen den Männern Stabilität und Verlässlichkeit, Kraft und Stärke. Die in den Erzählungen Hausers nicht selten ge-
schilderte Vision einer Einheit zwischen Mensch und Maschine ermöglicht den
versehrten Männern schließlich, den Kontrollverlust (in zwischenmenschlichen

---

29 Dieses Elektrizitätswerk war zu Hausers Zeit eines der modernsten Kraftwerke, das große
   Mengen an Strom produzieren konnte. Das Kraftwerk wurde Ende 1928 nach anderthalb-
   jähriger Bauzeit eröffnet und ersetzte ein kleineres Vorgängerkraftwerk (vgl. dazu o. Verf.:
   Das Kraftwerk Altona (Schulau) in Betrieb. In: Amtsblatt der Stadt Altona. Bekanntma-
   chungen der städtischen Behörde 8/46 (1928), S. 2).

Beziehungen) und die Unsicherheit (hinsichtlich der tradierten Rollenver-
ständnisse) bis zu einem gewissen Grad zu kompensieren.[30]

Dass Maschinen in einer als unstet wahrgenommenen Gegenwart Orientierung und Verlässlichkeit bieten, ist in den Zwanziger- und Dreißigerjahren indes
kein Spezifikum der Texte Heinrich Hausers. Hausers Zeitgenosse Ernst Günther
Gründel stellt beispielsweise fest, dass Maschinen »in einer Welt der Verlogen-
heit, Unfähigkeit und Unsicherheit […] das einzig Zuverlässige, exakt Arbeitende, niemals Enttäuschende« sind.[31]

In den Romanen Hausers bleibt der Wunsch der männlichen Hauptfiguren
nach Teilhabe an maschineller Kraft und Verlässlichkeit allerdings unerfüllt. So
stellt etwa Skeel in *Noch nicht* ernüchtert fest: »Nein: es nimmt mich nicht mit,
das Werk, es nimmt mich nicht auf in seine Kraft.« (NN, S. 127) Die Stärkung
durch die Maschine verharrt im Stadium des Wunschdenkens und der Illusion.[32]

6.   Der ängstliche Mann

Zusammenfassend kann festgehalten werden, dass Hausers männliche Roman-
figuren (in den drei vorrangig untersuchten Romanen) vielschichtig gestaltet sind
und in dieser Vielschichtigkeit auf die zeitgenössische Problematik der Männ-
lichkeitskonstruktionen hindeuten. Die in den Romanen vorgestellten Bilder von
Männlichkeit lassen sich allesamt durch die Attribute Gebrochenheit, Angst,
Erschöpfung und Schmerz näher charakterisieren. Den vorgestellten männlichen
Romanfiguren ist es nahezu unmöglich, mit anderen Menschen zusammenzu-
leben und ihren Platz in der Gesellschaft zu finden. Stattdessen fliehen Hausers
Männerfiguren vor anderen Menschen und ziehen sich an abgelegene, einsame
Orte zurück. Sie taugen zwar nicht als Antipoden zu den idealisierten Bildern
hegemonialer Männlichkeit, wie sie in der Gesellschaft des Kaiserreichs noch bis
zum Ende des Ersten Weltkriegs dominant gewesen waren. Ihre physisch deso-
laten Zustände und die geschilderten äußeren Umstände, in denen sie sich als
Personen befinden, verbieten es ihnen aber, diesen idealisierten Vorstellungen
weiter zu folgen. Stattdessen scheint ihr Leben von einer »Lebensangst« geprägt zu
sein, wie sie etwa Karl Jaspers 1931 in seiner Schrift *Die geistige Situation der Zeit*
als ein Teil des Lebensgefühls der Menschen seiner Zeit diagnostiziert. Diese
Lebensangst, so Jaspers, sei »der unheimliche Begleiter der modernen Men-

---

30 Zum Wunsch Skeels, eine Dynamomaschine zu sein, vgl. ausführlich Schubert, Verhältnis
    (wie Anm. 24), S. 197–199.
31 Ernst Günther Gründel: Die Sendung der Jungen Generation. Versuch einer umfassenden
    revolutionären Sinndeutung der Krise. München 1932, S. 140.
32 Zum Wunsch der hauserschen Figuren nach Stärkung durch und Verschmelzung mit Ma-
    schinen vgl. Schubert, Verhältnis (wie Anm. 24), S. 195–204.

schen«.[33] Hauser selbst notiert im Jahr 1934 – und zwar erstaunlicherweise in seiner (fiktionalen) Autobiographie *Kampf* –: »Angst, der Lebensinhalt des modernen Menschen!« (KGe, S. 268) In seinen Romanen aus der Zeit der Weimarer Republik schildert Hauser seine männlichen Figuren als Akteure einer krisenhaft wahrgenommenen, existenzerschütternden Gegenwart, womit er sich zweifellos in den zeitgenössischen Krisendiskurs einschreibt. Hauser kommt damit der (neusachlichen) Forderung nach einer Präsentation kalter, sachlicher Männlichkeit, wie sie u. a. von seinem Zeitgenossen Kurt Pinthus propagiert wurde, nicht nach. Baureithel vertritt in diesem Zusammenhang die Ansicht, dass die Orientierung am Sachlichen dazu dienen sollte, »von der Weltblamage des männlichen Prinzips abzulenken und der gestrandeten Männergeneration vorläufigen Halt zu verschaffen«.[34] Hauser dagegen erzählt in seinen Romanen offen und vergleichsweise präzise von der wahrgenommen Realität genau dieser gestrandeten Männergeneration, die in ihrer Gegenwart keinen Halt mehr findet. Er bietet in seinen belletristischen Texten der Zwanziger- und frühen Dreißigerjahre seiner Leserschaft gerade nicht den (neu)sachlich kalten Männlichkeitsentwurf zur Orientierung an, sondern er erzählt am Beispiel seiner Männerfiguren von Schwäche und Orientierungslosigkeit. Für Hausers Männerfiguren in den Romanen kann mithin gelten, was Georg Lukács bereits angesichts des Ausbruchs des Ersten Weltkriegs für die Gegenwart des frühen zwanzigsten Jahrhunderts hellsichtig diagnostiziert: »Kontingente Welt und problematisches Individuum sind einander wechselseitig bedingende Wirklichkeiten.«[35]

Teilweise andere Schilderungen und Konstruktionen von Männlichkeit lassen sich in den vermeintlich faktualen Texte Hausers aus den Dreißigerjahren finden, die hier nur kurz erwähnt wurden. Fast wie eine Art Huldigung an einen hegemonialen Männlichkeitstypus wirken Teile des Reportagebuchs *Fahrten und Abenteuer im Wohnwagen* und der fiktionalisierten Autobiographie *Kampf*. Junge Männer, so Hauser in *Kampf*, haben »das Ideal der körperlichen Leistung, de[n] Sinn für schöne und gesunde Körper« (KGe, S. 265) erkannt. Die jungen Menschen mit ihren »gut gewachsenen, disziplinierten Körper[n] werden sich nicht mehr hineinpressen lassen in verkalkte Formen« (ebd., S. 265 f.). Sie sind für Hauser »eine einzige Verschwörung« und in der Lage, den »Kampf gegen die Trägheit« aufzunehmen und eine »neue Rassigkeit« gewinnen zu können (ebd., S. 266). Auf seiner Fahrt mit dem Wohnwagen durch Deutschland schreibt der Reporter beeindruckt, dass »die neue Jugend, die uniformierte, straffe, zielsichere Jugend« sein »stärkste[r] Eindruck auf der Landstraße« (FAW, S. 76) sei.

---

33 Karl Jaspers: Die geistige Situation der Zeit. Berlin u. Leipzig 1932, S. 55.
34 Baureithel, Kollektivneurose (wie Anm. 2), S. 129.
35 Georg Lukács: Die Theorie des Romans. Ein geschichtsphilosophischer Versuch über die Formen der großen Epik. Neuwied. 10. Aufl. Darmstadt 1986 [1916], S. 67.

Diese heroisch-verherrlichende Männlichkeit, gepaart mit unverhohlenem Jugendpathos kontrastiert Hauser mit der Schilderung der »fast unzähligen Gestalten wandernder Arbeitsloser, die den stärksten und traurigsten Eindruck hervorriefen.« (Ebd., S. 75 f.). Auch in *Kampf* stilisiert Hauser die »jungen Männer« zum Gegenbild der »trostlosen Menschen, die in den letzten Generationen zu Massen zusammengestampft worden sind« – und von denen er die meisten als hoffnungslos »verloren« ansieht (KGe, S. 265). Hauser stellt hier zwei Formen von Männlichkeit einander gegenüber: Hier die männliche Jugend, an deren Körpern der Reporter ihre Stärke und Zukunftsfähigkeit zu erkennen glaubt, dort die (älteren) Männer, die durch Kriegserfahrung und Arbeitslosigkeit aus seiner Sicht eine bemitleidenswert degenerierte Männlichkeit repräsentieren, trostlos, traurig und undiszipliniert.

Hauser beschreibt sich selbst in seinen Werken selten. Aber in den Fotografien, die das Reisebuch *Fahrten und Abenteuer im Wohnwagen* illustrieren, präsentiert er sich als muskulösen, starken Mann, der mit nacktem Oberkörper sein Automobil und den Wohnwagen pflegt und ihn zur Not eigenhändig aus dem Dreck zieht (FAW, zw. S. 128 u. 129). Augenscheinlich wollte Hauser sich selbst bildlich bewusst so inszenieren: vital, kraftvoll, entschlossen, abenteuerlustig. Möglicherweise fungierte diese Inszenierung auch als eine Art Werbung in eigener Sache und mindestens als zugkräftiges Verkaufsargument für die potentielle Leserschaft in Nazi-Deutschland. Dass sein innerer Zustand dem Bild der Fotografien nicht entspricht, lässt sich bei der Lektüre der erhaltenen Briefe aus dieser Zeit erahnen.[36]

Ganz offensichtlich zollt Heinrich Hauser in den beiden autobiographisch gefärbten Veröffentlichungen aus den Jahren 1934 (*Kampf*) und 1935 (*Fahrten und Abenteuer im Wohnwagen*) auf unterschiedliche Weise auch einem faschistisch geprägten und von den Nationalsozialisten propagierten Bild von Männlichkeit Tribut. In diesem Bild wird der ideal proportionierte männliche Körper ästhetisch überhöht und eine kraftstrotzende Männlichkeit zum wichtigen Maßstab.[37] Es ist wahrscheinlich, dass Hauser sowohl in seinem literarischen als auch besonders in seinem journalistischen Schaffen gezielt politische oder gesellschaftliche Erwartungshaltungen zu bedienen versuchte oder sogar bedienen musste. Ab Mitte der Dreißigerjahre schien es ihm offensichtlich gerade in den faktualen Texten nur noch bedingt angebracht zu sein, schwache, psychisch versehrte, unsichere Männer zum Personal seiner Werke zu machen.

---

36 Vgl. Schubert, Verhältnis (wie Anm. 24), S. 75 ff.
37 Vgl. Mosse, Bild des Mannes (wie Anm. 11), S. 203–233, hier insbesondere S. 210.

Walter Delabar

Man at work. Restitutionskonzepte von Männlichkeit in Heinrich Hausers Roman *Noch nicht* (1932)

1.   Mannsbild

Heinrich Hausers Roman *Noch nicht* besetzt im Werk des Autors eine spezifische Position in dessen, verknappt gesagt, Versuchen, sich den immer stärker werdenden nationalistischen Strömungen seiner Zeit anzupassen. Er ist zudem signifikant für dieses Werk von Beginn an – wenngleich in einem anderen Sinn, als von Helmuth Lethen vorgetragen, der Hauser in die sich ideologiekritisch neu erfindende germanistische Diskussion hineinkatapultiert hatte.[1] Hauser spitzt die depravierte Position seines zum wiederholten Male männlichen Protagonisten in diesem Roman nochmals zu, schließt mit ihm aber noch nicht offensichtlich an nationalkonservative bis faschistische Ideologien an, die für ein Klientel attraktiv waren, das sich massiven Rollenverunsicherungen ausgesetzt sah und geradezu verzweifelt an der Rekonstituierung eines festen Männerbildes zu arbeiten versuchte.[2]

Der Roman knüpft an Hausers erste Erfolge an, denn es sind nicht die (heute fast) berühmten Reportagen, mit denen Hauser sich seinen Platz im Literatur-

---

1 Helmut Lethen: Neue Sachlichkeit 1924–1932. Studien zur Literatur des »weißen Sozialismus«. Stuttgart 1975 [1970], vor allem S. 68–72.

2 In diesem Kontext hat die Arbeit von Klaus Theweleit den Blick auf ein Spektrum von Autoren geöffnet, zu dem im Weiteren sicher auch Hauser zählt. Siehe Klaus Theweleit: Männerphantasien. Bd. 1: Frauen, Fluten, Körper, Geschichte. Frankfurt/M. 1977; Bd. 2: Männerkörper: Zur Psychoanalyse des weißen Terrors. Frankfurt/M. 1978. Wobei hier – das sei nochmals ausdrücklich betont – das im Text präsentierte Konzept und eben nicht die persönliche Haltung und das Verhalten des Autors relevant ist. Durch den Schreibprozess werden ggf. verwendete lebensweltliche Elemente zugerichtet, neu positioniert und in neue Zusammenhänge gebracht, was Thomas Mann in *Bilse und ich* noch als künstlerische Verarbeitung gekennzeichnet hat. Thomas Mann: Bilse und ich. In: Thomas Mann: Gesammelte Werke in dreizehn Bänden. Bd. X. Frankfurt/M. 1990, S. 9–22. Bei allem Respekt für die Arbeit von Graebner besteht darin auch der methodische Mangel der Studie, die aus fiktionalen Texten die Biografie Hausers rekonstruiert, was methodisch mindestens zweifelhaft ist. Vgl. Grith Graebner: »Dem Leben unter die Haut kriechen …«. Heinrich Hauser. Leben und Werk. Eine kritisch-biographische Werk-Bibliographie. [Diss.] Aachen 2001.

betrieb der späten Weimarer Republik sicherte, sondern seine fiktionalen Texte. Nach dem frühen, wohl eher unbeachtet gebliebenen Roman *Das zwanzigste Jahr* (1925 immerhin bei Kiepenheuer in Potsdam erschienen) hatten seine Romane *Brackwasser* (1928 bei Reclam) und *Donner überm Meer* (1929 schon beim zeitweiligen Hausverlag S. Fischer in Berlin) eine große Resonanz. Immerhin erhielt Hauser für *Brackwasser* den Gerhart-Hauptmann-Preis. Allerdings schien er kurz darauf das Fach zu wechseln: Seit 1930 erschienen binnen weniger Jahre die großen Reportagen *Schwarzes Revier* über das Ruhrgebiet, *Die letzten Segelschiffe* über seine Fahrt mit der Pamir und *Feldwege nach Chicago* über eine USA-Reise, 1932 folgte seine Ostpreußen-Reportage *Wetter im Osten*, 1933 *Ein Mann lernt fliegen*[3] – aus dem beginnenden Romanautor war mit einem Mal einer der prominenteren Reportageautoren seiner Zeit geworden, der sich die Erkundung der Welt zum Ziel gesetzt haben schien.

Nimmt man freilich Hausers Tätigkeit als Reporter für die *Frankfurter Zeitung*, die seit 1925 nachweisbar ist und erstaunlicher Weise bis 1939 reichte,[4] in den Blick, ist die plötzliche journalistische Produktivität nicht überraschend. Hinzu kommt, dass seine Reportagen in ihrer Struktur ähnliche Verfahren erkennen lassen wie seine literarischen Texte. Auch die Motivparallelen sind deutlich. Der Wechsel der Schreibweisen ist – so gesehen – nicht wirklich erstaunlich, sondern erweist sich im Wesentlichen als Versuch, sein Thema möglichst breit und effektiv vorstellen zu können und zugleich binnen kurzem im Literaturbetrieb zu reüssieren, mit allen wirtschaftlichen Folgen, die damit verbunden sein mögen. Hausers notorische Geldknappheit ist nicht nur Teil seiner Autorenrolle, sondern auch bekannt genug.

Hauser zeigte sich immerhin in diesen wenigen Jahren zwischen 1928 und 1933 mit Romanen, Erzählungen und Reportagen als überaus produktiver Autor, der zu größeren Hoffnungen Anlass gab. Zwar blieb es vorerst meist bei der Erstauflage seiner Publikationen, die bei S. Fischer bei Autoren seines Schlags bei 5 bis 6 Tausend Exemplaren lag[5] – nur *Brackwasser* und *Die letzten Segelschiffe* erreichten, allerdings erst später in den 1930er und 1940er Jahren Auflagen von knapp 30 Tausend, *Brackwasser* wurde schließlich sogar von einem Buchclub, der Deutschen Buch-Gemeinschaft verlegt, was die Breitenwirkung des Bandes verstärkt haben wird. Die späteren Reportagen wurden schließlich von der Büchergilde Gutenberg (*Australien*) oder vom Volksverband der Bücherfreunde

---

3 Alle bei S. Fischer in Berlin bis auf die Ostpreußen-Reportage, die bei Diederichs in Jena erschien.

4 Siehe Graebner, »Dem Leben …« (wie Anm. 2), S. 410–426.

5 Im Almanach des S. Fischer Verlags auf das Jahr 1931 wird im Übrigen die 7. Auflage, wohl also das 7. Tsd. für den Roman *Donner überm Meer* (Berlin 1929) mitgeteilt. Siehe Almanach 1931. S. Fischer Verlag Berlin. Berlin 1930, S. 174.

(*Kanada*) ins Programm genommen.[6] Hauser war mithin zwischen 1930 und 1933 kein genuiner Erfolgsautor, aber recht bekannt und im Literaturbetrieb präsent. Er hatte sich binnen kurzem mit der Zahl seiner Publikationen einen Namen gemacht und wurde immerhin von großen Verlagshäusern vertreten, Kiepenheuer, Reclam, S. Fischer und dann im Übergang zum NS-Regime von Diederichs – der wohl größere Hoffnungen auf Hauser setzte, erhöhte der Verlag der nationalbolschewistischen Zeitschrift *Die Tat* doch die Startauflagen von Hausers Bänden auf 10 Tausend Exemplare.

Insgesamt war – wenn man die publizistische ›persona‹ Heinrich Hauser in den Blick nimmt – die Phase um 1932 für seine weitere Karriere entscheidend. In die sich zuspitzende politische Krise der Republik, die auch massive Auswirkungen auf den Buchmarkt hatte, schien Hausers literarisches und publizistisches Konzept bestens zu passen, so dass er sich mit der Zuspitzung der Krisenbeschreibung (der Verfall von Position und Haltung des männlichen Subjekts) weiteren Zuspruch erwarten durfte.

Die Besprechungen zum Roman *Noch nicht* zeigen nun aber, dass diese Erwartung enttäuscht wurde. Zwar wird der Roman breit wahrgenommen,[7] die Besprechungen beschränken sich jedoch auf kurze Hinweise und Referate, die den Text zudem eher skeptisch bewerten. Insbesondere seine Form wird bemängelt: Hans Rothe im *Querschnitt*,[8] Alfred Kantorowicz in *Die literarische Welt*[9] und Hans Sochaczewen in der *Vossischen Zeitung*[10] weisen auf die Form als Problem des Romans hin. Die größte Zustimmung kam seinerzeit von Hans Fallada, der in *Die Literatur* auf den Roman hinwies.[11] Der Roman wurde also zur

---

6 Vgl. Heinrich Hauser: Australien. Der menschenscheue Kontinent. Berlin: Büchergilde Gutenberg 1941; Heinrich Hauser: Kanada. Zukunftsland im Norden. Nach Reiseberichten u. literar. Unterlagen bearb. v. Reinhard Jaspert. Berlin: Volksverb. d. Bücherfreunde; Berlin: Wegweiser-Verl. 1941. Hauser ist zu diesem Zeitpunkt bereits seit einiger Zeit in den USA, in die er über Kanada ausgewandert ist. Dass seine Bücher trotz seines Exils sogar mit einigem Erfolg im Kriegsdeutschland verlegt wurden, ist ein erstaunlicher Umstand.

7 Graebner hat elf Besprechungen bibliografiert, was dafür spricht, dass Hauser im Betrieb wahrgenommen wurde. Vgl. Graebner, »Dem Leben …« (wie Anm. 2), S. 452–454.

8 Hans Rothe: Heinrich Hauser: Noch nicht. S. Fischer Verlag. In: Der Querschnitt 13 (1933), S. 436f.

9 Alfred Kantorowicz: Heinrich Hauser: Noch nicht. In: Die literarische Welt 8 (1932). Nr. 41–42, von Freitag, 07. 10. 1932, S. 11–12.

10 Hans Sochaczewen: Heinrich Hauser »Noch nicht«. In: Vossische Zeitung Nr. 41 von Sonntag, 09. 10. 1932, Beilage: Literarische Umschau.

11 Hans Fallada in: Das Tage-Buch 13 (1932), H. 30, 23. 07. 1932, S. 1909, in der Rubrik: Die besten Bücher des Jahres. Fallada hat seinerzeit als Referenz einen Text des heute weitgehend vergessenen dänischen Autors Laurids Bruun herangezogen, der im Frühjahr 1910 bei S. Fischer erschienen war und ein Südostasien-Sujet bearbeitet hatte. Hanne Marie Svendsen u. Werner Svendsen: Geschichte der dänischen Literatur. Neumünster u. Kopenhagen 1964, nennen Bruun nicht einmal mehr. Die Analogien, die Fallada zwischen der Geschichte des niederländischen Kolonialbeamten Pieter Adrian van Zanten und der des Christian Heinrich Skeel

Kenntnis genommen, aber er konnte nicht an die früheren Erfolge anknüpfen. Stattdessen wurde *Noch nicht* als »Werk des Übergangs«[12] gekennzeichnet – ein Urteil, dem aus heutiger Sicht in mehrfacher Hinsicht zugestimmt werden kann.

Betrachtet man die Abfolge von Hausers Publikationen über den Roman *Noch nicht* zur Ostpreußenreportage *Wetter im Osten* und die Reportage über die Sportfliegerei, *Ein Mann lernt fliegen*, bis hin zu seinem Wenderoman *Kampf* muss man das Scheitern seiner Bemühungen konstatieren. Die Machtübernahme durch das NS-Regime gab seiner Karriere keinen Schub, sondern zerrüttete sie nachhaltig. Hauser musste sich im Weiteren auf eine Tätigkeit als Reise- und Industrieschriftsteller zurückziehen und schlachtete literarisch vor allem seine maritimen Texte aus. Der relative Erfolg wenigstens zweier Texte im NS-Regime (*Brackwasser* und *Die letzten Segelschiffe*) kann nicht darüber hinwegtäuschen, dass er den Anschluss an die erstrangigen Verlage seiner, und eben auch dieser neuen Zeit verloren hatte. Wenn man dem alten Denkmuster Helmuth Lethens folgen will, hatte Hauser damit als Protagonist des »weißen Sozialismus« zwar dem Faschismus mit den Weg geebnet.[13] Er fiel dessen Machtübernahme aber selbst zum Opfer, was insofern erstaunlich ist, als ansonsten zahlreiche bis dahin eher nachrangige Autorinnen und Autoren nationalkonservativer und zivilisationskritischer Couleur die Lücke, die die Vertreibung der Modernen erzeugt hatte, füllen konnten.

Aber eben nicht nur die deutlich mehr beachtete Ostpreußen-Reportage *Wetter im Osten* oder *Ein Mann lernt fliegen* (als letzte Publikation bei S. Fischer) zeigen Hausers literarische Abwendung von der Republik an, auch der 1932 noch bei S. Fischer verlegte Roman *Noch nicht* macht kenntlich, wie sehr Hauser mit seiner Zeit haderte. Dabei ging er freilich nicht so weit wie in seinem 1934 erschienenen Roman *Kampf*, mit dem er sich in den sich unter NS-Vorgaben neu zugerichteten Kulturbetrieb einzuschreiben versuchte. Statt dessen arbeitete er sich in den *Aufzeichnungen des Christian Heinrich Skeel*, wie der Roman im Untertitel heißt, an einem Kernparadigma der Moderne ab, dem Verfall männlicher Selbstgewissheit und der selbstverständlichen Verortung im gesellschaftlichen Gefüge, was naheliegend dem aufkommenden NS-Regime zuarbeitete, allerdings nicht zwingend mit ihm kongruent ging.

---

sah, sind bezeichnend, sollen aber hier nicht weiter verfolgt werden. Siehe dazu wenigstens skizzenhaft: Walter Delabar: Heinrich Hauser: Noch nicht. In: Hans Fallada: Besprechungen (Arbeitstitel, im Erscheinen begriffen). Vgl. auch Walter Delabar: »Er weiß zu sehen, er übersieht nichts«. Hans Fallada rezensiert Heinrich Hauser (1901 bis 1955). In: Salatgarten. Halbjahresschrift der Hans-Fallada-Gesellschaft e. V., Feldberg (2016), H. 1, S. 27–30, dort allerdings noch ohne Wissen um die Druckorte der Hauser-Besprechungen Falladas. Neben *Noch nicht* hat Fallada auch Hausers Ostpreußen-Reportage *Wetter im Osten* besprochen. Vgl. WiO.

12 So Rothe, Hauser (wie Anm. 8) und Kantorowicz, Hauser (wie Anm. 9).

13 So die ein wenig zugerichtete These bei Lethen, Neue Sachlichkeit (wie Anm. 1).

Der Roman *Noch nicht* nimmt ein Motiv auf, das sich bereits früh in Hausers Werk abzeichnete und das er mit einigen Varianten reproduzierte und ausbaute, das des Mannes, der sich seiner selbst nicht mehr gewiss ist und sich notgedrungen auf ein vermeintlich sicheres Repertoire an Haltungen und Verhaltensweisen zurückziehen muss.

Hauser schrieb in *Noch nicht* allerdings nicht gegen neue Frauenbilder an, wie sie im Rahmen der weiblichen Emanzipation und der Aufgabe geschlechtsspezifischer Rollengewissheiten entwickelt wurden. Jener Christian Heinrich Skeel muss sich mit keinem *girl*, keinem *garcon*, keiner Mehlreisenden, keiner Gilgi oder keinem kunstseidenen Mädchen auseinandersetzen. Er fällt nicht einem *vamp* oder einer der selbstbewussten mondänen Fräuleins zum Opfer, die Welt und Männer erobern. Er wird nicht mit den (vermeintlichen) Exzessen homosexueller Künstlerinnen konfrontiert, die es mit ihren Modellen treiben, oder muss sich der Avancen einer großen Blonden erwehren, die mit ihrem Ehemann in einer offenen Ehe lebt. Er trifft auf keine emanzipierte Frau, die ihm seinen Vorrang streitig machen will und kann. Sein Problem ist nicht die Akademikerin mit Kind, die auch noch den Mann ihres Lebens ehelichen will. Er muss sich nicht mit einer Frau beschäftigen, die partout ihren Lebensunterhalt selbst verdienen will und auch noch meint, selbst bestimmen zu müssen, was mit ihrem Leben zu geschehen hat. Und er trifft auf keine fahnenschwenkenden und Barrikaden stürmenden ›Flintenweiber‹, die in nationalen Kreisen als Schreckbild umgingen.[14]

Dieser Christian Heinrich Skeel trifft lediglich auf eine Frau, fällt in Liebe zu ihr, wird Vater und sieht sich mit Ansprüchen konfrontiert, die zu seinem bisherigen Lebenswandel in entschiedenem Widerspruch stehen. Dabei ist er es selbst, der diese Ansprüche (die relative Sesshaftigkeit, die gegenseitige Sorge und die starke Verbindlichkeit) mit dem Paar und seinem Kind verknüpft, und er selbst reagiert darauf mit dem Attest des Verlusts männlicher Selbstbestimmung, mit dem Verfall männlich konnotierter Lebensverhältnisse und schließlich mit der Rückbesinnung auf eine archaische, im Wesentlichen rural und agrarisch geprägte Lebensform, die einem weniger anachronistischen denn atavistischen männlichen Rollenbild verhaftet ist. Der Mann ist auf einmal ganz bei sich und sich selbst gewiss, wenn er Wälder pflanzt, Roggen erntet, Mägde raubt, auf die Jagd geht, die Flinte versorgt, den Hund abrichtet und das Land bebaut. Ein kaum erstaunliches Muster, das von Anfang an politisch und kulturell als traditionale Fiktion ausgezeichnet ist, nicht zuletzt deshalb, weil dieses Rollenbild weder in

---

14 Die Verweise auf Irmgard Keuns *Gilgi* und das *Kunstseidene Mädchen*, Marieluise Fleißers *Mehlreisende Frieda Geier*, auf Erich Kästners *Fabian*, E. v. Salomons *Die Geächteten* oder Vicki Baums *stud. chem. Helene Willfüer* sind – hoffentlich – deutlich genug. Insofern verfehlt Graebner, »Dem Leben ...« (wie Anm. 2), S. 266ff., Hausers Konstruktion, wenn sie auf die weibliche Emanzipation als Hausers Motivation verweist. Emanzipierte Frauen sind im Roman nirgends erkennbar. Damit fehlt ein entscheidender Kontrast.

der Gesellschaft der industriellen Moderne des beginnenden 20. Jahrhunderts noch der bürgerlichen Emanzipation von der höfischen Gesellschaft oder in den Adelskulturen der frühen Neuzeit einen Ort gehabt hat. Dieser Mann ist ein spezifisch antimoderner Topos, wie er zugleich als funktionale Rollenfiktion erscheint, die sich hartnäckig in Gesellschaft und Kultur der Moderne gehalten hat. Insofern folgt Hauser einem Narrativ, das sein Potential im frühen 20. Jahrhundert zu entfalten beginnt und das bis heute virulent ist, jüngst in der Trope vom »gekränkten Mann«.[15] Zugleich unterläuft er damit ein bürgerliches Ideal der geschlechtsspezifischen Rollenausdifferenzierung, das sich seit dem 18. Jahrhundert durchgesetzt hatte, im Lauf des 19. und dann im frühen 20. Jahrhundert jedoch in die Krise geriet: der Mann als Repräsentant der Kernfamilie in der Außenwelt und als deren Ernährer. Skeels Mann hingegen nähert sich jenen (männlichen) Einzelgängern an, die sich gegen die zivile Gesellschaft und deren Zumutungen aufstellen, sich ihrem Zugriff verweigern und ein Dasein in einer wohl weitgehend phantasmatischen Welt fristen.

2.   Der Roman und sein Mann

Bemerkenswert an den *Aufzeichnungen des Christian Heinrich Skeel* ist zweifelsohne die Struktur des Textes. Das reicht von der Inszenierung des Autors als Herausgeber, der sich des Manuskriptes eines mittlerweile als Flugzeugingenieur tätigen Mannes annimmt, bis hin zum fragmentarischen Charakter des Textes, der aus einer Vielzahl halbwegs chronologisch angeordneter »Aufzeichnungen« besteht. Im obligatorischen Vorwort des fingierten Herausgebers wird offen auf die unfertige Form verwiesen, was als Rechtfertigung resp. Erläuterung auf beiden Ebenen funktioniert, der des Autors, der die unabgeschlossene Durcharbeitung des Textes erklären will, wie der des Erzählers, der mit der Struktur ein weiter reichendes konzeptionelles Motiv verfolgt. Der Text sei »halb Tagebuch, halb Roman, und manchmal fast ein Gedicht« (NN, S. 9). Zweifelsohne sei aber ein »Roman« geplant gewesen. Dieser »Gedanke« sei aber aufgrund des »merk-

---

15 Siehe etwa die Besprechung von Florentin Schumacher zu Tobias Haberl: Der gekränkte Mann. Verteidigung eines Auslaufmodells. München 2022, in der Frankfurter Allgemeinen Sonntagszeitung vom 27.03.2022. Was an diesen wie anderen derzeitigen Debattenbeiträgen zu Emanzipation und Genderthemen auffällt, ist die relativ geringe historische Tiefe. Die herangezogenen Phänomene oder Eindrücke reichen bestenfalls bis zum Ende des 20. Jahrhunderts, greifen jedoch in der Regel nicht auf Themen des frühen 20. Jahrhunderts zurück. Selbst der visuelle Verweis der Besprechung auf Sylvester Stallones *Rocky I* von 1976 der wohl von der Redaktion der Besprechung beigegeben wird, ignoriert bereits die beinahe ironische Reflexion männlichen Souveränitätsverlustes und dessen Rekonstitution, die vor allem den ersten Film der Rocky-Reihe auszeichnete.

würdigen Charakter[s] und der ungewöhnlichen Laufbahn des Verfassers«
»nicht durchgeführt« worden (ebd.).[16]

Die Komposition des Textes durch die Reihung von Einzeltexten, die lediglich
durch eine halbwegs erkennbare Chronologie, die Identität der Protagonisten
und einige Motiv- und Entwicklungslinien verbunden sind, lässt die Spekulation
zu, dass Hauser konzeptionell an die modernsten Entwicklungen der Roman-
technik andocken wollte, wenn denn nicht das Konzept dem Publikationsdruck
und/oder der Unfähigkeit, die zuvor unverbunden und sukzessiv entstandenen
Einzeltexte zu einem formal geschlossenen Roman durchzuarbeiten, zu verdanken ist.

Der Roman besteht aus 32 zwischen zwei und zehn Seiten umfassenden
Texten, die unterschiedlichen Formen zuzuordnen sind. Dialoge stehen neben
Reflexionen, beschreibende neben erzählenden Texten. Sogar ein von Hans
Jürgen von der Wense entlehntes Gedicht ist in die Abfolge eingefügt.[17] Fokali-
sierung und Erzähler variieren. Ein Teil der Texte enthält Hinweise auf auto-
biografische Elemente: Im Namen der Tochter Skeels kehrt der der Tochter
Hausers wieder, der der Roman gewidmet ist. Der Name des Reisegefährten, mit
dem der Protagonist seine Paristour durchführt, Liam, verweist auf Hausers
irischen Freund Liam O'Flaherty, dessen Übersetzer Hauser war. Das Gut, auf das
sich Skeel zurückzieht, liegt ebenso in der Lausitz wie das von Hausers Vater.[18]
Zudem lassen sich ohne weiteres relativ allgemeine Analogien zwischen den
Biografien Skeels und Hausers ziehen: die umtriebigen Jahre zur See, die literarischen Versuche, die in der Tätigkeit für eine Zeitung münden (hier Berliner
Blatt, dort *Frankfurter Zeitung*), die kurzzeitige erste Ehe, aus der eine Tochter
stammt. Die Analogien lassen jedoch weniger eine bewusste Steuerung beim
Entwurf der Einzeltexte als ein nachträgliches Arrangement vermuten, mit der
die Abgrenzung zwischen autobiografischem und fiktionalem Text bewusst geschwächt wurde. Wenn die autobiografischen Signale überhaupt Funktion haben
sollen, dann die der Authentifizierung des Romans, mithin der Absicherung
seiner narrativen Argumentation mit der Biografie des Autors. Das setzt allerdings voraus, dass die autobiografischen Verweise von fremden Dritten erkannt
und eingeordnet werden, was nicht als gesichert gelten kann, wenngleich einige
Verbindungen mit dem Text mitgeliefert werden (etwa der Name der Tochter)
oder offen zugänglich sind (wie die Verbindung zu Liam O'Flaherty). Dies sieht

---

16 Die folgende Beschreibung folgt dem Text auf den Seiten 9–11, ohne Belege je einzeln
     nachzuweisen.
17 Lied eines Mannes den seine Frau verlassen hat, vgl. NN, S. 116–118. Der Text ist in der
     Forschung zu Wense bekannt, aber dort anscheinend nicht weiter bearbeitet. Siehe Text +
     Kritik. Zeitschrift für Literatur 185 (2010): Hans Jürgen von der Wense, S. 112.
18 Graebner, »Dem Leben …« (wie Anm. 2), S. 22 u. 42, über die Aufenthalte auf dem Gut in der
     Kindheit und zu dessen Verkauf.

im Verhältnis der Texte zu Skeel anders aus, denn auf der fiktionalen Ebene des simulierten autobiografischen Textes ist die Durchlässigkeit von Text und Biografie programmatisch.

Hauser rekurriert dabei auf Produktionsverfahren, die er auch in anderen Fällen verwendet hat. Im Fall des Romans *Kampf* verarbeitete er etwa bereits zuvor veröffentlichte Texte nochmals und konnotierte sie um.[19] Im Fall *Noch nicht* sind freilich keine, hier dann variierte Publikationen Hausers bekannt, wobei eine Anamnese der Einzelpublikationen aussteht.[20]

Das korrespondiert mit dem stark subjektiven Zuschnitt des Textes und seiner Teile. Gegebenenfalls als Gelegenheitstexte verfasst, die nicht direkt zur Publikation gedacht waren, sondern der persönlichen Vergewisserung und Reflexion dienten, werden die Einzeltexte mit dem Arrangement zu einem Roman in einen neuen Kontext gebracht und erhalten damit einen anderen Status wie eine andere Bedeutung. Sie werden nunmehr dem Protagonisten Skeel zugeordnet, der sie (erneut) als persönliche Reflexionen verfasst, sie jedoch bereits im Entstehen ins Arrangement überführt, sie also in eine Abfolge bringt, die sinnproduzierend sein soll. Die subjektive Stillage ist freilich – auf dieser Ebene – ebenso wenig wie die lockere Abfolge der Einzeltexte als zwingend für den avisierten Text anzusehen, sondern als Übergangsform, die später für den anvisierten Roman aufgegeben werden sollte.

Das wird im kurzen Text, der der Einleitung des Herausgebers folgt und mit dem die eigentlichen Aufzeichnungen Skeels beginnen, noch in einer kleinen, verdichteten Allegorie vertieft, der Zugriff also auf die Ebene des Erzählers zweiter Ebene verschoben. Hier wird der Schreibvorgang noch einmal verstärkt vom diarischen Notat abgegrenzt und mit der subjektiven Notwendigkeit eng verknüpft: Die kommunikative Funktion wird generell aufgehoben: »Ich schreibe in einer total unleserlichen Schrift« (NN, S. 13). Adressat der Aufzeichnungen – »[n]iemand darf das sehen« (ebd., S. 14) – ist ihr Verfasser selbst.

Skeel schreibt zudem nicht, wenn die Gelegenheit oder das Datum es verlangen, sondern wenn die gefühlte Notwendigkeit besteht. Die Entstehung der Einzeltexte ist damit eng ans Subjekt und seine Verfasstheit gebunden: »Ich schreibe, wenn ich Sehnsucht habe.« (NN, S. 13) Auch existiert keine Ordnung der vorgefertigten Kladde, des Heftes oder Tagebuchs, die in der Bindung bereits

---

19 Vgl. Walter Delabar: Zur Besinnung gekommen. Heinrich Hauser als Autor des Eugen Diederichs Verlags. Eine Fallstudie über einen Verlagswechsel samt Varianten. In: Ders.: Moderne-Studien. Beiträge zur literarischen Verarbeitung gesellschaftlicher Modernisierungen im frühen 20. Jahrhundert. Berlin 2005, S. 151–168.

20 Graebner verweist auf mindestens zwei Drucke aus dem Roman in der *Frankfurter Zeitung* im Jahr 1932, die aber aus dem zeitlichen Umfeld der Produktion und Publikation des Romans stammen; siehe Graebner, »Dem Leben ...« (wie Anm. 2), S. 419. Weiterverarbeitungen etwa in *Kampf* wurden nicht geprüft.

die Abfolge und die Gelegenheit zum Notat strukturierten (das Schreibheft muss mitgeführt werden). Die Aufzeichnungen erhalten aleatorischen Charakter, was in der Umsetzung heißt, dass sie auf Zetteln vorgenommen werden, die vor allem an den klassischen Übergangsorten beschrieben werden, auf »Schiffen«, »in Zügen, in Hotels, in Wartesälen, an Kneipentischen«, »ewig wechselnden« Betten (ebd.). Der Schreibakt selbst repräsentiert so die Verfasstheit des Schreibenden. Was das Schreiben leisten soll, wird gleich in den wenigen Sätzen, die den Text einleiten, mitgeliefert. Es geht um Vorstellungen von »Heimat«, »Zuhause«, »feste[m] Boden«, »einer Frau«, »einem Kind«. Die stabilisierende und orientierende Funktion des Schreibaktes wird also schon eingangs gesetzt. Der Schreibvorgang mündet in einem Haufen Blätter, die – analog zum eigenen Schreiben – selbst, nicht von einem professionellen, damit abstrakten Dritten, zum Buch gebunden werden müssen: »Wenn die Blätter ein Haufen geworden sind, mache ich mir ein Buch«, das freilich niemand sehen darf (ebd., S. 13 f.) und von dem sich der Verfasser schließlich wieder abwendet, wenn er die Blätter ablegt (sie aber nicht wegwirft) (ebd., S. 14).

Das ist denn auch der ›editorische‹ Stand, bei dem die Einleitung des Herausgebers ›Hauser‹ ansetzt: Wohl aus dem heutigen Schleswig-Holstein stammend, sei Skeel Seemann gewesen, heißt es dort, er habe einiges Talent als Schriftsteller und Journalist bewiesen, was ihm eine kurze Karriere bei einer Berliner Tageszeitung, also bei einem der wichtigsten neuen Medien seiner Zeit, eingebracht habe. Eine Phase, in die anscheinend auch die Liaison gehört, die ihn wohl – nach einer kurzen ruhigeren Zeit – wieder aus der Bahn und in ein unstetes Leben geworfen habe. Die Einleitung weiß sich zwar nicht zwischen der Abneigung gegen die Festanstellung als Journalist und die beengende Beziehung zu entscheiden, aber in der folgenden Handlung spielt die Abneigung gegen den »Papiergeruch« weniger eine Rolle als das Beziehungsdesaster, in dem Skeel immerhin auch zum Vater geworden ist. Nachdem er wieder eine Zeit lang zur See gefahren ist, habe Skeel als Dreißigjähriger seine Leidenschaft für die Flugtechnik entdeckt, sei mit einigen Erfindungen zu bescheidenem Wohlstand gekommen und habe sich auf ein Landgut zurückgezogen, das bereits früher seiner Familie gehört habe. Am Ende der kurzen biografischen Skizze Skeels, die ein Profil entwirft, das als Begründung für das Scheitern des Romanprojektes herangezogen werden soll, steht schließlich der gereifte, in sich, das heißt seinem Rollenmuster gefestigte Mann, der sich zudem selbst genug ist und in seiner technischen Tätigkeit ruht. Die Faszination der Technik ist an die Stelle des rastlosen Lebenswandels einerseits und der Faszination für die Frau andererseits getreten, die ihn nicht hat sesshaft werden lassen.

In der Welt Skeels mag der Roman als geschlossene Form aus der Perspektive von dessen früheren Umständen vielleicht noch attraktiv erschienen sein, weil er entweder literarisch abzuschließen versprach, was im gelebten Leben nicht zu bändigen war, oder aber weil er das biografische, ja habituelle Problem Skeels lösen sollte. Aber von dem Punkt an, in dem Skeel ein festes Rollenbild entworfen hat und sich ihm verpflichtet, ist ein Roman nicht mehr notwendig, vor allem wohl, weil seine Form von der Faktizität des neuen Habitus' Skeels überholt wird. Es scheint fast so, als ob das »Inkommensurable«, das Walter Benjamin im Erzähleraufsatz als Signum des Romans herausgearbeitet hat,[21] sich hier mit einem Mal gegen den Abschluss des Textes als Roman selbst wendet. Unvergleichbar zu sein, verspricht eben keine Ruhe, sondern nur – wahlweise – mehr Unruhe oder Einsamkeit. In dem Moment, in dem Skeel seine Suchbewegung aufgibt, weil er eine Lösung gefunden zu haben scheint, gibt er sein Schreibprojekt nicht nur als Roman, sondern in toto auf. Es bleibt eine Textsammlung, die »einen Zeitraum von drei Jahren« umfasst (NN, S. 9). Deren Ende, ja deren Überarbeitung zu einem stringenten, abgeschlossenen Text jedoch ist mit einem Mal überflüssig geworden, es nutzt ihm nichts mehr, weshalb Skeel das Interesse am Text verliert. Die formale Kongruenz von Text und gelebtem Leben bezieht sich mithin auf die Lebensphase, in der Skeel dringend nach Orientierung sucht. Danach verliert der Text jede Bedeutung. Der Mann benötigt ihn nicht mehr. Das entspricht der Beschreibung des Mannes, dem der Erzähler der ersten Ebene (der fingierte Herausgeber) schließlich nach einer längeren Zeit, in der er ihn aus den Augen verloren habe, wiederbegegnet sei: »Ein etwas hagerer Mann in blauem Arbeitskittel, Gesicht und Hände schwarzstreifig von Maschinenöl. Ein beherrschendes Auge, Muskeln im Blick, und eine klingende Stimme; sehr auffallend, wie bei Menschen, die selten reden.« (Ebd., S. 11) Hager, beherrscht, muskulös (wenn auch nur im Blick), tragende Stimme – mithin jemand, der selten redet, eben das Geschwätz seiner Aufzeichnungen hinter sich gelassen hat. An die Stelle des Schreibens ist der stumme Umgang mit der Technik getreten. Dieser Mann hat sich selbst geformt und vermag sich auf diese Weise nachhaltig in die Welt einzuschreiben.

Die Abwendung von den schriftlichen Aufzeichnungen entspricht einem älteren habituellen Konzept, in dem die wahrhaftige Existenz nur jenseits von Bildung, eben nur in der praktischen Tätigkeit, die von Schweigen begleitet ist,

---

21 Der Romancier, so Benjamin, entspricht dem modernen Individuum; einen »Roman schreiben heißt, in der Darstellung des menschlichen Lebens das Inkommensurable auf die Spitze [zu] treiben«, was der Unverwechselbarkeit, Isolation und Einsamkeit des modernen Individuums entspricht. Walter Benjamin: Der Erzähler. Betrachtungen zum Werk Nikolai Lesskows. In: Walter Benjamin: Gesammelte Schriften. Unter Mitwirkung von Theodor W. Adorno und Gershom Scholem. Bd. II, 2. Hg. von Rolf Tiedemann und Hermann Schweppenhäuser. Frankfurt/M. 1991, S. 438–465, hier: S. 443. Man wird Benjamins Diktum, das nicht zuletzt dem Gegensatz Erzähler-Romancier, mithin einer Darstellungsstrategie geschuldet ist, nicht vorbehaltlos zustimmen wollen, wie auch seine Erzählerkonstruktion sich dieser Darstellungsstrategie verdankt. Ihrem intellektuellen Charme entzieht man sich freilich dennoch nicht leicht.

möglich ist. Hier ist dies in die Moderne übertragen, auf das Interesse an der modernsten Technik ihrer Zeit, der Flugtechnik, die aber nicht in ihrer industriellen Form, sondern als individuelle Beschäftigung betrieben wird. Wahlweise: Heilige Einfalt? Edle Einfalt und Güte? Der Simplex, der Illiteratus als Herrscher ist immerhin eine seriöse historische Figur.

Allerdings verweist der Text auf diesen ersten Seiten nicht nur auf seine Einbindung in die Moderne, sondern sucht offensichtlich zugleich die historische Kontinuität in der er resp. das männliche Rollenkonzept stehen soll, nicht zuletzt, um ein Gegengewicht gegen die Dynamiken und die Abwertung der Moderne zu gewinnen.[22]

Dazu gehört zweifelsohne auch das skizzierte Modell des wortkargen, alleinstehenden (wenngleich nicht mehr allein ausreitenden) Mannes, der sich der Frau entzogen hat.[23] Offensichtlicher sind jedoch die beiden Marker zu Beginn und Ende der Einleitung des fingierten Herausgebers, die hier bewusst gesetzt werden: Skeels Geburtsort liegt nämlich nicht im heutigen Schleswig-Holstein, sondern im »Grenzland der Nordmark«, was auch in den frühen 1930er Jahren ein anachronistischer Begriff war, zugleich aber eine völkisch nationalistische Terminologie mit dem Verweis auf die Grenzlage des Gebiets aufnimmt.[24] Der

---

22 Uneindeutig ist hierbei wohl die Verwendung des Begriffs »Schraubenflieger« für einen Helikopter. Der Begriff findet sich heute noch für die Beschreibung pflanzlicher Samen, die durch den Wind verbreitet werden und dabei einen rotationsfähigen Aufbau nutzen. *Der Neue Brockhaus* von 1937, um eine zeitgenössische Quelle heranzuführen, kennt weder Helikopter noch Schraubenflieger, nennt aber beim Lemma »Flugzeug« immerhin ein »Windmühlenflugzeug (Autogyro oder Drehflügelflugzeug)«. Art. ›Flugzeug‹. In: Der Neue Brockhaus. Allbuch in vier Bänden und einem Atlas. Bd. 2: F–K. Leipzig 1937, S. 76–77, hier: S. 77.

23 Erecs Wendung gegen das »verligen« – also die Entscheidung, sich ganz auf die Paarbeziehung zurückzuziehen – gewinnt hier eine befremdliche Aktualisierung, denn die Bewährung des Mannes in der Moderne besteht eben nicht darin, sich im öffentlichen Handeln bewiesen zu haben, sondern im Rückzug. Öffentlichkeit ist bei Hauser auf die Schwundform des technischen Engagements, auf die technische Erfindung, das Patent reduziert. Edith Wenzel und Peter Schmidt mögen mir die Reminiszenz an ein immer noch nachwirkendes Hauptseminar an der RWTH Aachen verzeihen. Siehe Hartmann von Aue: Erec, V. 2966–2973: »Êrec wente sînen lîp / grôzes gemaches durch sîn wîp. / die minnete er sô sêre / daz er aller êre / durch sie eien verphac, / unz daz er sich sô gar verlac / daz niemen dehein ahte / uf in gehaben mahte.« Zit. nach Hartmann von Aue: Erec. Mittelhochdeutscher Text und Übertragung von Thomas Cramer. 33.–35. Tsd. Frankfurt/M. 1979, S. 132.

24 Heutige Konversationslexika verweisen auf die historische Nordmark, die weitgehend dem heutigen Bundesland Brandenburg entspricht. Das Lemma »Nordmark« im 1937 erschienenen *Neuen Brockhaus* nennt als Bedeutungen allerdings einen »früheren Namen der Altmark« (ein Gebiet im nördlichen Teil des heutigen Sachsen-Anhalts) und »Nordschleswig als nördl. Grenzland des Deutschtums«. Art. ›Nordmark‹. In: Der Neue Brockhaus. Allbuch in vier Bänden und einem Atlas. Bd. 3: L–R. Leipzig 1937, S. 394. Der möglicherweise bekannteste zeitgenössische Titel, der – neben den zahlreichen, sich heimatkundlich gebenden Titeln – die Nordmark noch nennt, ist Gustav Frenssen: Der Glaube der Nordmark. 14. Aufl. Stuttgart 1936. Der aus einem Ort nördlich von Hamburg stammende Frenssen verweist zwar

zweite Marker findet sich am Schluss des einleitenden Textes, an dem der Herausgeber den Titel des Konvoluts findet, den Skeel diesem (bei allem Desinteresse an der Textfinalisierung) immerhin noch zuschreibt und dem Wahlspruch des jungen Habsburgers Karls V. entlehnt: »Nondum«. *Noch nicht* verweist dabei auf die dezidiert Demut wie Herrschaftsanspruch signalisierende Haltung des Habsburgers, der immerhin ein Reich beherrschen sollte, »in dem niemals die Sonne unterging«, den damit verbundenen Ansprüchen »noch nicht« zu genügen.[25] Hauser spitzt das insofern zu, als er Karl hier als »jungen König« kategorisiert, ihn also als noch unfertig, als »Junge[n] und Werdende[n]« kennzeichnet, analog zu Skeel selbst (NN, S. 11). Die Suchbewegung des Textes wird mithin historisch unterfüttert, zugleich bindet Hauser seinen Protagonisten in aller Unbescheidenheit an den wohl zeitweise mächtigsten europäischen Fürsten des 16. Jahrhunderts: Das Suchmodell, das Hauser über Skeel hier vorführt, wird auf diese Weise eben nicht als modernes Phänomen abqualifizierbar, sondern als grundlegende männliche Lebensphase aufgewertet, die die Basis für eine mindestens hohe gesellschaftliche Bedeutung legen soll. Die unstete soziale Bewegung, die Skeels biografischer Verlauf in den drei Jahren, die in *Noch nicht* Gegenstand sind, vorführt, soll mit der Karls V. übereinstimmen, der als »der junge König unerkannt sein Land durchwanderte«, der »in seine Hauptstadt« »einzog«, »barfüßig, mit zerrissenem Gewand« (ebd.). Dass der jeweilige Protagonist in dieser biografischen Bewegung zwischenzeitlich sozial ganz unten ankommt (»unerkannt«, »barfüßig, mit zerrissenem Gewand«), ist in der Vorlage Karls V. bereits abgebildet und damit sanktioniert, nicht zuletzt durch den nachfolgenden Aufstieg.

---

in dem Band auf ein »niedersächsisch-christliches« Glaubensgemisch, referiert jedoch in dem Band auf die frühe Prägung in der Kindheit. Allerdings ist die relativ freie Ausweitung des Begriffs auf die nördlichen deutschen Gebiete üblich.

25 Vgl. dazu Christian Kahl: Lehrjahre eines Kaisers – Stationen der Persönlichkeitsentwicklung Karls V. (1500–1558). Eine Betrachtung habsburgischer Fürstenerziehung / -bildung zum Ende des Mittelalters. [Diss.] Trier 2008, S. 288, Anm. 1235: »In seinen jungen Jahren führte Karl stattdessen das bescheidene aber durchaus seinen machtpolitischen Anspruch verdeutlichende ›Nondum‹. So auch während eines Turniers in Spanien, bei dem Karl selbst aktiv teilnahm und auf seinem Schild diese vielsagende Devise prangte. Hier deutete sich an, ›dass er den Erwartungen, die sich auf ihn richteten, ›noch nicht‹ gewachsen sei.‹« (Mit Verweis auf Peter Rassow: Karl V. Der letzte Kaiser des Mittelalters. 3. Aufl. Göttingen, Zürich u. Frankfurt/M. 1977, S. 75) https://d-nb.info/993234208/34 (24.03.2022).

3.   Der Schlaf der Tochter gebiert den Mann

Der Text selbst hat aber nicht den sozialen Tiefstand, sondern die soziale Abgrenzung und Selbstbehauptung des Protagonisten zum Ziel, die zugleich als
sichere Verortung ausgezeichnet wird. Auffällig ist daran freilich, dass hier unter
der Hand antagonistische männliche Verhaltens- und Haltungsmodelle gegen-
einander in Position gebracht werden. Der Protagonist durchläuft mithin einen
exzentrischen Kursus vom ungebundenen, hedonistischen und – wenn das erlaubt ist – frei umherschweifenden Mann über die gebundene, vor allem einge-
bundene Position des Ehemanns, Vaters und Ernährers der Familie, was dem
bürgerlichen Modell seit dem 18. Jahrhundert sehr nahe kommt, über den ungebundenen, aber depravierten und orientierungslosen A-Sozialen hin zu einem
anachronistischen, vorgeblich ursprünglichen ruralen Typus, der sich auf wenige, dann freilich männlich konnotierte Tätigkeiten und Verhaltensweisen fokussiert. Das hedonistische Startmodell hat dabei ebenso wenig Bestand wie das
bindungslose im Niedergang. Die beiden einzigen Modelle, die hier anders
ausgezeichnet werden, sind das bürgerliche und das rurale – wobei das rurale
Modell offensichtlich als Ziel ausgegeben werden soll.[26] Auffallend ist in diesem
Kontext, dass das bürgerliche Modell an die Metropole gebunden wird, das rurale
ans Ländliche. Dem bürgerlichen Modell wird damit unter der Hand eine dynamische und dekadente Unterströmung beigegeben, während das rurale Modell offen mit modernen Ausstattungen versehen wird, die aber weder dominant
werden können noch als Störfaktoren wirken, weshalb sie nicht negativ ausgezeichnet werden. Anders gewendet, das Handlungsmodell ist atavistisch, die
Ausstattung aber durch Maschinen oder Gewehre zeitgenössisch. Der Mann auf
dem Land ist, was das angeht, auf der Höhe seiner Zeit. Er hat zugleich die
Bindung zum Land, zum Anbau dauerhafter Früchte, für die der Wald steht, und
zu einem angemessenen, hier männlichen Lebenswandel nicht verloren. Ganz im
Gegenteil, hier kann er zu sich selbst kommen.

Das hedonistische Modell kehrt im Text freilich nur in Restmomenten wieder,
in der spontanen Reise nach Paris, in den Telefonaten mit der Geliebten, den
Gängen ins nächtliche Vergnügen. Selbst in der intensiven Reisetätigkeit des
Reporters ist der Widerschein dieses Modells wahrzunehmen: Die »Tage sind ein
einziges Warten auf die Nacht« (NN, S. 16). Freilich hier eben nicht, um den Gang
durch die Kaschemmen der Vergnügungsviertel zu beginnen, sondern um ein
Telefonat mit der geliebten Frau zu führen. Der Auftakt des Romans ist durch die

---

26 Referenzen des Modells sind frühe, hier allerdings eher als zeitgenössisch einzustufende
Romane Ernst Wiecherts und Karl Heinrich Waggerls. Ernst Wiechert: Die Magd des Jürgen
Doskocil. Roman. 21.–25. Tsd. München 1933 [1932]; Karl Heinrich Waggerl: Brot. Roman.
Leipzig 1930.

Sensation der Verliebtheit bestimmt: Die Wahrnehmung der Stadt ist davon bestimmt, der Tagesablauf bis hin zu dem Moment, zu dem der Mann die Frau vom Flughafen abholt, was unmittelbar in die Präsenz von Glück und der Geburt des Kindes übergeht. Anders als jeder konventionelle Liebesroman konzentriert sich dieser Text nicht auf die Entstehung der Beziehung, sondern geht unmittelbar zu ihrem Ziel über, zum Kind. Damit ist die »Ehe [...] erfüllt« (NN, S. 34), und wohl auch der knappe Kursus zur Stiftung des Paares abgeschlossen. Aus eins mach zwei mach eins. Auffallend ist an dieser Passage, die im Druck nur etwa 30 Seiten umfasst, dass das Frauenbild changiert: von der fernen begehrten Frau zur intimen, gegenwärtigen, die mit der Geburt des Kindes zugleich wieder auf Distanz gebracht wird. Zugleich wird die Richtung des Begehrens umgekehrt, nun ist es die Frau, die die Rückkehr des Mannes ersehnt, während er selbst mehr und mehr auf Abstand geht.

Dafür steht eben nicht nur der Bericht von Distanz, sondern auch der Ersatz des Berichtes durch den Brief und den (schriftlichen) Dialog. Unmittelbar nach der Geburt des Kindes beginnt die Korrespondenz des Paares: Der Mann ist auf Reisen, die Frau schreibt ihm, er antwortet dem Kind. Kennzeichnend ist der Beruf des Mannes, ein Journalist, der von den Katastrophen der Welt berichtet. Der Mann geht damit freilich nicht nur auf Distanz zur Frau, sondern auch zur Idylle der weiblichen und familiären Existenz. Der Abschnitt zum »Geld verdienen«, der mit zwanzig Seiten zu den längsten Texten des Bandes gehört (NN, S. 41–61), setzt den Kontrapunkt zur Berliner Existenz. Der Mann berichtet von einer Flutkatastrophe, die unmittelbar und ohne Vorwarnung über ein Dorf hereingebrochen ist und es grundlegend zerstört hat: »Das Dorf hat seine dritte Dimension verloren. Das da sind flache Wände.« (Ebd., S. 47) Die Idylle ist mithin jederzeit und ohne Vorwarnung bedroht. Die heile Welt der Intimität steht jederzeit zur Disposition. Damit wird die Sicherheit behauptende familiäre Existenz von vornherein suspendiert. Sie mag »Heimat« (also eine grundlegende Aufgehobenheit oder einen Schutzraum)[27] versprechen – ein Signalbegriff, der im Text immer wieder eingesetzt wird, um die vergebliche Attraktivität der Existenz mit Frau und Kind zu kennzeichnen. Anja Oesterhelt hat in einer jüngst erschienenen Studie den Wandel des Begriffs hin zur laikalen Geborgenheitssigle seit der Wende zum 19. Jahrhundert vorgestellt und dabei nicht zuletzt auf die seit Clemens Brentano aufkommende Identifizierung von Heimat und Weiblichkeit verwiesen.[28] Hauser nimmt diese Engführung auf, um sie zugleich wieder

---

27 Noch zurückhaltend mit einem Reflex zum juristischen Heimatverständnis siehe Art. ›Heimat‹. In: Jacob u. Wilhelm Grimm: Deutsches Wörterbuch. Bd. 10. Vierten Bandes Zweite Abtheilung. H-Juzen. Bearbeitet von Moriz Heyne. München 1984 [1877], Sp. 864–866, hier: Sp. 865, wo vor allem auf den Geburtsort und die Herkunft abgehoben wird.

28 Anja Oesterhelt: Geschichte der Heimat. Zur Genese ihrer Semantik in Literatur, Religion, Recht und Wissenschaft. Berlin u. Boston 2021, S. 208. Wenig tauglich in der neueren Lite-

aufzuheben. Heimat, Geborgenheit und Weiblichkeit werden zum einen als permanent gefährdet vorgestellt. Zum anderen geht der Protagonist entschieden auf Distanz, nicht ohne seiner Sehnsucht nach Heimat weiter nachzugeben – was einander bedingt, wie bereits Skeels Einleitung betont: »Wer ein Ziel hat, muß eine Heimat haben und sie wieder verlassen.« (Ebd., S. 14)

Auffallend an der Durchführung der Narration ist, dass sie zwar formal über zahlreiche kleine, chronologisch oder systematisch montierte Einzeltexte entsteht, die jeweils wieder thematisch fokussiert sind. Dennoch lassen sich mehrere große thematische Blöcke ausmachen, in denen die Erzählung vom Mann auf der Suche nach sich selbst aufgeht. Nach der grundlegenden Suspendierung von Sicherheit und Geborgenheit des bürgerlichen Modells wird zuerst noch die Arrangierbarkeit dieses Modells mit dem hedonistischen Konzept geprüft: Allerdings sind das Berliner Nachtleben, die nächtliche Rückkehr von der Sauftour und die spontane Reise nach Paris mit einem Modell gegenseitiger Fürsorge (mit verteilten Rollen) nicht vereinbar, was sich spätestens daran bemerkbar macht, dass die Parisreise abgebrochen wird. Ein Zurück zum Ausgangspunkt gibt es freilich nicht, da die grundsätzliche hedonistische Orientierung des Mannes mit dem Anspruch der Frau nicht vereinbar ist: Sie trennt sich, womit der nächste Erzählschritt durchgeführt wird: die Ableitung der a-sozialen Existenz. Der Mann verbleibt in der von Frau und Kind verlassenen Wohnung, verlässt sie schließlich, kommt erst im Speisesaal eines verlassenen Hotels unter (einem weiteren Transitionsraum), um schließlich am Elbufer in einer Höhle unterzukriechen. Damit ist der Protagonist am absoluten Tiefpunkt sozialer Existenz angekommen. Die Rückkehr, die Neukonstitution kann beginnen, allerdings unter geänderten Rahmenbedingungen. Aber auch hier müssen Varianten abgeprüft werden: Die (mit geringerer Reputation ausgestattete) Existenz als Randfigur der Vergnügungskultur bleibt nur Durchgangsstation (und ist zugleich schwacher Reflex des hedonistischen Konzepts). Zwar ist die Ausstattung komplett genug – auch hier gibt es Frauen. Deren Referenzraum ist jedoch vom bürgerlichen Modell bestimmt, sie gehen in ihrem gegenwärtigen Sozialraum nicht auf. Das entscheidende Moment aber ist die Rückversicherung des Mannes auf die entscheidende Instanz der Beziehungstriade, das Kind, die über den Rückgriff auf die eigene, fraglose und selbstverständliche kindliche Existenz als Leitmodell vorgestellt wird. Ziel der männlichen Existenz ist die Selbstverständlichkeit, die seit der Kindheit verloren ist. Die Erinnerungen an kindliche

---

ratur, da mit zu geringer Distanz und fehlender Analyseschärfe: Susanne Scharnowski: Heimat. Geschichte eines Missverständnisses. Darmstadt 2019, eine Studie, die sich als Verteidigungsschrift eines angeblich missachteten Begriffs versteht, dabei aber der jeweils historischen Funktionalität der Verwendung des Begriffs undistanziert aufsitzt.

Aktivitäten (›In die Nacht rennen‹, ›Auf einen Baum klettern‹) dienen dazu, sich deren Rückgewinnung zu vergewissern.

Das aber ist – wie bereits an den Erinnerungsstücken zu erkennen ist – nur in einem sistierten und unterkomplexen Raum jenseits des Urbanen möglich. Die Kindheitserinnerungen haben notwendig keinen komplexen, soll heißen städtischen Rahmen, die mögliche männliche Existenzform kann deshalb gleichfalls nur im ländlichen Raum angesiedelt sein.

Dies wird mit der als Rückkehr gekennzeichneten Fahrt in die Lausitz, eine Region ca. 80 km ost-südöstlich von Berlin, schließlich auch eingelöst.[29] Der Ort, zu dem der Protagonist sich wendet, muss so weit wie möglich und so grundsätzlich wie möglich vom urbanen bürgerlichen Raum entfernt sein – was dann im Profil der Lausitz, wie es im Roman entwickelt wird, vorgeführt wird.[30] Skeel wendet sich dem »Stiftswald Siehdichum« zu – ein sprechender Name, den Hauser sich kaum entgehen lassen kann, zumal er damit die lebensweltliche Verankerung verstärkt[31] –, und kehrt den Umtrieben der Stadt den Rücken: »Unendliche Stille. Weit von den Straßen. Völlige Einsamkeit. Warum denn – Vielleicht doch: Zwei Wassermühlen, zwei kleine Welten im Gleichgewicht, ein winziges Planetensystem, zu abseitig, zu klein, um von der Welt entdeckt zu

---

29 Graebner, »Dem Leben …« (wie Anm. 2), S. 42, hat darauf verwiesen, dass Hauser hier auf den vormaligen Hof seines Vaters anspiele, der allerdings allem Anschein nach etwas weiter südlich angesiedelt war, als der von Hauser im Roman angedeutete Standort. Hauser hat demnach in seiner Kindheit die Sommer auf diesem Hof verbracht. Der Hof sei, wie Graebner dem Roman *Kampf* entnimmt, in den späten 1920ern verkauft worden, was allerdings nicht als gesicherte Information gelten kann. Von einem Rückerwerb findet sich nichts.

30 Die Lausitz ist heute eher für den Braunkohlebergbau und als Industriestandort überregional bekannt; das Bild, das Hauser hier entwirft, zeigt allerdings eher einen ärmlichen, menschenleeren, landwirtschaftlich geprägten Landstrich, der von der Entwicklung der industriellen und urbanen Moderne abgekoppelt ist. In den zu Rate gezogenen Deutschland-Darstellungen der Zeit spielt die Lausitz keine herausragende Rolle. Die Nutzung für den Braunkohleabbau wird ebenso erwähnt wie die relative Unfruchtbarkeit der Region. Siehe etwa: C. W. Schmidt: Das schöne Deutschland. Landschaft, Kunst und Kultur. Mit einem Geleitwort »Die Landschaft in der Kunst« von W. Kurth. Mit 300 photographischen Aufnahmen im Text und 8 Tafeln. 8. verb. Auflage. 101.–120. Tsd. Berlin [1930], S. 249, oder: Eugen Diesel: Das Land der Deutschen. Mit 2 Karten und 481 Abbildungen vorwiegend nach Luftaufnahmen von Robert Petschow. Volksausgabe. Leipzig 1933, S. 98 ff., in dem die industrialisierte Forstwirtschaft in der Region erkennbar wird. Das von Hauser vorgestellte Lausitz-Bild ist – unabhängig davon, dass sich solche Motive beinahe für jede Region in Deutschland entwickeln lassen – Programm. Dass Hauser hier autobiografisches Material verarbeitet (auch wenn er selbst in Berlin geboren und aufgewachsen ist), ist weniger von außen her wahrnehmbar als dadurch, dass er durch seine vergleichsweisen intimen Kenntnisse der Region Authentizität demonstriert.

31 Das Forsthaus Siehdichum ist heute noch zu finden, wenngleich sich hier nun ein Hotelbetrieb findet (https://forsthaus-siehdichum.de/geschichte/); ebenso der Fließ, von dem im Roman die Rede ist. Allerdings gehören solche Analogien wohl eher zu den allgemeinen Referenzen, mit denen Hauser im Text spielt und die als Authentifizierungssiglen fungieren.

werden. Verborgen in den Hügeln.« (NN, S. 181) Am Schluss des Textes wird es deshalb heißen können: »Wo ist die große Stadt geblieben. […] Weit wird unser Denken«. (Ebd., S. 216)

Der Mann kehrt auf das Gut zurück, von dem er kommt, und kehrt mit einem Mal in eine Existenzform zurück, die er verlassen hat. Die folgenden Erzählpassagen dienen denn auch nur der Rückversicherung, dass diese Existenzform auch tatsächlich wieder ungehindert zugänglich ist: Wälder pflanzen, ernten, auf die Jagd gehen, einen Hund abrichten, Land bebauen. Die Tätigkeiten sind zugleich zu Titeln der Einzeltexte aufgewertet, was ihre Bedeutung noch betont.

Ausgerichtet sind sie auf den handelnden Mann, wie der einleitende Text (»Morgens aufwachen«) klarstellt, in der der Akteur auf eine abstrakt gegenderte Gestalt fokussiert wird: »Der Mann schläft.« »Da erwacht der Mann.« (NN, S. 188 u. 190) Der Mann. Gekennzeichnet durch den Schlaf, das Erwachen, den noch schläfrigen Gang und die morgendliche kalte Dusche mit dem Finale: »Kurz ist der Tag und wird voll Arbeit sein.« Aus dem urbanen, zivilisierten Journalisten ist mit einem Mal ein bäuerlich geprägter Mann geworden, derb, das Gesicht braun und verwittert (ebd., S. 190).

Die Tätigkeiten, derer er sich annimmt, sind allesamt auf diesen ruralen Typus ausgerichtet, der zugleich ein persönliches Verhältnis mit diesen Tätigkeiten eingeht, dabei aber immer übergeordnet bleibt. Das wird beim »Wälder pflanzen« (NN, S. 191–199) erkennbar, da die gesamte Tätigkeit von diesem Mann selbst ausgeübt wird. Das ist auch bei der Jagd und bei der Abrichtung des Hundes der Fall, und selbst noch beim Thema »Land bebauen«. Er ist und bleibt Nabel seiner Welt. Es ist seine Welt, die er persönlich errichtet. Lediglich beim »Ernten« (ebd., S. 199–207) kommen Helfer ins Spiel, was die einzige Erweiterung des sozialen Raums anspielt. Damit bleibt die Welt klein und überschaubar, aber eben auch dünn besiedelt. Wald und Land werden durch das Gewehr und den Hund ergänzt, die als Begleiter der atavistischen Tätigkeit Jagd eingeführt werden: Der Mann pflanzt Wälder, bebaut das Land, er geht auf die Jagd und unterwirft sich das Tier, hier den Hund. Selbst die Reinigung der Jagdwaffe, die sich vor die Jagd selbst schiebt, wird zur eigentümlichen männlichen Tätigkeit aufgewertet.

Aufschlussreich ist in diesem Kontext der Status von Frauen. In der urbanen Welt gibt es nur – analog zur ruralen Welt – eine Frau, die aber wieder auf Distanz gebracht werden muss. In der Zwischenwelt der Vergnügungskultur, in der sich in der Prostitution ein atavistisches Verhältnis zwischen den Geschlechtern mit dem kapitalistischen Austauschverhältnis von Geld und Dienstleistung verbindet, können es mehrere Frauen sein, mit denen der Mann ein freundschaftliches, aber zugleich hierarchisches Verhältnis unterhält (den sexuellen Verkehr inbegriffen), das aber nicht auf Dauer gestellt ist. Das Tauschverhältnis und die Austauschbarkeit der Dienstverhältnisse stehen dem entgegen. In der ruralen männlichen

Welt sind Frauen beinahe vollständig wieder verschwunden, bis auf die Erntesituation, in der die Frucht der männlichen Arbeit eingefahren werden soll.

Die Analogie von Frau, Fruchtbarkeit und Land ist dabei nicht ungewöhnlich. In Karl Heinrich Waggerls Einödroman *Brot* assoziiert der Protagonist Simon Röck beim Anblick der schwangeren Frau im Kornfeld nichts weniger als: »Frucht! denkt Simon. Und dann steigt etwas in ihm auf, eine warme Welle, ein Glücksgefühl in seiner einfältigen Brust …«.[32] Allerdings ist die Konstruktion bei Waggerl wie wohl bei den meisten Kollegen aus dem Provinzromangenre eher auf die Begründung und Fortsetzung von Welt ausgerichtet, was eben die Wahl einer Frau und die Zeugung eines Kindes voraussetzt – bei dem es dann wohl auch meist bleibt.

Hausers Konstruktion ist dem konzeptionell noch vorgelagert, sie ist atavistischer, deutlich weniger diszipliniert, wie die Kurzschließung von Ernte, Weiblichkeit, Begehren und Erfüllung vorführt: »Seht die Arbeiterinnen: Windenblüten, bewegt im Wind, gleichen sie mit ihren weißen Kopftüchern«, beginnt der Absatz, der dann in die Beschreibung ihrer Tätigkeit, ihrer Gestalt und der Faszination ihrer beinahe nackten Körper übergeht, was zuerst metaphorisch, dann direkt in den imaginierten gewalttätigen Sexualakt, den Frauenraub führt:

> »Da ist nichts weiter zwischen Haut und Kleid. Stark ist der Duft des sinkenden Korns, stark ist der Duft der heißen Frauenhaut. Rausch steigt aus der Bewegung nackter, brauner Glieder, ein uralter Drang nach Überfall und Vergewaltigung. / Mit einem Sprung ein Weib packen, sie fortschleppen, die schreiende, ihre langen Haare um die Faust gewickelt.« (NN, S. 201)

Die Sexualfantasie endet in einem langen Spiegelstrich, wird unterbrochen, läuft aber mit dem Text weiter und endet mit einer spezifischen Assoziation der abgeernteten Felder: »Erschöpft liegen sie und matt, wie Frauen, die geboren haben.« (Ebd., S. 207) Was dann die einzige belastbare Basis des Verhältnisses des Mannes zur Frau überhaupt zu kennzeichnen scheint – sie gebärt sein Kind.

4.   Das Kind (Coda)

Was Frauen gebären, ist im Text wiederholt angespielt worden, und wird zum Ende wieder aufgenommen, das Kind, das im Haus schläft und das motivisch an die zahlreichen Verweise auf Kindheit anschließt, die sich durch den Text ziehen. In der Regel nehmen diese Verweise die Attraktivität der fraglosen und selbstverständlichen kindlichen Existenz auf. Im Schlusstext wendet Hauser dieses

---

32 Waggerl, Brot (wie Anm. 26), S. 155. Vgl. dazu: Walter Delabar: Was tun? Romane am Ende der Weimarer Republik. 2. Aufl. Berlin 2004, v. a. S. 150–157.

Muster, resp. er spitzt es zu: Dass es sich um eine Tochter handelt, nicht um einen Sohn, lädt zu Spekulationen ein, ist aber entscheidend. Im Vater-Sohn-Verhältnis ist die Spannung von Nachfolge und Verweigerung stets mitzudenken, wie die um 1930 bereits klassischen Texte Walter Hasenclevers und Arnolt Bronnens ja exemplarisch vorgeführt haben.[33] Davon abgesehen, dass die Nachfolge selbst in einem solch anachronistischen Konzept, wie es den Schluss von Hausers *Noch nicht* kennzeichnet, nicht gesichert wäre, würde der heranwachsende Sohn ja, lässt sich als These formulieren, in dieselbe prekäre Situation entlassen, aus der der Vater als Mann zuvor erst entkommen resp. vor der er, wenn die Abstraktheit der Konstruktion gewahrt bleiben soll, ja stets schon gefeit wäre. Der Sohn würde, nimmt man die Konstruktion der Rahmenerzählung ernst, selbst erst wieder den gerade absolvierten Konstituierungsprozess durchlaufen müssen.

Anders die Tochter. Sie ist, qua Geschlecht, stets mit dem Sesshaften, dem Land, der Frucht untrennbar verbunden, aber eben auch schutzlos. Die Konstellation des Anfangs kehrt mithin wieder, allerdings mit anderen Vorzeichen: Der Mann sorgt und beschützt, aber nicht eine überlegene Frau, sondern das heranwachsende Kind. Dass es vor den externen Gefahren nicht gefeit ist, nicht einmal in dem peripheren Ort auf dem Land, spielt Hauser im Text, wenngleich ein wenig verdeckt, gleich an. Vorausgesetzt ist freilich, dass die Identifizierung von Weiblichkeit und Frucht stark genug ist. Das wohl stärkste nächtliche Geräusch, das den Schlaf des Kindes zu stören vermag, ist das »tiefkehlige[] Geröchel, Schnaufen, und dann: ein wilder Laut, halb Bellen, halb Gebrüll, zornig, gereizt, drohend: Schweine, Wildschweine – Sie wühlen in meinem Haferfeld –« (NN, S. 234 f.). Der Mann will den »großen, schwarzen Eber schießen, dessen Spur so breit ist wie die einer Kuh«, lässt es dann aber, zu »friedlich« ist es in ihm (ebd., S. 235). Die Bedrohung der Tochter durch sexualisierte Gewalt ist noch nur vermittelt, eben noch nicht gegenwärtig. Noch muss der Mann nicht handeln: Die Tochter schläft und träumt. Der Mann ist Mann.

---

33 Hasenclever (*Der Sohn*, 1914) und Bronnen (*Recht auf Jugend*, 1913, *Vatermord*, 1920), haben in ihren expressionistischen Dramen die Verweigerung der Söhne, den Vätern nachzufolgen und an ihre Stelle zu treten, sich dafür aber auch ihrer Regelungsmacht zu unterstellen, vorgeführt. Vgl. Walter Delabar: Ewige Jugend. Hasenclever, Bronnen, Brecht, Benjamin. In: Walter Delabar: Modernestudien. Beiträge zur literarischen Verarbeitung gesellschaftlicher Modernisierungen im frühen 20. Jahrhundert. Berlin 2005, S. 33–48.

Michael Pilz

Heinrich Hauser als Rezensent. Buch- und Filmkritiken in der *Frankfurter Zeitung*

1. Der Reporter als Rezensent

Von den zahlreichen Rollen, in denen Heinrich Hauser an den literarisch-publizistischen und künstlerisch-kulturellen Diskursen seiner Zeit partizipiert hat, ist zumindest eine bislang noch kaum in den engeren Fokus der Forschung gerückt worden: diejenige des Rezensenten. Dass dem so ist, vermag freilich kaum zu verwundern angesichts der Tatsache, dass es sich bei Hausers literatur- und filmkritischer Tätigkeit um eine offenkundige Marginalie seines Schaffens handelt. Folgt man Grith Graebners Personalbibliographie, so hat Hauser zeitlebens gerade einmal 25 Rezensionen veröffentlicht, von denen allein 24 in der *Frankfurter Zeitung* und nur eine weitere in einem anderen Blatt – nämlich im Berliner Magazin *Der Querschnitt* – erschienen sind.[1] Von diesen meist recht kurzen Besprechungen fallen 22 in die Rubrik ›Buchkritik‹, bei den übrigen drei handelt es sich um Filmkritiken. Ihre Entstehungszeit ist auf das runde Jahrzehnt zwischen den Jahren 1926/1927 (in denen die meisten Besprechungen Hausers in der *Frankfurter Zeitung* erschienen sind) und 1937 (als nach gut vierjähriger Pause noch eine letzte vereinzelte Rezension als Nachzügler zum Abdruck gelangte) begrenzt. Nicht nur in Hinblick auf die geringe Quantität, sondern auch in Hinblick auf die niedrige Frequenz und die Diskontinuität von Hausers Rezensionspraxis sind seine Texte über Bücher und Filme mithin als typische Gelegenheitsarbeiten zu charakterisieren, denen auch innerhalb seiner journalistischen Produktion für die *Frankfurter Zeitung* nur eine nachrangige Bedeutung

---

1 Vgl. Grith Graebner: »Dem Leben unter die Haut kriechen …«. Heinrich Hauser. Leben und Werk. Eine kritisch-biographische Werk-Bibliographie. [Diss.] Aachen 2001, S. 410–435. Bei einem weiteren ebd., S. 412, fälschlicherweise als ›Rezension‹ registrierten Text Hausers handelt es sich um ein autobiographisch gefärbtes Stück Feuilleton-Prosa, das auf zwei Erzählebenen den Bericht über einen Jagdausflug mit Passagen aus einem dabei gelesenen WildWest-Roman verschränkt, ohne jedoch dieses – bibliographisch nicht weiter fassbare – Buch im Sinne einer Literaturkritik zu besprechen (vgl. Heinrich Hauser: Auf der Jagd mit einem schönen Buch. In: Frankfurter Zeitung, Nr. 425 u. Nr. 426 vom 11.06.1927).

zukommt. Zu den großen Kritikerpersönlichkeiten des Blattes ist er jedenfalls nicht zu rechnen. Stattdessen wusste man bei der *FZ* mit guten Gründen ganz andere Qualitäten des Autors Hauser zu schätzen, der als Vorgänger Erik Graf Wickenburgs zeitweise die Redaktion der Reisebeilage – des renommierten *Bäder-Blatts* – betreute und mit seinen Reportagen und Fahrtberichten oder auch mit Artikelserien wie dem *Umgang mit Maschinen* von 1928 charakteristische Akzente im Feuilleton setzte.[2]

»[E]r war alles andere als ein homme de lettres, nicht der Typ eines Intellektuellen, kein Literat«, schreibt Hausers *FZ*-Kollege Hans Bütow in seinen Erinnerungen von 1958, die er explizit dem »Reporter Heinrich Hauser« widmete und mit dem prägnanten Titel *Vom Auge her* überschrieb.[3] Bütow griff damit ein Leitmotiv auf, das drei Jahre zuvor auch Benno Reifenberg, der langjährige Feuilleton-Chef der *Frankfurter Zeitung*, in seinem Nachruf auf Hauser verwendet hatte, um den Freund und Mitarbeiter zu charakterisieren:

> »[…] er wußte nichts von Systematik; seine Kenntnisse beruhten auf eigenen Erfahrungen, auf Intuition. […] Hauser […] war […] ein Naturwesen, […] ein Augenmensch […]. Er schrieb […] seine besten Sachen […] ohne jedes Vorbild, mit einer merkwürdigen Direktheit. […] Ich glaube, Hauser hatte keinen Sinn für Musik, vielleicht auch nicht viel für Dichtung, aber er war musisch im Sehen.«[4]

Bereits zu Hausers Lebzeiten war ihm vonseiten der NS-Kulturbürokratie, die ihn als unsicheren Kantonisten einer aufmerksamen Beobachtung unterzog, bescheinigt worden: »Er ist ein Mensch, der sich den Wind um die Nase hat wehen lassen und dem das Leben wichtiger war als das Lesen.«[5]

Mit dieser allseits konstatierten Akzentuierung des Gegensatzes von ›Lesen‹ und ›Leben‹ zugunsten des Letzteren wird das Bild des »geborene[n] Reporter[s]«[6] Hauser, der seine Stoffe nicht etwa in den Büchern, sondern in der Realität findet, geradezu paradigmatisch auf den Slogan »Nicht mehr lesen! Sehen!« festgelegt, wie ihn Johannes Molzahn 1928 als den neuen »Leitgedanken« für die zukünftige Entwicklung des Pressewesens im Kontext neusachlicher

---

2 Vgl. Almut Todorow: Das Feuilleton der »Frankfurter Zeitung« in der Weimarer Republik. Zur Grundlegung einer rhetorischen Medienforschung. Tübingen 1996, passim.

3 Hans Bütow: Vom Auge her. Der Reporter Heinrich Hauser. In: Ders.: Spur von Erdentagen. Eine Porträtgalerie. Frankfurt/M. 1958, S. 63–70, hier: S. 66.

4 Benno Reifenberg: Keine bleibende Stätte. Erinnerung an Heinrich Hauser. In: Die Gegenwart 10 (1955), S. 271 f.

5 Aus einem Schreiben der Hauptstelle Kulturpolitisches Archiv an die Deutsche Arbeitsfront (DAF) über Hauser vom 19.01.1939, zit. nach Gregor Streim: Als nationaler Pionier inner- und außerhalb des Dritten Reichs. Heinrich Hauser 1933–45. In: Spielräume des einzelnen. Deutsche Literatur in der Weimarer Republik und im Dritten Reich. Hg. von Walter Delabar, Horst Denkler u. Erhard Schütz. Berlin 1999, S. 105–120, hier: S. 116.

6 Bütow, Vom Auge her (wie Anm. 3), S. 66.

Diskurse ausformuliert hatte.[7] Zumindest die Praxis der Literaturkritik, die sich per definitionem als eine Aufgabe für »professionelle *Leser*« präsentiert,[8] scheint sich vor diesem Hintergrund weder in die Selbst- noch in die Fremdbilder einzufügen, die bis heute von Hauser zirkulieren.

Als professioneller *Journalist* allerdings, als der Hauser in seinen Eigenschaften als Redaktionsmitglied wie als Feuilleton-Mitarbeiter der *Frankfurter Zeitung* agierte, konnte er sich der fallweisen Verpflichtung zum Anfertigen von Besprechungen schwerlich entziehen. Immerhin zählte die Tätigkeit des Rezensierens zum gängigen Portfolio der praktischen Tätigkeiten im Berufsbild des Journalismus, das sich spätestens an der Wende vom 19. zum 20. Jahrhundert endgültig als solches etabliert hatte.[9] So umfasste z. B. das im Januar 1900 – im Jahr vor Hausers Geburt – annoncierte Curriculum für »Praktische Journalistik« an der Berliner Journalisten-Hochschule selbstverständlich auch Kurse zur »Recension von Dramen-Aufführungen, Romanen etc.« sowie zum Schreiben von »Kritiken über Werke der bildenden Kunst«.[10] Die Ausübung von Kunst-, Kultur- und Literaturkritik gehörte buchstäblich zum publizistischen Handwerk, das auch solche Journalistinnen und Journalisten zu beherrschen hatten, die sich in anderen Genres oder Praxiszusammenhängen des Zeitungsbetriebs – wie etwa der Reportage – einen Namen zu machen versuchten.

Gelegentliches Rezensieren bildete daher für viele Schreibende ein übliches Nebengeschäft zum journalistischen Hauptgeschäft, auch bei der *Frankfurter Zeitung*. An die praktische Organisation dieses Nebengeschäfts – das offensichtlich selbst im angesehenen *Literaturblatt* der Zeitung häufig als solches betrachtet wurde, wenn die von den Verlagen eingesandten Rezensionsexemplare an die unterschiedlichen Redakteure und Stammautoren der *FZ* verteilt wurden – erinnert sich Erik Graf Wickenburg in einem 1989 mit Almut Todorow geführten Interview lapidar zurück: »Die Bücher kamen alle nach Frankfurt, und [...] von Zeit zu Zeit sind wir dann alle miteinander in das Bücherzimmer gegangen und haben herumgeguckt, der kriegt das, der bespricht das.«[11]

---

7 Vgl. Johannes Molzahn: Nicht mehr lesen! Sehen! In: Das Kunstblatt 12 (1928), S. 78–82.

8 Stefan Neuhaus: Literaturkritik. Eine Einführung. Göttingen 2004, S. 171 (Hervorhebung M. P.).

9 Vgl. im Überblick Jörg Requate: Journalismus als Beruf. Entstehung und Entwicklung des Journalistenberufs im 19. Jahrhundert. Deutschland im internationalen Vergleich. Göttingen 1995.

10 Zit. nach der Abb. einer entsprechenden Annonce aus *Kürschners Deutschem Literatur-Kalender* in: Geschichte des deutschen Buchhandels im 19. und 20. Jahrhundert. Bd. 1: Das Kaiserreich 1871–1918, Teil 3. Hg. von Georg Jäger. Berlin u. a. 2010, S. 384.

11 Zit. nach Todorow, Das Feuilleton (wie Anm. 2), S. 186.

2.   Hausers Rezensionsobjekte

Eine solche okkasionelle Verteilungspraxis der Besprechungsstücke nach persönlicher Interessenslage oder thematisch-fachlicher ›Zuständigkeit‹ der verfügbaren Journalisten macht nachvollziehbar, wie der habituelle ›Nicht-Leser‹ und Reporter Hauser zu den Objekten seiner wenigen Rezensionen gekommen sein dürfte, die sich nahezu paritätisch auf fiktionale Literatur einerseits und auf Sachbücher andererseits verteilen. Die folgende Tabelle führt die von Hauser rezensierten Titel unter Einschluss der im *Querschnitt* erschienenen Buchbesprechung und der drei Filmkritiken nach Erscheinungsdaten geordnet auf.[12]

Romane und Erzählungen	Sachbücher und Reportagen	Filme
B. Traven: Das Totenschiff (FZ, 01.08.1926)	Heinr. Zimmermann: Reise um die Welt mit Captain Cook (FZ, 12.05.1926)	F. W. Murnau: Sunrise (FZ, 11.01.1928)
Norman Springer: Der Feuerberg (FZ, 29.08.1926)	Francis Kervin: Mein Tierbuch (FZ, 14.11.1926)	Erich von Stroheim: Gier nach Geld (FZ, 14.07.1928)
Jack London: Der Seewolf (FZ, 31.10.1926)	Anne Bosworth Greene: Der einsame Winter (FZ, 21.11.1926)	Arthur Robison: Die Nacht nach dem Verrat (FZ, 28.10.1929)
H. G. Wells: Der Traum (FZ, 27.03.1927)	Richard Halliburton: Die Jagd nach dem Wunder (FZ, 30.01.1927)	
Felix Salten: Martin Overbeck (FZ, 19.06.1927)	Arthur Rundt: Amerika ist anders (FZ, 27.02.1927)	
Francis Jammes: Die kleine Bernhardine (FZ, 17.07.1927)	Walter Mehring: Algier oder Die 13 Oasenwunder (FZ, 05.06.1927)	
Thomas Raucat: Die ehrenwerte Landpartie (FZ, 14.08.1927)	Gustav Hester (d.i. Joachim Ringelnatz): Als Mariner im Krieg (FZ, 01.12.1928)	
Liam O'Flaherty: Die dunkle Seele (FZ, 09.09.1928)	Georg Werner: Ein Kumpel (FZ, 17.11.1929)	
Erik Reger: Union der festen Hand (Der Querschnitt, September 1931)	Richard Henry Dana: Zwei Jahre vorm Mast (FZ, 18.06.1933)	
Gabriele Tergit: Käsebier erobert den Kurfürstendamm (FZ, 31.01.1932)	Hans August Craemer: 5.000 Jahre Segelschiffe (FZ, 24.07.1937)	

---

12 Die genauen bibliographischen Angaben zu Hausers Artikeln können dem Verzeichnis von Graebner, »Dem Leben …« (wie Anm. 1) entnommen werden.

(Fortsetzung)

Romane und Erzählungen	Sachbücher und Reportagen	Filme
Hans Nitram (d. i. Hans Martin): Achtung! Ostmarkenrundfunk! (FZ, 19.05.1932)		
Johann David Wyss: Der Schweizerische Robinson (FZ, 16.12.1934)		

Bereits die Titel der rezensierten Werke legen nahe, dass sie primär aufgrund der behandelten Stoffe von bzw. für Hauser zur Besprechung ausgewählt wurden. Zumindest überschneiden sie sich stark mit den Interessen, die sich auch in Hausers eigenem literarischen Schreiben dokumentieren: Bücher aus dem Bereich Reisen, Abenteuer und ferne Länder, sehr häufig verbunden mit maritimer Thematik, bilden ebenso einen erkennbaren Schwerpunkt wie die Themenkreise Landleben und Natur einerseits sowie Großstadt und Industrie andererseits, wobei das Ruhrgebiet seine erwartbare Rolle spielt. Aber auch das in Hausers Schaffen erst verhältnismäßig spät an Gewicht gewinnende Science-Fiction-Genre ist schon mit H. G. Wells' utopischem Roman *Der Traum* sowie mit Hans Nitrams in nahester Zukunft angesiedeltem Kriegs-Planspiel *Achtung! Ostmarkenrundfunk!* (das einen militärischen Angriff Polens auf Ostpreußen imaginiert) vertreten.

Eine eigene kleine Gruppe formieren schließlich Titel, zu deren Urhebern Hauser persönliche Beziehungen unterhielt, wie zu Liam O'Flaherty, mit dem er nicht nur befreundet war, sondern mit dem er auch als Filmemacher, Autor und Übersetzer eng zusammenarbeitete.[13] Diese Gruppe schließt mindestens zwei der drei Filmrezensionen ein, da es sich bei Arthur Robisons Film *Die Nacht nach dem Verrat,* den Hauser 1929 anlässlich der deutschen Erstaufführung im Berliner Marmorhaus besprach, um die Leinwandadaption von O'Flahertys gleichnamigem Roman handelte, der zwei Jahre zuvor in Hausers eigener Übersetzung als Fortsetzungsabdruck im Feuilleton der *Frankfurter Zeitung* erstveröffentlicht worden war (die Buchausgabe war 1928 erschienen).[14] Mit Friedrich Wilhelm Murnau wiederum war Hauser durch seine Freundschaft mit dem Maler Walter Spies bekannt, der seinerseits als Murnaus Assistent tätig war.[15]

---

13 Vgl. Bütow, Vom Auge her (wie Anm. 3), S. 65.

14 Vgl. Graebner, »Dem Leben …« (wie Anm. 1), S. 438f.

15 Vgl. exemplarisch Hausers Brief an Daisy Spies vom 28.10.1923 aus Cheribon, in dem es heißt: »Murnau scheint mir gestorben zu sein, man hört nichts von ihm« (zit. nach Klaus Huneke: Géla Forster – Walter Spies. Lieben ohne zu fordern. Norderstedt 2022, S. 109). Zu Spies als Mitarbeiter Murnaus vgl. u. a.: Friedrich Wilhelm Murnau. Ein Melancholiker des Films. Hg. von Hans Helmut Prinzler. Berlin 2003, passim.

Ob diese Bekanntschaft für Hauser Anlass gewesen ist, sich um eine Besprechung von *Sunrise* zu bemühen oder ober er damit vonseiten der *Frankfurter Zeitung* redaktionell betraut wurde, lässt sich heute – wie in den meisten übrigen Fällen – wohl kaum mehr eindeutig rekonstruieren, zumal derselbe Film bereits Ende November 1927 im selben Blatt vorabrezensiert worden war und Hauser den negativen Tenor dieser früheren Besprechung in seiner eigenen nur noch einmal argumentativ bestätigte.[16] Damit lieferte er keineswegs eine Gefälligkeitsrezension ab, wie man es ihm zumindest bei der Würdigung O'Flahertys unterstellen darf (bei der allerdings auch handfeste Eigeninteressen des Übersetzers Hauser hineinspielten). Für die Souveränität von Hausers Wertungen mag auch seine positive Rezension von Erik Regers Industrie-Roman *Union der festen Hand* im *Querschnitt* von 1931 sprechen: Während Reger – freilich unter dem Pseudonym ›Fritz Schulte ten Hoevel‹ – im Jahr zuvor Hausers Ruhrreportage *Im schwarzen Revier* im Essener *Scheinwerfer* harsch verrissen und damit eine kleine Kontroverse entfacht hatte, in die unter anderem vonseiten der *Frankfurter Zeitung* auch Bernard von Brentano eingriff,[17] gestand Hauser Reger unumwunden zu, mit seinem Buch »die wichtigste Neuerscheinung seit Jahren« zur Ruhr-Thematik vorgelegt zu haben: »Es steht für mich auf gleicher Stufe mit den großen sozialen Reportagen eines Zola und Upton Sinclair.«[18]

3.   Kriterien und Maßstäbe

Mit dieser expliziten Gleichsetzung von Roman und Reportage liefert Hausers Reger-Rezension nicht nur einen Hinweis auf seine eigene Poetik als literarischer Autor; er macht darin auch eine Überzeugung namhaft, die zugleich als eine maßgebliche Leitlinie für seine Wertungshandlungen als Rezensent betrachtet werden kann, wenn er schreibt: »Der Wert steckt im Inhalt, nicht in der Form.«[19]

---

16 Vgl. Heinrich Hauser: »Vor Sonnenaufgang«. In: Frankfurter Zeitung, Nr. 29 vom 11. 01. 1928: »Im Abendblatt vom 23. November des letzten Jahres ist anläßlich einer Berliner Interessentenaufführung über diesen Film bereits kurz referiert worden. Der Referent gelangte zu einem völlig negativen Urteil […]. Wenn wir diesen Film an gleicher Stelle noch einmal besprechen, so tun wir das nicht, um das Urteil unseres Berliner Referenten zu widerrufen, sondern um es zu bestätigen und näher zu begründen. […] Das Ergebnis ändert sich nicht: es bleibt ein schlechter Film.«

17 Vgl. Fritz Schulte ten Hoevel [d. i. Erik Reger]: Das dritte Auge des Reporters. In: Erik Reger: Kleine Schriften, Bd. 1. Hg. von Erhard Schütz. Berlin 1993, S. 130–137, sowie ders.: Wenn man nur mit einem Auge sieht. In: ebd., S. 138–140. Zur Diskussion, die am Beispiel Hausers über das Primat von Text oder Bild in der zeitgenössischen Reportage-Literatur geführt wurde, vgl. Graebner, »Dem Leben …« (wie Anm. 1), S. 253–255.

18 Heinrich Hauser: [Rezension zu] Erik Reger, Union der festen Hand. Roman. Verlag Ernst Rowohlt, Berlin. In: Der Querschnitt 11 (1931), S. 652.

19 Ebd.

Tatsächlich beschäftigt sich der Literaturkritiker Hauser in seinen Rezensionen bevorzugt mit der Stoff- und Motivebene der besprochenen Bücher statt mit ästhetischen Formfragen; die Inhaltsangabe dominiert bei ihm eindeutig über formale Analysen. Konsequenterweise bemisst sich der Wert eines Buches für Hauser denn auch primär in der Fähigkeit oder Unfähigkeit des jeweiligen Autors, zeitgenössische Realität einzufangen, wie seine Besprechung von Thomas Raucats *Die ehrenwerte Landpartie* von 1927 exemplarisch illustriert.[20]

Über die elaborierte Erzählkonstruktion dieses multiperspektivisch angelegten Japan-Romans erfahren die Leserinnen und Leser von Hausers Kurzkritik kaum mehr, als dass sie »interessant« zu nennen sei, während die eigentliche Fokussetzung des Rezensenten bereits im Titel seiner Besprechung zum Ausdruck kommt: In der Zusammenschau von »Geisterstimmen und Telephondrähte[n]« nämlich kondensiert für Hauser ein Bild des modernen Japan, das er aus Raucats Roman gewinnen zu können glaubt. Sein Lektüreinteresse erweist sich damit viel weniger als genuin literarisch motiviert denn als ethnographisch und zeitdiagnostisch ausgerichtet, wenn er feststellt:

> »Dies Buch ist modernes Japan: nicht mehr Lafkadio Hearn, nicht Dauthendey, nicht *ihre* Romantik [...]. Sondern Rummelplatz, Geishas, die Kodak knipsen, Mädchen, die in Wasseraeroplanen fahren, Stationsvorsteher mit amerikanischen Zeitungen, die sie nicht lesen können, alte Tempel und Grammophon, das ›Tipperary‹ spielt. Warmbad und Automobil, Gassen der Papierhäuschen und moderne Wolkenkratzer aus Zement. Geisterstimmen und Telephondrähte. Dieses Buch hat viel von der ungeheuer romantischen Sachlichkeit unserer Zeit.«[21]

Das Zitat macht nochmals deutlich: Es sind die Themen und Diskurse des Schriftstellers Hauser, die auch den Kritiker Hauser umtreiben – im genannten Fall etwa das Aufeinanderprallen von technischer Moderne (die notabene eine westliche Moderne ist) mit historisch gewachsenen Traditionen und die daraus entstehende neue Wirklichkeit, für die Beschreibungsmuster gesucht und gefunden werden müssen, die sich im Spannungsfeld der Schlagworte ›Sachlichkeit‹ und ›Romantik‹ bewegen. Zentraler Maßstab für das Gelingen einer solchen Beschreibung ist und bleibt für Hauser in beiden Rollen das Kriterium der ›Authentizität‹, das den verklärenden und im negativen Sinne ›romantisierenden‹ – da vorgeblich verfälschenden – Blick vorangegangener Schriftstellergenerationen auf die Realität zumindest im Modus des Postulats ersetzen soll.

Was Hauser in Büchern wie in Filmen sucht, ist folglich ihr »reale[r] Dokumentwert«, der »uns Wirklichkeiten gibt«,[22] wie er anlässlich seiner Kritik an

20 Vgl. Heinrich Hauser: Geisterstimmen und Telephondrähte. Zu dem Roman: »Die ehrenwerte Landpartie« von Thomas Raucat. In: Frankfurter Zeitung, Nr. 600 vom 14. 08. 1927.
21 Ebd. (Hervorhebung im Original).
22 Hauser, »Vor Sonnenaufgang« (wie Anm. 16).

Murnaus *Sunrise*-Film am Beispiel von dessen literarischer Vorlage näher aus-
führt. Hermann Sudermanns Novelle *Die Reise nach Tilsit* nämlich, von der sich
Murnau und sein Drehbuchautor Carl Mayer inspirieren ließen, sei Hauser zufolge

> »[…] innerhalb ihrer Zeit – der achtziger Jahre etwa – und innerhalb ihres Raumes – der
> Gegend von Tilsit – ganz *echt*. Das heißt: Zu jener Zeit und in jener Gegend hat es
> wahrscheinlich Bauern und Fischer und Mädchen gegeben, die so dachten und sich so
> benahmen, wie Sudermann es dargestellt hat.«[23]

Murnaus und Mayers Film dagegen würde an seinem verfehlten Anspruch
scheitern, diesen konkreten Orts- und Zeitbezug der Vorlage ins Überzeitliche
auflösen zu wollen und damit den dokumentarischen Charakter zu tilgen:

> »Denn um dem Sudermannschen Stoff etwas ewig-gültige Symbolwerte abzugewinnen,
> haben sie ihm fast alle Substanz von Ort und Zeit entzogen. Die Stadt ist nicht Tilsit, aber
> auch nicht New York. Die Fischer und Bauern sind nicht von 1880, aber auch keine
> Menschen von heute. Der Film, der so entstand, ist weder Fisch noch Fleisch. Er ist ein
> halb reales, halb phantastisches Gebilde«

– und aus Hausers Sicht gerade in dieser »Mischung von Realität und Phantasie«
entschieden abzulehnen.[24] Als Ganzes gescheitert, könnten Murnaus Regie nur
noch im photographischen Detail positive Qualitäten abgewonnen werden:

> »Eine Elektrische, die aus dem Wald durch Vorstadt auf vielen Kurven ins Zentrum
> einer großen Stadt einfährt, ist wunderbar. Zwei Menschen, die eine lange Zeit nichts
> tun als atmen, atmen nach einem schnellen Lauf, nach einer starken Erschütterung, sind
> nie vorher so dargestellt worden. Das alles sind Qualitäten, die auch eine im Grundton
> negative Kritik nicht übergehen darf.«[25]

Hausers Wertung folgt hier weitestgehend den Maßstäben einer Filmkritik, wie
sie Siegfried Kracauer in der *Frankfurter Zeitung* etabliert und noch Jahrzehnte
später im Rahmen seiner Film-Theorie ausgebaut hat: Wie für Kracauer hat das
Medium Film auch für Hauser die »Errettung der äußeren Wirklichkeit« zum
Ziel, indem es – von der Photographie her gedacht – die »Darstellung physischer
Realität« ins Zentrum rückt.[26]

---

23 Ebd. (Hervorhebung im Original). Tatsächlich entstand Sudermanns Novelle nicht in den
   1880er Jahren, sondern 1916/17, also nur ein rundes Jahrzehnt vor Murnaus Film (vgl. Do-
   rothea Kuhn: Hermann Sudermann. Porträt und Selbstporträt. Marbach a. Neckar 1978,
   S. 21). Im Rahmen von Sudermanns *Litauischen Geschichten* publiziert, zählt sie zum Spät-
   werk des Autors, der seine größten literarischen Erfolge freilich als Dramatiker in der Zeit des
   Naturalismus errang, mit der ihn Hauser offensichtlich nach wie vor assoziierte.
24 Hauser, »Vor Sonnenaufgang« (wie Anm. 16).
25 Ebd.
26 Siegfried Kracauer: Theorie des Films. Die Errettung der äußeren Wirklichkeit. Frankfurt/M.
   1964, S. 71. – Vgl. dazu auch Hausers Besprechung von Erich von Stroheims Film *Gier nach*

Der Literaturkritiker Hauser setzt kaum andere Akzente, wenn er sich in den besprochenen Büchern auf die Suche nach der »Substanz von Ort und Zeit« begibt: »Dies Buch ist hohe Dünung, offne See, Windstärke acht, strichweise Regen«,[27] schreibt er etwa über Jack Londons Abenteuerroman *Der Seewolf* von 1904, den er anlässlich einer deutschsprachigen Neuausgabe im Berliner Universitas-Verlag rezensiert und als eine exemplarische Beschwörung des Lebens auf hoher See inmitten anprallender Naturgewalten feiert, in Hinblick auf seine Handlungsführung aber auch mit einer gewissen Skepsis beurteilt: »Dann stehen noch Dinge in dem Buch, die eigentlich nicht in ihm stehen dürften. Ein Mädchen kommt an Bord – Jack London ist kein Mann für Frauen; um es ganz offen zu sagen: das Mädchen stört.«[28] Die angeschlagene Virilitätsrhetorik, die auch im fiktionalen Raum des Seefahrer-Romans die Frau als Störfaktor begreift und deshalb am liebsten von Bord verbannt sehen möchte, dient freilich nicht nur der vordergründigen Verteidigung einer maritimen Männerwelt und ihrer rauen Ideale; Hauser, der wenige Jahre später von der Kritik selbst als »ein deutscher Jack London« tituliert werden wird,[29] setzt sie zugleich zur kritischen Markierung eines – aus seiner Sicht – eklatanten Verstoßes gegen das Authentizitätspostulat ein, das auch seiner *Seewolf*-Lektüre die Richtung vorgibt: »das Mädchen stört« nicht zuletzt deshalb, weil sein Auftritt vom Rezensenten als zu unwahrscheinlich empfunden wird, um nicht den Eindruck von Wahrhaftigkeit zu unterminieren, den er sich von Londons Buch erwartet. Während notabene seine Schilderungen von Wind und Wetter auf hoher See als besonders lebenswahr hervorgehoben werden, zumal sie durch den seemännischen Erfahrungshorizont des Autors London legitimiert erscheinen, wird die darin eingelagerte Liebesgeschichte als bloße ›Literatur‹ denunziert. Letztlich liest Hauser damit auch den *Seewolf* – ebenso wie die Bücher Zolas und Upton Sinclairs oder B. Travens Roman *Das Totenschiff*, den er kurz zuvor rezensiert hatte – als eine Spielart von Reportage, deren besondere Qualitäten für ihn genau dort enden, wo sich die Fiktion der Romanhandlung in

---

Geld, in der er z. B. den »Marsch über die Wüste aus Schlamm, dessen trockene Oberfläche in aufgebogene Schollen geplatzt ist«, als besonderen visuellen Eindruck physischer Stofflichkeit hervorhebt und damit einmal mehr die photographische Erfassung äußerer Realität als filmische Aufgabe betont (hH [d. i. Heinrich Hauser]: »Gier nach Geld«. In: Frankfurter Zeitung, Nr. 522 vom 14.07.1928). Das Motiv, das der Filmkritiker Hauser dafür als Beispiel anführt, wird er einige Jahre später als Reportage-Autor selber aufgreifen, wenn er in den *Feldwegen nach Chicago* den (vorgeblich) »echte[n] Mississippi-Schlamm« auf einer Bildtafel präsentiert, die die erwähnte Schollen-Struktur zeigt (vgl. FCh, Abb. nach S. 144).

27 Heinrich Hauser: [Rezension zu] Der Seewolf. Von Jack London. Übersetzt von Erwin Magnus. Berlin, Universitas-Verlag. In: Frankfurter Zeitung, Nr. 851 vom 31.10.1926.

28 Ebd.

29 Anlässlich seines Romans *Brackwasser* von 1928, vgl. Streim, Als nationaler Pionier (wie Anm. 5), S. 105.

ihrer erkennbaren Konstruiertheit allzu deutlich über die Beschreibung realer (oder zumindest potentieller) Wirklichkeitserfahrung schiebt.

Erst im solchermaßen angestimmten Lob des Unliterarischen findet der Kritiker Hauser – gleichsam über den Umweg seiner Forderung nach Authentizität – hin und wieder auch zu einer Betrachtung der Form, die ihm offensichtlich nur dann als nennenswert erscheint, wenn sie den gewünschten Eindruck unterstützt, bei der Lektüre Zeuge ›echten‹ und damit ›wahren‹ Lebens werden zu können: »[…] sein Buch ist schön, weil es eigentlich nicht geschrieben, sondern gesprochen ist, mit allen den Fehlern, die man dabei begeht, indem man einmal den Faden verliert, in die Breite abirrt und auf dem Höhepunkt sich wiegt«, heißt es z.B. über die konkrete Textur von Travens *Totenschiff*-Roman, den Hauser umstandslos für das autobiographisch referenzierbare Produkt eines US-amerikanischen Matrosen hält, ohne sich auch nur im Geringsten an den Spekulationen über die Identität des Autors zu beteiligen.[30] Zwar moniert Hauser in seiner Eigenschaft als »Spezialist des Seemannslebens«,[31] dass in Travens Buch ganz offensichtlich »manche Fachausdrücke falsch übersetzt« worden seien; dennoch kann sein Lob in der Bemerkung gipfeln: »Der Mann, der das geschrieben hat, […] kennt sich aus […].«[32] Die erkennbare Expertise eines Autors für die Gegenstände eines Buches wird damit als Garant für die Stimmigkeit der Darstellung und folglich für eine lohnende Lektüre in Anschlag gebracht, die – zentral vom Stoff und dessen fachmännischer Kenntnis her argumentiert – die etablierten Grenzen zwischen fiktionaler Belletristik einerseits und nicht-fiktionaler Sachliteratur andererseits wenn nicht gänzlich ignorieren, so doch zumindest als nachrangig betrachten darf.

Die Argumente etwa, die von Hausers Standpunkt aus für ein Buch wie Georg Werners faktualen Bericht *Ein Kumpel* von 1929 sprechen, unterscheiden sich kaum von jenen, die er zuvor bereits für Travens Roman ins Feld geführt hatte. Über Werners autobiographische »Erzählung aus dem Leben der Bergarbeiter«, die im Berliner Verlag »Die Knappschaft« erschien, heißt es jedenfalls:

> »Der Verfasser ist Bergmann von Beruf. Er entstammt den ärmlichsten Verhältnissen des Waldenburger Hungerreviers. Sein ganzes Wissen hat er sich auf eine Weise errungen, von deren Mühsal wohlhabendes Bürgertum sich kaum eine Vorstellung machen kann. Die Feder hat er erst in reiferen Jahren in die Hand genommen. Daraus erklärt sich – sähe man dieses Buch mit den Augen eines Literaten an – eine gewisse Unbeholfenheit der Form, der Ausdrucksweise. Aber dieses so außerordentlich einfach geschriebene Buch enthält trotzdem ein großes literarisches Geheimnis: nämlich daß

---

30 Heinrich Hauser: [Rezension zu] Das Totenschiff. Die Geschichte eines amerikanischen Seemanns. Von B. Traven. Berlin, Verlag Büchergilde. In: Frankfurter Zeitung, Nr. 566 vom 01.08.1926.

31 Adolf Bartels, zit. nach Streim, Als nationaler Pionier (wie Anm. 5), S. 116.

32 Hauser, Das Totenschiff (wie Anm. 30).

hinter jedem Wort ein Erlebnis steht. Das ist es, was den starken Eindruck gibt, die außerordentliche Konzentration des Geschriebenen, die glauben läßt, man habe statt der 190 Seiten 590 gelesen.«[33]

Deutlich genug verwendet der Kritiker hier den Konjunktiv: »*sähe* man dieses Buch mit den Augen eines Literaten«, müsste dem Text des schreibenden Bergmanns Werner zweifellos als Defizit angekreidet werden, was von Hauser als dessen absoluter Vorzug herausgestrichen wird: seine vermeintliche »Unbeholfenheit«, die verspricht, gleichsam noch unkorrumpierte Einblicke in ein Leben und Erleben jenseits der etablierten Literatur und ihres Betriebes zu eröffnen. Aus der Tatsache, dass der Literat Hauser mit diesem Befund offenkundig für sich in Anspruch nimmt, seinerseits gerade *nicht* als typischer Vertreter des Literaturbetriebs über das Buch eines Nicht-Literaten geurteilt zu haben, während er sein von antiintellektualistischen Prämissen befeuertes Urteil zugleich im ureigensten Medium dieses Betriebs – dem Feuilleton – veröffentlicht und an ein breites intellektuelles Publikum literaturaffiner Zeitungsleserinnen und -leser adressiert, ergibt sich ein performativer Widerspruch, der für Hauser als typisch angesehen werden kann, den er jedoch weniger bei sich selbst als vielmehr bei seinen schreibenden Kolleginnen und Kollegen auf- und nachzuweisen versucht.

4. Gesten der Zeit- und Kulturkritik

Exemplarisch lässt sich dies an seiner Besprechung von Gabriele Tergits Berlin-Roman *Käsebier erobert den Kurfürstendamm* illustrieren, der aufgrund seiner modernen Großstadt-Thematik durchaus in das ›Beuteschema‹ des kulturkritischen Gelegenheitsrezensenten Hauser fällt. Die vorderhand geäußerte Zustimmung zu Tergits literarischer Berlin-Kritik schlägt hier stehenden Fußes in einen veritablen Verriss des Gelesenen um:

> »Der falsche Amerikanismus, der Leerlauf der Betriebsamkeit, die Hohlheit der Tagespresse, das ewige Herumtelefonieren, die Redensarten der Konversation, die Gesellschaft des Berlin W – das alles wird hier teils mehr, teils weniger gründlich entlarvt. Es stimmt ohne Frage […]. Aber diese Entlarvung Berlins wird heute genauso ›gemacht‹ und ›aufgezogen‹, wie der ganze Berliner Betrieb ›gemacht‹ und ›aufgezogen‹ war. Es handelt sich […] um eine Konjunktur, und da dieses Buch geschickt geschrieben ist und die Welle der Entlarvungsliteratur erst einleitet, darf man ihm hohe Auflagen prophezeien.«[34]

33 Heinrich Hauser: Erzählung eines Bergmannslebens. In: Frankfurter Zeitung, Nr. 860 vom 17.11.1929.
34 Heinrich Hauser: Entlarvung Berlins. In: Frankfurter Zeitung, Nr. 83 vom 31.01.1932.

Hauser lehnt Tergits »Entlarvung« des Berliner Betriebs also vor allem deshalb ab, weil er der Autorin unterstellen kann, mit ihrem Buch selbst an diesem Betrieb zu partizipieren und damit gleichfalls kaum mehr als ein bloßes Modephänomen hervorgebracht zu haben, das das, was es explizit kritisiert, implizit nur bestätig. Die Literaturkritik wird hier zur Literaturbetriebskritik ausgebaut, die ihren Besprechungsgegenstand zum Symptom für die konjunkturellen Mechanismen des herrschenden Zeitgeists erklärt.

Dieser lässt sich für den Zeit- und Kulturkritiker freilich auch jenseits des literarischen Feldes und seiner engeren Grenzen anvisieren. So nimmt Hauser etwa die Besprechung von Felix Saltens Unterhaltungsroman *Martin Overbeck* von 1927 zum Anlass,[35] um über den bereits erprobten Vorwurf der ›Inauthentizität‹ die Trivialitäten der zeitgenössischen Filmindustrie aufs Korn zu nehmen, deren Genre-Muster längst schon auf Literatur und Leben abgefärbt hätten. Dabei trifft auch Salten der Vorwurf, die konkrete »Materie« nicht zu kennen, über die er schreibt – und daher als Autor weder realistisch noch ehrlich zu sein:

> »›Der Roman eines reichen jungen Mannes‹ heißt das Buch. Seine Fabel ist uns allen sehr bekannt. Sie kommt vom Film. [...] Ein Unterhaltungsroman, wie er nicht sein soll, denn auch beim Unterhaltungsroman verlangen wir, daß der Schriftsteller die Materie kennt, die er uns vorsetzt. Aber niemals haben die armen Leute so dahergeredet, wie Salten schreibt, noch die reichen Leute; das alles ist genau so unwahr wie die Fabel selbst: nämlich so, wie der Mittelstand es sich vorstellt. Vorkriegsromantik, verwildert durch Filmkomplexe.«[36]

Was Hauser unter diesen »Filmkomplexen« verstand, formulierte er zwei Jahre später in seiner Kurzrezension von Arthur Robisons Liam-O'Flaherty-Verfilmung *Die Nacht nach dem Verrat* noch etwas deutlicher aus. Dem Regisseur wirft er darin vor, den zugrundeliegenden Roman – mit dem Hauser als Übersetzer bestens vertraut war – nach den kommerziellen Maßgaben des Film-Business zu einem oberflächlichen Kitsch-Produkt verfälscht zu haben:

> »Obwohl der Roman ein absolut fertiges und glänzendes Filmmanuskript ist, bestehen zwischen ihm und dem Film außer dem Titel kaum irgendwelche Beziehungen. Kein Mensch, der den Roman gelesen hat, könnte ihn aus dem Film wiedererkennen. Wie ist

---

35 In Hinblick auf Stoff und Genre fällt Saltens »Roman eines reichen jungen Mannes« etwas aus der Reihe der für Hauser typischen Rezensionsobjekte heraus. So bleibt nur zu vermuten, dass Hauser dieses Buch möglicherweise allein aufgrund des Autorennamens zur Besprechung zugefallen sein könnte, zumal der *Bambi*-Autor Salten nicht zuletzt als Verfasser einschlägiger Tierbücher berühmt geworden war – und damit ein Genre repräsentierte, für dessen Rezension sich das »Naturwesen« Hauser (vgl. Reifenberg, Keine bleibende Stätte (wie Anm. 4)) bereits mehrfach zuständig gezeigt hatte, wie seine Kritiken zu Francis Kervins *Mein Tierbuch* (vom 14.11.1926) oder zu Anne Bosworth Greenes Vermonter Pony-Farm-Bericht *Der einsame Winter* (vom 21.11.1926) belegen.

36 Heinrich Hauser: [Rezension zu] Martin Overbeck. Von Felix Salten. Wien, Paul Zsolnay. In: Frankfurter Zeitung, Nr. 448 vom 19.06.1927.

das möglich? Es ist darum möglich, weil die europäische Filmindustrie nicht für Europäer arbeitet, sondern für den amerikanischen Geschmack, der das große Geschäft bedeutet.«[37]

Die seiner Ansicht nach konsequenteste Antwort auf die Zumutungen einer solchen durch »falschen Amerikanismus«[38] deformierten Kunst gibt Hauser freilich nicht selbst, sondern lässt sie – stellvertretend – den befreundeten Autor der Roman-Vorlage formulieren, der dies allerdings nicht verbal, sondern mit den Fäusten tut:

> »Als der Film gedreht wurde, lud man Liam O'Flaherty zu einem Besuch im Atelier ein. Es war ein kurzer Besuch, er endete damit, daß der Dichter den Produzenten niederboxte. Was vielleicht die einzige Form ist, in der ein Dichter und ein Filmproduzent miteinander verkehren können.«[39]

Das ist nicht nur eine Anekdote; sondern eben auch der Entwurf einer Form von Kritik, die in letzter Konsequenz als eine maximal *unliterarische* zu apostrophieren wäre, indem sie die medialen Grenzen der Literatur wie der Publizistik hinter sich lässt und den argumentativen Diskurs des Rezensierens durch die unmittelbare Ausübung physischer Gewalt ersetzt. Hauser behält sie in seinem Text notabene den ›echten‹ Dichtern – wie Liam O'Flaherty – vor, verstand entsprechende Gesten vorgeblich ›authentischer‹ Männlichkeit aber auch in den habituellen Selbstentwurf der eigenen Person als Feuilletonist und Kritiker im Rahmen des journalistischen Alltagsgeschäfts zu integrieren: »Die Wände des Zimmers […] waren mit wilden und grellbunten Stierkampfplakaten bepflastert, in der Ecke stand ein Kasten Bier und inmitten der mit Manuskripten und Büchern überschwemmten Tischplatte stak ein starkes Messer, dessen Griff leise zittert«, erinnert sich Hans Bütow an seine erste Begegnung mit Hauser in den Redaktionsräumen der *Frankfurter Zeitung*.[40] Der Journalist begegnet hier als starker Mann, der sich offensichtlich nicht allein über sein Schreibgerät definiert.

5.   Der Rezensent als Reporter

Dass Hauser freilich als Autor und Rezensent durchaus feinere Klingen zu führen imstande war als jenes vibrierende Messer aus Bütows Erinnerungen, belegt immerhin seine Besprechung von Francis Jammes' provenzalischem Dorf-Roman *Die kleine Bernhardine* von 1927 – eines Rezensionsobjekts, zu dem er

---

37 hH [d. i. Heinrich Hauser]: Die Nacht nach dem Verrat. Zur Uraufführung im Marmorhaus. In: Frankfurter Zeitung, Nr. 804 vom 28.10.1929.

38 Hauser, Entlarvung Berlins (wie Anm. 34).

39 Hauser, Die Nacht nach dem Verrat (wie Anm. 37).

40 Bütow, Vom Auge her (wie Anm. 3), S. 63.

womöglich aus ähnlichen Gründen gelangt sein mochte, wie zu Saltens *Martin Overbeck*.[41] Während sich das Gros seiner Kritiken kaum durch ein besonderes Formbewusstsein auszeichnet, sondern auf meist knappem Raum den tradierten Mustern (und Zwängen) üblicher Kurzrezensionen folgt, wählt Hauser in diesem Fall das Genre des fiktiven Briefes, um sich direkt an die titelgebende Protagonistin des Romans zu wenden:

> »Am 19. August in diesem Jahre werden Sie 19 Jahre alt, Bernhardine. Sie sind 1908 geboren, sieben Tage weniger als sieben Jahre später ich. Ich weiß nicht, wie Sie aussehen, aber ich sehe vor mir wie durch ein Fernrohr die Landschaft, die zu Ihnen gehört: den ›blauen Marmor der Pyrenäen‹, das Maisfeld, den Bach, die Erlen und Ihr Haus. Ich kann mir nicht denken, daß Sie aussehen wie irgendein Mädchen, das ich gekannt habe.«[42]

Unter dem Titel *An Bernhardine. Statt eines Referats* macht der Kritiker sein Publikum im Feuilleton der *Frankfurter Zeitung* gewissermaßen zum Zeugen des intimen Gesprächs zwischen dem Leser Hauser und Jammes' Figur, die gleich einer realen Person angesprochen wird, um auf diesem Weg alle Mitlesenden über ihre Lebenswelt im Buch (und damit über dessen Inhalt) zu orientieren. Mit dieser markanten Literarisierung des Rezensionsformats klinkt sich Hausers Text zumindest äußerlich in eine Traditionslinie ein, die sich über die ›impressionistische‹ Kritik der Jahrhundertwende von 1900 mit ihrer kreativen Ausfaltung des Gattungsrepertoires einer stark poetisierten Brief- und Gesprächs-Essayistik bis auf die Konzepte der romantischen Literaturkritik um 1800 zurückverfolgen lässt.[43] Zeichnete sich letztere durch eine radikale Subjektivierung des kritischen Schreibens über Literatur aus, so rückt auch Hauser in seinem Brief an Bernhardine die eigene Person ins Zentrum des Besprechungstextes, indem er die Eckdaten seiner realen Biographie mit derjenigen der fiktiven Romanfigur in Abgleich bringt, die Distanzen zwischen Literatur und Leben gezielt vermindert und – zumindest im Potentialis – einen gemeinsamen Er-

---

41 Vgl. Anm. 35; auch Jammes war seit Erscheinen seines *Hasenromans* von 1903 als Tierbuch-Autor profiliert.

42 Heinrich Hauser: An Bernhardine. Statt eines Referats. In: Frankfurter Zeitung, Nr. 524 vom 17.07.1927.

43 Vgl. im Überblick Oliver Pfohlmann: Literaturkritik in der literarischen Moderne. In: Literaturkritik. Geschichte – Theorie – Praxis. Hg. von Thomas Anz u. Rainer Baasner. München 2004, S. 94–113; zur Tradition der romantischen Kritik und ihrer produktiven Fortschreibung in der Moderne u. a. Sandra Kerschbaumer: Romantische Literaturkritik bei Heine, Hofmannsthal, Kerr und einigen Kritikern der Gegenwart. In: Jahrbuch der deutschen Schillergesellschaft 47 (2003), S. 240–265; zur Fiktionalisierung der literaturkritischen Essayistik nach dem Muster der *Erfundenen Gespräche und Briefe* Hugo von Hofmannsthals zudem Simon Jander: Die Poetisierung des Essays. Rudolf Kassner, Hugo von Hofmannsthal, Gottfried Benn. Heidelberg 2008.

fahrungsraum eröffnet, der die Leserinnen und Leser der Zeitung wie selbstverständlich mit einbezieht.

Augenscheinlich ist es Hauser dabei weniger um ein verspätetes impressio-
nistisches oder (neu-)romantisches Formexperiment zu tun als vielmehr um die
Stiftung von Authentizitätseffekten, wie sie alternativ dazu an anderer Stelle auch
aus einer Rückbindung der literaturkritischen Praxis an die autobiographisch
aufgerufene Lektüre-Biographie des Rezensenten resultieren können:

> »Ich erinnere mich genau, mit welchem Mißtrauen ich als Junge von 12 oder 13 Jahren
> an den Schweizer Robinson herangegangen bin. ›Mein‹ Robinson, mein geliebter Ro-
> binson Crusoe hatte ein schlechtes Ende genommen. Um mir zu genügen, hätte er
> niemals gerettet werden dürfen[,]«

schreibt Hauser etwa in der Eröffnungssequenz seiner Besprechung einer Neuauflage von Johann David Wyss' *Schweizerischem Robinson* aus dem Jahr 1812.[44]
Er führt sich damit seinen Leserinnen und Lesern gegenüber gleichsam als ein
Berichterstatter ein, der über konkrete *Erlebnisse* und *Erfahrungen* mit Büchern
Zeugnis ablegt, um aus der Geschichte der eigenen Lesesozialisation heraus eine
aktuelle Wertung des besprochenen Textes abzuleiten, für deren Begründung die
gesamte Existenz des Kritikers bis in dessen Kindheit zurück aufgerufen werden
kann: ›Leben‹ und ›Lesen‹ sind eben doch nicht zu trennen.[45]

Der Schritt von der Rezension zur Reportage scheint von dieser Sprecher-
haltung aus kein allzu großer mehr zu sein, und Hauser hat ihn – zumindest in
einem Fall – auch tatsächlich vollzogen: Seine Besprechung von Hans Nitrams
semifiktionalem Zukunftskriegs-Szenario über einen möglichen Einmarsch
polnischer Truppen in Ostpreußen und dessen Folgen, das 1932 unter dem
ebenso reißerischen wie sperrigen Titel *Achtung! Ostmarkenrundfunk! Polnische
Truppen haben heute Nacht die ostpreußische Grenze überschritten* im rechts-
nationalen Stalling-Verlag erschienen war, bettete Hauser in einen Reisebericht
ein, der nicht nur über den Inhalt des Buches selbst, sondern zugleich über die
irritierende Wirkung, die sein Erscheinen unter der ostpreußischen Bevölkerung
hervorgerufen hatte, Auskunft gab.

Über die titelgebende »Psychose durch ein Buch« schrieb Hauser konsequenterweise nicht von seinem Frankfurter Schreibtisch aus, sondern im Status
eines »Sonderkorrespondenten«, der laut redaktioneller Vorbemerkung gerade

---

44 Heinrich Hauser: Der schweizerische Robinson. In: Frankfurter Zeitung, Nr. 640 vom 16.12.
    1934. Zu Hausers »alte[r] Robinson-Crusoe-Sehnsucht« vgl. auch Bütow, Vom Auge her (wie
    Anm. 3), S. 69.

45 Zum Motiv des Rekurrierens auf frühe Lektüre-Eindrücke vgl. auch Hausers Feuilleton *Auf
    der Jagd mit einem schönen Buch* von 1927, in dem das Erzähler-Ich nach der Rückkehr an
    seinen ländlichen Kindheits-Ort bekennt: »Ich fing das alte Leben und die alten Bücher
    wieder an« (Hauser, Auf der Jagd (wie Anm. 1)).

»eine Fahrt längs der ostpreußischen Grenzlande« unternahm und deshalb »an Ort und Stelle« seine Eindrücke für die *Frankfurter Zeitung* zu Papier bringen konnte.[46] Der Bericht ist damit die einzige von Hausers literaturkritischen Arbeiten, deren anlassbezogene Entstehung als Auftragstext eindeutig belegbar ist, und er ist zugleich die einzige dieser Veröffentlichungen in der *Frankfurter Zeitung*, die weder im *Literaturblatt* noch im Feuilleton zum Abdruck gelangte: Als Teil der aktuellen Berichterstattung wurde Hausers Artikel im Zweiten Morgenblatt vom 19. Mai 1932 nicht – wie ansonsten üblich – *unter* dem sprichwörtlichen Strich, sondern *darüber* platziert und damit typographisch dem politischen Ressort zugeschlagen. Zumindest in diesem Fall war der postulierte Antagonismus von ›Lesen‹ und ›Leben‹ also nicht nur vonseiten des Autors (und von seinem Gegenstand), sondern auch vonseiten des Blattes selbst unterlaufen worden: Indem der *Rezensent* explizit als *Korrespondent* agieren durfte, fiel ihm wieder die gewohnte Rolle des Reporters zu, der sich sein spezifisches Renommee sowohl bei den Kollegen als auch beim Lesepublikum der *Frankfurter Zeitung* von Anfang an verdankte.

---

46 Vgl. Heinrich Hauser: Psychose durch ein Buch. In: Frankfurter Zeitung, Nr. 368 vom 19.05. 1932. – Als literarisches Ergebnis der genannten Reise legte Hauser wenig später den Band *Wetter im Osten* (Jena 1932) vor.

Jeanpaul Goergen

Der Autor mit der Kinamo. Heinrich Hauser und der Film

1928 reiste Heinrich Hauser in Begleitung seiner zweiten Frau Anna Louise Duisberg nach Irland, weitgehend mittellos, im Gepäck jedoch eine »Zeiss-Kamera«.[1] Über den Hintergrund dieser Reise, bei der er den irischen Dichter Liam O'Flaherty kennen lernt, ist wenig bekannt.[2] O'Flaherty zufolge wollte er Wildgänse jagen und einen Film drehen.[3] Bei der von ihm erwähnten Zeiss-Kamera dürfte es sich um die kompakte Handkamera Kinamo N25 gehandelt haben.[4] Sie war 1921 von dem russisch-jüdischen Konstrukteur Emanuel Goldberg bei der ICA AG in Dresden für 35 mm-Film – das für Kinofilme verwendete Format – entwickelt worden; erst mit Handkurbel, später auch mit Federwerk. Adressaten waren vor allem die halbprofessionellen Filmamateure, die das 9,5 mm-Schmalfilmformat von Pathé verschmähten.[5] 1926 übernahm die neugegründete Zeiss Ikon AG in Dresden die Produktion und brachte den Kinamo N25 zu einem recht niedrigen Anschaffungspreis auf den Markt: klein und handlich, nur drei Kilo schwer, mit Filmkassetten bestückbar und einfach zu bedienen. Die robuste Ausführung ebenso wie die hochwertigen Objektive von Carl Zeiss Jena machten sie auch für professionelle Aufnahmen interessant. Vor allem aber ermöglichte sie filmische Schnappschüsse ohne Stativ und ließ »unbemerkt Aufnahmen bei nahezu jeder Beleuchtung« zu, da sie problemlos aus der Hand bedient werden

---

1 Liam O'Flaherty: Introduction. In: Heinrich Hauser: Bitter Water. London 1930, S. VII–XI, hier: S. VII. – Die Einleitung ist – nach der amerikanischen Ausgabe Bitter Waters. New York 1929 – in deutscher Übersetzung wieder publiziert in Heinrich Hauser: Brackwasser. Hg. u. kommentiert von Wolfgang Bühling. Hamburg 2022, S. 5–9.
2 Hauser hatte ein Jahr zuvor O'Flahertys Roman *The Informer* (1925) unter dem Titel DIE NACHT NACH DEM VERRAT ins Deutsche übertragen.
3 Vgl. Grith Graebner: »Dem Leben unter die Haut kriechen…«. Heinrich Hauser. Leben und Werk. Eine kritisch-biographische Werk-Bibliographie. [Diss.] Aachen 2001, S. 47. Hauser hielt sich bereits im September 1927 in Irland auf (vgl. ebd., S. 26).
4 https://digital.deutsches-museum.de/de/digital-catalogue/collection-object/76548/ (30.07.2022).
5 Das in den USA 1923 entwickelte 16 mm-Format setzte sich in Deutschland im Amateurbereich erst gegen Ende der 1920er Jahre durch.

konnte.[6] Für den technikaffinen Hauser dürfte es ein Leichtes gewesen sein, die Handhabung zu erlernen, so wie er sich wohl im gleichen Zeitraum für seine Ruhrgebietsreportage *Schwarzes Revier* mit dem Fotoapparat vertraut gemacht hat.[7] (Vgl. SR) Ein Werbespruch der Kinamo N25 – »Den rechten Augenblick erfassen!«[8] – trifft auch auf seine während dieser Rundreise durch den Pott aufgenommen Fotos zu. Ob Film- oder Fotokamera – Hauser sah sich als Laie und Bastler, seiner Grenzen wohlbewusst. Seine Reisebeschreibung aus dem Ruhrpott wollte er als einzelne »Bilder« verstanden wissen. Er setzte sie mit jenen meist populärwissenschaftlichen Glasbildern gleich, die, »oft unscharf, oft schlecht beleuchtet und schlecht aufgenommen«, mit einer Laterna magica projiziert und vom Lehrer kommentiert wurden.[9] (Ebd., S. 9f.) Er verglich sie aber auch mit dem Film, d.h. den ›lebenden Photographien‹ und den ›laufenden Bildern‹, die Bewegung wiedergeben, die seine eigene als motorisierter Reporter aufnimmt und widerspiegelt. Mit einer Kinamo nahm Hauser auch seine beiden gewerblich ausgewerteten Dokumentarfilme WINDJAMMER UND JANMAATEN. DIE LETZTEN SEGELSCHIFFE (1930) und WELTSTADT IN DEN FLEGELJAHREN. EIN BERICHT ÜBER CHICAGO (1931) auf.[10]

1.   In den Slums von Dublin

Vor seiner Irlandreise 1928 war Hauser bereits verschiedentlich mit Film in Kontakt gekommen.[11] Ende 1921 war der Zwanzigjährige bei den Dreharbeiten für NOSFERATU (1921) von Friedrich Wilhelm Murnau dabei, mit dem er offenbar befreundet war.[12] Im Sommer/Herbst 1923 – von einer Australienreise zurückgekehrt, die er als Leichtmatrose auf einem Frachter verbrachte – assis-

---

6 Anzeige für den Kinamo N25. In: Die Kinotechnik, Nr. 3, 05.02.1930, S. 67.

7 Zu Hausers Fotos vgl. Andreas Rossmann: Augen auf und durch. In: SR 2010, S. 210–220. Vgl. auch die im Folkwang-Auriga Verlagsarchiv eingestellten Fotos: http://www.hauser-heinrich. de/index.html (30.07.2022).

8 Anzeige für den Kinamo N25 (wie Anm. 6).

9 Ludwig Vogl-Bienek und Karin Bienek halten im Sinne einer Medienarchäologie regelmäßig Vorführungen und Vorträge mit historischen Laterna magica und Glasbildern. Vgl. https://link tr.ee/illuminago (30.07.2022).

10 Der letzte Beweis, dass er tatsächlich die Kinamo N25 benutzte, fehlt allerdings.

11 Über die Filme von Heinrich Hauser vgl. zusammenfassend Jeanpaul Goergen: Heinrich Hauser – Schriftsteller, Journalist, Regisseur. In: CineGraph. Lexikon zum deutschsprachigen Film. Hg. von Hans-Michael Bock. München 1999, Lieferung 31; Antje Ehmann: Heinrich Hauser. Der Mann und die Medien. In: Geschichte des dokumentarischen Films in Deutschland. Bd. 2. Weimarer Republik 1918–1933. Hg. von Klaus Kreimeier, Antje Ehmann u. Jeanpaul Goergen. Stuttgart 2005, S. 463–473.

12 Rolf Giesen: Heinrich Hauser. https://www.schongerfilm.de/leere-seite-3 (30.07.2022). Dort ohne Beleg.

Den rechten Augenblick erfassen!

Jeder Filmschaffende weiß, was das bedeutet. — Ein guter Rat: Benutzen auch Sie die kleine, leichte, präzise Federwerk - Kino - Kamera

KINAMO N25

für 25 m Normalfilm, die mit Zeiss Tessar 1:3,5 und 1:2,7, mit Ernostar 1:1,9 oder Zeiss Biotar 1:14, ausgerüstet wird. „Kinamo N 25", immer schußbereit, an kein Stativ gebunden, ist auch

das gegebene Gerät für Sie!

„Kinamo N 25" eröffnet Ihnen die Möglichkeit, unbemerkt Aufnahmen bei nahezu jeder Beleuchtung zu machen.

Aktuelle Bildwochen

sind oft zum größten Teil mit „Kinamo N 25" gedreht. Beweise für seine Leistungsfähigkeit und unbedingte Zuverlässigkeit unter schwersten Bedingungen. „Kinamo N 25" wird in Spezial-Ausrüstung für wissenschaftliche Kinematographie (makroskopische und mikroskopische Trickaufnahmen, Nahaufnahmen bis 6 cm) mit Kopiervorrichtung geliefert.

Bitte, verlangen Sie ausführliche Druckschriften von der

Zeiss Ikon A.-G., Dresden 126

Die Kinotechnik, Nr. 3, 05. 02. 1930, S. 67.

tierte er bei den Dreharbeiten zu einem Seemannsfilm: »Da ich mittlerweile wirklich ein Matrose geworden war, war es mir ganz unmöglich, einen Film-Matrosen darzustellen.«[13] Vom Spielfilmbetrieb mit seinen wirklichkeitsfremden Inszenierungen und dem Diva-Gehabe der Stars zeigte er sich angeekelt; Freundschaft schloss er dagegen mit den Monteuren und den Atelierarbeitern – jenen Gewerken, ohne die kein Film entstehen kann. Dass Hauser sich aber weiterhin für Film und Kino interessierte, belegen Aufsätze und Kritiken, die er 1928/29 für die *Frankfurter Zeitung* verfasste (vgl. auch den Beitrag von Pilz in diesem Band).[14]

Ein erstes zentrales Zeugnis von Hausers Filmarbeit ist das Feuilleton »Film auf den Arraninseln [sic]«, das am 4. August 1928 in der *Frankfurter Zeitung* erschien und in dem er über seine Aufnahmen auf den Aran-Inseln vor der Galway-Bucht im Westen Irlands berichtete.[15] Darin ist von zwei Kameras die Rede, von denen die große sechzig Pfund, die kleine sechs Pfund wiege. Neben der leichten Kinamo hatte er somit noch eine professionelle Kamera dabei, was nur bedeuten kann, dass er tatsächlich vorhatte, einen anspruchsvollen Dokumentarfilm zu drehen.

Geplant war offenbar ein Irland-Film, von dem drei Aufnahmesituationen bekannt sind. Einmal bat Hauser den Freund O'Flaherty, ihm für seine Aufnahmen Dublin zu zeigen. Dabei interessierten ihn aber weder die Dubliner Intellektuellen noch bemerkenswerte Inszenierungen, sondern er wollte die Schattenseiten der Stadt kennenlernen:

> »He wanted to see what was peculiar to Dublin, the amazing slums, with their incomparable collection of human beings, beautiful to the artist, who sees in them models for a thousand times greater than that of Dante. And to the slums we went, with the camera, hunting fine specimens, followed by hordes of children, by ragged harlots, by old men with the itch, by crippled beggars, among herds of goats and asses that fed on waste plots, making pictures that should fill the world with horror, of a ruined city, uniformly unkempt und diseased, from the broken pavements to the souls of its inhabitants.«[16]

Szenen dieser Art, filmische Schnappschüsse von besonders ausdrucksstarken Gesichtern und Typen, aber auch des sozialen Elends, ließen sich am besten mit der handlichen Kinamo aufnehmen, die man bequem als ›versteckte Kamera‹ einsetzen konnte. Im deutschen Dokumentarfilm jener Jahre sind vergleichbare Bilder sozialer Notlagen und der Verwahrlosung eine seltene Ausnahme; sie

---

13 Heinrich Hauser: Sieben Jahre meines Lebens (1918–1925) [Teil der Serie: So leben wir! Die Wirrnis unserer Zeit in Lebensläufen]. In: Uhu 10 (1930), S. 25–29 u. S. 104–111, hier: S. 29.

14 Vgl. das umfangreiche Werkverzeichnis bei Graebner, »Dem Leben …« (wie Anm. 3), ab S. 410.

15 hH [Heinrich Hauser]: Film auf den Arraninseln. In: Frankfurter Zeitung, Nr. 577 vom 04.08. 1928.

16 O'Flaherty, Introduction (wie Anm. 1), S. VIIIf.

finden sich erst Ende der 1920er Jahre in der linken Filmarbeit etwa in der Reportage UM'S TÄGLICHE BROT (1929, Regie: Phil Jutzi), die mit Spielfilmelementen das Elend im niederschlesischen Kohlerevier Waldenburg anprangert, und in dem Kurzfilm IM SCHATTEN DER WELTSTADT (1930, Regie: Abrecht Victor Blum) als anklagende Gegenüberstellung von Arm und Reich in Berlin.[17]

Dass Hauser für den geplanten Film in größeren Dimensionen dachte, belegt eine weitere Episode. Da er auch Luftaufnahmen von Dublin machen wollte, bat O'Flaherty den irischen Verteidigungsminister Desmond FitzGerald um die Bereitstellung eines Armeefliegers, die daran scheiterte, dass er offenbar wegen enger Kontakte nach Russland in das Visier der Behörden gekommen war: »Fitz became violently indignant when he heard I was going up in an army plane. ›On no account‹, he said. My friend asked why, ›I don't like him,‹ said Fitz. ›Why?‹ ›Because he's in close communication with Russia. We're watching him very carefully.‹«[18]

Wohl Anfang Juni 1928 begaben sich die beiden Freunde für weitere Aufnahmen auf die Aran-Inseln, O'Flahertys Heimat.[19] In seinem Bericht für die *Frankfurter Zeitung* schildert Hauser, wie er am Rande einer 600 Meter hohen Klippe die große Kamera auf ein Stativ mit Panoramakopf montierte: »Wir lassen das Auge der Kamera wie unser eigenes Auge langsam und schnell über die Klippen wandern«. Außerdem filmte er das Auffliegen der in den Felsen nistenden Vögel.[20]

Was aus dem Film geworden ist, konnte O'Flaherty nicht sagen: »Probably it was badly made, that it was no good.«[21] Hans Bütow erinnerte sich 1956 dagegen an »einen herrlichen Film von Irland, seiner wilden und melancholischen Landschaft«, von dem keine Kopie mehr erhalten sei.[22] Benno v. Reifenberg gibt fälschlicherweise an, Hauser habe an Robert Flahertys berühmten Dokumentarfilm MAN OF ARAN mitgearbeitet,[23] ein Irrtum, den Helen Adolf übernimmt.[24]

---

17 Vgl. Thomas Tode: Dosiertes Muskelspiel. Die linke Filmkultur der Weimarer Republik. In: Kreimeier, Ehmann u. Goergen (Hg.), Geschichte des dokumentarischen Films in Deutschland (wie Anm. 11), S. 527–575.

18 A. A. Kelly (Hg.): The Letters of Liam O'Flaherty. Dublin 1996, S. 221.

19 O'Flaherty wurde auf Inishmore, der größten der Aran-Inseln geboren. Auf dieser Insel drehte Robert Flaherty seinen berühmten halbdokumentarischen Film MAN OF ARAN (GB 1934, DIE MÄNNER VON ARAN).

20 hH [Heinrich Hauser], Film auf den Arraninseln [sic] (wie Anm. 15).

21 O'Flaherty, Introduction (wie Anm. 1), S. IX.

22 Hans Bütow: Vom Auge her. Erinnerung an Heinrich Hauser. In: Frankfurter Allgemeine Zeitung vom 23.03.1956, Nachdruck in: Hans Bütow: Spur von Erdentagen. Eine Porträtgalerie. Frankfurt/M. 1958, S. 63–70, hier: S. 65.

23 B.R. [Benno Reifenberg]: Keine bleibende Stätte. Erinnerung an Heinrich Hauser. In: Die Gegenwart, Nr. 9, Nr. 232 vom 23.04.1955, S. 271–272, hier: S. 272. Graebner übernimmt fälschlich den Titel von Flahertys Aran-Film MAN OF ARAN für Hausers geplanten Irlandfilm (Graebner, »Dem Leben …« (wie Anm. 3), S. 175–176, 443).

A. A. Kelly, die Herausgeberin der Briefe von Liam O'Flaherty, vermutete, dass das Unternehmen im Sand verlief oder durch Robert Flahertys Ankunft auf den Aran-Inseln Ende 1931, um MAN OF ARAN zu drehen, ein Ende fand.[25] Der erste Dokumentarfilm überhaupt über Irland war ein regierungsoffizieller Film, der am 6. Juli 1929 unter dem Titel IRELAND in einer internen Vorführung und im November desselben Jahres öffentlich gezeigt wurde; er gilt als verschollen.[26]

1998 konnte ich im Nachlass der Naturfilm Hubert Schonger im Bundesarchiv einen 375 Meter langen, stummen 35 mm-Film mit dem Archivtitel »Hauser/ Irland« mit Aufnahmen von den Aran-Inseln lokalisieren.[27] Auf der Alonge des Originalnegativs war »Schonger« eingeschrieben; der Auftraggeber könnte somit durchaus die Naturfilm Hubert Schonger gewesen sein, die zwei Jahre später Hausers Filme WINDJAMMER UND JANMAATEN und WELTSTADT IN DEN FLE-GELJAHREN verlieh.[28] Das Unternehmen von Hubert Schonger war in der Naturschutzbewegung verankert und hatte 1923 mit der Herstellung von Natur- und Tierfilmen sowie Filmen über deutsche Landschaften begonnen; es stellte ferner Industriefilme und parteipolitische Auftragsfilme für die NSDAP und den Stahlhelm her, verlieh aber auch sowjetische Filme. Nach 1926 produzierte Schonger auch drei Reisefilme über Ägypten, Island und Kroatien, die allerdings eine Ausnahme in seinem Katalog bildeten. Es ist aber denkbar, dass Schonger sein Spektrum erweitern wollte, zumal er auch ausländische Produktionen über ferne Länder verlieh und es auf dem deutschen Markt noch keinen Film über Irland gab.[29]

Bei dem 18 minütigen Fragment[30] könnte es sich um einen Rohschnitt handeln, inhaltlich zusammengehörige Szenen sind zusammengefasst, andere aber noch nicht. Die Themenkomplexe »Ankunft« und »Abreise« legen nahe, dass die

---

24 Helen Adolf: Heinrich Hauser. In: Deutschsprachige Exilliteratur seit 1933. Band 2: New York, Teil 1. Hg. von John M. Spalek u. Joseph Strelka. Bern 1989, S. 321–341, hier: S. 323.

25 Brief von Angeline A. Hampton (geb. Kelly) an den Autor, 22.08.1997.

26 Mitteilung des Irish Film Archive an den Autor, 26.08.1997.

27 Aufführung am 19.09.1998, Berlin (Kino Arsenal). Vgl.: Jeanpaul Goergen: Die Aran-Inseln – ein Filmmythos. Handouts zu einer sechsteiligen Filmreihe zu Robert Flahertys MAN OF ARAN von 1934. https://www.jeanpaulgoergen.de/home/Einfuhrungen_und_Vortrage_1993 _2011_files/Die%20Aran-Inseln%20%E2%80%93%20Ein%20Filmmythos%20%281998%29. pdf (30.07.2022). Vgl. Graebner, »Dem Leben …« (wie Anm. 3), S. 175–176, 443.

28 Vgl. Schongerfilm Hubert Schonger: Kamera läuft. Ein Almanach zum 25jährigen Bestehen. Text: Heinrich Hauser. Inning am Ammersee 1950.

29 Ein Ende März 1926 abgeschlossenes Verzeichnis weist sieben deutsche Filme über England nach; davon allein vier über London. Vgl. Walther Günther (Hg.): Verzeichnis deutscher Filme. Grundausgabe. I. Lehr- und Kulturfilme. Berlin 1927, S. 28. 1935 produzierte die Naturfilm Hubert Schonger den Kurzfilm DIE GRÜNE INSEL. Im Stil eines populärwissen-schaftlichen Kulturfilms stellen die Kameramänner Gustav Stiefel und Wilhelm Lehne vor allem die Landschaft sowie einige Städte Irlands vor und besuchen auch die Aran-Inseln.

30 Bei einer Vorführgeschwindigkeit von 18 Bildern pro Sekunde.

Episode als in sich geschlossen angesehen werden kann. Fast alle Einstellungen sind leicht unruhig – typisch für Aufnahmen mit der Kinamo aus der Hand. Einige zu schnell ausgeführte Schwenks – ein bei Filmamateuren häufig anzutreffender Fehler – belegen, dass Hauser die Kamera noch nicht vollständig beherrscht. Um Kinder aufzunehmen, geht Hauser in die Knie und filmt sie auf Augenhöhe, zeigt ihre nackten Füße. Es folgen Einzelbeobachtungen: Inselbewohner in Nahaufnahme, zerfallene Steinhäuser, eine alte Stele mit einer Reiterdarstellung sowie Frauen auf dem Friedhof. Er zeigt auch eine uralte Steinfestung, die er in seinem Feuilleton als »drei Mauerringe, konzentrisch ineinandergebaut, einer höher als der andere, von einer wüsten Wildnis spitzer Felsen wie von starren Lanzen umgeben« beschrieb.[31] Er filmt die steilen Klippen als dunkle Schatten vor dem glitzernden Meer, die Fischer sowie seinen Freund O'Flaherty bei einer besonderen Art des Angelns, die er gleichfalls in der *Frankfurter Zeitung* vorstellte. Hauser versteht es bereits, mit der Kamera Bewegung aufzunehmen und ihr mit einem Schwenk zu folgen. Einheimische laufen zum Gottesdienst – er zeigt erst die hastenden Beine, schwenkt dann nach oben in eine Totale, den Blick auf die Laufenden freigebend. Lange beobachtet er die Tiere der Insel, Esel, Kühe und Ziegen. Auch versteht er es, mit Untersichten zu arbeiten. Der Film enthält nur wenige Aufnahmen aus der Arbeitswelt: Männer massieren ein halberfrorenes Schaf, andere entfachen ein großes Feuer. Im Hafen werden die Kühe an Seilen befestigt und umständlich in Boote gehievt. An Bord eines größeren Schiffes genießen die Matrosen die Überfahrt. Im Hafen verbschiedet sich O'Flaherty von Freunden und Verwandten.

2. Film als Jagd

Hauser nutzt sein Aran-Feuilleton, allgemeine Bemerkungen über sein Filmverständnis einzustreuen:

> »Kinematographie, so wie ich sie verstehe (und verstanden sehen möchte), ist Jagd. Jagd nach Bewegung; wo keine Bewegung ist, da wäre kein Film, wenn ich nicht den toten Gegenstand lebendig machen könnte durch die Art, wie ich die Linse über ihn wandern lasse, nämlich so wie ein Mensch mit verständigen Augen seine Augen über Dinge wandern läßt. Ich will die Linien einer Hügelkette nachziehen können ebenso wie die Konturen eines Hauses, ich will auf einem schönen Giebel einen Augenblick verweilen ebenso wie auf dem großen, feuchten Auge einer Kuh. Ich will die Menschen so filmen, daß sie nichts davon wissen, daß sie sich unbeobachtet fühlen, ebenso wie wilde Tiere.«[32]

---

31 hH [Heinrich Hauser], Film auf den Arraninseln [sic] (wie Anm. 15).
32 Ebd.

Die ›versteckte Kamera‹ war im deutschen Dokumentarfilm Ende der 1920er Jahre eine Ausnahme. Wohl als erster hatte Walter Ruttmann in seinem Dokumentarfilm BERLIN. DIE SINFONIE DER GROSSSTADT von 1927 versteckte Aufnahmen mit der Kinamo verwendet. Fred von Bohlen erschlich sich in seinem Reisefilm INSCHALLAH. IM REICHE DER KALIFEN (1929) mit der Kinamo Bilder in einer für Ausländer nicht zugänglichen Grabmoschee.[33]

Einige von Hausers Zeitgenossen nutzten die Kamera, um neue Formate des Dokumentarischen zu erkunden. Der niederländische Avantgardist Joris Ivens montierte in DE BRUG (NL 1928, Die Brücke) und in REGEN (NL 1929) kürzeste Einstellungen zu poetischen Porträts, die ohne erklärende Zwischentitel ein *cinéma pur* ergaben. Anfang der 1930er Jahre setzten auch der in Deutschland arbeitende Ungar László Moholy-Nagy und die Frankfurter Künstlerin Ella Bergmann-Michael die Kinamo N25 in kurzen, beobachtenden Filmen ein. In JAGD AUF DICH (1930) machte Ernst Angel, Dichter und Filmregisseur, der glatten Gesichter der Filmstars überdrüssig, mit der Kinamo auf dem Berliner Kurfürstendamm Jagd auf ausdrucksstarke und außergewöhnliche Typen, die er für einen Film über Gesundheitsprobleme engagieren wollte. Das Jagd-Motiv ist darüber hinaus zentral dem Expeditions- und Reisefilm eingeschrieben, ob mit Fotoapparat oder Filmkamera, wie es sich etwa in Buchtiteln wie *Mit Kamera und Büchse im afrikanischen Tierpark* (um 1929) von Franz Gerhard Schmidt oder *In Afrikas Wildkammern. Mit Kamera und Büchse in Urwald und Busch* (1933) des Afrikaforschers und Filmemachers Hans Schomburgk manifestiert. Es ging um Eroberungsfeldzüge, bei denen nicht nur Tiere geschossen oder für die heimischen Zoos eingefangen wurden, sondern auch eine Bilderjagd auf Menschen veranstaltet wurde, die dem kolonialen Blick der Weißen ausgeliefert waren und deren fotografische Abbilder in der Illustrierten Presse und auf der Kinoleinwand zur Schau freigegeben wurden.

Auch Hauser bemüht die Analogie von Kamera und Gewehr für seine Bilderjagd-Metapher: »Der Apparat für diese Jagd müßte wie ein Gewehr gebaut sein, ein Ding, das man an die Backe zieht und abschießt.«[34] Die großen Kameras der Berufskameramänner seien zu schwerfällig; es dauere zu lange, sie aufzubauen und sie ließen sich nicht verstecken. Diese Kamera-Gewehre gab es bereits während des Ersten Weltkriegs, wo in der Luftbildfotografie verschiedene Arten von Maschinengewehrkameras in Gebrauch waren.[35] Hauser lässt dann ein Lob der Handkamera mit Federwerk folgen, sie sei »einem Gewehr ähnlicher«. Er kritisiert aber, dass sämtliche Einstellungen am Objektiv an der Vorderseite der

33 Vgl. Jeanpaul Goergen: Abenteuer Morgenland. Deutsche Reisefilme der 1920er Jahre nach Persien und in den Irak. In: Filmblatt, Nr. 73/74 (Winter 2020/21), S. 19–33.

34 hH [Heinrich Hauser], Film auf den Arraninseln [sic] (wie Anm. 15).

35 https://www.deutsches-museum.de/forschung/forschungsinstitut/projekte/detailseite/mit-geschultem-blick (30.07.2022).

Kamera vorzunehmen seien, was besonders bei einem sich bewegenden Objekt umständlich sei. »Und warum gibt es nicht ein Federwerk, das wirklich lautlos läuft, ohne das Geräusch einer alten Weckuhr, das nicht nur wilde, sondern selbst ganz zahme Tiere und Menschen in die Flucht treibt.«[36]

Mit diesen Überlegungen legte der »Augenmensch«[37] Hauser die Grundlagen für seine Aufnahmen auf der »Pamir« sowie während seiner USA-Reise. In Irland hatte er sich die Handhabung der Kinamo beigebracht, im praktischen Einsatz, auf seinen Erfahrungen mit dem Fotoapparat aufbauend. Mit seiner Jagd nach Bewegung ist er den Kameramännern der Wochenschau näher, die nicht nur mit schwerem Gerät arbeiteten, sondern auch die Kinamo N25 einsetzten, stets auf der Suche nach einem außergewöhnlichen Standpunkt, stets um die bildwirksame Wiedergabe von Bewegung bemüht. Die in den 1920er Jahren vorherrschende Ästhetik des Kulturfilms, wie Dokumentarfilme damals genannt wurden, war vor allem dem »schönen Bild« verpflichtet; die Aufnahmen erfolgten durchweg mit auf einem Stativ montierten Kameras. Die zahlreichen, häufig längeren Zwischentitel besorgten die gewünschten Erklärungen; diese Filme wurden daher auch spöttisch als ›Lesefilme‹ bezeichnet. Aufgabe des Kulturfilms war die populärwissenschaftliche Belehrung, nicht die Vermittlung von Eindrücken und Empfindungen, gar von persönlichen Erlebnissen.

Es sieht so aus, als hätte sich Hauser Ende der 1920er und Anfang der 1930er Jahre intensiver mit dem Medium Film auseinandergesetzt. Dafür spricht auch ein Filmprojekt, für das er Ende 1931 Aufnahmen im Hamburger Hafen machte. Am 25. Januar 1932 zeigte das Berliner Kino »Die Kamera« unter dem Motto »Ein Dichter des Films: Heinrich Hauser« neben seinem Chicago-Film und Ausschnitten aus DIE LETZTEN SEGELSCHIFFE auch bereits vorliegende Aufnahmen aus seinem neuen Film »aus dem Milieu der Matrosen, Hafenarbeiter usw.«[38] Hauser habe sie in den letzten Wochen in Hamburg aufgenommen.[39] Eine andere Notiz nennt »Hamburger Matrosenleben« als Titel.[40] Offenbar arbeitete und lebte Hauser dort unter Trimmern und Hafenarbeitern als einer der ihren, »um wirkliches, wahrhaftiges Leben zu erlauschen.«[41]

Dafür spricht ein halbstündiger Vortrag bei der Berliner Funkstunde am 1. September 1932 mit dem Titel »Fahrten mit der Filmkamera«.[42] Dafür spricht

36 hH [Heinrich Hauser], Film auf den Arraninseln [sic] (wie Anm. 15).
37 B.R. [Benno Reifenberg], Keine bleibende Stätte (wie Anm. 23), S. 272.
38 Die Degeto zeigt. In: LichtBildBühne, Nr. 6 vom 08. 01. 1932. Vgl. Graebner, »Dem Leben …«
    (wie Anm. 3), S. 187. Dort die fehlerhafte Angabe, ein Fragment des Films befinde sich im
    Bundesarchiv.
39 Die Degeto im neuen Jahr. In: LichtBildBühne, Nr. 1 vom 01. 01. 1932.
40 Degeto-Montag am 25. Januar. In: LichtBildBühne, Nr. 19 vom 23. 01. 1932.
41 DIE LETZTEN SEGELSCHIFFE. In: Germania, Nr. 527 vom 15. 12. 1931.
42 Haben sie gehört? In: Film-Kurier, Nr. 205 vom 31. 08. 1932.

die Charakterisierung »Student, Seemann, Bergarbeiter, Kamera-Mann und Dichter«, unter der der S. Fischer-Verlag 1933 Hausers Werke bewarb.[43] Dafür sprechen aber auch die Filmbesprechungen und eine Reportage, die Hauser 1928/29 in der Frankfurter Zeitung veröffentlichte.[44] Dafür spricht nicht zuletzt ein allerdings vager Hinweis, dass er 1934 an zwei Industriefilmen der Opelwerke, der eine mit dem Titel »Opel im Sport 1934«, der andere nur als »Kraftsportfilm« angeführt, gearbeitet habe.[45]

3.   Der Filmkritiker

Am 11. Januar 1928 erschien Hausers vermutlich erste Filmkritik über Friedrich Wilhelm Murnaus in den Vereinigten Staaten von Amerika gedrehten Film SUNRISE (1927, VOR SONNENAUFGANG), der am 17. November 1928 in Berlin seine deutsche Uraufführung hatte.[46] Sein schroffes Urteil: »Nicht gut«. Zum einen, weil die Motive der dem Film zugrundeliegenden Erzählung *Die Reise nach Tilsit* von Hermann Sudermann aus dem Jahr 1917 nicht mehr zeitgemäß seien; im Film sei »der reale Dokumentwert der Novelle« vernichtet worden und die Übertragung in eine irgendwie allgemeingültige Gegenwart nicht geglückt, sie erscheine halb real, halb fantastisch: »Wir lieben Film, wenn er uns Wirklichkeiten gibt, wir warten und hoffen auf den Film, der vollkommen phantastisch ist. Aber die *Mischung* von Phantastik und Realität in diesem Film ist schlecht, verloren, unerträglich.« Hauser besteht darauf, den Regisseur für die Arbeit des Kameramannes mitverantwortlich zu machen, sie auch als seine Leistung anzusehen. Hier setzt sein zweiter Kritikpunkt an: Die Photographie sei nicht »messerscharf«, sondern weich, »an der Grenze des Verschwommenen«. Die erzielten Effekte seien zwar malerisch, wirkten aber in Verbindung mit der starken Ausleuchtung künstlich. Hauser plädiert für scharfe Aufnahmen, wie sie das Medium Film eigentlich erfordert, das Unschärfe und Verschwommenheit nur für die Visualisierung außergewöhnlicher Zustände wie Benommenheit oder Träume vorsieht. Vielleicht fühlte sich Hauser an den Bromöldruck in der Fotografie erinnert, der mit seinen weichen Schattierungen zu einer malerischen Fotografie geführt hatte, zu der die Aufnahmen der Neuen Sachlichkeit und seine eigenen Fotos in scharfem Kontrast standen. Störend seien zudem Inszenie-

---

43 Die Literatur, (Juni 1933), H. 9, unpag.

44 Vgl. die Übersicht bei Graebner, »Dem Leben …« (wie Anm. 3), S. 410–435. Es muss hier offenbleiben, ob Graebner alle Filmbesprechungen ermitteln konnte.

45 Vgl. Graebner, »Dem Leben …« (wie Anm. 3), S. 193. Die Titel lassen sich filmografisch nicht nachweisen. Es könnte sich aber um nicht zur öffentlichen Vorführung bestimmte Werksfilme gehandelt haben.

46 Heinrich Hauser: Vor Sonnenaufgang. In: Frankfurter Zeitung, Nr. 29 vom 11.01.1928.

rungsfehler: Keine Bauersfrau, die ihren schlafenden Mann zudeckt, würde nicht wenigstens versuchen, ihm die Stiefel auszuziehen.

Den US-amerikanischen Kriegsfilm Wings (1927, R: William A. Wellman) sah Hauser in London.[47] Der Film zeichnete sich zum einen durch die Anwendung des Magnascope-Verfahrens aus: Ein spezielles Objektiv am Filmprojektor vergrößerte ausgewählte Szenen bis zu um das Vierfache.[48] Zum anderen wurde hier nochmals die Mitte der 1920er Jahre bereits weitgehend verschwundene Kolorierung des Schwarz-Weiß-Films eingesetzt. Hauser erwähnt zudem ein »Kulissensystem von Gazeschleiern«, auf das der Film projiziert wurde, um einen plastischen Eindruck zu erzielen. Alles zusammen verstärkte die illusionistische Wirkung der mit großem technischem Aufwand und einem hohen Maß an Realismus inszenierten Luftkämpfe. Von der kameratechnischen Aufnahmeleistung ist Hauser, der sich hier auch als regelmäßiger Kinogänger zu erkennen gibt, vollauf begeistert: »Das Beste, was auf der Leinwand je gezeigt wurde.« Voller Enthusiasmus beschreibt er seine Eindrücke: »Rot blitzen die Mündungen der starren Maschinengewehre, die durch den Propeller schießen. Rot glühen die getroffenen Flugzeuge auf der Leinwand auf, taumeln brennend durch die Luft, fallen durch Wolken, man vergißt, daß man auf der Erde ist und daß es eine Erde gibt. Es schwindelt den Zuschauern, Frauen schreien beim Krachen der Zusammenstöße.« Trotzdem bezeichnet Hauser Wings als »verlogen« und als »schlimmsten aller Kriegsfilme«. Diese »Imitation des Krieges« wecke in der Jugend eine Kriegsbegeisterung, die mit der Realität nichts zu tun habe: »Sie werden uns das ungeheure Grauen, durch das wir gegangen sind, als Heldentum anrechnen.«[49] Dem Film setzt er einen »Bericht aus der Wirklichkeit« entgegen: 1914 hätten deutsche Flieger ihre Flugzeuge zerstört, weil sie nicht wollten, »daß diese herrlichen Instrumente des Menschenflugs der Vernichtung dienten.«

Im Juli 1928 besprach Hauser das bereits ältere Gesellschaftsdrama Greed (USA 1924, Gier) von Erich von Strohheim, das er in einer Wiederaufführung sah.[50] Nichts sei so fantastisch wie die Wirklichkeit, notiert er; Strohheims Film sei »der grauenvollste Realismus, den wir bisher auf der Leinwand gesehen haben.« Die Darstellung einer Kleinbürgerin erinnert ihn an Gustave Flaubert, der

---

47 ha [Heinrich Hauser]: Wings! Wings! Wings! In: Frankfurter Zeitung, Nr. 331 vom 03.05. 1928.

48 Vgl. http:/sfsilentfilmfestival.blogspot.com/2016/02/enlarged-history-of-magnascope.html (30.07.2022).

49 Als knapp 17-jähriger war Hauser Ende Juli 1918 in die Kaiserliche Marine eingetreten. Ob er allerdings mit der »Realität des Krieges« in Berührung kam, wie Graebner schreibt, ist fraglich, da die Marine zu diesem Zeitpunkt bereits nicht mehr zu Kämpfen auslief (vgl. Graebner, »Dem Leben …« (wie Anm. 3), S. 40). Hauser fühlte sich aber offenbar der Generation der Kriegsteilnehmer zugehörig.

50 hH [Heinrich Hauser]: Gier nach Geld. In: Frankfurter Zeitung, Nr. 522 vom 14.07.1928. Greed lief vom 06.–24.07.1928 in dem Berliner Repertoirekino »Die Kamera«.

Einsatz von Symbolen an die Filme des sowjetischen Avantgardisten Sergej Einstein. Erneut weist sich Hauser als Filmkenner aus.

Anfang Oktober 1928 stellte er für die *Frankfurter Zeitung* das sogenannte Tonkreuz der Ufa aus dem Produktionsgelände in Babelsberg vor – ein in Form eines Plus-Zeichens errichtetes Tonfilmatelier, das vier Hallen kreuzförmig miteinander verband, wobei die Tontechnik am schalldichten Kreuzungspunkt untergebracht war.[51] In dem ausführlichen Bericht stellt er die zahlreichen neuen Herausforderungen der Tonfilmaufnahme vor, ohne sich allzu stark in technischen Details zu verlieren, denn die meisten Apparaturen seien bereits morgen wieder überholt. Er erwähnt aber Einrichtungen, die in anderen Reportagen aus dem Reich der Tonfilmaufnahme fehlen. So berichtet er, dass die Raumluft in den fensterlosen Gebäuden zehn Mal pro Stunde gewechselt werde, nachdem sie 30 Meter unter der Erde in eiskaltem Quellwasser gekühlt und gereinigt wurde. Ausführlich stellt er die in einem schalldichten Gehäuse isolierte Kamera vor; vier Mann seien nötig, um das Kamerahäuschen zu verschieben. Dadurch ginge die im stummen Film erprobte »Bewegung der Kamera statt Bewegung des Aufnahmeobjekts« verloren; hier verweist er auf LA PASSION DE JEANNE D'ARC (FR 1928, DIE PASSION DER JUNGFRAU VON ORLÉANS) von Carl Theodor Dreyer. Hauser greift die weit verbreitete Befürchtung auf, mit dem Tonfilm würde die avancierte Ästhetik der stummen Kamera verloren gehen. Er zeigt sich allerdings optimistisch, die Kameraleute arbeiteten bereits daran, »die freie Beweglichkeit des Objektivs« recht bald wiederzugewinnen. Er gibt sich als unbedingter Anhänger des Tonfilms zu erkennen, vorausgesetzt, dieser entwickele nur einen Teil der Möglichkeiten, die in ihm steckten. Erforderlich sei zudem das Engagement ausgezeichneter Dramatiker wie Heinrich Mann, Carl Zuckmayer, Hans Rehfisch, Karl Vollmoeller, Norbert Falck und Arnolt Bronnen als Drehbuchautoren. Allerdings müsse die Produktion aufhören, Filme wie Limonade nach dem vermeintlichen Geschmack des Publikums herzustellen: »Wenn aber die Industrie sich *Menschen* sucht, dann kann noch sehr viel daraus werden.«

In einer letzten Filmkritik ging Hauser kurz auf den britischen Kriminalfilm DIE NACHT NACH DEM VERRAT (1929, R: Arthur Robinson) nach dem Roman *The Informer* seines Freunds Liam O'Flaherty ein.[52] Hauser hatte das Buch 1928 ins Deutsche übertragen. Viel sei über den Film nicht zu sagen, schreibt er anlässlich der Erstaufführung in Berlin: »Obwohl der Roman ein absolut fertiges und glänzendes Filmmanuskript ist, bestehen zwischen ihm und dem Film außer dem Titel kaum irgendwelche Beziehungen.« Denn die europäische Filmindus-

---

51 Heinrich Hauser: Der Tonfilm. In: Frankfurter Zeitung, Nr. 746 vom 06.10.1929, Berliner Beiträge.

52 hH [Heinrich Hauser]: DIE NACHT NACH DEM VERRAT. In: Frankfurter Zeitung, Nr. 904 vom 28.10.1929.

trie würde nicht für die Europäer, sondern für den US-amerikanischen Geschmack arbeiten. Dass einer seinen Freund für Geld verrate – unmöglich, stattdessen handele er im Film aus Eifersucht. Aus einer alten ausgemergelten Prostituierten werde eine junge, schöne und anständige Dirne. Ein Filmheld müsse unbedingt sympathisch sein, also dürfe er sich weder betrinken noch ins Bordell gehen. So entstehe der übliche Brei, »der dem Geschmack der Kleinbürger und der Zensurbehörden aller Länder entspricht.« Man habe, so berichtet Hauser, O'Flaherty ins Studio zu den Dreharbeiten eingeladen. Der kurze Besuch habe so geendet, »daß der Dichter den Produzenten niederboxte. Was vielleicht die einzige Form ist, in der ein Dichter und ein Filmproduzent miteinander verkehren können.« Die sehr freie Verfilmung seines Romans *Brackwasser* (1925) durch Franz Peter Wirth unter dem Titel Bis zum Ende aller Tage (BRD 1961) hat Hauser nicht mehr miterlebt, so dass wir nur vermuten können, dass er wohl ähnlich reagiert hätte.[53]

Aber weniger mit seinen spärlichen Filmkritiken als vielmehr mit den beiden Dokumentarfilmen Windjammer und Janmaaten. Die letzten Segelschiffe (1930) und Weltstadt in den Flegeljahren. Ein Bericht über Chicago (1931) erregte Hauser zu Beginn der 1930er Jahre in der Filmpublizistik Aufsehen als filmender und fotografierender Autor, als ›rasender Reporter‹ mit Schreibmaschine, Fotoapparat und Filmkamera. Lange Jahre nicht verfügbar, konnte ich beide Filme Anfang der 1990er Jahre auffinden und wieder in die Filmgeschichte einbringen.[54] Dass filmende Autorinnen und Autoren ihre Erlebnisse multimedial auswerteten, war nicht außergewöhnlich. So verarbeitete Bernhard Kellermann eine 1927 zusammen mit der Malerin Lene Schneider-Kainer unternommene Reise in den Iran in dem Dokumentarfilm Im Lande des silbernen Löwen sowie in einem mit zahlreichen Fotos ausgestatteten Sachbuch *Auf Persiens Karawanenstraßen*.[55] Journalisten wie Colin Ross drehten neben ihren Büchern ebenfalls Filme, stets die Mehrfachverwertung im Blick. Über eine Afrika-Reise veröffentlichte Ross 1927 nicht nur den Bericht *Die er-

---

53 Vgl. Graebner, »Dem Leben …« (wie Anm. 3), S. 190, 444.
54 Vgl. Jeanpaul Goergen: Die letzten Segelschiffe. Handout zum Programm FilmDokument Nr. 13 vom 09.09.1994. https://www.jeanpaulgoergen.de/home/Einfuhrungen_und_Vortrage_1993_2011_files/FD%2013%20Die%20letzten%20Segelschiffe%20Handout.pdf (30.07.2022); ders.: Sinfonie der Segeln. In: Filmblatt 10 (Sommer 1999), S. 9–10; ders.: Weltstadt in Flegeljahren. Ein Bericht über Chicago (Deutschland 1931). Aufgenommen von Heinrich Hauser. Eine Dokumentation. Berlin 1995. https://www.jeanpaulgoergen.de/home/Bucher___Buchkapitel_files/Jeanpaul_%20Goergen_Weltstadt_in_Flegeljahren%20%281995%29.pdf (30.07.2022).
55 Bernhard Kellermann: Auf Persiens Karawanenstraßen. Berlin 1928.

wachende Sphinx. Durch Afrika vom Kap nach Kairo, sondern im gleichen Jahr auch einen gleichnamigen Dokumentarfilm.[56]

4.   Sehnsucht nach Gemeinschaft

WINDJAMMER UND JANMAATEN entstand während einer 110 tägigen Reise mit der Viermastbark »Pamir« von Hamburg nach Chile, die Hauser nicht nur als Gast, sondern als mitarbeitender Lichtmatrose bestritt.[57] Wie es dazu kam, ist unklar. Graebner zufolge reiste er »im Auftrag des Fischer Verlages und als Gast der Reederei F. Laeisz und mit Unterstützung des Hamburger Senats«, um über die Fahrt »ein (Tage-)Buch zu schreiben, einen Film zu drehen und Fotos zu machen.«[58] An anderer Stelle gibt sie an, der Film sei eine Auftragsarbeit der Reederei gewesen.[59] Nachweisen lässt sich eine großzügige finanzielle Unterstützung durch die Kunstpflegekommission der Freien und Hansestadt Hamburg; die Reederei übernahm die Kosten für Hausers Verpflegung an Bord.[60]

Der Film wurde am 28. August 1930 in der Universität Hamburg uraufgeführt.[61] Am 15. Oktober 1930 gab ihn die Film-Prüfstelle unter dem Titel WINDJAMMER UND JANMAATEN. DIE LETZTEN SEGELSCHIFFE zur öffentlichen Vorführung im deutschen Reich, auch vor Jugendlichen, frei.[62] Ausweislich der Zulassungskarte brachte Hauser, wohnhaft in Berlin W 10, Herkulesufer 13, den Film auf eigene Rechnung heraus; er firmierte sowohl als Produzent als auch als Verleiher. Der Film enthielt keine Zwischentitel und wurde von einem Vortrag begleitet. Bei verschiedenen Aufführungen hielt Kapitän Gottfried Speckmann vom Norddeutschen Lloyd einen Begleitvortrag. Speckmann unterhielt eine

---

56 Colin Ross: Die erwachende Sphinx. Durch Afrika vom Kap nach Kairo. Leipzig 1927; DIE ERWACHENDE SPHINX (1927, P: Ufa). Vgl. das vom Ludwig Boltzmann Institute for Digital History in Wien verantwortete Projekt »Mapping Colin Ross«: http://colinrossproject.net/ (30.07.2022).

57 DIE LETZTEN SEGELSCHIFFE. In: Germania, Nr. 527 vom 15.12.1931.

58 Graebner, »Dem Leben …« (wie Anm. 3), S. 48. Dort ohne Beleg.

59 Ebd., S. 177. Ohne Beleg.

60 Vgl. Mirjam Schubert: Das Verhältnis von Mensch und Maschine im Werk Heinrich Hausers. Berlin u.a. 2021, S. 67f.

61 Ebd., S. 73.

62 Vgl. Zulassungskarte der Film-Prüfstelle Berlin Nr. 27129 vom 10.10.1930, neu zugelassen am 31.10.1935. Format und Länge: 35 mm, s/w, stumm, 1632 m (= 59'39" bei 24 Bildern pro Sekunde.) (BArch R 9346-I/18379) Die Angaben zu Projektionsgeschwindigkeiten dienen nur der Orientierung; zu Zeiten des Stummfilms stand es dem Kinobesitzer frei, wie schnell er vorführte. 1938 reichte Hauser, nun mit Wohnort in Auerbach (Hessen), den Film erneut zur Zensur ein. Vgl. Zulassungskarte Nr. 47856 vom 12.03.1938 (BArch R 9346-I/29227). Der Film enthielt keine Zwischentitel; das Manuskript des Vortrags musste ebenfalls von der Filmprüfstelle genehmigt werden. Die titellose Fassung sowie der Begleitvortrag sind nicht erhalten.

Vortragsorganisation mit abendfüllenden Dokumentarfilmen, die er in Matinee-
und Schulveranstaltungen zeigte und zu denen er neben fachlichen Erläuterungen auch »manch heiteres Seemannsgarn« zum Besten gab.[63] Derartige
Filmvorträge waren ein in den 1920er Jahren etabliertes Format, um abendfül-
lende Dokumentarfilme vorzustellen. Auch der Oberingenieur Dietrich W.
Dreyer, der allerdings nicht selbst filmte, wertete seine Reisefilme als Vortrags-
filme aus, wie etwa AMERIKA VON HEUTE von 1931.[64]

Nach der Veröffentlichung von Hausers Erlebnissen in der *Frankfurter Zeitung* erschien 1930 auch das Buch *Die letzten Segelschiffe*, in einer späteren
Auflage mit 29 seiner Fotos.[65]

Ein Tau am Poller belegen

Jäh einsetzende harte Böe: Obermarssegel zerreißt, fliegt weg

Beim Segelnähen

An den Brassen
bei Cap Horn

Fotos von Heinrich Hauser als Illustration seiner Reportage *Die letzten Segelschiffe* von 1932.

---

63 Etwa bei einer Aufführung im Dezember 1931 im Berliner Tauentzien-Palast. Vgl. DIE
LETZTEN SEGELSCHIFFE. In: Germania, Nr. 527 vom 15.12.1931.

64 AMERIKA VON HEUTE. In: Film-Kurier, Nr. 269 vom 16.11.1931.

65 LS. Die ein Jahr später veröffentliche 7.–10. Auflage dann mit Hausers Fotos. Abweichende
Angaben bei Schubert, Verhältnis (wie Anm. 60), S. 32. Die Fotos in niedriger Qualität sowie
Motive aus dem Film hier: http://pamir.chez-alice.fr/Voiliers/Classe_A/Pamir/Hauserwg.htm
(30.07.2022).

In dem Film ging es Hauser vor allem darum, das Erlebnis »Segelschiff« zu vermitteln; er beobachtet Zusammenarbeit und das alltägliche Leben der Matrosen, ihre stets gleichen Handgriffe, die kleinen Freuden und die Augenblicke der Muße; nicht zuletzt und als Höhepunkt des Films, den Kampf gegen einen heftigen Sturm. Immer wieder geht sein Blick zu den dunklen Masten und dem hellen Segelwerk als dem Leitmotiv dieser Sinfonie, die das Thema der existentiellen Erfahrung und der Kameradschaft einer Seereise variiert. Das Leben an Bord erscheint entrückt und außerhalb jeder Zeit stehend, als eine Gegenwart ohne Anfang und ohne Ziel, wie auch die Montage nahelegt, die mit einer Totalen auf die »Pamir« auf dem weiten Meer (LS, S. 126 ff.) beginnt und – zumindest in der überlieferten Fassung – mit einem Sonnenuntergang über der nun wieder ruhigen See endet.[66]

Aufgrund des großen Erfolgs von WINDJAMMER UND JANMAATEN bei Aufführungen in Hamburg, Dresden und Frankfurt nahm die Naturfilm Hubert Schonger den Film 1931 in ihren Verleih.[67] Er lief nun unter dem neuen Titel DIE LETZTEN SEGELSCHIFFE. EIN FILMBERICHT VON HEINRICH HAUSER.[68] Statt eines Begleitvortrags erhielt der Film nun Zwischentitel, die vermutlich nicht von Hauser selbst verfasst wurden, da einige einen forciert-humoristischen Einschlag haben, wie er häufig in zeitgenössischen Kulturfilmen anzutreffen ist. Trotz der Änderung im Verleih und den neu eingefügten Zwischentiteln reichte Schonger den Film nicht erneut zur Zensur ein. Ab 1931 waren somit zwei Fassungen von Hausers »Pamir«-Film im Umlauf und wurden erfolgreich vor allem in Matineeveranstaltungen eingesetzt.[69] 1934 erschienen noch eine Kurzfassung für den Heimkinomarkt[70] sowie eine von Schonger in Zusammenarbeit mit dem Oberkommando der Kriegsmarine hergestellte, mit Musik und Kommentar unterlegte Kurzfassung für das Vorprogramm der Kinos.[71] Diese Fassung brachte

---

66 Im Eye Filmmuseum (Amsterdam) ist die niederländische Verleihfassung PAMIR. HET
    LAATSTE ZEILSCHIP gesichert. Vgl. https://www.youtube.com/watch?v=USRg0NaGFWU
    (30.07.2022). Möglicherweise fehlt aber die auf der Zulassungskarte der titellosen Fassung
    angeführte letzte Sequenz, die »Glückliche Ankunft im Hafen«.
67 DIE LETZTEN SEGELSCHIFFE. In: Kinematograph, Nr. 27 vom 26.03.1931.
68 Bei der im Bundesarchiv unter dem Titel WINDJAMMER UND JANMAATEN (DIE LETZTEN
    SEGELSCHIFFE) mit der Magazin-Nr. 17687 aufbewahrten Kopie mit deutschen Zwischenti-
    teln fehlt der letzte Akt mit dem Sturm.
69 Vgl. Hamburger Allerlei. In: Film-Kurier, Nr. 67 vom 20.03.1941.
70 DIE LETZTEN SEGELSCHIFFE (P: IG Farbenindustrie AG »Agfa«, Berlin), 16 mm, s/w, stumm,
    535 m (= 48′51″ bei 24 Bildern pro Sekunde).
71 MÄNNER, MEER UND STÜRME. EIN FILM VON DER ROMANTIK UND DEM LEBEN AN BORD
    EINES SEGELSCHIFFES (P: Naturfilm Hubert Schonger), 35 mm, Ton, 521 m (= 19′03″). Kopie
    im Bundesarchiv (Magazin-Nr. 1007). Die Neubearbeitung stellt über den Kommentar das
    Führerprinzip an Bord heraus. Vgl. Volker Reißmann: »Alltag an Bord ist Arbeit«. Die Do-
    kumentarfilme über die »Pamir«. In: Jörg Schöning (Red.): Bewegte See. Maritimes Kino
    1912–1957. o.O. [München] 2007, S. 97–104.

Schonger 1949 sowie nach dem tragischen Untergang der »Pamir« am 21. September 1957 erneut in die Kinos.[72]

Für die Filmtageszeitung *LichtBildBühne* war die titellose Fassung »kein Lehrfilm im üblichen Sinne, sondern filmische Gestaltung um ihrer selbst willen.«[73] Damit rückte sie ihn in die Nähe des nicht-narrativen, absoluten Films, deren Vertreter wie Viking Eggeling, Hans Richter und Walter Ruttmann ebenfalls Filmneulinge waren, die von der Malerei zum Film gefunden hatten. Hauser als »Filmdilettant«[74] zu bezeichnen, ist daher keineswegs abwertend gemeint, sondern verweist darauf, dass er kein ausgebildeter, professioneller Kameramann war. Beobachtern fielen die technisch oft unzulänglichen Aufnahmen auf.[75] Andere sprachen bei DIE LETZTEN SEGELSCHIFFE von einem Amateurfilm, was sie aber ebenfalls nicht als Einschränkung verstanden wissen wollten: »Der Dichter, der diesen Film dreht, ersetzt das, was ihm an Kameratechnik, an lichtbildnerischer Kunstfertigkeit fehlt, durch Lebendigkeit, durch ständige Aufnahmebereitschaft und vor allem durch die Hellsichtigkeit des Beobachtens, die nur aus einem sehr intimen inneren Kontakt mit dem Objekt entstehen kann.«[76] In *Die letzten Segelschiffe* gibt sich Hauser selbst als Anfänger zu erkennen und klagt über häufige Ladehemmung der Kamera. Auch müsse er noch lernen, oben in den Masten hängend die Filmkassetten zu wechseln. (LS, S. 26) Neben der Kinamo hatte er auch noch einen »großen Apparat« mit Stativ und Teleobjektiv dabei, über den weiter nichts bekannt ist. (Ebd., S. 33 u. 36)

Nach einem Monat an Bord begann er, Nahaufnahmen seemännischer Arbeiten zu machen, etwa die Hände des Segelmachers beim Nähen: »Das ist der Anfang einer großen Aufgabe, die vor mir liegt: Spannung zu erzeugen in einem Film, der eigentlich gar keine Handlung hat. Spannung nur durch die Zergliederung eines alltäglichen Vorgangs in tausend exakte Einzelheiten.« (LS, S. 86) Hauser wiederholt seinen Vergleich vom Film als Jagd; wie ein Jäger müsse er sich daran gewöhnen, schnell zu schießen, um »den Augenblick er erfassen«. (Ebd., S. 100)[77] Häufiger berichtet er im Buch auch von seinen Filmarbeiten, etwa wenn er mit teils abenteuerlichen Bordmitteln das defekte Federwerk der Kinamo repariert oder bei dem großen Sturm Kamera und Filme in Sicherheit bringt. (Ebd., S. 150 ff., 217, 226 ff. u. 265 f.) Der Film gehöre zu den »schönsten Doku-

---

72 DIE LETZTEN SEGELSCHIFFE (P: Schongerfilm Hubert Schonger), 35 mm, Ton, 510 m
(= 18′38″).

73 DIE LETZTEN SEGELSCHIFFE. In: LichtBildBühne, Nr. 298 vom 14.12.1931.

74 DIE LETZTEN SEGELSCHIFFE. In: Germania, Nr. 527 vom 15.12.1931.

75 DIE LETZTEN SEGELSCHIFFE. In: Hamburger Echo, Nr. 239 vom 30.08.1930.

76 Hermann Gressieker: DIE LETZTEN SEGELSCHIFFE. In: Berliner Börsen-Courier, Nr. 582 vom
14.12.1931.

77 Vgl. auch LS, S. 220: »Ich gehe mit der Linse nach wie mit einem Flintenlauf.«

menten der Wirklichkeit«[78], notierte das *Hamburger Echo* anlässlich der Uraufführung des »Pamir«-Films und unterstrich damit Hausers tatsachenbasierte
filmische Exploration und seinen Willen, dokumentarische Bilder der Welt zu
zeigen, wie er sie sieht.

5.   Wo ist der Mensch?

Hausers zweiter Dokumentarfilm, WELTSTADT IN FLEGELJAHREN. EIN BERICHT
ÜBER CHICAGO wurde am 2. Oktober 1931 in Berlin uraufgeführt; Produzent und
Verleiher war wieder die Naturfilm Hubert Schonger.[79] Erneut verarbeitete
Hauser seine Erlebnisse im Medienverbund mit Film, Zeitungsartikeln und
einem Reisebericht, den er mit 35 eigenen Fotos illustrierte. (Vgl. FCh) Stellte er
mit DIE LETZTEN SEGELSCHIFFE die Kameradschaft der Männer an Bord heraus,
so wollte er nun »das Unmenschliche unseres Lebens in den großen Städten«
aufzeigen. (Ebd., S. 268)

Die fünf deutlich voneinander abgesetzten Akte dokumentieren das geruh-
same Leben auf und am Rande des Mississippi. Der querschnittsartige Aufbau
des Films erinnert an Walter Ruttmanns Städtefilm BERLIN. DIE SINFONIE DER
GROSSSTADT (1927). Während BERLIN mit einem Zug beginnt, der in einer
vorwärtstreibenden Dynamik Richtung Metropole donnert, um in der noch
schlafenden Stadt zur Ruhe zu kommen, wählt Hauser den umgekehrten Zugang:
ruhig und gemächlich, ja träge beobachtet er das Leben auf dem Mississippi; wo
dieser mit einem nervösen Jazz beginnt, stimmt jener einen getragenen Blues
an.[80] Das Schaufelrad des Dampfers mit seinen abstrakten Lichtspielen zieht sich
als Leitmotiv durch diese pastoral gestimmte Ouvertüre.

Der zweite Akt zeigt das allmähliche Erwachen von Chicago, wirbelnde
Verkehrsrhythmen in Parallelmontage von Menschenmassen, Hochbahn und
Schnellstraße. Der dritte Akt stellt die hochtechnisierte Arbeitswelt vor, den
Einsatz von Fließ- und Transportbändern (»Wo ist der Mensch?« fragt ein
Zwischentitel), von Maschinen in allen Bereichen der Produktion, beim Straßen-
und Wohnungsbau, bei der Anlieferung von Bananenstauden und in den be-

---

78 DIE LETZTEN SEGELSCHIFFE. In: Hamburger Echo, Nr. 239 vom 30.08.1930.

79 Vgl. Zulassungskarte der Film-Prüfstelle Berlin Nr. 29864 vom 14.09.1931. Format und
    Länge: 35 mm, s/w, stumm, 1687 m (= 61′40″). (BArch R 9346-I/19863). Kopie im Bundes-
    archiv: Magazin-Nr. 17505 (35 mm, 1.502 m). Kopie im Eye Filmmuseum (Amsterdam):
    35 mm, s/w, 1520 m (= 55′33″). Bearbeitete und vertonte Fassungen auf DVD bei absolut
    Medien, 2020.

80 Vgl. Mathias Güntner: WELTSTADT IN FLEGELJAHREN. EIN BERICHT ÜBER CHICAGO. Ein
    Film von Heinrich Hauser. Hamburg 1998, unveröffentlichte Magister-Arbeit. Die Arbeit
    konnte nicht eingesehen werden.

rüchtigten Schlachthöhen der Stadt.[81] Urlandschaft werde zertrümmert, klagt ein weiterer Zwischentitel, um Platz für die wachsende Stadt zu schaffen.

Der vierte Akt blickt hinter die Wolkenkratzerfront und zeigt in aufrüttelnden Aufnahmen die harten Folgen der wirtschaftlichen Depression wie Arbeitslosigkeit und Alkoholismus. Hauser besucht den Arzt und Anarchisten Ben Reitman, der ihm bestätigt, dass in einer einzigen Straße »40000 heimatlose Männer Brot und Arbeit suchen«, so ein weiterer Zwischentitel. Arbeitssuchende stehen in Gruppen zusammen, schlafen auf Parkbänken oder liegen im Gras der öffentlichen Anlagen. Heilsarmee spielt auf, Kinder spielen im Dreck und Abfall, Häuser verfallen, dort wühlt einer im Müll, andere versuchen sich als Kleinhändler und Gaukler, auf dem Trödelmarkt wird Diebesgut verhökert. Wiederum andere berauschen sich mit Alkohol aus Gefrierschutzmitteln. Die Gegenüberstellung von ausgedienten und ausgeschlachteten Autos mit bettelnden, elenden und verkrüppelten Menschen, die ohne Kraft und ohne Mut durch die Straßen treiben, ist eine der eindringlichsten dokumentarischen Filmszenen jener Jahre. Selbst in den Vereinigten Staaten finden sich vergleichbare Aufnahmen erst 1934 in dem Kurzfilm HALSTED STREET von Conrad O. Nelson [d. i. Conrad Friberg], wie Hauser ein Amateurfilmer.[82] Der letzte Akt bringt dann, als versöhnlich-vergnüglicher Ausklang, die Freizeitvergnügungen der Großstadtbewohner.

Hausers skeptische Reportage wurde auch als Hinterfragung des Projekts der Moderne rezipiert.[83] Jeder Amerikaschwärmer solle den Film vor der Überfahrt sehen, rät *Der Film*.[84] Hauser habe das »wahre Gesicht« Chicagos enthüllt, schreibt die *Germania*.[85] Aber kaum ein Rezensent hat Hausers Bilder so negativ ausgedeutet wie Fritz Olimsky, der konservative Filmkritiker der *Berliner Börsen-Zeitung*:

> »Da gibt es keine sweet girls, sondern unfroh durch die Straßen hastende Geschäfts-
> mädchen, die in der Nervenmühle der Arbeit früh gealtert erscheinen, und die Mütter
> sind keine stattlichen, förmlich jugendlich strahlenden weißhaarigen Matronen, son-
> dern unästhetisch fette dicke Weiber, deren Anblick im Massenbad am Meeresstrande
> gelinde gesagt widerlich ist.«[86]

---

81 Vgl. Schubert, Verhältnis (wie Anm. 60), S. 225–227.

82 HALSTED STREET (USA 1934, P: Film and Photo League of Chicago), 16 mm, s/w, stumm, 397 feet = 11′03″. Andere Datierungen nennen 1931 bzw. 1932. Ausschnitte: https://www.you tube.com/watch?v=-kqTHSLw3HU (30.07.2022).

83 Vgl. Eva Hielscher: Hauser's WELTSTADT IN FLEGELJAHREN. In: The City Symphony Phenomenon. Cinema, Art, und Urban Modernity Between the Wars. Hg. von Steven Jacobs, Anthony Kinik u. Eva Hielscher. New York u. London 2019, S. 147–157; 274f.

84 L-d-n. [Kurt London]: WELTSTADT IN FLEGELJAHREN. In: Der Film, Nr. 40 vom 03.10.1931.

85 DIE LETZTEN SEGELSCHIFFE. In: Germania, Nr. 527 vom 15.12.1931.

86 Oly. [Fritz Olimsky]: WELTSTADT IN FLEGELJAHREN. In: Berliner Börsen-Zeitung vom 03.10. 1931.

Aufrüttelnde Bilder von Arbeitslosigkeit, Alkoholismus und Wohnungsnot in WELTSTADT IN
FLEGELJAHREN (1931).

Die Wohnverhältnisse der Arbeiter seien unvergleichlich armseliger als in deutschen Großstädten.

>»Kurz, Hauser zeigt uns hier ein Amerika, nach dem bestimmt keiner, der es sieht, Sehnsucht haben wird, dort möchte man um keinen Preis begraben sein, geschweige denn leben. Ein Amerika, das schlechterdings nichts mit der uns allen sattsam bekannten Welt der amerikanischen Filme gemein hat. Und dieses ist das ungeschminkte, wirkliche Amerika. Eine geradezu erschütternde Entdeckung, die wir Kinobesucher da machen. Man hat uns ein Jahrzehnt lang belogen und betrogen, jetzt zerrinnen alle Amerikaillusionen, und wir sehen eine bittere, alles andere, als verlockende Wirklichkeit, sehen statt der sonst im amerikanischen Film beneidenswerten Sorglosigkeit Brutalitäten des Wirtschaftskampfes, die einen dieses große Vorbild Europas – und das ist Amerika doch für sehr viele – beinahe hassen lehren. Wirklich, dieser Film hat es in sich, er erweitert einem meilenweit das Gesichtsfeld, und das kann man sonst nicht gerade oft behaupten.«[87]

In den Vereinigten Staaten von Amerika konnten Deutschland und Europa einen Blick in eine Zukunft tun, die ihnen noch bevorstand. Sie sahen eine ökonomisch leistungsstarke, da bereits stark rationalisierte Industrie, einen sich immer weiter ausdehnenden Konsumsektor verbunden mit einer expandierenden Werbeindustrie, die Umwandlung der Unterhaltungsbranche in eine Industrie und eine neue, spritzige, auf die schwarzen Amerikaner zurückgehende Musik: den Jazz. In Deutschland ließen sich die einen von der damit verbundenen Dynamik und dem Zukunftsoptimismus anstecken; andere reagierten mit Abwehr und Entsetzen sowie einem Rückzug ins Nationale und Völkische. Ihr Hauptvorwurf an die amerikanische Kultur mit ihrer Technik und ihren Großstädten, mit dem Fordismus und den Wolkenkratzern war die angebliche ›Seelenlosigkeit‹, ja ›Kulturlosigkeit‹. Das Unbehagen an der Moderne, die mit der Modernisierung aller Lebensbereiche einhergehende Verunsicherung, fand in ›Amerika‹ eine Projektionsfläche: Schuld an der ›Kinoseuche‹, an rationellen Baumethoden und am Flachdach, an Jazz und Foxtrott, an der wuchernden Werbung, an der ungegenständlich und unverständlich gewordenen Kunst, an allen modernen Lebenserscheinungen war (fast aus-)schließlich Amerika. Dabei beruhte das Amerikabild sowohl der Bewunderer als auch der Kritiker vor allem auf den amerikanischen Spielfilmen, den amerikanischen Wochenschau-Sujets, die als Austausch-Sujets nach Deutschland gelangten, den wenigen deutschen Filmberichten aus den USA sowie auf den Fotostrecken in der illustrierten Presse.[88]

---

87 Ebd.

88 Es ist hier nicht möglich, Hausers Chicago-Film im Kontext anderer deutscher Reiseberichte zu betrachten; die meisten sind verschollen oder derzeit nicht benutzbar: NEW-YORK, EIN WELTSTADTBILD (1924, P: Decla-Bioscop AG), NEW YORK UND DIE NEW YORKER (1925, P: Humboldt-Film GmbH), AMERIKA, DAS LAND DER UNBEGRENZTEN MÖGLICHKEITEN (1926, P: Hamburg-Amerika-Linie, Abtlg. Filmdienst), AMERIKANISCHE ERINNERUNGEN (1926, R:

Bilder sozialer Verelendung und einer aus den Fugen geratenen Moderne wie in Hausers WELTSTADT IN FLEGELJAHREN brachten sie aber nicht.

Hauser versteht es, Bilder »zu bauen«, mit Durchsichten Tiefe zu erzielen und mit Ausschnitten neue Einsichten zu vermitteln; er weiß um die »Pathosformeln des Dynamischen«, wie Herbert Molderings ein zentrales Wesenselement der Fotografie der Neuen Sachlichkeit bezeichnete.[89] Dabei bleibt er aber stets Reporter, dem Augenblick verpflichtet: »Bremsen, Halten, Aussteigen, Photographieren.« (SR, S. 13f.) Intuitives Erfassen und schnelles Fixieren von Situationen waren weder mit unhandlichen Plattenkameras noch mit schweren Filmkameras möglich, erst Fortschritte der Kameratechnik erlaubten das Neue Sehen. Was die Leica dem Fotografen,[90] das war der Kinamo dem filmenden Reisenden – leichtes Gepäck und stets zur Hand. Zahlreiche Einstellungen des Chicago-Films sowie Angaben in *Feldwege nach Chicago* (vgl. FCh, S. 79) weisen darauf hin, dass Hauser wieder mit einer Handkamera, vermutlich erneut der Kinamo N25, gearbeitet hat.[91]

Als Filmemacher ist Hauser weiterhin Erzähler, die Handkamera nutzt er als Extension seiner Augen. Er will erzählen und berichten, nicht populärwissenschaftlich aufbereiten und erklären. Seine Filme sind jedoch keineswegs »rein dokumentarisch«[92], wie Antje Ehmann annimmt; die Vorstellung eines reinen Dokumentarismus, ohne die Bedingungen der technischen Aufzeichnungsapparatur sowie die gestaltende Arbeit der Montage zu berücksichtigen, führt in die Irre. Ähnlich hatte sich die französische Filmwissenschaftlerin Nicole Brenez über den »Pamir«-Film geäußert; Hausers Film »manifeste l'acte de foi documentaire en son état le plus pur.«[93] Zwar betont sie vor allem Hausers dokumentarisches Anliegen, lässt aber offen, ob ein beobachtender, erzählender oder erklärender Dokumentarismus gemeint ist und welcher davon »reiner« sei als andere Ausprägungen und Formen.

Wilhelm G. Dienes), DAS SCHAFFENDE AMERIKA (1926, R: Dietrich W. Dreyer, Karl Pindl), AMERIKA VON HEUTE (1931, R: Dietrich W. Dreyer) sowie EINE MODERNE RIESENSTADT, 1. UND 2. TEIL (1931, R: Ludwig Leher, Chicago).

89 Herbert Molderings: »Amerikanismus« in der deutschen Fotografie der zwanziger Jahre. In: Camera Austria 22 (1987), S. 25–38, hier: S. 28.

90 Es ist nicht bekannt, welchen Fotoapparat Hauser benutzt hat. Vgl. Schubert, Verhältnis (wie Anm. 60), S. 70.

91 Vgl. ebd., S. 74, über Zollschwierigkeiten mit Kamera und Rohfilm bei der Einreise.

92 Ehmann, Heinrich Hauser (wie Anm. 11), S. 467.

93 Nicole Brenez: Accès au fantôme. Sur PAMIR, LES DERNIERS GRANDS VOILIERS, un film de Heinrich Hauser. In: 1895, revue d'histoire du cinéma. Numéro hors-série, 1996. Exotica. L'attraction des lointains, S. 78–83, hier: S. 83. https://www.persee.fr/doc/1895_0769-0959_1 996_hos_1_1_1157 (30.07.2022).

In WELTSTADT IN FLEGELJAHREN ist Heinrich Hauser von den Menschen- und Verkehrsströmen und den automatisierten Fabriken zugleich fasziniert und erschrocken.

Es ist nicht bekannt, ob Hauser WELTSTADT IN FLEGELJAHREN tatsächlich »auf eigene Faust« und in »Unabhängigkeit von der Branche« hergestellt hat[94] oder ob es eine Produktions- und Verleih-Übereinkunft mit der Naturfilm Hubert Schonger gab. Eine größere Verbreitung dürfte der Film nicht gehabt haben. Als er Ende 1931 gestartet wurde, hatten die meisten Kinos bereits auf Tonfilm umgestellt, der Stummfilm war weitgehend aus den Programmen verschwunden. Hinzu kam, dass die Bildstelle des Zentralinstituts für Erziehung und Unterricht ihm die Anerkennung als »Lehrfilm« verweigerte, da die Aufnahmen »in keinem sinnvollen Zusammenhang zueinander« stünden. Das »wirre Durcheinander des Ganzen« zeige, wie ein Lehrfilm nicht aufgebaut sein soll.[95] Somit konnten die Kinobesitzer die mit dieser Auszeichnung verbundene Reduzierung ihrer Lustbarkeitssteuer nicht in Anspruch nehmen, der Film wurde zu »Schrott«.[96] Für den Kinobetreiber waren die so ausgezeichneten Filme »Steuerschinder«. Vergeblich protestierte Schonger in einem offenen Brief und verwies darauf, dass gegen diese Bewertung keine Revision möglich sei.[97] Mittellange Dokumentarfilme wie der Chicago-Film waren darüber hinaus in den Kinos meist nur als Zugabe zu einem Hauptfilm im damals üblichen Doppelprogramm – also zwei große Spielfilme in einer Vorstellung – einsetzbar. Hinzu kam, dass das Prestige und damit auch der Attraktionswert von Dokumentarfilmen für die breite Masse der Kinogänger eher gering waren, so dass diese überwiegend in Matineeveranstaltungen in größeren Städten ausgewertet wurden.

In der *Weltbühne* verteidigte Rudolf Arnheim Hausers Film, da es bisher kaum jemandem gelungen sei, »das unmittelbare Gefühl für die spektakelnde Unruhe, das Alpdruckhafte einer solchen Stadt so kräftig wachzurufen. […] Hausers Film ist nicht sanft, ist nicht verbindlich und nicht unverbindlich, sondern unhöflich und ganz klar in der Stellungnahme.« Arnheim plädierte für Kulturfilme, die als »Anschauungsmateriel« dienen und das »Erlebnis des unmittelbaren Eindrucks« in die Schule tragen sollten. Hierzu sei ein Filmkünstler gefragt, »der Gefühl für fesselnde Einstellungen, für Bildpointen, für demonstrative Kameraführung, für lebendigen, eleganten Schnitt hat.«[98] Die *Rote Fahne* sah hinter der Verweigerung des Prädikats eine politische Absicht, da Hauser auch die krassen Klassenge-

---

94 Siegfried Kracauer: Literarische Filme. In: Die neue Rundschau 12 (1931). Reprint in: Ders.: Von Caligari zu Hitler. Frankfurt/M. 1979, S. 466–469, hier: S. 468.

95 Mitteilungen der Bildstelle des Zentralinstituts für Erziehung und Unterricht, Nr. 33/34 vom 01.10.1931, S. 144.

96 Auch der Lehrfilm-Gutachterausschuß revisionsbedürftig. In: Film-Kurier, Nr. 271 vom 19.11.1931.

97 Die Bildstelle hemmt den Kulturfilm. Ein offener Brief Hubert Schongers. In: Film-Kurier, Nr. 273 vom 21.11.1931.

98 Rudolf Arnheim: Paukerfilme. In: Die Weltbühne, Nr. 5 vom 02.02.1932, S. 185–187, hier: S. 186.

gensätze und das Elend der Massenarbeitslosigkeit zeige.[99] Siegfried Kracauer dagegen empfang Hausers »bloße Reportage« als zu unverbindlich: »Er liefert Stoff, ohne Aussagen über ihn zu machen, und begnügt sich mit der Zusammenstellung undurchdrungener Fakten.«[100]

Fast alle Rezensenten waren sich aber einig, dass der »Outsider«[101] Hauser mit WELTSTADT IN FLEGELJAHREN einen ganz besonderen Film vorgelegt hatte, so wie es bisher in Deutschland keinen gegeben hat. Einige machten erneut auf aufnahmetechnische Mängel aufmerksam, etwa die Tatsache, dass Hauser eher fotografiere als filme.[102] Tatsächlich arbeitet er vorwiegend mit starren Einstellungen und setzt nur selten Schwenks ein. Während ein Rezensent den Film als »vorbildlich montiert«[103] ansah, meinten andere, Hauser habe die Montage »ganz vernachläßigt«, deshalb habe man einen »Mosaikfilm, keinen Rhythmusfilm« vor sich.[104]

Während seiner Reise mit der »Pamir« hatte Hauser 4.000 Meter Film belichtet;[105] das Drehverhältnis von *Weltstadt in Flegeljahren* ist nicht bekannt. Es ist eher unwahrscheinlich, dass Hauser sowohl WINDJAMMER UND JANMAATEN. DIE LETZTEN SEGELSCHIFFE (1930) als auch WELTSTADT IN DEN FLEGELJAHREN. EIN BERICHT ÜBER CHICAGO (1931) allein montiert hat. Für den Schnitt dürfte er auf die Hilfe einer Cutterin oder eines Cutters zurückgegriffen haben, einer auf die Montage spezialisierten Fachkraft, die in den stets knapp gehaltenen Angaben im Vorspann der Stummfilme nur selten erwähnt wird. Vermutlich wurde der Chicago-Film von dem zwischen 1927 und 1932 bei der Naturfilm Hubert Schonger angestellten »Kulturfilm-Spielleiter«[106] Oleg Woinoff geschnitten. 1898 in St. Petersburg geboren, war Woinoff 1924 nach Deutschland gekommen. Er war ein Kenner der sowjetischen Filmliteratur, über die er regelmäßig in deutschen Filmzeitschriften schrieb.[107] Als erster machte er die deutsche Fachwelt auf die Montagetechnik der Gruppe »Kinoki« (Kino-Auge)

---

99 …nicht sein kann, was nicht sein darf. In: Rote Fahne, Nr. 213 vom 22.11.1931.
100 Kracauer, Literarische Filme (wie Anm. 94), S. 468.
101 Ein Mann filmt Chicago. In: Vossische Zeitung. Nr. 468 vom 04.10.1931; Oly. [Fritz Olimsky]: WELTSTADT IN FLEGELJAHREN. In: Berliner Börsen-Zeitung vom 03.10.1931.
102 K.W.: WELTSTADT IN FLEGELJAHREN. In: Berliner Börsen-Courier, Nr. 463 vom 04.10.1931.
103 Dr. H.: WELTSTADT IN FLEGELJAHREN. In: LichtBildBühne, Nr. 237 vom 03.10.1931.
104 Filmbestrebungen. In: Neue Zürcher Zeitung, Nr. 1849 vom 06.10.1932.
105 LS, S. 256. Ein Zeitungsbericht nennt dagegen 5.000 Meter. Vgl. DIE LETZTEN SEGELSCHIFFE. In: Hamburger Echo, Nr. 239 vom 30.08.1930.
106 August Theis: Oleg Woinoff verstarb vor 25 Jahren in Celle. In: Immenkorf. Geschichten und Geschichtliches aus Hermannsburg und der Lüneburger Heide. Hg. vom Heimatbund Hermannsburg e.V., (1995), S. 47–49.
107 Vgl. Alexander Schwarz: Der geschriebene Film. Drehbücher des deutschen und russischen Stummfilms. München 1994, S. 369.

um den Avantgardisten Dziga Vertov aufmerksam.[108] Aber auch ein guter Cutter musste sich mit dem Bildmaterial begnügen, das ihm vorgelegt wird. Hauser hatte eine Reihe von unscharfen Aufnahmen mitgebracht, die belegen, dass er die Kamera immer noch nicht vollständig beherrschte, die aber Eingang in den Film fanden, um die entsprechenden Szenen auszugestalten. Der Aufbau und die Gliederung von WELTSTADT IN DEN FLEGELJAHREN, die Parallel- und Kontrastmontagen, die Gruppierung thematischer Sequenzen – all dies verrät die erfahrene Hand eines gewandten Cutters.

WELTSTADT IN FLEGELJAHREN bewegt sich im Spannungsfeld zwischen Avantgarde und Kulturfilm; es ist kein experimentelles Städtepoem, keine absolute Bewegungsstudie, kein touristischer Werbefilm, kein dozierend-belehrender Kulturfilm, vielmehr eine subjektive, sehr persönliche Beschreibung der zweitgrößten amerikanischen Stadt. »Das ist keine Symphonie der Arbeit, kein hohes Lied des Fabrikationsbetriebs. Nur: Ein Stückchen Leben, wie es halt in Wirklichkeit ist«, schrieb 1931 Hans Feld und führte den Begriff »Autorenfilm« ein. Hausers Film sei »optisches Geistesprodukt eines Mannes, der zur Kamera greift, wenn die Schilderung mittels gedruckten Wortes ihm zu abgegriffen erscheint.«[109] Andere Beobachter sprachen schlicht von einem »Bildbericht«[110], manche wiederum von einem »Reportagefilm«[111] oder einer »Filmreportage«[112] – ein im deutschen Film der Weimarer Republik seltenes Genre. Hausers Filme hätten eine deutsche Dokumentarfilmschule begründen können.

Heinrich Hausers Beschäftigung mit Film ist – verglichen mit seinem literarischen Oeuvre – marginal; und doch zieht sie sich durch sein Werk durch. Zwei fertiggestellte Filme, eine Handvoll Filmkritiken, verstreute Bemerkungen hier und dort sowie Entwürfe und Ideenskizzen reichen nicht aus, um eine stimmige Haltung zum Filmemachen herauszuarbeiten. Offenbar fühlte er sich der Filmwelt fremd, an den Debatten in der Filmfachpresse beteiligte er sich nicht. Seine Filme entstanden als *learning by doing*, er erzeugte sie als halbprofessioneller Amateur, unbelastet von den gängelnden Konventionen des Kulturfilms; sie enthielten aber noch typische Aufnahmefehler des ungelernten Kameramanns. Es sind Reportagefilme, Frucht eines stets wachen Bilderjägers, ausgestattet mit einem neugierigen Auge, offen sowohl für abstrakte Strukturen als auch für menschliches Leid.

---

108 Vgl. Oleg Woinoff: Kino, das Auge. Sowjetrussische Filmtendenzen. In: Filmtechnik, Nr. 4 vom 19.04.1927, S. 60–62, hier: S. 60.

109 Hans Feld: WELTSTADT IN FLEGELJAHREN. In: Film-Kurier, Nr. 232 vom 03.10.1931.

110 K.W.: WELTSTADT IN FLEGELJAHREN. In: Berliner Börsen-Courier, Nr. 463 vom 04.10.1931.

111 …nicht sein kann, was nicht sein darf. In: Rote Fahne, Nr. 213 vom 22.11.1931.

112 Dr. H.: WELTSTADT IN FLEGELJAHREN. In: LichtBildBühne, Nr. 237 vom 03.10.1931.

Nach Kriegsende kam Hauser nur gelegentlich mit Film in Kontakt.[113] 1949 soll er an dem Industriefilm »Stahl überm Strom« der auf Stahlhoch- und Brückenbau spezialisierten Betriebe J. Gollnow & Sohn aus Karlsruhe mitgearbeitet haben.[114] In Vorbereitung waren Filme über Australien, Afrika und eine Meeres-Expedition. Das Drehbuch-Manuskript *Das Ewig-Weibliche. Eine total ins Unreine gesprochene Filmidee für Hans Albers* bedeutete einen Ausflug in den Spielfilm.

1953 erhielt Heinrich Hauser von Siemens den Auftrag zu einem Drehbuch für einen großen Dokumentarfilm über das Unternehmen; er verstarb 1955 über dieser Arbeit. Der 1959 gedrehte Siemens-Industriefilm IMPULS UNSERER ZEIT entstand dann nach einem neuen Buch von Frank Leberecht und Ferdinand Khittl.[115] Eine kleine Begleitpublikation zum Film erwähnt Hausers Mitarbeit an dem Projekt aber unter »Dokumentation«.[116]

Filmografie

WINDJAMMER UND JANMAATEN. DIE LETZTEN SEGELSCHIFFE (D 1930)

Produktion: Heinrich Hauser, Schriftsteller, Berlin W 10, Herkulesufer 13 / Regie, Kamera: Heinrich Hauser, mit Unterstützung der Kunstpflegekommission des Hamburger Senats
1. Zensur: 15. 10. 1930, Prüf-Nummer: B 27129, jugendfrei. Neuzulassung: 31. 10. 1933.
Format und Länge: 35 mm, s/w, stumm, 4 Akte, 1632 m (= 59′39″ bei 24 Bildern in der Sekunde)
Anerkennung als Lehrfilm: L 2674/30 unter dem Titel: WINDJAMMER UND JANMAATEN (DIE LETZTEN SEGLER)
Anerkennung als volksbildend: II/162, vom 24. 01. 1934, unter dem Titel: WINDJAMMER UND JANMAATE [sic!]
Uraufführung: 28. 08. 1930, Universität Hamburg
Berliner Erstaufführung: 13. 12. 1931, Berlin (Tauentzien-Palast, Matinee-Veranstaltung der Deutschen Gesellschaft für Ton und Bild (Degeto) und der Urania, unter dem Titel DIE LETZTEN SEGELSCHIFFE, mit Begleitvortrag von Kapitän Gottfried Speckmann)
Anmerkungen: Der Film hatte keine Zwischentitel und wurde von einem Vortrag begleitet. Er gehörte zu den Vortragsfilmen des Kapitäns Gottfried Speckmann vom Norddeutschen Lloyd. Der Film wurde ab März 1931 von der Naturfilm Hubert Schonger, Berlin, unter dem Titel DIE LETZTEN SEGELSCHIFFE in einer Fassung mit Zwischentiteln (35 mm,

---

113 Vgl. Graebner, »Dem Leben ...« (wie Anm. 3), S. 191–193, 444.
114 Ein Film dieses Titels ließ sich filmografisch nicht nachweisen.
115 Sauer: Einige Fakten zu dem Film Impuls unserer Zeit. Zweiseitiges Typoskript, dat. 01. 08. 1973. (Siemens-Archiv Benutzerakte 20654 d).
116 IMPULS UNSERER ZEIT. Ein Dokumentarfilm des Hauses Siemens. o. O., o. J., unpag. [München 1959, 12 Bl.] Vgl. Graebner, »Dem Leben ...« (wie Anm. 3), S. 188–189, 444.

1682 m = 61′29″ bei 24 Bildern pro Sekunde) vertrieben, ohne erneut der Zensur vorgelegt zu werden; zur gleichen Zeit verlieh Schonger zudem noch eine 16 mm-Fassung.
2. Zensur: 12.03.1938, Prüf-Nummer: B 47856, jugendfrei, volksbildend. Doppelprüfung: Die Zulassung Nr. B 27129 vom 15.10.1930 und die Neuzulassung vom 31.10.1933 tritt außer Kraft. Die Zulassungskarten zu Nr. B 27129 und der Neuzulassungsvermerk vom 31.10.1931 werden mit dem 26.03.1938 ungültig.
Format und Länge: 35 mm, s/w, stumm, 4 Akte, 1634 m (= 59′43″ bei 24 Bildern in der Sekunde).
Anmerkungen: Auch diese von Heinrich Hauser (jetzt wohnhaft in Auerbach, Hessen) zur Neuzensur eingereichte Fassung hatte keine Zwischentitel und wurde von einem Vortrag begleitet. Auf der Zulassungskarte heißt es »Zu dem Film wird ein Vortrag gehalten, dessen Manuskript genehmigt und mit dem Stempel der Film-Prüfstelle versehen ist.«

Schmalfilmfassung: Die letzten Segelschiffe (1934)

Produktion und Verleih: IG Farbenindustrie AG »Agfa«, Berlin / Verleih ab 1936: Gemeinnütziger Kulturfilm-Vertrieb GmbH, Berlin
Zensur: 23.02.1934, Prüf-Nummer: B 35783, jugendfrei
Format und Länge: 16 mm, s/w, stumm, 4 Akte, 535 m (= 48′51″ bei 24 Bildern pro Sekunde)
Anmerkung: Der Kinagfa-Verleihkatalog und der Verleihkatalog des Gemeinnütziger Kulturfilm-Vertriebs nennen dagegen 581 m (= 53′03″ bei 24 Bildern pro Sekunde).

Bearbeitete Fassung: Männer, Meer und Stürme. Ein Film von der Romantik und dem Leben an Bord eines Segelschiffes (D 1942)

Produktion und Verleih: Naturfilm Hubert Schonger, Berlin / Hergestellt in Zusammenarbeit mit dem Oberkommando der Kriegsmarine / Kamera: Heinrich Hauser / Schnitt und Bearbeitung: Werner Adomatis / Musik: Ernst Erich Buder / Ton: Heinz Opitz / Herstellungsleitung: Walter Nürnberg
Zensur: 22.02.1942, Prüf-Nummer: B 56587, jugendfrei, volksbildend
Format und Länge: 35 mm, s/w, Ton, 521 m (= 19′03″)
Anmerkung: Es handelt sich um eine gekürzte, neumontierte und zum Teil kommentierte Tonfassung. Der Kommentar hat größtenteils erklärende Funktion, stellt aber auch das Volkstümliche (Segelschiffe als »Hüter einer alten Tradition« und »Wahrer echten Seemannsgeistes«) und das Führerprinzip (die Mannschaft wird »zusammengefasst und geführt von der Willenskraft des Kapitäns«) heraus. Die wesentlichsten Umstellungen der Montage bestehen darin, dass jetzt zuerst die Arbeiten und dann erst die Freizeitgestaltung an Bord gezeigt wird; im Original war es umgekehrt. Der Sturm steht jetzt nicht mehr am Schluss des Films, sondern etwa in der Mitte. Er ist nicht mehr die eigentliche Bestimmung bzw. Bewährungsprobe des Schiffes, sondern ein Naturereignis, von dem von vornherein feststeht, dass es überwunden werden wird.

Nachkriegsfassungen: Männer, Meer und Stürme (BRD 1949)

Produktion: Naturfilm Hubert Schonger / Verleih: Jugendfilm-Verleih GmbH, Berlin
Format und Länge: 35 mm, s/w, Ton, 521 m (= 19'03")
Freiwillige Selbstkontrolle: 11.08.1949, Nr. 70, jugendfrei
Anmerkung: Identisch mit der Fassung von 1942.

Die letzten Segelschiffe (BRD 1957)

Produktion: Schongerfilm Hubert Schonger, Inning/Ammersee / Verleih: Ceres-Film-Verleih GmbH, Berlin
Format und Länge: 35 mm, s/w, Ton, 502 m (= 18'21")
Freiwillige Selbstkontrolle: 23.01.1958/16.07.1964, Nr. 16209, jugendfrei
Anmerkung: Bis auf einen Schnitt identisch mit der Fassung von 1942.

Weltstadt in Flegeljahren. Ein Bericht über Chicago (D 1931)

Produktion und Verleih: Naturfilm Hubert Schonger, Berlin / Regie, Kamera: Heinrich Hauser
Zensur: 14.09.1931, Prüf-Nummer: B 29864, jugendfrei
Format und Länge: 35 mm, s/w, stumm, 5 Akte, 1687 m (= 61'40" bei 24 Bildern pro Sekunde)
Nichtanerkennung als Lehrfilm: 15.09.1931
Pressevorstellung: Freitag, 02.10.1931, Berlin (Kamera)
Uraufführung: Sonntag, 04.10.1931, Berlin (Alhambra, Kurfürstendamm. Matinee der Degeto und der Urania)
Kino-Start: 09.10.1931, Berlin (Kamera, Unter den Linden)
Wiederaufführung: 19.03.1995, Berlin (Arsenal)
Anmerkung: Auf der Zulassungskarte und im Vorspann des Films heißt es nur »Aufgenommen von Heinrich Hauser«.

Lasse Wichert

Heinrich Hausers Kriegserlebnis(se). Zur politischen Epistemik einer Diskursfigur

Der Beitrag möchte einen Überblick über die Stellung des ›Kriegserlebnisses‹ in Hausers autobiographischen und politisch-essayistischen Texten geben. Im Zentrum stehen dabei die Texte *Kampf. Geschichte einer Jugend* (1934), *Time was. Death of a Junker* (1942) und *Zwischen zwei Welten* (2012; entstanden um 1943). Im Besonderen wird danach gefragt, wie sich die Diskursfigur des *Kriegs-* oder *Fronterlebnisses* in eine politische Weltwahrnehmung einfügt und in eine politische Argumentation überführt wird. Im Zentrum des Interesses steht dabei weniger ein biographischer Zugang zu Hausers Werk als vielmehr die Frage, wie der Verfasser an bestehende Konventionen des Schreibens über den Krieg anknüpft und diese in durchaus sehr unterschiedlichen Kontexten ausdeutet.

1.   Das ›Kriegserlebnis‹

Über Heinrich Hausers ›Kriegserlebnisse‹ zu sprechen, bedeutet zunächst einmal in Erinnerung zu rufen, was zeitgenössisch unter dem Begriff ›Kriegserlebnis‹ verstanden wurde; es bedeutet nachzuvollziehen, welche weltanschaulichen Deutungsmuster sich mit diesem Begriff und zugleich politischem Schlagwort verbanden und es bedeutet nicht zuletzt auch anzuerkennen, dass der Diskurs um das ›Kriegserlebnis‹ neue Voraussetzungen für die Bestimmung des Politischen in der Zwischenkriegszeit schuf.

Das ›Kriegserlebnis‹ ist schon zeitgenössisch als die Moderneerfahrung schlechthin oder sogar mehr noch als die *eine* Erfahrung beschrieben worden, in der alle mit der Moderne assoziierten Phänomene kumulieren. Als intellektueller Gewährsmann für diese spezifische Wahrnehmung wird immer wieder Walter Benjamin angeführt, der den Krieg als ein Phänomen beschreibt, das die Bewegungsgesetze der Moderne offenbart:

> »[D]ie Erfahrung ist im Kurse gefallen. Und es sieht aus, als fiele sie weiter ins Bodenlose. Jeder Blick in die Zeitung erweist, daß sie einen neuen Tiefstand erreicht hat,

daß nicht nur das Bild der äußern, sondern auch das Bild der sittlichen Welt über Nacht Veränderungen erlitten hat, die man niemals für möglich hielt. Mit dem Weltkrieg begann ein Vorgang offenkundig zu werden, der seither nicht zum Stillstand gekommen ist. Hatte man nicht bei Kriegsende bemerkt, daß die Leute verstummt aus dem Felde kamen? nicht reicher – ärmer an mitteilbarer Erfahrung. Was sich dann zehn Jahre später in der Flut der Kriegsbücher ergossen hatte, war alles andere als Erfahrung gewesen, die von Mund zu Mund geht. Und das war nicht merkwürdig. Denn nie sind Erfahrungen gründlicher Lügen gestraft worden als die strategischen durch den Stellungskrieg, die wirtschaftlichen durch die Inflation, die körperlichen durch die Materialschlacht, die sittlichen durch die Machthaber. Eine Generation, die noch mit der Pferdebahn zur Schule gefahren war, stand unter freiem Himmel in einer Landschaft, in der nichts unverändert geblieben war als die Wolken und unter ihnen, in einem Kraftfeld zerstörender Ströme und Explosionen, der winzige, gebrechliche Menschenkörper.«[1]

Gegenüber Benjamins Behauptung, dass das ›Kriegserlebnis‹ als solches nicht verbalisiert oder literarisiert wurde, ist durchaus Skepsis angebracht. Vieles scheint demgegenüber dafür zu sprechen – darauf hat Medardus Brehl hingewiesen –, dass die Rede von der »Unsagbarkeit des Erlebens« bereits selbst als literarischer Topos angesprochen werden muss, der auf die Unangemessenheit sprachlicher Konventionen in der Kommunikation zwischen Kriegsteilnehmern und Zivilisten verweist.[2] Auch Heinrich Hauser bemüht diesen Unsagbarkeitstopos direkt im ersten Kapitel seiner autobiographischen Schrift *Kampf*:

> »Es stellt sich heraus, daß die alten Kameraden, die auf Urlaub kommen, vom Krieg nichts zu erzählen wissen. Sie haben enge Lippen bekommen und unheimliche Augen, und stumm sind sie geworden wie die Fische. Wenn sie sich untereinander aussprechen, und wir hören heimlich zu, verstehen wir nichts von dem, was da geredet wird.« (KGe, S. 10)

Wichtiger als der hier sowohl von Hauser als auch von Benjamin bemühte Unsagbarkeitstopos, ist aber zunächst Benjamins Perzeption des Weltkrieges als Bruch – in erster Linie vermutlich als Bruch in der Wahrnehmung, als Überwältigung der Sinne, in zweiter, aber nicht unverbundener Linie als Bruch zwischen den Generationen, als Markierung zwischen einem Vorher und einem

---

1 Walter Benjamin: Der Erzähler. Betrachtungen zum Werk Nikolai Lesskows. In: Ders.: Erzählen. Schriften zur Theorie der Narration und der literarischen Prosa. Ausgewählt und mit einem Nachwort von Alexander Honold. Frankfurt/M. 2007 [1936], S. 103–128, hier: S. 103f. Das angeführte Zitat findet sich fast wortgleich erstmals in dem 1933 publizierten Aufsatz *Erfahrung und Armut*. Vgl. Walter Benjamin: Erfahrung und Armut. In: Ders.: Gesammelte Schriften. Bd. II, 1. Hg. von Rolf Tiedemann u. Hermann Schweppenhäuser. Frankfurt/M. 1977, S. 213–219, hier: S. 214.

2 Vgl. Medardus Brehl: »Das Wort stockt mir vor Grauen«. Krieg, Gewalt und Sprache im Werk August Stramms. In: Gewalt. Strukturen, Formen, Repräsentationen. Hg. von Mihran Dabag u. a. München 2000, S. 237–259.

Nachher. Für diese Wahrnehmung eines Generationenbruchs ließe sich eine Vielzahl weiterer Gewährsleute zitieren. Um nur einen weiteren zu nennen, sei hier auf Thomas Mann und dessen Vorwort zum 1924 erschienenen *Zauberberg* verwiesen. Dort heißt es über die Geschichte, die erzählt werden soll: »Sie spielt, oder, um jedes Präsens geflissentlich zu vermeiden, sie spielte und hat gespielt vormals, ehedem, in den alten Tagen, der Welt vor dem großen Kriege, mit dessen Beginn so vieles begann, was zu beginnen wohl kaum schon aufgehört hat.«[3] Auch Thomas Mann spricht den Ersten Weltkrieg hier als die entscheidende Zäsur an, anhand derer sich die Welt in ein Davor und ein Danach teilt und markiert ihn damit zugleich als Startpunkt der Moderne.

Unter einer groben Verallgemeinerung des Befundes, dass der Erste Weltkrieg in der allgemeinen Wahrnehmung als eine fundamentale Epochenzäsur wahrgenommen wurde, lässt sich zumindest auf einer sehr basalen Ebene feststellen, dass das ›Kriegserlebnis‹ als eine allgemeine Erfahrung galt, an die als allgemeingültig geltende Zeitdiagnosen angeschlossen wurden. Die Erfahrung des Krieges zu teilen, bedeutet in diesem Sinne schlicht, während der Zeit des Krieges gelebt und die mit ihm verbundenen Brüche erlebt zu haben.[4] Dabei kann zunächst unberücksichtigt bleiben, ob die Rede vom ›Kriegserlebnis‹ als ›Zäsur‹ eine vornehmlich literarische und darüber hinaus diskursive Konstruktion bezeichnet oder ob sich dieser Zäsurcharakter auch als in den unterschiedlichen soziopolitischen Milieus der Weimarer Republik durchgesetzt erkennen lässt.[5]

2.   Das ›Fronterlebnis‹

Anders als diese eher allgemeine Zuschreibung an das ›Kriegserlebnis‹ signifizierte eine andere diskursive Verwendung von Begriffen und Szenarien des ›Kriegserlebnisses‹ eine wesentlich spezifischere und vor allem politisch folgenreichere Bedeutungsebene. Angesprochen ist damit die Rede vom ›Fronterlebnis‹. Obwohl beide Begriffe manchmal auch synonym verwendet wurden, sind ihnen in der Regel doch distinkte Bedeutungsebenen eingeschrieben. Das ›Fronterlebnis‹ ist eine exklusive Angelegenheit der Soldaten und dabei auch nur

---

3 Thomas Mann: Der Zauberberg. Roman. In: Ders.: Gesammelte Werke in dreizehn Bänden. Bd. III. Frankfurt/M. 1990 [1924], S. 9 f.

4 Differenzierend dazu: Reinhart Koselleck: Der Einfluß der beiden Weltkriege auf das soziale Bewußtsein. In: Der Krieg des kleinen Mannes. Eine Militärgeschichte von unten. Hg. von Wolfram Wette. München u. Zürich 1995, S. 324–343.

5 Kritisch dazu: Benjamin Ziemann: Das »Fronterlebnis« des Ersten Weltkrieges – eine sozialhistorische Zäsur? Deutungen und Wirkungen in Deutschland und Frankreich. In: Der Erste Weltkrieg und die europäische Nachkriegsordnung. Sozialer Wandel und Formveränderung. Hg. von Hans Mommsen. Köln u. a. 2000, S. 43–82.

der Frontsoldaten. Es gilt etwa nicht für Etappensoldaten, die zwar auch aktiv im Krieg gedient hatten, aber eben nicht zur kämpfenden Truppe an der Front gehörten.

Von welch großer politischer Tragweite die mit dem Begriff des ›Fronterlebnisses‹ assoziierten Bedeutungen waren, mag anzeigen, dass der mitgliederstarke, politisch rechts stehende Veteranenverband ›Stahlhelm‹ im Namen den Zusatz ›Bund der Frontsoldaten‹ trug, um seinen Exklusivitätsanspruch auch symbolisch zu manifestieren. Eine sehr geläufige Invektive für nicht fronterfahrene Kriegsteilnehmer sowohl im Weltkrieg als auch in der Weltkriegsliteratur der Weimarer Republik lautete demgegenüber ›Etappenschwein‹. Diese starke Fixierung auf das ›Fronterlebnis‹ wird heute vor allem der Weimarer Rechten und den Nationalsozialisten zugerechnet. Einiges deutet aber daraufhin, dass dem ›Fronterlebnis‹ auch in anderen zeitgenössischen politischen Diskursen durchaus Relevanz zukam. Ein Indiz dafür könnte etwa sein, dass die meisten paramilitärischen Wehrverbände der Parteien der Weimarer Republik eigentlich Veteranenorganisationen waren. Mit unterschiedlichen Nuancierungen nahmen daher neben dem ›Stahlhelm‹ auch die anderen Wehrverbände den Rekurs auf das ›Fronterlebnis‹ für sich in Anspruch, so das republikanische ›Reichsbanner Schwarz-Rot-Gold‹, dessen Name durch den Hinweis ›Bund der republikanischen Kriegsteilnehmer‹ ergänzt wurde und der damit zugleich einen inklusiveren Anspruch formulierte als der kommunistische ›Rote Frontkämpferbund‹.[6] Die Verwendung des Begriffs des ›Fronterlebnisses‹ und der damit verbundenen Symboliken und Organisationsformen bedeutet jedoch keine Einheitlichkeit in der Interpretation desselben, vielmehr lässt sich konstatieren, dass die diversen soziopolitischen Milieus damit auch unterschiedliche Narrative verknüpften.[7] Durch die zumindest symbolische Integration des ›Fronterlebnisses‹ durch alle bedeutenden politischen Lager, wurde seine Bedeutung aber zugleich auch festgeschrieben und zudem sukzessive von seiner eigentlichen sozialen Referenzgruppe, den Soldaten mit Fronterfahrung, abgelöst. Es gewann so Signifikanz und Relevanz auch und gerade für diejenigen Kohorten, die aufgrund ihres Alters zu jung für die Teilnahme am Krieg waren.

Als repräsentativ für die Bedeutung des ›Fronterlebnisses‹ auch und gerade als eine spezifische Generationenerfahrung im politischen Diskurs der Weimarer Rechten kann auf die Romane des Gründers und ersten Bundesführers des

---

6 Diese direkte Bezugnahme auf das ›Fronterlebnis‹ als wesentliches Vergemeinschaftungsmerkmal bedeutet zumindest seine symbolische Integration in ein linkes programmatisches Identifikationsangebot. Vgl. Klaus-Michael Mallmann: Kommunisten in der Weimarer Republik. Sozialgeschichte einer revolutionären Bewegung. Mit einem Vorwort von Wilfried Loth. Darmstadt 1996, S. 193–199.

7 Für das Reichsbanner: Benjamin Ziemann: Veteranen der Republik. Kriegserinnerung und demokratische Politik 1918–1933. Aus dem Englischen von Christine Brocks. Bonn 2014.

›Stahlhelms‹ verwiesen werden. Franz Seldte verfasste 1929 und 1930 mit *M.G.K.* (Maschinengewehrkompanie) und *Dauerfeuer* gleich zwei Kriegsromane, die er 1933 in einer Volksausgabe zusammenfasste und mit dem schlichten und dennoch vielsagenden Titel *Fronterlebnis* versah.[8] Dieser Volksausgabe ist an Stelle eines Vorwortes der Brief eines Vaters an seinen Sohn beigegeben. Darin erläutert der fronterfahrene Vater, von dem man annehmen kann, dass es sich mindestens um das *alter ego* Franz Seldtes handelt, dem Sohn seine große Sorge:

> »Wird nicht eine große Lücke des Nichtverstehens zwischen unseren Generationen klaffen, ein tiefes Tal, ohne dessen Überbrücken es einen gesunden Fortgang deutscher Geschichte nicht geben kann? Ich will mit versuchen zu helfen, diese Brücke zu schlagen. Wenn ihr wißt, was wir im Kriege erlebten und wie uns dieses Erleben traf und formte, dann werdet Ihr uns später doch verstehen.«[9]

Der Schlüssel für das Verstehen der Generationen untereinander liegt in dem Verständnis der nachfolgenden Generation für das ›Fronterlebnis‹ der Väter, aber mehr als das, ohne dieses Verständnis ist eine Kontinuierung deutscher Geschichte nicht möglich, ist der Bruch des Ersten Weltkrieges zugleich auch ein Abbruch deutscher Geschichtsmächtigkeit.

Zusammenfassend lässt sich die Stellung des ›Fronterlebnisses‹ in den rechten Diskursen der Weimarer Republik vielleicht dahingehend bestimmen, dass es »als Erfahrungsvorsprung verstanden und zum politischen Führungsanspruch hypostasiert wurde«[10]. Das ›Fronterlebnis‹ stellt sich so einerseits als Verlängerung der ›Ideen von 1914‹ dar, gleichzeitig aber auch als deren Exklusivierung. Träger des ›Fronterlebnisses‹ galten somit als privilegiert in der Übernahme politischer Verantwortung. Inhaltlich bestimmbarer Kern des ›Fronterlebnisses‹ war die vermeintliche Erfahrung einer klassenlosen Volksgemeinschaft im Schützengraben, die es nun gelte, als Modell einer staatlichen und gesellschaftlichen Ordnung Deutschlands zu etablieren. Dieses Phänomen wurde innerhalb der Rechten unter den Begriffen ›Schützengrabengemeinschaft‹, ›Schützengrabensozialismus‹ oder ›Frontsozialismus‹ verhandelt und galt gemeinhin als der bessere, originär deutsche, weil idealistische Sozialismus – im Gegensatz zum materialistischen Sozialismus marxistischer Provenienz.

Die angesprochene Gedanken- und Argumentationsfigur einer politischen Privilegierung der Fronterfahrenen war auf Seiten der politischen Rechten be-

---

8 Vgl. Franz Seldte: Fronterlebnis. Volksausgabe der beiden Bücher »M.G.K.« und »Dauerfeuer«. Leipzig o. J. [1933].

9 Ebd., S. 7f.

10 Lasse Wichert: Von kommenden Kriegen. Deutsche Zukunftskriegsromane der Zwischenkriegszeit. In: Poetisch-Politische Imaginationen. Zukunftsromane der Zwischenkriegszeit. Hg. von Kristin Platt u. Monika Schmitz-Emans. Berlin 2022, S. 125–166, hier: S. 141. Vgl. auch: Ders.: Personale Mythen des Nationalsozialismus. Die Gestaltung des Einzelnen in literarischen Entwürfen. Paderborn 2018, S. 455.

sonders stark ausgeprägt und lautstark vertreten, ihr Alleinstellungsmerkmal war sie aber zumindest insofern nicht, als durch die symbolische Integration des Frontsoldaten und seiner Erlebnisse in die politische Kultur und Organisation von Sozialdemokraten und Kommunisten einem militärischen Prärogativ Vorschub geleistet wurde.

Heinrich Hauser, so viel ist klar, konnte als 1901 Geborener auf kein authentisches ›Fronterlebnis‹ verweisen. Zwar wird er im Laufe des Jahres 1918 als Seekadett in die Marineschule in Flensburg aufgenommen, kann also als Soldat in Ausbildung angesprochen werden. Von einem »Kontakt mit der Realität des Krieges«[11], wie ihn Grith Graebner unter Verweis auf Hausers eigene autobiographische Schriften unterstellt, kann aber zumindest dann nicht die Rede sein, wenn damit ein originäres Kampfgeschehen angesprochen sein soll. Demgegenüber wird Hauser Zeuge der Meuterei und Revolution in Kiel und schließt sich 1918 oder 1919 dem »Freikorps Maercker« an,[12] das sich an der Niederschlagung diverser Unruhen und Aufstände beteiligte.

3.   *Kampf. Geschichte einer Jugend*

Hausers autobiographische Schrift *Kampf*, die er 1934 publiziert, verweist augenscheinlich schon im Titel auf die seinerzeit vermutlich bekannteste zeitgenössische politische Autobiographie, nämlich auf Adolf Hitlers *Mein Kampf*, dessen zwei Bände 1925 und 1926 erschienen.[13] Der Untertitel *Geschichte einer Jugend* zeigt an, dass hier ein weitergehender Anspruch formuliert wird, als bloß die Jugend des zum Zeitpunkt der Publikation 32jährigen nachzuerzählen. Hauser hätte sein Buch ja auch schlicht ›Geschichte *meiner* Jugend‹ nennen können, er aber beansprucht Generelles, zumindest aber Exemplarisches zu sagen. Dem Verfasser kann unterstellt werden, mit seiner Schrift mindestens zwei

---

11 Grith Graebner: »Dem Leben unter die Haut kriechen …«. Heinrich Hauser. Leben und Werk. Eine kritisch-biographische Werk-Bibliographie. [Diss.] Aachen 2001, S. 40. Hauser selbst berichtet an der Stelle in *Time Was*, auf die Graebner verweist, von einer Rekrutierungsszene, in der offensichtlich kriegsuntaugliche Männer gemustert werden. Diesen traurigen Anblick kommentiert er mit ironischem Unterton als »my first contact with the reality of war« (TiW, S. 41).

12 Vgl. Graebner, »Dem Leben …« (wie Anm. 11), S. 41.

13 Adolf Hitler: Mein Kampf. Eine Abrechnung. München 1925; ders.: Mein Kampf. Die nationalsozialistische Bewegung. München 1926. Ich danke Wolfgang Bühling für den Hinweis, dass ›Kampf‹ ein häufig von Hauser verwendeter Begriff ist und das auch und gerade in völlig unpolitischen Schriften. Zur Abschwächung des Arguments, dass Hauser hier auf Hitlers autobiographische Kampfschrift rekurriert, taugt der Hinweis dennoch nicht, eben weil Hitlers Schrift zum Publikationszeitpunkt von *Kampf* eine enorme Reichweite besaß und man daher keine politische Autobiographie mit diesem Titel schreiben konnte, ohne eben genau diese Assoziation zu wecken.

Absichten zu verfolgen: zum einen will er sich mit dieser Autobiographie in den Nationalsozialismus einschreiben. Dafür spricht nicht nur der Titel, sondern auch Publikationsort und -zeitpunkt. Der Diederichs Verlag, in dem *Kampf* erschien, galt schon in den 1920er Jahren als konservativ, schwamm aber ab 1933 in nationalsozialistischen Fahrwassern. Wobei hier sicherlich einschränkend angemerkt werden muss, dass es nicht der harte Kern der NS-Autoren war, die hier publizierten – beziehungsweise, wenn sie dort publizierten, dann eher für das Referenzsystem der NS-Literatur unbedeutende Texte.[14] Dafür, dass es Hauser mit seiner *Kampf*-Schrift aber um eine deutliche Annäherung an die neuen Machthaber ging, spricht zudem auch der Umstand, dass er schon seinem ein Jahr zuvor im ›jüdischen‹ S. Fischer Verlag erschienenen, beinahe unpolitischen Buch *Ein Mann lernt fliegen* die Widmung voranstellte: »Herrmann Göring, dem ersten deutschen Luftfahrtminister, Sieg Heil! Heinrich Hauser« (Mlf, o. S.).[15]

Zum anderen kann Hauser die mit der ersten nicht unverbundene Absicht unterstellt werden, das intrikate Vorhaben zu verfolgen, den Nationalsozialismus auf seine eigene, teils sehr persönliche Art zu interpretieren oder, mehr als das, ihm eine eigene Sinndeutung zu unterlegen. Intrikat ist dieses Vorhaben insofern, als der Nationalsozialismus zwar als eine weltanschauliche Sammlungsbewegung beschrieben werden kann, die durchaus disparate Ideologien und Ideologeme und disparate soziale Gruppen integrierte, ihn allerdings gleichzeitig mindestens so etwas wie ein ideologischer Grundkonsens kennzeichnete, der Antikommunismus, Antiliberalismus, Antisemitismus, völkischen Rassismus und ein autoritäres Führer-Gefolgschaftsdenken umfasste. Heinrich Hauser war demgegenüber aber vorher weder als ausgesprochener Antisemit noch als besonders autoritätsgläubig aufgefallen.[16] Der ideologische Gehalt von politischen

---

14 Vgl. Walter Delabar: Zur Besinnung gekommen. Heinrich Hauser als Autor des Eugen Diederichs Verlags. Eine Fallstudie über einen Verlagswechsel samt Varianten. In: Ders.: Moderne-Studien. Beiträge zur literarischen Verarbeitung gesellschaftlicher Modernisierungen im frühen 20. Jahrhundert. Berlin 2005, S. 151–168, insbesondere S. 153 f.

15 Das Buch enthält sich jenseits der Widmung im Haupttext beinahe jeglichen politischen Kommentars. Auch dass Hauser den Gesang von »S.A.-Leuten« im Rahmen eines Feldgottesdienstes anlässlich eines SA-Flugtages auf dem Flugplatz, auf dem er fliegen lernt, schön findet, scheint nicht wirklich politisch motiviert zu sein (vgl. Mlf, S. 71–74). Politisch wird es dann aber noch einmal im Nachwort, in dem der Verfasser den »neue[n] Kurs der deutschen Sportfliegerei« deutlich begrüßt. Damit angesprochen sind die Gleichschaltung der Sportfliegerei und seine Zusammenfassung im »Deutschen Luftsport-Verband«, die zugleich die Paramilitarisierung der Sportfliegerei zur Vorbereitung einer deutschen Luftwaffe bedeutete. Hauser lobt hier vor allem die damit verbundene »Wandlung in der *Gesinnung* des deutschen Flugsports«, die künftig nicht mehr die Leistung einzelner, sondern die der Gemeinschaft honorieren werde. Er schließt das Nachwort mit einem Lob der großen Leistungen, die Hermann Göring als Luftfahrtminister bereits vollbracht habe (vgl. ebd., S. 173–176). Siehe auch: Delabar, Zur Besinnung gekommen (wie Anm. 14), S. 163 f.

16 Deutliche Anknüpfungspunkte an einen völkisch grundierten Rassismus finden sich hingegen mindestens in Hausers zuerst 1938 erschienenem Australien-Buch (AuK).

Werken war aber nach der Etablierung der Nationalsozialisten als Regierungspartei Gegenstand eines staatlichen und parteiamtlichen Kontrollwesens,[17] ein Konflikt mit diesem bei einer allzu freihändigen Interpretation seiner ideologischen Grundlagen wahrscheinlich. Die Unterstellungen, dass Hauser sich an den Nationalsozialismus publizistisch annähern wollte und dabei zugleich einen eigenen, distinkten Standpunkt vertreten wollte, decken sich mit einigen Selbstaussagen, die er in dem Briefwechsel mit seinem Verleger tätigt, den er seinem Text an Stelle eines Vorworts voranstellt, nämlich mit dem Bekenntnis:

> »Es geht mir sonderbar: Ich marschiere mit der Nation, ich bin Teil von ihr, ich habe die gleiche Richtung. Aber ich kann nicht in der Kolonne marschieren, habe in der Kolonne schon früher immer falschen Tritt gehabt. Diese Blätter sind der Versuch eines unpolitischen Menschen, sich in einen politischen Menschen zu verwandeln! Er ist vollständig mißglückt.« (KGe, S. 3)

Will sich Hauser zu diesem Zeitpunkt, Oktober 1933, noch am liebsten »vom Blitz erschlagen lassen« (ebd.), kann er in dem zweiten, auf den Mai 1934 datierten Brief an seinen Verleger kundtun:

> »Jetzt habe ich also aus zwanzig Jahren das niedergelegt, was mir als Erleben entscheidend erschienen ist: gültig für mich und im weiteren Sinne für meine Generation. Als Volk haben wir nur ein Schicksal, aber jeder von uns erlebt es auf seine eigene Weise. Nun ist gegen meinen ursprünglichen Wunsch und Plan etwas höchst Persönliches, ein ›Ich‹-Buch entstanden. Ich hoffe nur, klar gemacht zu haben, daß dies Ich sich nicht als ego fühlt, sondern als Zelle am großen Körper der Nation.« (Ebd., S. 4)

Hausers starke Betonung eines eigenen Standpunktes und dementsprechend einer eigenen Perspektive bei gleichzeitiger Verwendung der Volkskörpermetaphorik kann im vorliegenden Kontext nicht anders verstanden werden, als der Versuch einer Selbsteingliederung in die NS-Volksgemeinschaft unter Wahrung einer weltanschaulichen Agenda, die zugleich Schnittmengen wie Differenzen zur nationalsozialistischen Ideologie aufweist. Dabei weist er seine eigene Position als besonders authentisch aus, indem er sich zugleich von der Konjunkturschriftstellerei abgrenzt. Ihm gehe es, anders als den »›Kriegsgewinnlern‹ der nationalen Erhebung«, um eine »Verpflichtung« (ebd., S. 3), die er spüre, nämlich der Welt die Entwicklung in Deutschland innerhalb der letzten zehn Jahre mitzuteilen. Dass schon dieser Anspruch auf besondere Glaubhaftigkeit dabei etwas kühn formuliert ist, offenbart sich auch darin, dass Hauser diese Verpflichtung zu fühlen meint »ganz ähnlich wie beim Kriegsausbruch 1914« (ebd.), zu einem Zeitpunkt also, an dem er selbst 13 Jahre alt war.

---

17 Vgl. Jan-Pieter Barbian: Literaturpolitik im NS-Staat. Von der »Gleichschaltung« bis zum Ruin. Frankfurt/M. 2010.

Die Art von politischem Bekenntnisschrifttum, wie Hauser sie mit *Kampf* vorlegt, besaß in der Zeit um die Machtübernahme der Nationalsozialisten nun nicht eben Seltenheitswert. Daher wurde in der Vergangenheit immer wieder die Frage nach Motiven und Motivationen von Autorinnen und Autoren aufgeworfen, sich derart publizistisch einzureihen, besonders dann, wenn auch die dem Bekenntnis folgenden Lebenswege Fragen zur politischen Identifikation nahelegen. Auch über die Gründe, die Hauser veranlasst haben mögen, dieses Buch zu schreiben, lässt sich daher spekulieren, wobei man sicher konstatieren kann, dass es sich insgesamt um ein Motivbündel handeln muss: Eine schwer zu bestimmende Mischung aus politischem und wirtschaftlichem Opportunismus und einer weltanschaulichen Haltung, deren Wertehorizont Überschneidungen mit nationalsozialistischen Ideologemen aufweist. Eine Annäherung an stark konservative und nationalistische Positionen lässt sich bei Hauser schließlich auch in dem sich ab 1932 sukzessive vollziehenden Wechsel vom S. Fischer Verlag und dessen Hauszeitschrift *Die neue Rundschau* sowie der liberalen *Frankfurter Zeitung* hin zum Eugen Diederichs Verlag und dessen Zeitschrift *Die Tat* erkennen,[18] die man im Umfeld der später sogenannten »Konservativen Revolution« verorten kann.[19] Dass es sich dabei nicht um einen harten Einschnitt, sondern vielmehr um eine schrittweise Ablösung handelt, spiegelt sich auch insgesamt in der weltanschaulichen Volatilität von Hausers Texten, die aber zugleich auch nicht überbetont werden sollte. Unter Hinzuziehung derjenigen politisch-essayistischen Texte, die Hauser im amerikanischen Exil verfasste, kann man durchaus so etwas wie eine ideologische Grundkonstante bestimmen, die ihn auszeichnete und die sich als rechtskonservativ, moderne- und demokratieskeptisch und tendenziell antiliberal charakterisieren lässt. Etwa lässt sich der starke Bezug auf Preußen und das Preußentum ebenso wie der auf die soziopolitische Figur des Junkers in Hausers Texten von *Wetter im Osten* (Diederichs, 1932) über *Kampf* bis zu *Time Was*, das ja auch im Untertitel *Death of a Junker* heißt, und *The German talks back* nachvollziehen. Sicherlich ist es auch kein Zufall, dass Hauser 1947 als Übersetzer von Max Picards kulturkritischer Analyse des Dritten Reiches *Hitler ins uns selbst* in Erscheinung trat.[20]

---

18 Vgl. Delabar, Zur Besinnung gekommen (wie Anm. 14), S. 161f.

19 Vgl. Armin Mohler: Die konservative Revolution in Deutschland 1918–1932. Ein Handbuch. 2. völlig neu bearbeitete und erweiterte Fassung. Darmstadt 1972, S. 434–436. Der Begriff der ›Konservativen Revolution‹ für dasjenige ideologische Milieu, das rechtsextreme, jedoch zugleich teilweise distinkt unterschiedene und mitunter gar oppositionelle Positionen zum Nationalsozialismus vertrat, ist als Eigenbegriff und zugleich Kanonisierungsversuch der Neuen Rechten zu Recht umstritten. Vgl. auch: Stefan Breuer: Anatomie der konservativen Revolution. Darmstadt 1993; Volker Weiß: Die autoritäre Revolte. Die Neue Rechte und der Untergang des Abendlandes. Stuttgart 2017, S. 39–63.

20 Max Picard: Hitler in uns selbst. Erlenbach-Zürich 1946; ders.: Hitler in Our Selves. Introduction by Robert S. Hartmann. Translated by Heinrich Hauser. Hindsdale 1947.

Man kann darüber hinaus annehmen, dass die Positionsbestimmung nach der Machtübernahme der Nationalsozialisten auch schlicht ein willkommener Schreibanlass für Hauser war. Mit Blick auf Hausers Gesamtwerk muss man in diesem Zusammenhang vielleicht auch konzedieren, dass Hauser als Konjunkturritter der Schreibanlässe gelten kann. Schreiben war für ihn immer auch Broterwerb. Es ist aber nicht allein ein zeitgenössischer Opportunismus, dem er hier folgte, sondern er fügte sich vielmehr auch in eine seinerzeit populäre literarische Mode, die ihm ganz offensichtlich persönlich sehr lag, nämlich der Verquickung von autobiographischer Erzählung und politischem Essay (oder Traktat).

Der Entwicklung einer zugleich biographischen wie politischen Argumentation durch Heinrich Hauser, die an rechtes politisches Wissen anschließt und dazu zugleich zentrale Argumentationstopoi und Narrative rechter Diskurse fortschreibt, stand aber die Zentralität des ›Fronterlebnisses‹ im weltanschaulichen Diskurs der Weimarer Rechten entgegen, über das Hauser eben nicht verfügte. Er konnte daher auch den Transfer politischer Anschauungsformen von der Front in die Heimat nicht glaubhaft vertreten, konnte das eigene Erleben nicht als authentische Quelle seiner politischen Überzeugung ausweisen. Dies scheint Hauser zumindest abstrakt bewusst gewesen zu sein, sicherlich aber hat er es instinktsicher geahnt. In *Kampf* erprobt er daher zwei Schreibstrategien als Kompensationsformen für diesen Malus, die man als *Substitution* und *Aneignung* umschreiben kann.

4.   Zur Schreibstrategie der *Substitution*

Die Kompensationsform der Substitution findet sich schon sehr früh im Buch in den Kapiteln ›Auf der Jagd‹ (vgl. KGe, S. 11–20) und ›Hilfsdienst‹ (vgl. ebd., S. 21–27), die einen harten und entbehrungsreichen Alltag vorstellen, in dem sich der Protagonist als Repräsentant seiner Generation kämpfend vor und in der Welt beweisen muss. Dies gilt in noch stärkerem Maße für das Kapitel ›Non scholae sed vitae discimus‹ (vgl. ebd., S. 28–33), das ob seiner inhaltlichen Harmlosigkeit auf sprachliche Aufrüstung setzt. Das Verhältnis zwischen Lehrern und Schülern sei »Urfehde« gewesen, zwar habe es hin und wieder einen »Waffenstillstand« gegeben aber niemals »Frieden« (ebd., S. 28). Hauser versteigt sich schon hier zu dem Versuch, die pennälerhaften Anekdoten aus seiner Gymnasiastenzeit mit derselben Aura zu versehen, die mit dem ›Fronterlebnis‹ assoziiert waren:

> »Wir haben es *erlebt* mit einer Stärke, der nichts gleich gekommen ist, was uns später im Leben die Wirklichkeit geboten hat. Und wenn es in der jungen Horde, die mit dem Leben der Erwachsenen nichts, aber auch gar nichts zu tun hat, nicht echten Mord und

echten Totschlag gibt, so ist das nur ein Beweis dafür, daß der Mensch ein ziemlich zähes Leben hat und daß die Technik des Tötens gelernt sein will; am guten Willen hat es nicht gefehlt.« (Ebd., S. 29)

Das ist gewissermaßen Existenzialismus auf Schulhofniveau; von ähnlich harmloser Qualität wie diese Anekdoten sind die ›Kriege‹, die Hauser in seiner Zeit als Seekadett führt und die sich als Wasserschlachten zwischen verschiedenen Rekrutengruppen darstellen (vgl. ebd., S. 41 f.).

Deutlich mehr Potential zur Ausgestaltung eines ›Fronterlebnis‹-Analogons haben selbstredend diejenigen Episoden aus der Zeit, die Hauser in den Reihen des Freikorps »Maercker« verbrachte. Aber auch hier begegnet er zwar dem »schöne[n], wilde[n], narbendurchfurchte[n] Gesicht des Krieges« (vgl. KGe, S. 62), allerdings nur in Gestalt der Visage seines Kompanieführers, nicht aber dem eines realen Krieges, denn dazu sind die Episoden aus der Aufstandsbekämpfung nur sehr bedingt geeignet. Zwar gibt es hier Tote und Verletzte, etwa den im gleichnamigen Kapitel beschriebenen ›Mann ohne Gesicht‹ (vgl. ebd., S. 88–91), den wohl eine MG-Salve entstellt hat. Aber eingebettet ist dieses Erlebnis in eine Episode, in der das Freikorps eine unbewaffnete Menge niederschießt. Insgesamt kann Hausers Erleben im »Bürgerkrieg«, wie er die Auseinandersetzungen zwischen Freikorps und Revolutionären nennt und die im Buch immerhin rund 40 Seiten umfassen (vgl. ebd., S. 58–98), mit den Worten charakterisiert werden, die er selbst zur Beschreibung seines Einsatzes im Rahmen der Niederschlagung des Braunschweiger Generalstreiks vom April 1919 gewählt hat:

»Jeden Augenblick erwarten wir Schrapnellwölkchen zu sehen, das Sausen der Granaten zu hören. Jeden Augenblick erwarten wir einen Feuerüberfall. [...] Wo steht der Feind? Wo sind die Schützengräben, die Artilleriestellungen, die Flugzeuge, die Telephonleitungen zum roten Generalstab, der in bombensicheren Kellern sitzt? Nichts. Kein Feind zu sehen.« (Ebd., S. 93)

Noch stärker als an in den bisher beschriebenen Episoden versucht sich Hauser in den Berichten über seine Erlebnisse im Ruhrgebiet an der Strategie der Substitution. Das Ruhrgebiet in Gänze gerät ihm hier zum Schlachtfeld und das hat nicht zuletzt auch damit zu tun, dass ihm das Ruhrgebiet – und das sicherlich nicht zu Unrecht – als Schoß der modernen Kriegstechnik gilt. Der Anblick der Essener Krupp-Werke macht das sehr deutlich: »›Krupp.‹ Es ist ein Name, bei dem ich erschauern möchte: Krupp! Das größte, das mächtigste Werk, Krupp, Inbegriff aller Kriegsmaschinerie. Krupp, in dem Namen liegt der Donner der Geschütze, das Sausen und Bersten der Granaten, die Gewalt der Panzerschiffe...« (KGe, S. 100) Kriegsgerät und Ruhrgebiet geraten so in ein Verhältnis reziproker Beglaubigung. Was für das Produkt gilt, gilt gewissermaßen auch für seine Produktionsstätte. Das führt, wenig überraschend, zu einer Inflation der

Kriegsmetaphorik. Die Arbeit am Hochofen ist dabei der Ort an dem »[j]ede Schicht […] ein Kampf« (ebd., S. 108) ist:

> »Wenn der Abstich losgeht, läutet eine Glocke: Die Winderhitzer hören auf, zu blasen. Das ist, wie wenn die Artillerie das Feuer einstellt, wenn die eigene Infanterie zum Sturm vorgeht.« (Ebd., S. 110)

> »Am Stichloch, seitwärts eingeschwenkt, hängt die Kanone. Jawohl, wir haben ein Geschütz. Es ist unsere beste Angriffswaffe. Es schießt mit Lehm. Tatsache. Wir schwenken die Kanone vor die Stichlochöffnung. Die Mündung senkt sich auf das weiß glühende Maul. Ischnewsky zieht den Abzugshebel: Preßluft faucht: Eine dicke Säule nassen Lehms dringt gewaltsam ein, verstopft die Ofenschnauze. Wir andern machen mit der Hand neue Geschützmunition: die Tonkugeln. Der Kolben im Geschützrohr zischt zurück. Zehn, fünfzehn Lehmgeschosse schmeißen wir in das Verschlußstück, daß es klatscht: Fauchen, Zischen – aus ist es: dicht ist der Ofen.« (Ebd., S. 112f.)

Die Arbeit, die Hauser und seine Kollegen jeden Tag verrichten, so viel sollte deutlich geworden sein, ist Fronteinsatz, genauer ein Sturmangriff. Der Fluchtpunkt der Erzählung ist, die Arbeitsgemeinschaft der Stahlarbeiter der Frontgemeinschaft der Soldaten gleichzustellen:

> »Es geht mir sonderbar als Schmelzer. Unser Kampf ist so hart, wir müssen dabei so zusammenstehen, daß eine Gemeinschaft entsteht zwischen mir und diesen Menschen, zu denen ich sonst gar keine Beziehung habe, die ich wohl sonst gar nicht als Menschen betrachtet haben würde, sondern wie Tiere im Zoo. Gewinne eine gewisse Zuneigung zu unserer zerbeulten Kaffeekanne, zu dem Blecheimer, an dem wir uns gemeinsam waschen. Ich entdecke, die Seele dieser Menschen unter ihrem harten, rohen Fell. Ja, ich fange an zu verstehen, daß der Mensch nach seinen Lebensbedingungen sich formen muß. Bei dieser Höllenarbeit kann nichts Zartes und nichts Schönes bestehen. Hier muß die Seele sich mit harten Krusten panzern, hier muß sie sich verbergen, wenn sie sich überhaupt erhalten will. Hier muß Haß wachsen gegen die Maschine, gegen Arbeit, gegen ein Dasein, das das Menschliche im Menschen zerquetscht, zerstört. Jetzt verstehe ich woher der Bolschewismus kommt.« (KGe, S. 114f.)

Die Arbeit am Hochofen erzeugt hier eine vollkommen analoge soziale Ordnung wie sie vermeintlich im Schützengraben entstanden ist, die Bedrohung durch den Feind ebnet die zuvor ostentativ herausgestrichenen Standes- und Klassenunterschiede ein. Es muss hier noch einmal darauf hingewiesen werden, dass Hauser sich in *Kampf* in der Tradition eines preußischen Junkers stilisiert.[21] Die Autorität, die am Hochofen vorherrscht, begründet sich nicht in der sozialen Herkunft, sondern sie wird als meritokratisch begründet ausgewiesen. Es entstehen soziale Beziehungen, wo vorher keine Verständigung möglich war. Aber

---

21 Das gilt selbstredend noch deutlicher für *Time was* (1942), auf das weiter hinten ausführlicher eingegangen wird. Tatsächlich war Hauser kein Junker oder Nachfahre eines Junkers im klassischen Sinne, aber sein Vater besaß ein Gut in der Niederlausitz, seine Mutter Magarete von Scheel stammte aus baltischem Adel. Für diesen Hinweis danke ich Wolfgang Bühling.

der Hochofen ist kein Schützengraben und dass in seiner Belegschaft eine ähnliche soziale Durchmischung stattgefunden habe, wie es für die Schützengräben behauptet wurde, kann auch Hauser nicht ernsthaft vertreten. Insofern ist es hier mit der Generalisierbarkeit seiner Erfahrung als Blaupause für gesellschaftliche Veränderung etwas schwierig. Aber das ist sicherlich nicht der einzige und vermutlich auch nicht der entscheidende Grund, warum diese Episode nicht als ›Fronterlebnis‹-Analogon taugt. Das Problem ist gewissermaßen, dass Hauser nicht bei der Akzeptanz seiner als Kriegskameraden apostrophierten Arbeitskollegen stehen bleibt, sondern tatsächlich so etwas wie Empathie zeigt und beginnt, die Gründe für ihr Wesen zu hinterfragen. Und seine Analyse, dass »der Mensch nach seinen Lebensbedingungen sich formen muß« (KGe, S. 114), ist selbstredend zugleich die wesentliche Erkenntnis des dialektischen Materialismus, wonach »[e]s ist nicht das Bewusstsein der Menschen [ist], das ihr Sein, sondern umgekehrt ihr gesellschaftliches Sein, das ihr Bewusstsein bestimmt.«[22] Hauser belässt es nicht bei dieser Analyse der Klassenlage, er kann auch die durch die Verhältnisse geschaffene Technikfeindlichkeit und den Hass auf eben diese Verhältnisse nachvollziehen und zwar so sehr, dass er sich fragt, ob er »nicht überhaupt schon selber Bolschewik« (ebd., S. 115) sei. Jedenfalls beschreibt er ein Gefühl gegenüber den höheren Angestellten des Betriebes, dass man nicht viel anders als mit Klassenhass umschreiben kann. Als Lösung empfiehlt er, dass die »Tintenkulis« auch einmal die harte Handarbeit im Betrieb verrichten müssten, sie »müßten in die Werksgemeinschaft eingeschmolzen werden, wie der Schrott im Ofen junges, frisches Eisen wird.« (Ebd.) Das ist freilich keine marxistische Perspektive mehr, die befreite Gesellschaft wird nicht dadurch erreicht, dass die Bourgeoisie sich durch Arbeit läutert. Es ist tatsächlich vielmehr eine autoritär korporatistische Vorstellung, innerhalb derer die Konflikte zwischen Kapital und Arbeit durch einen staatlich verordneten Klassenkompromiss befriedet werden, wie sie typisch für faschistische Systeme ist. Es drängt sich an dieser Stelle auch die Frage auf, ob Hauser hier nicht durch Ernst Jüngers 1932 erschienenen Essay und faschistischen Gesellschaftsentwurf *Der Arbeiter* inspiriert wurde, denn auch bei Jünger setzt die Gestalt des Arbeiters gewissermaßen die des Soldaten fort.[23] Aber auch dieser Gedanke überzeugt nicht vollständig, denn Hauser entwirft ja insgesamt und nicht nur in dieser Publikation, ein durchaus auch sehr kritisches Bild des Arbeiters und der modernen Arbeitswelt. Es scheint eher so, als habe Hauser hier eine diskursiv virulente Gedankenfigur aufgegriffen, um sie seinen eigenen Zwecken dienlich zu machen.

---

22 Karl Marx: Zur Kritik der politischen Ökonomie (Vorwort). In: Ders. u. Friedrich Engels: Ausgewählte Schriften. Bd. I. Berlin 1977, S. 334–348, hier: S. 336.

23 Vgl. Ernst Jünger: Der Arbeiter. Herrschaft und Gestalt. In: Ders.: Sämtliche Werke. Bd. 10: Essays II. Stuttgart 2015, S. 9–317.

Es lassen sich noch eine ganze Reihe weiterer Belegstellen in *Kampf* finden, an denen Hauser bemüht ist, ein dem ›Fronterlebnis‹ analoges Erleben zu etablieren, aber die hier angeführte Kompilation kann exemplarische Geltung beanspruchen. Wie sehr das Soldatische Maßstab allen Handelns, vor allem aber der eigenen Identität ist, mag vorerst abschließend eine Stelle aus dem Kapitel ›Ja, auf der See, da ist nichts los‹ belegen, in dem Hauser von seiner Zeit als Matrose berichtet: »Das Schlimme ist, daß das Zusammenleben mit den Kameraden mir so schwer fällt, daß ich so gar nicht zu ihnen passen will. Das Wort ›Kamerad‹, an das ich als Soldat gewöhnt bin, ist an Bord verpönt: hier gibt es nur ›Kollegen‹, und die Kollegen sind oft sehr wenig kollegial.« (KGe, S. 178) Das Unbehagen an der zivilen Welt, das Hauser hier griffig formuliert, ist ein sehr gängiges Motiv der Weltkriegs-Literatur. Das Soldatische hat diese Veteranenfiguren so sehr geprägt, dass sie sich im Frieden, der zugleich für die bürgerliche Vorkriegszeit steht, nicht mehr zurechtfinden.

Die bisher angeführten Beispiele lassen sich der Strategie der Substitution zuschreiben und vielleicht kann man an dieser Stelle schon als kurzes Zwischenfazit resümieren, dass diese Strategie nicht recht aufgehen will, da Hauser sie ziemlich inflationär anwendet und viele Vergleichsmomente eine gewisse Asymmetrie beinhalten. Während man aber diese Substitutionsstrategie im Sinne eines »autobiographischen Paktes«, der die Identität von Autor, Erzähler und Protagonist voraussetzt,[24] noch als zulässig bezeichnen kann, ist die Schreibstrategie der Aneignung, die im Folgenden beschrieben werden soll, mindestens als grenzwertig zu bewerten, geht es hier doch schlussendlich darum, fremde Erfahrungen und Erlebnisse als die eigenen auszugeben und somit um einen Verstoß gegen den Anspruch auf Wahrhaftigkeit, der jede Autobiographie kennzeichnen sollte.

5.   Zur Schreibstrategie der *Aneignung*

Die Strategie der Aneignung bereitet Hauser bereits in den drei Kapiteln vor dem letzten vor. Das Jahr 1931 wird von ihm selbst als Zäsur in seiner bisherigen Lebensauffassung und Lebensführung gesetzt und als ›Erwachen zur Wirklichkeit‹, so die Kapitelüberschrift des 42. Kapitels, ausbuchstabiert. Mit dem Begriff des *Erwachens* ist dabei schon ein fester Begriff des NS-Vokabulars ausgesprochen, der dort als Chiffre für die politische Bewusstseinswerdung als Übernahme der NS-Weltanschauung dient. Hauser gemeindet sich in diesem Kapitel stillschweigend in die Gruppe der Weltkriegsveteranen ein. Er beschreibt, wie er alte

---

24 Phillipe Lejeune: Der autobiographische Pakt. Aus dem Französischen von Wolfgang Bayer und Dieter Hornig. Frankfurt/M. 1994 [zuerst franz. 1975], S. 15.

Schulkameraden wiedertrifft, die jetzt ein saturiertes und bürgerliches Leben führen und spricht in diesem Zusammenhang dann plötzlich von »[a]ndere[n], aufrechte[n] Männer[n] im Feld« (KGe, S. 261), denen die Nation ihren Einsatz nicht dankt und die sich daher als Handlungsreisende verdingen müssen. Er schafft damit die Interpretationsvorgabe für das richtige Verständnis folgender Zeitanalyse: »Was ich nicht für möglich hielt, ist eingetreten: das Kriegserlebnis kann vom Alltag überwuchert werden. Der feste Stern, den ich für den Richtpunkt unseres ganzen Daseins hielt, kann erbleichen.« (Ebd.) Bemerkenswert und wichtig auch für das Verständnis der folgenden Kapitel ist, dass Hauser hier autobiographische Erzählung und politische Argumentation derart übereinander blendet, dass er den Eindruck erweckt, als beträfe der Erlebnisinhalt ihn ganz persönlich. Aber auch hier befinden wir uns noch im Grenzbereich eines Verstoßes gegen den autobiographischen Pakt, zwar wird hier ein Eindruck erweckt, den der Autor nicht einlösen kann, aber es handelt sich dabei noch nicht um eine falsche Tatsachenbehauptung.

Im folgenden 43. Kapitels wechselt Hauser dann aus der Ich- in eine Wir-Perspektive, wobei dieses »Wir« ganz explizit als eine Erlebnisgemeinschaft aus »Kameraden« und »Kämpfern« entworfen wird, diese Gemeinschaft aber zugleich geöffnet wird, für jeden, »der etwas hinter sich gebracht hat an Erleben, so daß man von ihm sagen kann: das ist ein Mensch« (KGe, S. 264). Das 44. und vorletzte Kapitel behält die Wir-Perspektive bei und endet mit einer Rechtfertigung der nationalsozialistischen Herrschaft und einem Ausblick auf zukünftige Kriege, die keine Völkerkriege mehr, sondern »Rassenkriege« (ebd., S. 276) sein werden.

Im letzten und für die Aneignungsstrategie zentralen Kapitel wechselt Hauser schließlich in eine neutrale Erzählperspektive (vgl. KGe, S. 277–283). Berichtet wird von einer Person, die nur als »der Mann« oder »der Fahrer« (ebd., S. 278) angesprochen wird. Die Qualität einer Aneignung im Sinne einer ›widerrechtlichen Inbesitznahme‹ erfährt dieses Kapitel dadurch, dass der Verfasser hier einen Bericht einfügt, der sich zwar an der Erzählperspektive erkennbar vom übrigen Text abhebt, aber zugleich als Schlusskapitel einer autobiographischen Erzählung fungiert. Durch diesen Anschluss an den autobiographischen Gesamttext wird der Inhalt des Berichts der autobiographischen Selbstkonstruktion zugeschlagen, unabhängig davon, ob das für die Leserin und den Leser erkennbar ist. Eine für Hausers erzählerisches Oeuvre nachgerade typische Autofahrt-Episode eröffnet dieses Kapitel,[25] es wird gerast, als sei man auf der Flucht. Erst ein französischer Stahlhelm und schließlich das Hinweisschild »Verdun« zeigen an (vgl. ebd., S. 278f.), dass hier der hoch ikonographisch besetzte Schlachtenort

---

25 Ebenfalls mit einer rasanten Autofahrt beginnt etwa Heinrich Hausers Novelle *Die Flucht des Ingenieurs.*

aufgesucht wird. In welcher Beziehung der Protagonist der Erzählung zu diesem Ort steht, warum er ihn aufsucht, wird nicht abschließend geklärt, aber es liegt nahe, den Mann als Veteranen zu identifizieren. Beim Besuch des Beinhauses in Douaumont[26] zeigt er sich erschüttert von den Hinweisen auf das Grauen, das hier stattgefunden hat (vgl. ebd., S. 279f.). Von der Betrachtung für den Ersten Weltkrieg ikonischer Accessoires – Stahlhelm, Maschinengewehr, Gasmaske – kommt der Protagonist zu der Überlegung, inwiefern dieser Krieg selbst schon anachronistisch geworden sei und inwiefern schon eine neue Generation aufgewachsen sei, der all dies nichts mehr zu sagen habe (vgl. ebd., S. 281). Vollkommene Evidenz gewinnt der Eindruck, es handele sich bei dem Protagonisten um einen Veteranen spätestens, wenn sich bei dem Gang, der ihn weiter in das Beinhaus führt, eine Erzählsequenz eröffnet, die sehr deutlich die Schreckensvisionen eines Frontsoldaten zitiert – wir würden hier heute von dem Flashback eines Soldaten mit posttraumatischer Belastungsstörung sprechen:

> »Da erhebt sich das Gespenst des Krieges.
> Der Boden schwankt in Erdbebenwellen.
> Der Himmel schleudert Feuer.
> Rummelndes Dröhnen, hohles Heranfauchen der Stollenquetscher.
> Schrecken pumpt das Blut mit hohem Druck zum Hirn.
> Gellende Glocke: Rufe ›Gaas – Gaaas!‹
> Rasendes Trappeln genagelter Füße durch die Steinhöhlen, hastiges Keuchen der Lungen, Flüche, Stöhnen.
> Die Stielaugen der Scherenfernrohre steigen aus Stahltüren, wandern langsam über eine Landschaft brodelnder Gasschwaden, die in rasenden Stößen heranschießen: die Feuerwalze.
> Spritzende Erdsäulen wandern wie Riesen über das ganze Land, wandern über die Kämme der Vogesen.
> Schreie: ›Sie kommen, sie kommen!‹
> Es rattern die M.G.s. Wut glüht in rotverbrannten Augen, tierische Wut, völliges ›Außersichsein‹, heiße Welle der Raserei.
> Und irre Angst, tierische Not.
> Alles Leben verbrennt: Kameraden erstickt in verschütteten Kasematten. Feuerflammende Nacht.
> Unter dem Hagel der Kettenbomben und Brandgeschosse greift der Frontsoldat an. Schmeißt sein armes Leben, der Heimat so fremd, dem Orkan der Granaten entgegen. Stoßtrupps im Sperrfeuer zerwirbelt.« (KGe, S. 282)

Diese Schreckensvision wird im Roman beendet, mit der Betrachtung der Überlassenschaften des Schlachtgemetzels, der Skelette, Kreuze und Bajonette, um

---

26 Hauser spricht hier von einer »Halle des Schweigens« in den Vogesen (KGe, S. 281). Eine solche konnte nicht ermittelt werden. Das beschriebene Setting und die Topographie sprechen aber unbedingt dafür, dass hier das Beinhaus von Douaumont gemeint ist, das 1932 eingeweiht wurde.

dann schließlich wieder im Douaumont der Gegenwart zu landen. Diese aller-letzte Szene der Autobiographie beschreibt nun einen Sturm, der zeitgleich mit dem Sonnenuntergang aufzieht und von Douaumont aus – über das es heißt: »Bis hierher sind ›wir‹ gekommen« (ebd., S. 283) – gen Westen zieht. Dass es sich bei diesem Sturm nicht wirklich um ein Wetterphänomen handelt, sondern vielmehr auch hier ein militärischer Sturmangriff gemeint ist, wird deutlich, wenn die Wolken als »Kompanien, Bataillone, Regimenter, Divisionen« angesprochen werden und sich dann schlussendlich auch noch »die Toten« erheben, um mit ihren Wolken-Kameraden in den Westen aufzubrechen. (Vgl. ebd.) Die drei letzten Zeilen des Buches lauten:

> »Der Mann auf der Höhe von Douaumont erlebt eine hohe, unbeschreibliche Vision seines Volkes.
> Die Heimat soll werden, wie der Frontsoldat sie sich erträumte.
> *Der Kampf geht weiter.*« (Ebd.)[27]

Diese Sätze sind weder in dem hier vorliegenden textlichen Umfeld noch in ihrem außerliterarischen Kontext sonderlich interpretationsbedürftig. Es sind zwei sehr klare politische Forderungen, nämlich zum ersten die eingangs bereits thematisierte Umgestaltung der deutschen Gesellschaft zur Volksgemeinschaft nach dem Vorbild der Frontgemeinschaft, und zum zweiten Revanche für Ver-sailles. Bemerkenswert ist zudem, dass diese beiden Forderungen in Hausers Erzählung gewissermaßen in ein und demselben Moment verwirklicht werden: Der Angriff auf Frankreich ist zugleich die Selbstfindung der deutschen Nation als Volksgemeinschaft und das eine ist nicht ohne das andere zu denken. Die angesprochenen Forderungen bezeichnen unmissverständlich zentrale Kern-ideologeme der rechten Programmatiken der Zwischenkriegszeit und es ließe sich hinzufügen, dass gerade die Idee der Selbstfindung des Volkes im Krieg eine zentrale Gedankenfigur nationalsozialistischen Denkens war.

Bevor hier ›Kriegserlebnisse‹ in anderen Texten Heinrich Hausers themati-siert werden sollen, lässt sich abschließend zu *Kampf* resümieren, dass es ins-gesamt schwierig ist zu entscheiden, ob Hausers mühevolles Vorhaben, sich selbst an den Nationalsozialismus anzuschließen, und sich in ihn einzuschrei-ben, auch gelingt. Heutigen professionellen Rezipientinnen und Rezipienten liegt der Konstruktionscharakter der Autobiographie klar vor Augen und auch die meisten nationalsozialistischen Literaturfunktionäre und sonstigen Exper-

---

27 Jörg Vollmer nennt in seiner Studie zu »Imaginären Schlachtfeldern« diese Stelle aus Hausers Selbstbiographie dann auch ein »eindrucksvolles Beispiel für die Kreation des Krieges in der Imagination«: »Die Muster, nach denen diese Passagen gestaltet sind, werden ausschließlich dem Reservoir der zeitgenössischen Medien und Darstellungsstandards entnommen.« Jörg Vollmer: Imaginäre Schlachtfelder. Kriegsliteratur in der Weimarer Republik. Eine litera-tursoziologische Untersuchung. [Diss.] Berlin 2003, S. 57f.

tinnen und Experten für Weltanschauungsfragen werden vermutlich, sollten sie sich mit ihm befasst haben, den Text durchschaut haben.[28] Ob das auch für die breitere Leserschaft zutrifft, lässt sich allerdings schwer eruieren. Eine Anzeige des Diederichs Verlages im *Börsenblatt für den Deutschen Buchhandel* versammelt im Oktober 1935 Ausrisse aus – freilich nur positiven – Besprechungen, die allerdings nahe legen, dass die Botschaft schon verstanden und positiv aufgenommen wurde. Der schwedische Schriftsteller und Literaturkritiker Anders Österling befindet etwa im *Svenska Dagbladet:* »Hauser bekennt sich zum Nationalsozialismus und mit seinem Buch wird ein Hauptgrund klar verständlich, warum die politische Entwicklung den Weg in Deutschland nehmen mußte, den sie ging.«[29] Für den ›Reichssender Leipzig‹ gehört das Buch »zu den bedeutendsten Leistungen unseres jungen nationalen Schrifttums«, die *Rheinisch-Westfälische Zeitung* schreibt, Hauser sprühe »den heißen Atem des wirklichen Erlebnisses über seine Dichtung«, mache »sie unerhört plastisch und lebensvoll, so daß sie alle ähnlichen biographischen Kampfberichte haushoch überragt«, und der *Westdeutsche Beobachter*, immerhin parteiamtliches Organ der NSDAP, lobt das Buch beinahe überschwänglich: »Das aufrichtige, mannhafte und zu einem Gleichnis deutschen Schicksals verdichtete Buch verdient allgemeine Beachtung. Jeder, der heute noch nicht weiß, was nationaler Sozia-

---

28 Hausers Bewertung durch die Stellen der NS-Literaturprüfung ergeben insgesamt ein ambivalentes Bild. Das Kulturpolitische Archiv befindet in einem Schreiben an die Deutsche Arbeitsfront vom Januar 1939, dass Hauser »erst allmählich sehr langsam zu einer inneren Verbindung mit nationalsozialistischem Gedankengut gekommen ist«. Bemängelt werden neben seiner Nähe zur *Frankfurter Zeitung*, wie zu den Verlagen S. Fischer und Rowohlt auch die zum »Tatkreis«. Die Länge des Gutachtens wird begründet mit dem Umstand, dass »wir ihn weder eindeutig ablehnen noch befürworten wollen«. Vgl.: Schreiben der Hauptstelle des Kulturpolitischen Archivs an die Deutsche Arbeitsfront vom 19. Januar 1939. In: BArch Berlin, DBFU/Akte NS 15/28. Zitiert nach: Mirjam Schubert: Das Verhältnis von Mensch und Maschine im Werk Heinrich Hausers. Berlin u. a. 2021, S. 87 f. In einem Schreiben vom August 1939 kommt das kulturpolitische Archiv dann zu dem Schluss, dass von einem Einsatz Hausers als Vortragsredner abgeraten werden müsse, da seine Bewertung nicht einheitlich ausfalle. Er habe »in keiner Weise den Beweis dafür erbracht, dass er auf dem Boden der nationalsozialistischen Weltanschauung stehe«. Vgl.: Schreiben der Hauptstelle des Kulturpolitischen Archivs an das Amt Deutsches Volksbildungswerk der Deutschen Arbeitsfront vom 2. August 1939. In: BArch Berlin, DBFU/Akte NS 15/29. Zitiert nach: ebd., S. 91. Im März 1941 befindet der »Chef der Sicherheitspolizei und des SD« schließlich, dass es nichts Substantielles gäbe, das eine »Ablehnung der Aufnahme Hausers in die Reichsschrifttumskammer begründen könnt[e]«. Schreiben des Chefs der Sicherheitspolizei und des SD an die RSK vom 29. März 1941. In: BArch Berlin, Akte Heinrich Hauser R 9361-V, Archivnummer 5942. Zitiert nach: Ebd., S. 92 [Einfügung Mirjam Schubert]. Bemerkenswert ist, dass *Kampf* bei der Bewertung Hausers durch die NS-Literaturfunktionäre anscheinend keine wirkliche Beachtung findet.
29 Zitiert nach: O. A.: [Neue Urteile über das Buch: Heinrich Hauser / Kampf.] In: Börsenblatt für den Deutschen Buchhandel Nr. 243, 103. Jg., 18. Oktober 1935, S. 4852. Vgl. auch für die folgenden Zitate ebd.

lismus bedeutet, sollte es lesen.« Dem ist hinzuzufügen, dass auch Benno Reifenberg, Hausers liberaler Freund aus der Zeit bei der *Frankfurter Zeitung*, von
dem schwerlich zu sagen ist, ob er *Kampf* gelesen hatte, ihn als typischen Vertreter einer Generation charakterisiert, die in erster Linie eben durch den Krieg
geprägt sei. In einer biographischen Notiz, die in *Die Flucht des Ingenieurs* von
1937 abgedruckt ist, schreibt er:

> »Kindheit, das bedeutet für Hausers Generation Vorkriegszeit. Hauser ist 1901 geboren.
> Was ihm zuweilen an Resten aus dem 19. Jahrhundert begegnet, das staunt er an wie
> längst verschollene Kuriosa. Das beschreibt er dann unerbittlich und entdeckt darin, in
> den Zeugnissen der sogenannten ›bürgerlichen Gesellschaft‹, eine verzweifelte Lächer-
> lichkeit, etwas, was der eigenen Erfahrung nicht mehr standhält. Der Siebzehnjährige hat
> in Mitteldeutschland Bürgerkrieg mitgemacht. Seine Jugend steht also unter dem
> schwarzen Stern eines Krieges, der alle Zärtlichkeit zum Vergangenen ausgelöscht hat.«[30]

Benno Reifenberg schreibt hier Hauser zwar nicht das exklusive ›Fronterlebnis‹
zu, aber er attestiert dem allgemeinen ›Kriegserlebnis‹ für diese Generation
dieselbe Prägekraft und Hausers spezielle Erfahrung im Bürgerkrieg rechnet er
dem zu.

6.   *Time was. Death of a Junker*

Wenn konstatiert werden kann, dass Hausers Schreibstrategie der Aneignung ihn
in *Kampf* in Konflikt mit dem Wahrhaftigkeitsanspruch des ›autobiographischen Paktes‹ bringt, dann gilt das in ungleich höherem Maße für Hausers zweite
autobiographische Schrift *Time was. Death of a Junker*, die er 1942 in den USA
veröffentlichte. Eine Gesamtwürdigung dieser Schrift, wie auch seiner sonstigen
politischen Essayistik, die er im amerikanischen Exil veröffentlichte, ist – obgleich sicherlich eine interessante und lohnende Aufgabe – an dieser Stelle nicht
zu leisten. Ganz allgemein aber lässt sie sich als ein ähnliches Projekt charakterisieren, wie es schon *Kampf* war, nämlich eine Verquickung von Biographie und
politischem Essay, nur dieses mal eben für ein antifaschistisches, US-amerika-
nisches Publikum. *Time was* steht zudem in Korrespondenz zu mindestens vier
anderen Publikationen aus Hausers Feder, die alle zum Ziel haben, dem amerikanischen Lesepublikum Nazideutschland zu erklären: *Battle against time* von
1939, das 1940 abermals unter dem Titel *Hitler versus Germany* erscheint, *The
German talks back* von 1945 und schließlich die Broschüre *After the years of the
locust* von 1947.

---

30 Benno Reifenberg: Heinrich Hauser. In: FI, S. 71–75, hier: S. 73.

Time was trägt seine zentrale These im Untertitel. Hauser ist es darum zu tun, die jüngere deutsche Geschichte, Weltkrieg, Revolution, Republik und ›Drittes Reich‹, aus der Erosion eines spätfeudalen Systems zu erklären, insbesondere aus dem Zerfall der Klasse der preußischen Junker. Dabei dient er sich selbst als Beispiel. Auch dieses Werk bietet stellenweise eine recht eigentümliche Argumentation, die sich außerdem an mehreren Stellen darauf verlässt, dass sich die Leserinnen und Leser in Deutschland nicht allzu gut auskennen. Dass er in den USA nicht befürchten musste, dass Leserinnen und Leser nach der Authentizität der Schilderungen fragen würden, war sich Hauser offenbar sehr sicher.

Die Fundstelle, auf die hier rekurriert werden soll, befindet sich im fünften Kapitel mit dem schon programmatischen Titel ›The war that fathered us‹ (vgl. TiW, S. 44–53). Hauser berichtet hier zunächst von seiner tatsächlich vermutlich nie erfolgten Mobilmachung anlässlich der Sudetenkrise 1938; damals seien sie – Hauser schreibt hier von »us veterans of the world war« (ebd., S. 44) – wieder zu den Waffen gerufen worden. An dieser Stelle hebt er die Bedeutung des Weltkrieges für seine Generation deutlich hervor:

> »I intend here to say no more about our war. It was our father; we are and will always be his sons. That is why the world called us the lost generation. [...] We, in our pessimism, developed a belief in everlasting war. Now the everlasting war is again manifest. Anyone who does not regard the first and second World War as a unit has missed the meaning of our age.« (Ebd., S. 45)

Und für die Lehre, die Hauser und seine Generation aus dem Krieg gezogen haben, steht paradigmatisch eine Episode, die er dann zu Protokoll gibt:

> »When Ludendorff's final attempt to break the deadlock on the Western Front had failed, and the March and June offensives had devoured their last incalculable blood sacrifices, we naval cadets were sent to Flanders, in September of 1918. We put on field-gray overalls over our blue uniforms, and the old warriors, seeing this battalion of children marching to the station, shouted derisively, ›Germany's last hope – you're the people we've been waiting for.‹
> As I said before, I am not going to talk here about our war. Its only significance is that of a turning point toward the roaring plunge into universal barbarism. What follows is simply an example of how we boys took cover behind wild cynicism in order to survive, an example of how the iron rings were forged about our hearts lest they should burst. It was at Oudenaarde, during one of the last counterattacks that covered the German retreat to the Hindenburg line. We had cleared out an English trench with flame throwers and hand grenades. A boy scarcely older than I came crawling out of his dugout; and I was barely seventeen. When he handed over his pistol, he smiled. He felt safe. He could see by my face that he was not to be killed. He thought the war was over for him. He had narrow boots, delicate hands, and a gold cigarette case. He was my first prisoner; I was proud of him, and so I regarded him as my private property. One makes friends quickly in such situations.« (TiW, S. 49)

Der entscheidende Punkt für Hausers Argumentation ist nun, dass Hausers persönlicher Gefangener im nächsten Augenblick von seinem Offizier, den er verehrt, erschossen wird (vgl. ebd., S. 50). Als er von dem Offizier für diese Tat Satisfaktion fordert – für Hauser scheint der Vorfall vor allem eine Frage der Ehre zu sein –, erklärt der ihm, während er sich mit Brandy betrinkt, dass er dem Befehl des Generals gefolgt sei, keine Gefangenen zu machen. Als dieser Befehl zuvor verkündet wurde, habe er die jungen Soldaten weggeschickt, da sie noch zu jung und »much too soft« seien; Gefangene zu machen, könne man sich derzeit nicht leisten, da man die Kriegsgefangenen nicht mehr versorgen könne (vgl. ebd., S. 51). Abschließend empfiehlt er ihm seine Gefühle besser zu kontrollieren und schläft schon während dieser Worte wieder ein (vgl. ebd., S. 52). Hauser resümiert: »That was the end: the end of a humanity that might perhaps have been mine.« (Ebd.) Innerhalb der Gesamtargumentation des Buches, die durchaus nicht immer kohärent ist, ist die hier angeführte Episode nur eine biographische Station auf dem Weg Hausers zum Nationalsozialismus und wieder zurück. Aber auch an vielen anderen Stellen rekurriert er hier auf den Ersten Weltkrieg als zentrales Ereignis zum Verständnis der Signatur des Zeitgeschehens.

Hier frappiert vielleicht nicht so sehr der Umstand, dass der Verfasser eine falsche Tatsachenbehauptung platziert, um seine politisch-biographische Argumentation zu plausibilisieren, als vielmehr der, dass er offenbar der Überzeugung ist, dass dies nötig sei. Hauser kann sich anscheinend gar nicht vorstellen, dass eine politische Argumentation, die auch die Dimension des persönlichen Erlebens berücksichtigt, ohne das ›Fronterlebnis‹ auskommen kann. Damit soll nicht gesagt sein, dass es seine persönliche Disposition ist, die ihn derart handeln lässt, – dass er etwa ein ziemlich laxes Verhältnis zur biographischen Wahrheit pflegt. Angesprochen ist damit vielmehr, dass Hauser ein zugegeben Maßen sehr eindrückliches Beispiel dafür ist, dass die Denk- und Diskursfigur der Privilegierung zum Politischen durch das ›Fronterlebnis‹ als weitgehend durchgesetzt gelten kann. Sie erscheint insofern als unhintergehbar, als sie nicht auf der Ebene der Argumentation, sondern vielmehr auf der der Wahrnehmung angesiedelt ist. Erst vom Standpunkt des Erlebnisses aus kann die Ordnung der Welt durchschaut werden, können die überörtlichen und überzeitlichen Zusammenhänge des Weltgeschehens durchdrungen werden. Damit aber erweisen sich Hausers biographische Texte als hervorragende Exponenten einer politischen Epistemik, die mindestens für die Jahre 1918 bis 1945 in Deutschland maßgeblich ist.

7.   *Zwischen zwei Welten*

Das gilt mit gewissen Einschränkungen auch noch für einen Text, den Heinrich Hauser selbst nicht mehr publizierte und der wohl um das Jahr 1943 entstanden ist, nämlich seinen sehr deutlich biographisch inspirierten Roman *Zwischen zwei Welten*. Bereits im zweiten Kapitel, betitelt ›Der gläserne Sarg‹ (vgl. ZzW, S. 14–39), erläutert ein nicht näher benannter Erzähler einem ebenso unbenannt bleibenden Fragesteller die Gründe, warum Deutsche Asyl in den USA suchen. Die naheliegende Antwort »Hitler, Faschismus, Tyrannei« (ebd., S. 14) muss aber selbstredend um eine tiefere Analyse ergänzt werden. Das Phänomen Hitler auch als eine Konsequenz des verlorenen Weltkrieges zu benennen, verlangt dann nach einer Erläuterung der Beweggründe für die Kriegsbegeisterung, die den August 1914 kennzeichnete. Hier aber werden nun Motivationen benannt, die sehr deutlich dem konventionalisierten Beschreibungsinventar deutscher Kriegsprosa entnommen wurden. Den Hinweis auf »preußischen Militarismus, Imperialismus und [...] [die] hoffnungslose[] deutsche[] Romantik« (ebd.), pariert der Erzähler mit der Erläuterung:

> »›Auch das ist wahr und trifft doch wieder nur die Oberfläche. Es ging uns ja sehr gut; die Wirtschaft blühte, es gab keinen Hunger, kaum eine Arbeitslosigkeit; es gab auch nicht das Habenichts-Gefühl. Mochten die Generale von neuen strategischen Grenzen träumen, die Industriellen vom Lothringer Erzbecken, die Kaufleute von neuen Kolonien. Die Jugend hat sich wenig für diese Dinge interessiert; für uns kam der Krieg als Befreiung.‹
> ›Befreiung wovon?‹
> ›Von der ganzen satten, fetten Friedenszeit. Überdröhnt von dem lauten Triumphgeschrei, vom unaufhaltsamen Marsch der Zivilisation, lebte in uns eine tiefe Unzufriedenheit. In uns bohrte ein seelischer Hunger, den das materialistische Zeitalter nicht stillen konnte. Wonach – das wußten wir nicht, aber er war da, der Hunger. Das ganze bürgerliche Dasein, die fest eingefahrenen Laufbahnen seiner Berufe, der langsame Ochsentrott von der Schulbank zur Pensionsberechtigung mit nachfolgendem Begräbnis erster Klasse, ließ uns speiübel werden. Der Krieg war zunächst die Befreiung von alledem, und *darum* war er willkommen. Der Soldat im Krieg wird Realist, aber auch in den Unterständen und auf den Panzerschiffen erwachte nicht etwa die Sehnsucht nach Rückkehr in die bürgerliche Welt. Im Gegenteil: Aus der Frage nach der ›Befreiung wovon‹ wurde die andre nach der ›Befreiung für was‹. Der imperialistische Krieg wurde für uns das Mittel, das materialistische Zeitalter zu überwinden. Der preußische Militarismus wurde für uns die große revolutionäre Schule, die uns beides geben sollte, die Waffen und die Disziplin zur Revolution. Und die deutsche Romantik träumte den Traum von jenem dritten Reich, den durchaus nicht etwa Hitler erfunden hat, sondern der so alt ist wie Joachim von Floris und der Heilige Bernard von Clairvaux.‹« (ZzW, S. 14f.)

Diese Zeilen klingen nicht zufällig wie schon einmal gelesen. Unter den vielen Schriftstellern, die sich 1914 begeistert für den Krieg aussprachen, ist Thomas Mann vermutlich am nachhaltigsten in Erinnerung geblieben. Hausers Einlassungen sind an dieser Stelle gewissermaßen eine Rekompilation seiner *Gedanken im Kriege*, in denen es heißt:

>»Wie hätte der Künstler, der Soldat im Künstler nicht Gott loben sollen für den Zusammenbruch einer Friedenswelt, die er so satt, so überaus satt hatte! Krieg! Es war Reinigung, Befreiung, was wir empfanden, und eine ungeheure Hoffnung. Hiervon sagten die Dichter, nur hiervon. Was ist ihnen Imperium, was Handelsherrschaft, was überhaupt der Sieg? Unsere Siege, die Siege Deutschlands – mögen sie uns auch die Tränen in die Augen treiben und uns nachts vor Glück nicht schlafen lassen, so sind doch nicht sie bisher besungen worden, man achte darauf, es gab noch kein Siegerlied. Was die Dichter begeisterte, war der Krieg an sich selbst, als Heimsuchung, als sittliche Not. Es war der nie erhörte, der gewaltige und schwärmerische Zusammenschluß der Nation in der Bereitschaft zur tiefsten Prüfung – einer Bereitschaft, einem Radikalismus der Entschlossenheit, wie die Geschichte der Völker sie vielleicht bisher nicht kannte. Aller innere Haß, den der Komfort des Friedens hatte giftig werden lassen – wo war er nun?«[31]

Das ›Kriegserlebnis‹ spielt also auch in diesem Roman, der auf amerikanischem Boden spielt, eine hervorgehobene Rolle. Allerdings verschiebt sich hier der Fluchtpunkt von Hausers Erzählung. In *Zwischen zwei Welten* markiert das ›Kriegserlebnis‹ letztinstanzlich die fundamentale Differenz zwischen europäischer und US-amerikanischer Weltwahrnehmung und einem ihr angeschlossenen Sentiment. Im fünften Kapitel ›Flucht vor der Flucht‹ berichtet der Erzähler und Protagonist von einer Episode, die er gemeinsam mit seinem europäischen Freund André, von dem wir wissen, dass sich hinter seiner Figur der Maler George Grosz verbirgt,[32] und den beiden amerikanischen Schwestern Cora und Gay erlebt. Die beiden Schwestern sind mit einem ungeheuren Reichtum ausgestattet, haben aber ihre Ehemänner verlassen und sind jetzt vor allem auf der Suche nach Attraktion. Die vier gehen gemeinsam in New York aus und Henry, Hausers *alter ego*, erlebt eine Welt voll Prunk und Überfluss, die in krassem Gegensatz zu seiner eigenen, bescheidenen Lebenswelt eines quasi mittellosen Exilanten steht. In dem Gespräch beim Diner ist es zunächst an André, seinem Freund zu erklären, warum eine Assimilation an die neue Umgebung für einen Künstler nicht nur unrentabel ist, denn die Amerikaner goutieren sie nicht, sondern warum sie ein unmögliches Vorhaben darstellt:

>»Du versuchst die Rolle des tugendhaften Bürgers zu spielen; das ist ja aller Ehren wert, aber du kannst es nicht. Wir sind keine Bürger du und ich. Wir sind der unbürgerliche

31 Thomas Mann: Gedanken im Kriege. In: Ders.: Friedrich und die große Koalition. Berlin 1916 [1915], S. 7–31, hier: S. 14f.
32 Vgl. Stefan Weidle: Nachwort. In: ZzW, S. 244–247, hier: S. 244f.

Typus, den der letzte Weltkrieg geschaffen hat. Der verlogene Frieden, das scheinbare
Überleben der bürgerlichen Welt hat unseren Typ eine Zeitlang unterdrückt, aber nun
kommt er wieder zur Herrschaft.« (ZzW, S. 92)

Und es ist eben auch genau diese Prägung durch das ›Kriegserlebnis‹, die das
Verhältnis zu den amerikanischen Gönnerinnen nachhaltig verstören wird. Von
den beiden eingeladen verbringen Henry und André mehrere Tage in deren
Landhaus. André arbeitet in dieser Zeit an einem Gemälde, Henry soll eine
unterhaltsame oder gar lustige Geschichte schreiben. Als es nun eines Abends an
die Präsentation der Ergebnisse geht, erleben die Amerikanerinnen eine Über-
raschung. Andrés Bild wird wie folgt beschrieben:

»Das Bild steht mitten im Raum auf der Staffelei. Es zeigt einen winterlichen Wald, wild,
düster, die Stämme zersplittert, die Kronen gestürzt und verwüstet. Der Himmel über
dem Wald ist brandig, eine einzige große Wunde. Vor dem Wald stehen die Schlitten.
Die struppige Mähre davor ist in die Knie gebrochen, zu schwer ist die hochgetürmte
Last. Ein Soldat in zerlumpter Uniform stößt dem Gaul den Gewehrkolben in die
Flanke. Und die Last sind die Bewohner eines Bauerndorfes, und sie sind alle tot. Sie
liegen geschichtet wie Holzklötze und ebenso steif. Glieder und Köpfe starren aus der
Mauer der Rümpfe wie Äste in der grotesken Zermalmung und Zerstümmelung, mit der
fliegende Eisenklötze, Hunger und Vergewaltigung sie vom Baum der Menschheit geschlagen haben. Die obersten Schichten sind die Kinder. Ihre Köpfe hängen über den
Schlittenrand. Ihre weit offenen Augen sind mit blickloser Intensität auf den Beschauer
gerichtet. Manche scheinen zu lächeln, rätselhaft, erstaunt, entrückt und mit einer
verborgenen, tiefen Ironie.« (ZzW, S. 106f.)

Diese wahre Horrorvision, die nicht nur Georg Grosz' künstlerische Auseinan-
dersetzung mit dem Ersten Weltkrieg, sondern etwa auch Werke wie Otto Dix'
Triptychon ›Der Krieg‹ assoziieren lässt, bereiten dem Amüsement ein jähes
Ende und die beiden Schwestern verlangen von Henry, dass er sie nun mit seiner
Geschichte aufheitere. Was er dann vorträgt ist aber so wenig zur Unterhaltung
angetan, wie das Bild seines Freundes. Die Erzählung schildert eine »Nacht in
Flandern«, in der der Leineweber Hendrijk und seine Frau Antje früh aufge-
standen sind, um bei Tagesanbruch Flachsbündel zu wenden. Zurückgelassen
haben sie dazu ihre Tochter, genannt Poppche (vgl. ebd., S. 108). Die »symbolische Gestalt« des »Unheils« ist hier der »Panzer Hindenburg«, den Henry mit
»technischer Exaktheit« beschreibt und zu dessen Mannschaft der Ingenieur
Jonas gehört, »de[r] einzige[], der schon weiß, was Krieg ist, und dessen Nerven
der erste Weltkrieg zerrüttet hat.« (Ebd., S. 109) Eindringlich wird der Eindruck
des Kriegsgeräts auf die friedlichen Bewohner beschrieben:

»Hendrijk und Antje stehen am Wasser der Lys, die das Gold Flanderns wäscht, die
langfaserigen Bündel des Flachs. Da steigt es von Osten her herauf, ein Dröhnen, das den
Himmel füllt und die Erde erschüttert: Die Saurier kommen, die neue Urzeit rollt über
die alte zivilisierte Welt. Der Horizont der Wälder schwankt, die Kronen stürzen; über

ihnen erhebt die Zerstörung ihr furchtbares Gorgonenhaupt. Feuerspeiende Berge wandern, und vor ihnen fliehen Mensch und Tier. Ich beschreibe die keuchende Flucht, das maßlose Entsetzen und wie der Gedanke an Poppche, das zurückgelassene Kind, Antje und Hendrijk vorwärtspeitscht. Da ist der fliehende Eisenbahnzug, den der Panzer einholt und überrollt. Da ist der Stier, das einzige Lebewesen, das keine Furcht kennt; mit gesenkten Hörnern stürmt er gegen den Panzer, ein andrer Don Quixote.« (Ebd., S. 109 f.)

Die Familie flieht vor dem Panzerangriff in die Stadt und sucht Zuflucht in einer Kirche. Die Mutter legt ihr Kind in das Taufbecken zu Füßen der Maria. Doch auch in dem Gotteshaus sind sie nicht sicher:

»Der Panzer hat das Portal des Doms eingerannt. Er rollt durch das Kirchenschiff, die Bänke mit den Betern unter sich zermalmend. Die Nebel klären sich, und mit Entsetzen sehen Kommandant und Kanoniere den Wald der steinernen Säulen, den hochge- türmten Altar, den Bischof, der ihnen das Kreuz entgegen hält: ›Apage Satanas, apage Satanas!‹ Sie haben die Bremsen angezogen. Die Geschütze feuern nicht mehr. Das Stöhnen der Sterbenden, das Brausen der Orgel, das Dröhnen der Motoren wird zur Apotheose des Untergangs einer Welt. Die harten Soldaten zittern unter den Posaunen des Jüngsten Gerichts. Zum ersten Mal realisieren sie, was sie getan haben, und ihre unbekümmerte Jugend welkt in bleichem Schrecken. Dem kleinen, eisengrauen Ma- schinisten tief im Bauch des Panzers zerreißen in diesem Augenblick die Nerven. Er weiß nicht, was da oben vor sich geht. Er fühlt nur, daß es eine Katastrophe ist, ver- körpert schon allein durch das Einstellen des Feuers, das Aufhören der Bewegung des Panzers. Der schauerliche Film seiner Erinnerungen an den ersten Weltkrieg rast, durch sein Gehirn. Er hält es nicht mehr aus, er muß der Katastrophe zuvorkommen in dem er sie beschleunigt. Er tut etwas, dieser Maschinist in seiner Panik. Es ist etwas ungeheuer Einfaches. Er wirft ein Bündel Schraubenschlüssel in den Entlüfterschacht des Stabi- lisierungskreisels, der tonnenschwer und rasend wie ein Stern rotiert. Er löst diesen Weltkörper aus seinen Fesseln und – die Flamme der explodierenden Munition, das ungeheure Dröhnen, mit dem die Sturmglocke des Doms an dem zerborstenen Panzer zerschellt, ist das Ende.« (ZzW, S. 110 f.)

Henry lässt die Geschichte allerdings nicht an dieser Stelle enden, sondern fügt ihr etwas überraschend versöhnlich hinzu, dass Poppche den zweiten Weltkrieg überlebte und »zu einer der Stammütter eines neuen Geschlechts [wurde], das auf den Trümmern des alten Europa aufwuchs« (ebd., S. 111). Es ist nun nicht so, dass Henry die Damen mit seiner Erzählung verärgert, aber die Atmosphäre ist danach doch deutlich unterkühlt und so vollzieht er den Bruch zwischen sich und den Amerikanerinnen auch physisch und reist ab. Im Rahmen der Gesamter- zählung bleibt Henrys Horrorgeschichte aber insofern von Relevanz, als er sie dem Redakteur Mr. Breckinridge, den er zufällig trifft, zu lesen gibt und daraus der Auftrag entsteht, etwas über die deutschen Panzertruppen zu schreiben. Mit dem Honorar aus diesem Auftrag kauft er sich dann eine Farm (vgl. ebd., S. 114–

135). Analogien zwischen Heinrich Hauser und seiner Figur Henry sind hier wohl unübersehbar.

Das ›Kriegserlebnis‹, und hier muss sicherlich angemerkt werden, dass bei Hauser in *Zwischen zwei Welten* jenes des Ersten und jenes des Zweiten Weltkrieges relativ ununterscheidbar in eins fallen, bedeutet einen epistemischen Bruch zwischen Amerikanern und Europäern. Das wird Henry in der Begegnung mit seinen Arbeitskollegen im Sägewerk in der Nähe seiner Farm überdeutlich:

> »Ich bin nun schon daran gewöhnt, daß sie den Krieg ansehen, wie ein Baseball-Spiel, daß seine Ereignisse für sie in nebelhaften Fernen liegen, weit weniger real als ein Ballspiel auf grünem Rasen. Der Krieg zerriß die Menschheit in zwei Hälften, jene, die ihn erlebten, und die, die ihn nicht erlebten. Hier klafft der Abgrund, über den es keine Brücke gibt.« (ZzW, S. 214)

Wenn man in *Zwischen zwei Welten* auch so etwas wie eine politische Einlassung Hausers erkennen will, und es gibt einige Signale, die das deutlich nahelegen, dann ist die These, die hier vertreten wird, wohl dahingehend zu bestimmen, dass der Krieg die materialistische Konstitution der Moderne als falsch entlarvt. Das ist in Hausers Interpretation der eigentliche Inhalt des ›Kriegserlebnisses‹ und zwar sowohl das des Ersten als auch des Zweiten Weltkrieges. Was genau demgegenüber den idealistisch gewendeten Nachkriegsmenschen auszeichnet, bleibt einigermaßen diffus. Es ließen sich aber eine ganze Reihe Indizien zusammentragen, die darauf hindeuten, dass hier das neue Heil in einer religiösen Renaissance erblickt wird (vgl. etwa ebd., S. 222–224).

8.   Resümee

Eine ähnliche starke Bedeutung des ›Kriegs-‹ oder ›Fronterlebnisses‹ wie für seine Biographik respektive politische Essayistik lässt sich für Hausers zu Lebzeiten publiziertes originär literarisches Schaffen nicht nachweisen. Über Glen in *Brackwasser* erfahren wir zwar, dass er als sechszehnjähriger Soldat »im Winter achtzehn« (Br, S. 130) schrecklich gefroren habe, aber die Bedeutung dieses ›Kriegserlebnisses‹ wird nicht recht ausbuchstabiert. Der Hinweis, der in Bezug auf Glens Besuch bei der Prostituieren Chiquita gegeben wird, er habe angesichts des kurz bevorstehenden Beischlafs dasselbe Gefühl, wie »bevor er zum ersten Male im Krieg ins Feuer ging« (ebd., S. 45), lässt sich allenfalls psychologisch ausdeuten.

Zusammenfassend lässt sich festhalten, dass die starke Virulenz der Figur des ›Kriegs-‹ oder ›Fronterlebnisses‹ in Heinrich Hausers Texten deutlich zeigt, dass ihr in außer- und innerliterarischen Diskursen eine besondere Relevanz zugesprochen wurde. Zunächst versieht sie dessen Träger mit dem Privileg politischer

Handlungsmächtigkeit. »Nicht dabei gewesen zu sein« bedeutet hier zugleich, weder Stimme noch Mandat zu haben, um in der politischen Arena teilzunehmen. Dabei funktioniert die Privilegierung zum Politischen nicht in erster Linie über das Argument, sondern ist eine Frage der Wahrnehmung, des Verstehens und somit eine Frage nach den Bedingungen der Möglichkeit politischer Erkenntnis. Hausers Texte eignen sich insofern besonders dafür, diesem Phänomen nachzuspüren, als sie nicht auf biographisches Wissen rekurrieren, sondern auf solches, das in diskursiven und medialen Konventionen aufzufinden ist. Dass dieses Wissen zudem Kohärenz über den Bruch der Emigration hinaus beansprucht, zeigt auf, wie nachhaltig diese Diskursfigur Bestandteil einer politischen Epistemik war, die Gültigkeit für gleich mehrere Generationen Deutscher beanspruchen kann.

Dass Hauser einen etwas freihändigen Umgang mit dem ›Kriegs-‹ oder ›Fronterlebnis‹ pflegte und dass er in diesem Rahmen auch vor deutlichen Übertreibungen und Erfindungen nicht zurückschreckte, war ihm aber vermutlich selbst schon sehr früh bewusst. Davon und von einem durchaus sehr humorvollen Umgang damit zeugt jedenfalls eine Episode, von der er 1930 in einer kurzen autobiographischen Chronik im Rahmen der Artikelserie *So leben wir! Die Wirrnis unserer Zeit in Lebensläufen* in der Kulturzeitschrift *Uhu* berichtet:

> »Ich soll das Abitur nachmachen. Es gibt einen besonderen Kursus für Soldaten außerhalb des Gymnasiums. Ein Aufsatzthema wird gegeben: ›Meine Kriegserlebnisse.‹ Wie die Arbeit zurückgegeben wird, steht unter meinem Aufsatz keine Zensur, sondern mit roter Tinte geschrieben: ›Das ist kein Aufsatz, sondern ein Ullsteinbuch.‹«[33]

---

33 Heinrich Hauser: Sieben Jahre meines Lebens (1918–1925) [Teil der Serie: So leben wir! Die Wirrnis unserer Zeit in Lebensläufen]. In: Uhu 10 (1930), S. 25–29 u. 104–111, hier: S. 26.

Sebastian Susteck

Felder des Dilettantismus. Heinrich Hausers Jahre im Nationalsozialismus, die Reportage *Fahrten und Abenteuer im Wohnwagen* und die Opel-Trilogie (1934 bis 1940)

1.   Der Fall Thomas Mann, der Fall Heinrich Hauser

1.1   Thomas Mann und Richard Wagner

Am 16. April 1933 – während Heinrich Hauser für seine Reportage *Ein Mann lernt fliegen* eine Ausbildung zum Piloten machte – erschien in den *Münchner Neuesten Nachrichten* ein *Protest* gegen einen Vortrag Thomas Manns über Richard Wagner.[1] Der kurze Text, der »von über vierzig Persönlichkeiten des Münchner Kulturlebens«[2] unterzeichnet wurde,[3] richtete sich gegen Manns »ästhetisierenden Snobismus« und seine »Herabsetzung unseres großen deutschen Musikgenies«,[4] die sich angeblich in einem Münchner Vortrag vom 10. Februar 1933 gezeigt hatten, der zwischenzeitlich in Amsterdam, Brüssel und Paris wiederholt worden war.[5] Anstoß genommen wurde insbesondere daran, dass Thomas Mann Wagner zwar als »Ausdrucksgenie«[6] und genialen Schöpfer

---

1 Der Text des *Protests* findet sich im kompletten Wortlaut unter anderem in Hans Rudolf Vaget: Musik in München. Kontext und Vorgeschichte des »Protests der Richard-Wagner-Stadt München« gegen Thomas Mann. In: Thomas Mann Jahrbuch 7 (1994), S. 41–69, hier: S. 41f., Fn. 2.

2 Hans Rudolf Vaget: Dilettantismus als Politikum: Wagner, Hitler, Thomas Mann. In: Dilettantismus um 1800. Hg. von Stefan Blechschmidt u. Andrea Heinz. Heidelberg 2007, S. 369–385, hier: S. 371.

3 Vgl. für den Hintergrund des Protests, mit Linien, die bis in die 1910er Jahre zurückweisen, Vaget, Musik (wie Anm. 1).

4 Protest, zit. nach ebd., S. 41f., Fn. 2.

5 Die geplante Veröffentlichung in Deutschland kam nicht mehr zustande, doch wurde der Text noch 1933 in Frankreich in der Zeitschrift *Europe* und in Buchform publiziert. Vgl. zur Entstehungs- und Veröffentlichungsgeschichte den Kommentar von Hermann Kurzke u. Stephan Stachorski. In: Thomas Mann: Essays. Hg. von Hermann Kurzke u. Stephan Stachorski. Bd. 4: Achtung, Europa! 1933–1938. Frankfurt/M. 1995, S. 317–341, hier: S. 317f.

6 Thomas Mann: Leiden und Größe Richard Wagners. In: Ders.: Essays. Hg. von Hermann Kurzke u. Stephan Stachorski. Bd. 4: Achtung, Europa! 1933–1938. Frankfurt/M. 1995, S. 11–72, hier: S. 23.

des Gesamtkunstwerks gewürdigt, jedoch auch erklärt hatte, Wagners Größe sei
aus einem letztlich dilettantischen Verhältnis zu den zusammengeführten Ein-
zelkünsten erwachsen. In der Nachfolge Friedrich Nietzsches[7] diagnostizierte
Mann »auf die Gefahr hin, mißverstanden zu werden, daß Wagners Kunst ein mit
höchster Willenskraft und Intelligenz monumentalisierter und ins Geniehafte
getriebener Dilettantismus ist.«[8] Der *Protest* in den *Münchner Neuesten Nachrichten* führte »zum Bruch zwischen Deutschland und seinem bedeutendsten
Schriftsteller«[9] und trug dazu bei, dass der im Ausland befindliche Thomas
Mann, für ihn selbst überraschend, nicht mehr nach Deutschland zurückkehrte.

Die Gefährlichkeit des kurzen und polemischen *Protests* für Mann ergab sich
einerseits aus der von Nationalsozialisten hergestellten Verbindung zwischen
Adolf Hitler und Richard Wagner, und andererseits aus den Besonderheiten des
deutschen Geniebegriffs und seiner Tradition, die ins ›Dritte Reich‹ hineinragte
und erlaubte, Hitler zum »Führer-Genie[]«[10] zu erheben. Wagners Schaffen als
dilettantisch auszuflaggen ließ sich derart als Angriff auf Adolf Hitler selbst
begreifen,[11] der sich nicht nur als verkanntes Genie verstand, sondern eine Rolle
als »Künstler-Charismatiker« einnahm, die die fehlende Intersubjektivierbarkeit
von Regeln der Kunst in den Bereich politischer Entscheidungen übertrug und
ihn »mit einer schier unbegrenzten politischen Generalermächtigung«[12] versah.
Hitlers Selbstbestimmung als »Tatgenie«[13] war im deutschen Vorstellungshaus-
halt 1933 vorbereitet, denn während der Geniebegriff »ursprünglich auf das in-
novative Potenzial des Künstlers bezogen« war, wurde er »im Verlauf der Zeit
immer stärker mit der Vorstellung vom großen heroischen Übermenschen verbunden, der seine Ideen gegen alle Widerstände gradlinig durchsetzt«[14] und
gerade durch Wagner repräsentiert schien. Auf diese Weise wurde das Genie aus
dem bloßen Bereich der Kunst befreit und konnte in die Politik, aber auch die
Wirtschaft, Technik oder Wissenschaft übergreifen. Demgegenüber vermochte
das nationalsozialistische Denken kaum einer Dilettantismusvorstellung zu
folgen und sie zu bejahen, die zwar notorisch mehrdeutig blieb, im Falle Thomas

---

7 Vgl. Friedrich Nietzsche: Unzeitgemäße Betrachtungen. Viertes Stück: Richard Wagner in
   Bayreuth. In: Ders.: Sämtliche Werke (KSA). Hg. von Giorgio Colli und Mazzino Montinari.
   Bd. I. 2. Aufl. München 1988, S. 429–510, hier: S. 436.
8 Mann, Leiden (wie Anm. 6), S. 23.
9 Vaget, Dilettantismus (wie Anm. 2), S. 372.
10 Jochen Schmidt: Die Geschichte des Genie-Gedankens 1750–1945. Bd. 2: Von der Romantik
   bis zum Ende des Dritten Reichs. Darmstadt 1985, S. 209.
11 Vgl. Vaget, Dilettantismus (wie Anm. 2), S. 380.
12 Wolfram Pyta: Hitler. Der Künstler als Politiker und Feldherr. Eine Herrschaftsanalyse.
   München 2015, S. 242. – Hitlers selbstbehauptete Identität als Künstler wurde zum Fundament für ein Verhalten, »das sich durch regelbrechende Praxis [...] auf dem Feld der Technik
   wie der Politik, aber auch des Militärs« (ebd., S. 577) auszeichnete.
13 Ebd., S. 577.
14 Birgit Schwarz: Geniewahn: Hitler und die Kunst. Wien, Köln u. Weimar 2009, S. 89.

Manns aber erkennbar aus dem *Fin de siècle* sowie dem Feld kosmopolitischer *décadence* stammte[15] und den Dilettanten über – von Wagner am Ende vorgeblich durchbrochene und sublimierte – Zerstreuung, Antriebslosigkeit und fehlende Vitalität bestimmte. Thomas Mann hatte sich in einem politisch riskanten Feld verlaufen, in dem der stets vage, doch überwiegend pejorativ konnotierte Begriff des Dilettantismus[16] mit unklar relationierten Vorstellungen von Genie, Führer und Volk kollidierte, die unter Nationalsozialisten und im deutschen Bürgertum fluktuierten.

1.2 Thomas Mann und Heinrich Hauser

Zu den Autoren, die Thomas Mann in literarischen Betrachtungen in den Diskurs des Dilettantismus eintrug, gehört überraschenderweise auch Heinrich Hauser. 1928, fünf Jahre vor nationalsozialistischer Herrschaft und Emigration, würdigte Mann Hausers »Matrosen- und Kolonisten-Roman«[17] *Brackwasser* als »starke Geschichte von jener sensitiven Gesundheit, deren Meister Hamsun ist«.[18] Damit griff er eine früh populäre Beschreibung Hausers[19] auf und wies ihm ausgerechnet die Rolle als Gegenbild jenes Dilettanten des *Fin de siècle* zu,[20] dessen

---

15 Als grundlegend gelten hierbei die Schriften Paul Bourgets, und zwar insbesondere das zweite Kapitel einer Studie zu Ernest Renan. Vgl. für den Text unter anderem Paul Bourget: Du dilettantisme. Hg. u. übers. von Rudolf Brandmeyer. In: Hofmannsthal Jahrbuch zur Europäischen Moderne 24 (2016), S. 133–151. Vgl. zudem Paolo Panizzo: Ästhetizismus und Demagogie. Der Dilettant in Thomas Manns Frühwerk. Würzburg 2007; Bengt Algot Sørensen: Der »Dilettantismus« des Fin de siècle und der junge Heinrich Mann. In: Orbis litterarum 24 (1969), S. 251–270; Joëlle Stoupy: Thomas Mann und Paul Bourget. In: Thomas Mann Jahrbuch 9 (1996), S. 91–106.

16 Vgl. zur Wort- und Begriffsgeschichte vor allem Hans Rudolf Vaget: Der Dilettant. Eine Skizze der Wort- und Bedeutungsgeschichte. In: Jahrbuch der deutschen Schillergesellschaft 14 (1970), S. 131–158.

17 Thomas Mann: Bücherliste. In: Ders.: Gesammelte Werke in dreizehn Bänden. Bd. XIII: Nachträge. Frankfurt/M. 1974, S. 418–423, hier: S. 420. Noch ein zweites Mal würdigt Thomas Mann *Brackwasser*, nämlich in: [Vorwort zu dem Katalog ›Utländska Böcker 1929‹]. In: Ders.: Gesammelte Werke in zwölf Bänden. Bd. X: Reden und Aufsätze 2. Frankfurt/M. 1960, S. 721–726, hier: S. 726.

18 Mann, Bücherliste (wie Anm. 17), S. 421.

19 Vgl. auch die Rezension von Boris Silber: Heinrich Hauser: Brackwasser. In: Die literarische Welt 4 (1928), H. 40, S. 6.

20 In diese Richtung weist auch der Vergleich mit Knut Hamsun, den Mann als Künstler bewunderte und bei dem er gleichwohl schon 1922 als »geistige Tendenzen […] das Antiliterarische, Antirhetorische, Antidemokratische, man könnte fast sagen: das Antihumanistische« diagnostizierte (Thomas Mann: Die Weiber am Brunnen. In: Ders.: Essays. Hg. von Hermann Kurzke u. Stephan Stachorski. Bd. 2: Für das neue Deutschland (1919–1925). Frankfurt/M., S. 117–124, hier: S. 122). Dass sich dies ab 1933 ausgerechnet in Hamsuns Parteinahme für den Nationalsozialismus widerspiegelte, erschütterte Mann, der noch 1953

»Seele ein Mosaik komplizierter Empfindungen«[21] darstellt, die Affirmation und Tatkraft hemmen.[22] Noch in den frühen 1930er Jahren sollte Hauser selbst Manns Wahrnehmung bestätigen.[23]

Tatsächlich war Hauser als Person jedoch weniger stabil, als es den Anschein machte, und keineswegs, wie Mann nahelegt, schlichte Negation des Dilettanten, sondern in multiplen Feldern des Dilettantismus beheimatet. Auch war seine Position im Nationalsozialismus weniger gefestigt, als es heute scheint. Obwohl er sich Mitte der 1930er Jahre vergleichsweise sicher fühlen konnte, jedenfalls aber opportunistisch alles dafür getan hatte, mit den neuen Machthabern auf gutem Fuß zu stehen, blieb nicht nur ein subjektives Unbehagen, sondern eine objektiv schwierige Lage, die im März 1939 endgültig in die Emigration führte, nachdem 1937 bereits seine Ehefrau Deutschland verlassen und er 1938 seine zwei Kinder auf unterschiedlichen Wegen außer Landes gebracht hatte.[24] Dies hatte nicht nur damit zu tun, dass Hauser kein überzeugter Nationalsozialist war, geschäftlich Verbindungen zum ›jüdischen‹ S. Fischer-Verlag unterhalten hatte[25] und mit Ursula Bier mit einer jüdischen Frau verheiratet war,[26] sondern ergab sich auch aus seiner Persönlichkeit und aus grundlegenden Aspekten seiner

---

von einem »tragisch-ärgerliche[n] geistige[n] Vorkommnis« sprach (zit. Leonie Marx: Thomas Mann und die skandinavischen Literaturen. In: Thomas-Mann-Handbuch. Hg. von Helmut Koopmann. 2. Aufl. Stuttgart 1995, S. 165–199, hier: S. 179; vgl. zur Beziehung von Thomas Mann zu Hamsun ebd., S. 178–182.)

21 Bourget, Dilettantisme (wie Anm. 15), S. 147.

22 Auch das *Börsenblatt für den Deutschen Buchhandel* wirbt für *Brackwasser* mit einem undatierten Zitat, das dem *Hamburgischen Correspondenten* entnommen sein soll und Hauser mit Hansum verbindet. Vgl. o. A.: [Den Gerhart-Hauptmann-Preis 1929 erhielt soeben Heinrich Hauser]. In: Börsenblatt für den Deutschen Buchhandel Nr. 4, 96. Jg., 05. Januar 1929, S. 103.

23 Die Abwägungen und das ästhetische Kategoriensystem, in denen Mann 1933 in seiner Auseinandersetzung mit Wagner stand, aber überhaupt diese Auseinandersetzung blieben Hauser fremd. Im April 1934 kam er ausgerechnet nach Bayreuth. Bezeichnenderweise finden Wagner, die Oper oder das Festspielhaus in seinem Bericht jedoch keinerlei Erwähnung (vgl. FAW, S. 69 u. 74). Drei Monate später, vom 22.07. bis 31.07.1934, war Hitler hier zu Gast und besuchte die Wagner-Festspiele (vgl. Harald Sandner: Hitler – Das Itinerar. Aufenthaltsorte und Reisen von 1889 bis 1945. Band III: 1934–1939. 2. korr. Aufl. Berlin 2016, S. 1210ff.).

24 Vgl. Mirjam Schubert: Das Verhältnis von Mensch und Maschine im Werk Heinrich Hausers. Berlin u. a. 2021, S. 84.

25 Wie die nationalsozialistische Kulturbürokratie durchaus bemerkte; vgl. die Dokumente bei Gregor Streim: Als nationaler Pionier inner- und außerhalb des Dritten Reichs. Heinrich Hauser 1933–45. In: Spielräume des einzelnen. Deutsche Literatur in der Weimarer Republik und im Dritten Reich. Hg. von Walter Delabar, Horst Denkler u. Erhard Schütz. Berlin 1999, S. 105–120, hier: S. 116f.; auch zitiert von Schubert, Verhältnis (wie Anm. 24), S. 88 u. 91.

26 Vgl. Schubert, Verhältnis (wie Anm. 24), S. 83; Grith Graebner: »Dem Leben unter die Haut kriechen …«. Heinrich Hauser. Leben und Werk. Eine kritisch-biographische Werk-Bibliographie. [Diss.] Aachen 2001, S. 33 u. 50.

Existenz, für die die Weimarer Republik gute Bedingungen geboten hatte,[27] die nun erodierten. Auch wenn diese Existenz keine solche »intellektueller und emotionaler Metamorphose«[28] voll »kunstreiche[r] Nuancen«[29] war, die durch die »Flut der Demokratie«[30] geformt wurde – wie es bei Paul Bourget heißt –, war sie von Wechselhaftigkeit, persönlicher Nervosität, aber auch Fragen nach der eigenen künstlerischen wie biographischen Position, solchen des Experten- und Laientums sowie der Professionalität und schlussendlich des Dilettantismus affiziert. Was in der Hauser-Forschung mit psychologischem Akzent beschrieben worden ist, nämlich Hausers radikaler Individualismus, sein Streben nach persönlicher Autonomie und Freiheit, seine Unruhe, seine Sprunghaftigkeit und die fehlende Bereitschaft zur Ein- und Unterordnung, hatte eine Entsprechung im Feld sozialer Rollen,[31] wo Hauser notorisch prekär beheimatet war und wo seine klare Einordnung durch ineinanderlaufende Positionen verhindert wurde. Hausers Existenz als Künstler, Reporter, Reise- und Industrieschriftsteller, Erfinder,[32] (ehemaliger) Seemann und (ehemaliger) Arbeiter sowie sein schwebendes, in allen Handlungsfeldern durch gleichermaßen große Fähigkeiten wie mangelnde Professionalisierung ausgezeichnetes Leben drohten ihn ab 1933 zum Ziel bedrohlicher Skepsis zu machen. Auf den ersten Blick ein Mann von Vitalität, Kraft, Gesundheit und Männlichkeit,[33] der aus all dem Kapital zu schlagen vermochte und bemüht war, es in seinen Schriften nach außen zu wenden, war Hausers Charakter tatsächlich fragil. Zugleich führte das Leben des ebenso begabten wie hoch produktiven Autors und technophilen Reisenden den teils selbstgewählten Ruch des Nomadischen, Randständigen und Improvisiert-Di-

---

27 »Hauser gehört nun zu den großen Feuilletonisten der Weimarer Republik«, notiert Walter Delabar: Vom Umgang mit Menschen und Maschinen. Heinrich Hausers *Donner überm Meer*. In: Ders.: Moderne-Studien. Beiträge zur literarischen Verarbeitung gesellschaftlicher Modernisierungen im frühen 20. Jahrhundert. Berlin 2005, S. 209–218, hier: S. 214, über die Situation in der zweiten Hälfte der 1920er Jahre.

28 Bourget, Dilettantisme (wie Anm. 15), S. 137.

29 Ebd., S. 139.

30 Ebd., S. 149.

31 »Der sachliche Kern des Begriffs [Dilettant] ist ein sozialer«, notiert Georg Stanitzek: Art. ›Dilettant‹. In: Reallexikon der deutschen Literaturwissenschaft. Bd. I: A–G. Hg. von Klaus Weimar, Harald Fricke, Klaus Grubmüller u. Jan-Dirk Müller. Berlin u. New York 2007, S. 364–366, hier: S. 364.

32 Hauser hat vermutlich, notiert Graebner, »Dem Leben …« (wie Anm. 26), S. 209f., drei Patente angemeldet, nämlich 1933 eines über eine »Vorrichtung zum Beruhigen der Meeresoberfläche«, 1934 eines »zur Verminderung des Fahrwiderstandes bei Kraftfahrzeugen mit nicht stromlinienförmigem Fahrzeugkörper« und wahrscheinlich 1954 eines über einen »Spannschlauch für Schneeketten«.

33 Vgl. die häufig aufgerufene Charakterisierung von Hans Bütow: Vom Auge her. Der Reporter Heinrich Hauser. In: Ders.: Spur von Erdentagen. Eine Porträtgalerie. Frankfurt/M. 1958, S. 63–70, die ungeachtet ihres sentimentalen Zuges und des Eingeständnisses, Hauser immer nur »kurz und flüchtig« (ebd., S. 64) begegnet zu sein, durchaus aufschlussreich ist.

lettantischen mit sich, der im ›Führerstaat‹ gefährlich werden konnte. In einem politischen System, das vom ersten Tag an ebenso auf Gleichschaltung und Zensur setzte wie auf Überwachung, Kontrolle und Vernichtung und dessen Ideologie, wie Thomas Mann schmerzhaft erfahren musste, in allen Bereichen ästhetisch kontaminiert war, war auch das Leben Hausers keineswegs gesichert, sondern potenziell multiplen Gefährdungen ausgesetzt.[34]

2.   Felder des Dilettantismus

2.1   Am Rande der Technik

Im Folgenden geht es zugleich um Hausers Jahre im Nationalsozialismus und um Felder eines – und seines – Dilettantismus', der schwer zu greifen, aber nicht unwichtig ist.[35] Bei Hauser erschienen an verschiedenen, systematisch trennba-

---

34 Wenn Streim, Pionier (wie Anm. 25), S. 105, in Übereinstimmung mit dem Sammelbandtitel den »relativ großen Spielraum« Hausers im Dritten Reich betont, formuliert er eine plausible Einschätzung, die so gleichwohl vor allem retrospektiv möglich ist. Auch die Beobachtung eines »singulären« Bewegungsprofils Hausers »zwischen Deutschland, Australien, Kanada und den USA« (ebd.) ist sicher zutreffend, verdeckt allerdings, dass es wohl bereits um Evasions- und Fluchtbewegungen ging, die Hauser nicht immer in der Gewissheit eigenen Erfolgs vollzog. Es gehört sicherlich zu den bemerkenswerten Aspekten von Hausers Leben im ›Dritten Reich‹, dass es aus heutiger Sicht nachgerade ungefährdet wirkt, was aber nicht notwendig das tatsächliche Problempotenzial für Hauser selbst erfasst. – Zu erwähnen bleibt in diesem Zusammenhang die freilich nicht klar verifizierte Episode, wonach Hauser aufgrund politischer Äußerungen Anfang 1939 einem Verhör der Geheimen Staatspolizei unterzogen wurde. Vgl. Graebner, »Dem Leben ...« (wie Anm. 26), S. 33.

35 Schwierigkeiten für die Analyse resultieren unter anderem aus seiner Mehrdimensionalität, historischen Wandelbarkeit und multiplen referenziellen Bestimmtheit, wenn Dilettantismus als Phänomen der Kunst und Literatur einerseits und der Wissenschaft, Technik und des Berufslebens, ja zunehmend auch privater Lebensvollzüge andererseits auftritt. Vgl. die gute Übersicht von Anina Engelhardt: Der Dilettant. In: Diven, Hacker, Spekulanten. Sozialfiguren der Gegenwart. Hg. von Stephan Moebius u. Markus Schroer. Frankfurt/M. 2010, S. 68–80. – Vgl. zum Dilettantismus in Kunst und Literatur Simone Leistner: Art. ›Dilettantismus‹. In: Ästhetische Grundbegriffe. Bd. 2: Dekadent – Grotesk. Hg. von Karlheinz Barck u. a. Stuttgart u. Weimar 2001, S. 63–87; Georg Stanitzek: Poetologien des Dilettantismus – ironisch? In: Sprachen der Ironie. Sprachen des Ernstes. Hg. von Karl Heinz Bohrer. Frankfurt/M. 2000, S. 404–414; aufschlussreich auch Gert Mattenklott: Das Ende des Dilettantismus. In: Merkur 41 (1987), H. 461, S. 748–761, der die moderne Dilettantismusvorstellung als negatives Spiegelbild der Geschichtsphilosophie des deutschen Idealismus entstehen sieht, welche den Dilettantismus als Form künstlerischen Versagens vor der Philosophie gefasst und damit ältere, positive Vorstellungen des Dilettanten diskreditiert habe. Vgl. zur Geschichte des Dilettantismus in Kunst und Wissenschaft Christine Heidemann: Dilettantismus als Methode. Mark Dions Recherchen zur Phänomenologie der Naturwissenschaften. [Diss.] Gießen 2005, S. 41–99. Abrufbar unter: http://geb.uni-giessen.de/geb/volltexte/2006/3803/pdf /HeidemannChristine-2005-12-16.pdf (23.03.2022); Julia Kerscher: Autodidaktik, Artistik, Medienpraktik. Erscheinungsweisen des Dilettantismus bei Karl Philipp Moritz, Carl Einstein

ren und einander dennoch beeinflussenden Stellen Verbindungen von Kön-
nerschaft und Mangel, die ihn in einen Strudel des Zweifels und Selbstzweifels zu
ziehen drohten, dessen Sogkraft mit dem Ende der Weimarer Republik und dem
Beginn der nationalsozialistischen Diktatur zunehmen musste. Nach grundle-
genden Ausführungen stehen im Folgenden vier faktuale Texte im Zentrum des
Interesses, nämlich die in der Forschung zu Unrecht kaum beachtete Reportage
Fahrten und Abenteuer im Wohnwagen, die 1935 im Carl-Reißner-Verlag als
Buch publiziert wurde, sowie die traditionell stärker beachtete ›Opel-Trilogie‹
Am laufenden Band (1936), *Opel. Ein deutsches Tor zur Welt* (1937) und *Im
Kraftfeld von Rüsselsheim* (1940).

Schwierig war Hausers Position, erstens, mit Blick auf die wesentlichen Gegenstände und Themen seines Schreibens. Dass der besonders für sein techni-
sches Verständnis gefeierte Autor die eigene Position als unbefriedigend empfand und sich in Anbetracht vermeintlicher oder tatsächlicher Mängel zu pro-
filieren suchte, deutet schon die Artikelfolge *Friede mit Maschinen* an, mit der er
im Jahr von *Brackwasser* auch als Technik- und Automobilschriftsteller[36] auf dem
Buchmarkt reüssierte und wo er explizit als ›Laie‹ – wenn auch nicht ›Dilettant‹ –
firmierte.[37] Auffällig ist, dass die veranschlagte Perspektive nicht nur offensiv
vorgetragen, sondern zugleich als unbefriedigend gekennzeichnet wird, wenn
Hauser andeutet, die eingenommene ›Laienposition‹ deutlich überschreiten zu
können und daher technisch unter den eigenen Möglichkeiten zu operieren.[38]
Abgeschwächte Reflexe der Ambivalenz finden sich noch in der Opel-Trilogie, in

---

und Thomas Bernhard. Göttingen 2016, bes. S. 13–101; Alexander Rosenbaum: Der Amateur
als Künstler. Studien zur Geschichte und Funktion des Dilettantismus im 18. Jahrhundert.
Berlin 2010. Vgl. zur Verbindung von Dilettantismus und Populärwissenschaft Andreas W.
Daum: Wissenschaftspopularisierung im 19. Jahrhundert. Bürgerliche Kultur, naturwissen-
schaftliche Bildung und die deutsche Öffentlichkeit, 1848–1914. 2. erg. Aufl. München 2002,
unter anderem S. 103–110. »Was unter Dilettantismus zu fassen ist, verhandelt jede Epoche
für sich neu«, notiert Kerscher, Autodidaktik, S. 15. Was Dilettantismus sei, sei »alles andere
als klar«, schreibt auch Stanitzek, Poetologien, S. 404.

36 Hier noch nicht bei Opel, sondern wohl in den Frankfurter Adlerwerken. Vgl. O. A.: O. T. In:
UmM, S. 74–78, hier: S. 74.

37 Die Schrift wurde vom Reclam-Verlag mit den Worten beworben, der Autor verzichte als
»Laie[]« auf »Zahlen und Formeln« (o. A.: [Neuigkeiten zur Hundertjahrfeier]. In: Börsen-
blatt für den Deutschen Buchhandel Nr. 204, 95. Jg., 01. September 1928, o. S.), was auch dem
Programm des Textes selbst entspricht. »Wir werden im folgenden versuchen«, so Hauser in
FmM, S. 3, »Erklärungen zu geben, die, von einem Laien für Laien geschrieben, von Zahlen
und Formeln möglichst unbelastet sind.«

38 »Wir verzichten – ungern – auf Formeln und Zahlen, die zu einer exakten Darstellung
gehören müßten. Wir müssen verzichten einmal des beschränkten Raumes wegen; zweitens
weil es eine Unhöflichkeit bedeutet, mit Zahlen und Formeln zu arbeiten, die voraussetzen,
daß die Leser sich mit einer Sache intensiv genug befassen, um sich etwas darunter vorzustellen. Beschränken wir uns also auf das Ungefähre.« (FmM, S. 33f.) »Populäre technische
Beschreibungen gehen meist an den interessantesten und hübschesten Einzelheiten aus
Gründen der Verständlichkeit vorbei.« (Ebd., S. 72)

der Hauser sowohl die eigene Sensibilität als Beobachter hervorhebt wie seine Außenseiterrolle zu kaschieren sucht.

Im 1934 publizierten autobiographischen Roman *Kampf* heißt es: »Ich kann nicht Ingenieur werden! Ich kann den Vorlesungen auf der Technischen Hochschule in Stuttgart nicht folgen; mein Gehirn arbeitet nicht. Die Worte, die Zahlen, die Begriffe verschwimmen mir wie im Nebel.« (KGe, S. 137) Und 25 Seiten später folgt die vernichtende Bilanz:

> »Ich habe als Arbeiter gelebt und habe dies Leben nicht durchgehalten.
> Ich habe studiert und habe wiederum nicht durchgehalten.
> So betrachte ich mich als völlig mißraten.« (Ebd., S. 162)

Die Darstellung, die die mangelnde Eignung zum Studium auf einen Unfall im Ruhrgebiet zurückführt (vgl. ebd., S. 134 ff.), ist ebenso dunkel wie apologetisch, und tatsächlich scheint Hauser zeitlebens unter einem Mangel an Professionalisierung gelitten zu haben, der fehlende Ausbildung und fehlendes Studium – des Ingenieurwesens (vgl. ebd., S. 137),[39] der Medizin[40] – gleichermaßen umfasste. Mangelnde Fähigkeiten und Qualifikationen führten zu Misserfolgen und demütigenden Erlebnissen, was etwa seine kurze Tätigkeit in der Seefahrt betraf,[41] die literarisch größer wirkte, als sie an Bord gewesen war.[42] Die oft bemerkte, aber nicht immer begründete Tatsache, dass Hauser sich Arbeitserfahrungen zuschrieb, die nicht nur quantitativ übertrieben waren, sondern auch Tätigkeiten umfassten, die er nie ausgeübt hatte,[43] gewinnt von hier aus als

---

39 Dieses Studium scheint Hauser gar nicht erst angetreten zu haben. Vgl. Graebner, »Dem Leben ...« (wie Anm. 26), S. 23.

40 Vgl. Schubert, Verhältnis (wie Anm. 24), S. 51.

41 Vgl. die Rekonstruktion von Wolfgang Bühling: Heinrich Hauser und die Pamir. In: LS 2020, S. 303–383. Bühling zeichnet auf S. 308 f. nach, dass Hauser seine Arbeit auf Handelsschiffen mit wenig seefahrerischen Fähigkeiten begann und vermutet unter Verweis auf eine Passage aus KGe, S. 173–175, dass sich Hauser bereits auf der ersten Fahrt durch seine Unkenntnis in der Bedienung des Steuerrads disqualifizierte. Er belegt auch, dass für Hauser die Seefahrt keine Herzensangelegenheit war, sondern »eher Mittel zum Zweck« (Bühling, Hauser, S. 327).

42 Vgl. Bühling, Hauser (wie Anm. 41), der in ebd. auf S. 319 f. u. 363 ff. besonders auf drei Dinge aufmerksam macht: Erstens war Hausers Zeit als aktiver Seemann wesentlich kürzer als von ihm selbst angegeben und umfasste nicht, wie in KGe, S. 254, behauptet, Fahrten von zehn, sondern von weniger als zwei Jahren Länge; zweitens war Hausers Seefahrt im Wesentlichen »gutbürgerlich« und vollzog sich in »wohlgeordnete[r] Linienfahrt bestbeleumundeter deutscher Reedereien«; drittens war Hauser bei seiner berühmten Fahrt auf der Pamir bereits nicht mehr als Matrose unterwegs, sondern in unklarer Stellung und eher Passagier denn eigentliches Besatzungsmitglied.

43 So Gelegenheitsarbeiten, die er 1923 in Australien ausgeübt haben will (vgl. Bühling, Hauser (wie Anm. 41), S. 312 f.), eine Leitung der literarischen Abteilung der Adam Opel AG (vgl. Schubert, Verhältnis (wie Anm. 24), S. 82, Fn. 261) oder eine Tätigkeit im Bergbau unter Tage, die angeblich ein halbes Jahr währte, aber wohl nie existiert hat (vgl. USI, S. 9, eine Stelle, an der auch die Behauptung zehn Jahre dauernder Seefahrt wiederholt wird.) Vgl. zum Bergbau in Hausers Werk Sebastian Susteck: »Into some subterranean place«: Ästhetik in Reportagen

Versuch Plausibilität, dem unsteten und brüchigen Selbst professionelle Kraft, wenigstens aber Kredibilität der Praxis zu verleihen. Gleichwohl hatte Hauser aufgrund seiner beruflichen Erfahrungen und besonderen Dispositionen im Feld des Journalismus, das aus strukturellen Gründen dem Dilettantismus besonders nahesteht,[44] ebenso eine produktive Sonderrolle inne wie in der belletristischen Literatur, was sich in einer nicht unproblematischen Weise über thematische Expertise zeigte, aber letztlich im Zusammenspiel von Sachkenntnis und sprachlicher Kunstfertigkeit bestand. Nicht im Feld der Ingenieure, wohl aber dem der konstitutiv dilettierenden Reporter war Hauser daher relativ ein Meister,[45] dessen besondere Fähigkeiten auch monetären Wert besaßen, wie seine zahlreichen Auftragsarbeiten belegen.

2.2   Am Rande der Kunst

Das Problem des Dilettantismus betraf bei Hauser jedoch, zweitens, auch seine Rolle als Autor, die mit der Frage belastet war, ob er, wenn schon nicht Genie, dann doch ›eigentlicher‹ Schriftsteller oder Literat, also Künstler sei, oder ob er nur jemanden darstelle, der mehr oder minder geschickt ungewöhnliche Lebenserfahrungen und Eindrücke verschriftlichte.[46] Obwohl *Kampf* von »humanistischer Bildung« Hausers spricht (KGe, S. 108), wird im Roman nicht bloß ein antiintel-

---

aus Bergbau- und Industriegebieten: Orwell, Kisch, Roth, Hauser, Böll. In: Literatur in Wissenschaft und Unterricht 47 (2014), S. 355–376; ders.: Faszination des Fremden. Die Welt der Schwerindustrie in Reportagen der 1920er bis 1950er Jahre. Texte und Fotografien. In: Der Anschnitt 69 (2017), S. 214–232.

44 Vgl. Engelhardt, Dilettant (wie Anm. 35), S. 76.

45 Zu den Problemen, das Vorhandensein von Dilettantismus festzustellen, gehört, dass in der Regel der Maßstab unklar ist, mit dem er zu erfassen wäre, bzw. dass der Maßstab sich je nachdem, wer misst, verändert. »[M]an kann auf jeder Stufe wieder ›dilettantisch‹ sein und als ›Dilettant‹ ausgeschlossen werden, auch auf der Ebene des Meisters«, schreibt Erhard Schüttpelz: Die Akademie der Dilettanten (Back to D.). In: Akademie. Hg. von Stephan Dillemuth. München 1995, S. 40–57, hier: S. 46. Umgekehrt folgt daraus, dass auch Personen, die aus Sicht von Fachleuten dilettantisch wirken mögen, aus konkurrierenden Perspektiven sehr kompetent scheinen können. Hierzu auch Uwe Wirth: Dilettantische Konjekturen. In: Dilettantismus als Beruf. Hg. von Safia Azzouni u. Uwe Wirth. Berlin 2010, S. 11–29, hier: S. 22f.

46 Als sich um 1800 neue Begriffe des Dilettanten und Dilettantismus bilden, erklärt Kerscher, Autodidaktik (wie Anm. 35), S. 69–75, zeigt sich ihre exklusive Tendenz im Bereich der Kunst weit stärker als im Bereich der Wissenschaften. Wesentlich hat dies damit zu tun, dass der wissenschaftliche ›Amateur‹ oder »Amateurwissenschaftler« (ebd., S. 70) funktional für die Wissenschaften wirken kann, indem er sie unter anderem mit Beobachtungen und Daten versorgt. Ähnliche Leistungen scheinen im Bereich der Kunst nicht möglich. Auch wenn die Rolle der wissenschaftlichen Amateure im Zuge fortschreitender Spezialisierung immer schwieriger wird und spätestens im letzten Fünftel des 19. Jahrhunderts massiv an Bedeutung verliert (vgl. Daum, Wissenschaftspopularisierung (wie Anm. 35), S. 366), wirkt die unterschiedliche Offenheit der gesellschaftlichen Bereiche für dilettantische Impulse bis heute nach.

lektueller Affekt deutlich, sondern ebenfalls nicht verborgen, dass Hauser weder bezüglich des Schreibens auf ein entsprechendes Studium – etwa der Philologie – zurückgreifen konnte, noch eine künstlerische Ausbildung z.B. als Photograph oder Filmautor, wo er sich ebenfalls versuchte, besaß.[47] Nach 1945 wurde die Frage nach seinem Status – sicherlich auch durch die Emigration bedingt – effektiv zu Ungunsten einer Rolle als Literat und Künstler beantwortet.[48]

Betrachtet man Hausers Selbstdarstellung und öffentliche Wahrnehmung vor und in der Diktatur, sind seine Andeutungen, er gehöre dem Kunstbetrieb nicht eigentlich an und trage zur Kunst nicht bei,[49] sicherlich mit Vorsicht und als Versuch gewinnbringender Selbstpositionierung zu verstehen, was zumal im Kontext der Neuen Sachlichkeit vor 1933 nicht ungewöhnlich war,[50] ab 1933 aber auch Versuchen des Selbstschutzes gedient haben mag. Gleichwohl dürfte Hausers teils überaus einfache und nachgerade antiästhetische Kunstauffassung nicht *nur* strategisch begründet gewesen sein, zumal sie performativ an Stellen seines Schreibens realisiert wird, wo es nicht um ihn selbst geht, wie in seinen – spärlichen – Rezensionen (vgl. den Beitrag von Pilz in diesem Band). Die auf den ersten Blick wenig spektakuläre Tatsache, dass Hauser keinen kohärenten Kommentar eigenen Schreibens und eigener Poetik entwickelt, aber auch andere Autorinnen und Autoren und ihr Schreiben kaum reflektiert hat, sondern diesbezüglich in seinem Werk lediglich verstreute und in ihrer Bedeutung schwer einzuschätzende kurze Äußerungen macht,[51] war und ist wichtige Vorlage einer potenziellen Abwertung als Künstler, wenn nicht Einschätzung als literarischer Laie oder Dilettant. Entscheidend ist hierbei die Vermutung, Hausers Interesse habe nicht eigentlich auf Kunst und künstlerischer Formung gelegen, sondern diese *en passant* und in unreflektiert-zwangsläufiger Weise erzeugt, während der

---

47 »[E]r war alles andere als ein homme de lettres, nicht der Typ eines Intellektuellen, kein Literat, obwohl er das Handwerk so gut beherrschte«, schreibt Bütow, Auge (wie Anm. 33), S. 66.

48 Vgl. Schubert, Verhältnis (wie Anm. 24), S. 94f.

49 Vgl. neben Selbstbekundungen Hausers wie etwa seiner Wendung gegen die Literatur in UmM, S. 71, z.B. Bütow, Auge (wie Anm. 33), S. 63f., oder die Skizze von Benno Reifenberg: Heinrich Hauser. In: FI, S. 71–75, hier: S. 74.

50 Vgl. zum schwierigen Verhältnis zwischen dem Beruf des literarischen Autors, also Künstlers, des Reporters und allgemeiner des Journalisten in der Zwischenkriegszeit Matthias Uecker: Wirklichkeit und Literatur. Strategien dokumentarischen Schreibens in der Weimarer Republik. Bern 2007, bes. S. 140–160.

51 Besondere Bedeutung kommt dabei sicherlich der, im Detail freilich schwer deutbaren, Diskussion der ›Bücherkiste‹ des Protagonisten Jorg zu, die sich in NDW, S. 212ff., findet. Neben einer deutlichen Verehrung von James Joyce (ebd., S. 212) erscheint hier vor allem eine Abwertung ›modernen‹ Schreibens, die bemerkenswerterweise damit begründet wird, moderne Autorinnen und Autoren praktizierten einen »hochgezüchteten Beruf[]« und hätten sich »spezialisiert«, während sie kaum mehr »innerem Drang« (ebd., S. 213) zum Schreiben folgten.

Blick durch sie hindurchgegangen und auf das Dargestellte bzw. sein Erleben gerichtet geblieben sei. Erhard Schütz formuliert in diesem Sinne, es gehe dem Autor Hauser darum, »dem dargestellten Gegenstand die Dignität [zu] geben, aus der sich der Darstellende selbst rechtfertigen kann.«[52] Mit einem pointierten Vergleich zwischen Hauser und Egon Erwin Kisch ergänzt er, »daß Hauser primär am *Genuß des Erlebten* und seiner Gestaltung interessiert ist, während Kisch darauf hinarbeitet, daß die *Darstellung Genuß* bereitet, d. h. ästhetisch wirksam ist.«[53] Schon in Friedrich Schillers und Johann Wolfgang Goethes dunklem,[54] aber einflussreichen Fragment *Über den Dilettantismus* wird gemutmaßt, der Dilettant erleide »auf eine lebhafte Weise Wirkungen« und glaube deshalb fälschlich, »mit diesen erlittnen Wirkungen wirken zu können.«[55] Zwar geht es dabei um Wirkungen von Kunstwerken, nicht einer vorkünstlerischen Realität, aber der Vorwurf, es sei ein Zeichen fehlender künstlerischer Kraft, »den Empfindungszustand in den er [=der Dilettant] versetzt ist auch produktiv und praktisch zu machen«,[56] *ohne die künstlerische Formbildung als eigentliche Herausforderung zu erkennen*, findet sich in Schütz' Formulierung über Hauser gespiegelt.

Wie immer man dies beurteilen mag, ist eine literarische Arbeit, die weitgehend praktisch-implizit und ohne (selbst-)reflexive Öffnung erfolgt, immer bedroht, als unkünstlerisch erfasst zu werden, und dieser Bedrohung sah auch Hauser sich unzweifelhaft ausgesetzt, was durch seine unbekümmerte Tendenz zu faktualen und Auftragswerken nur verstärkt werden konnte.[57] Zu ergänzen bleibt in diesem Zusammenhang die – in der Forschung noch nicht weiter erschlossene – Tatsache,

---

52 Erhard Schütz: Kritik der literarischen Reportage. Reportagen und Reiseberichte aus der Weimarer Republik über die USA und die Sowjetunion. München 1977, S. 48.

53 Ebd., S. 55. »Es ist die Aufgabe des Schriftstellers, zu schildern, was ist«, heißt es in KvR, S. 217. Vgl. zu Hausers Vorstellung schriftstellerischer Arbeit auch Graebner, »Dem Leben …« (wie Anm. 26), S. 115.

54 Auf die scheinbar mangelnde logische Kohärenz des Textes weist etwa Matthias Plumpe: Dilettant/Genie. Zur Entstehung einer ästhetischen Unterscheidung. In: Zeitschrift für Literaturwissenschaft und Linguistik 41 (2011), S. 150–175, hier: S. 162 hin, dem es gleichwohl gelingt, eine komplizierte, aber in sich weitgehend schlüssige gedankliche Architektonik nachzuweisen. Für Plumpe reagiert die Etablierung einer neuen Vorstellung des Dilettanten und des Dilettantismus auf die Autonomisierung moderner Kunst und ihre Emanzipation von normativen Vorgaben, der der Versuch entgegengestellt wird, der »Kunsttheorie ihre Deutungshoheit« (ebd., S. 164) über das, was Kunst sein soll, zurückzugeben. – Dass es Goethe und Schiller um eine mehrdimensional »differenzierende Schaden- und Nutzen-Abwägung« zu tun sei, notiert Stanitzek, Poetologien (wie Anm. 35), S. 410.

55 Friedrich Schiller u. Johann Wolfgang Goethe: [Über den Dilettantismus]. In: Johann Wolfgang Goethe: Sämtliche Werke nach Epochen seines Schaffens. Münchner Ausgabe. Bd. 6.2: Weimarer Klassik 1798–1806 2. Hg. von Karl Richter. München 1988, S. 174–176, hier: S. 174f.

56 Ebd., S. 174.

57 Knapp und pointiert skizziert Delabar, Umgang (wie Anm. 27), Hausers Karriere als Autor, die nicht zuletzt durch eine Reihe irritierender und wenig günstiger Entscheidungen bestimmt war wie etwa einem effektiv sehr frühen Rückzug aus der belletristischen ›Hochliteratur‹, für den die Rolle des Nationalsozialismus freilich unklar ist.

dass Hauser auch im Banne einer zirzensischen Ästhetik stand, die um 1900 viele avancierte Künstlerinnen und Künstler faszinierte und die inhaltlich wie formal Anlehnung an die ›niedrigen‹ oder ›illegitimen‹ Künste des Zirkus und Varietés sucht.[58] »Die Avantgarde um 1900 [...]«, lautet eine These von Julia Kerscher, »verleiht dem Dilettantismus Gestalt in der Artistik«[59] und greift hierzu auf eine Kunst zurück, die ohne »externe[s] Notationssystem«[60] und mimetischen Anspruch ist, eine Dezentrierung des Subjekts in reine Körperlichkeit hinein praktiziert und jedenfalls einen Mangel fassbaren Sinns zeigt, was traditionelle ästhetische Standards unterläuft.[61] Im Falle Hausers manifestieren sich entsprechende Tendenzen nicht nur in den Werken, wie unten an Beispielen noch auszuführen ist, sondern sie wurden auch biographisch verdoppelt und unterlegt. Der Verdacht, den sie erregen konnten, wurde dabei kaum dadurch geschwächt, dass Hauser auch an weit konventionellere ästhetische und poetologische Positionen des 19. Jahrhunderts anschloss. Vielmehr musste solcher Verdacht durch Hausers starken Eklektizismus eher noch verstärkt werden.[62]

Gleichwohl stellte sich Hausers Position als Autor in den 1930er Jahren, weit deutlicher als in der Nachkriegszeit, als komplex dar, wo sie gegen Ende des Jahrzehnts auch in der nationalsozialistischen Kulturbürokratie diskutiert wurde, die Hauser einen Status als Künstler nicht einfach zuzugestehen bereit war.[63] Seine Schriften entsprachen kaum hinreichend dem ›nationalsozialisti-

---

58 Vgl. Thomas Wegmann: Artistik. Zu einem Topos literarischer Ästhetik im Kontext zirzensischer Künste. In: Zeitschrift für Germanistik XX (2010), S. 563–582, der das entsprechende Schreiben durch Heinrich von Kleist und Friedrich Nietzsche begründet sieht.

59 Kerscher, Autodidakt (wie Anm. 35), S. 26.

60 Wegmann, Artistik (wie Anm. 58), S. 568.

61 Dabei gab es unterschiedliche Wege, das Verhältnis von Dilettantismus und Artistik zu gestalten, wie Kerscher, Autodidakt (wie Anm. 35), S. 209, pointiert erklärt. Die Artistik war (a) ein Weg, eigentlich als dilettantisch Eingeschätztes in wirkliches Können zu transformieren; sie konnte (b) als Kennzeichen eigentlich überwundener, aber doch als bemerkenswert eingeschätzter evolutionärer Anfangszustände betrachtet werden; oder sie konnte (c) ein Schauspiel erzeugen, das, etwa bei Clownvorstellungen, mit großem Können den Eindruck des Dilettantischen erweckte. In keinem Fall freilich war sie davor gefeit, als bloß oberflächlicher Schein jenseits eigentlichen Kunstanspruchs bewertet zu werden.

62 Anders als weitere avancierte Künstlerinnen und Künstler im Banne zirzensischer Vorstellungen griff Hauser Dilettantismus und Dilettantenstatus jedoch bestenfalls andeutungsweise und nicht explizit im Sinne einer produktiven Selbstbeschreibung auf. Vgl. zur Strategie einer Selbstpositionierung als Dilettant Stanitzek, Poetologien (wie Anm. 35), aber auch Schüttpelz, Akademie (wie Anm. 45).

63 In bestimmten Hinsichten, kann man annehmen, mag dies für Hauser entlastend gewesen sein und ihn von allzu genauer Beobachtung abgeschirmt haben. Zugleich aber untergrub es auch seine Stellung und potenziell seinen Lebensunterhalt, wenn es Versuche begünstigen konnte, ihn, wie Schubert, Verhältnis (wie Anm. 24), S. 92, plausibel argumentiert, aus der Reichsschrifttumskammer hinauszudrängen und damit von einer weiteren Tätigkeit als Buchautor abzuschneiden. Dass Hausers unstetes Leben, welches es der Reichsschrifttumskammer schwer machte, mit ihm überhaupt in Kontakt zu treten, die nationalsozialistischen

schen Geist‹, was zuvörderst politische Haltungen betraf, aber unterschwellig auch mit jenem Genieanspruch zu tun gehabt haben dürfte, den der ›Führer‹ vorlebte und durch eigenen Geschmack vorgab. Dennoch war Hausers Lage mit Blick auf das Schreiben sicherlich unproblematischer als im Feld sonstiger beruflicher Qualifikation oder technischer Expertise. So blieb er nach den Erfolgen der Weimarer Zeit im Nationalsozialismus durchgehend – und zwar über seine Emigration hinaus – mit Büchern präsent[64] und wurde als Künstler, also nicht nur als schreibender Seemann, Arbeiter oder Mann für Technik, gehandelt. Auffällig ist allerdings, dass gerade im fotografischen und filmischen (Rand-) Bereich seines Schaffens die Produktivität in den 1930er Jahren versiegte, was man als Hinweis auf die hemmenden Bedingungen der neuen Realität deuten kann.[65] Wertet man explorativ das, freilich positiv verzerrende, *Börsenblatt für den Deutschen Buchhandel* aus den Jahren 1925 bis 1945 aus, wird Hauser in insgesamt 46 Artikeln bzw. Anzeigen mit ausführlicherem Text thematisiert, wobei es in der Regel um Werbebotschaften und Ausrisse aus Zeitungsrezensionen geht.[66] Dabei wird am 05.09.1935 in der einzigen ausführlicheren Anzeige zu *Fahrten und Abenteuer im Wohnwagen* in charakteristischer Weise betont, Hauser sei »Dichter« und »Meister lebendigster Darstellung« und zugleich daran erinnert, dass er »Soldat«, »Arbeiter« und »Matrose«[67] gewesen sei. Die einzige längere Einlassung zur Opel-Trilogie, die sich auf das erfolgreiche *Im Kraftfeld von Rüsselsheim*[68] bezieht, bringt dies in der bezeichnenden Formulierung auf

---

Bedenken erhöhte, kann spekuliert werden. Vgl. insgesamt Streim, Pionier (wie Anm. 25), S. 111–113, der in ebd., S. 116f. sowie 118f., auch nationalsozialistische Gutachten und Stellungnahmen zu Hauser im Wortlaut wiedergibt; Schubert, Verhältnis (wie Anm. 24), S. 76–92.

64 Vgl. Walter Delabar: Zur Besinnung gekommen. Heinrich Hauser als Autor des Eugen Diederichs Verlags. Eine Fallstudie über einen Verlagswechsel samt Varianten. In: Ders.: Moderne-Studien (wie Anm. 27), S. 151–168, hier: S. 160f.; Schubert, Verhältnis (wie Anm. 24), S. 93.

65 Vgl. Schubert, Verhältnis (wie Anm. 24), S. 81.

66 Insgesamt ist Hauser im ausgewerteten Zeitraum 171 Mal Thema, wobei die erste Nennung auf den 23.09.1925 mit einer Erwähnung von ZJ und die letzte auf den 25.03.1943 mit einer Erwähnung von KvR fällt, welches dort als Werk firmiert, das aus Anlass der »Verpflichtung« der 14-jährigen Jugend »auf den Führer, auf Volk und Reich« verschenkt werden konnte (o. A.: An das deutsche Sortiment! In: Börsenblatt für den Deutschen Buchhandel Nr. 70/71, 110. Jg., 25. März 1943, o. S.).

67 O. A.: [Demnächst erscheint: Heinrich Hauser. Fahrten und Abenteuer im Wohnwagen.] In: Börsenblatt für den Deutschen Buchhandel Nr. 206, 102. Jg., 05. September 1935, S. 3687.

68 Vgl. Schubert, Verhältnis (wie Anm. 24), S. 42. Der Erfolg verdankte sich wohl in hohem Maße auch den Fotografien von Paul Wolff, auf die etwa die Rezension des nationalsozialistischen Dichters Will Vesper viel Wert legt, der Bilder und Text freilich als gleichwertig bestimmt (vgl. o. T. In: Die Neue Literatur 41 (1940), S. 168f.) Wolffs Bilder waren insbesondere daran beteiligt, »den Eindruck [zu erwecken], daß bei aller Automatisation der Mensch vor allem über die Qualität der Produkte entscheidet«, urteilt Sebastian Graeb-Könneker: Autochthone

den Punkt, Hauser sei jemand, »der wie kein anderer die Technik mit den Augen des Dichters sieht«.[69]

2.3   Dilettantismus als Weltanschauung

Hausers Position in Feldern des Dilettantismus hatte, drittens, auch eine weltanschauliche Dimension, die mit den beruflichen Ambivalenzen und Hürden, vor denen er in vielfacher Weise stand, nicht immer harmonierte. Bei allem Gefühl des Ungenügens nahm er vielfach eine dezidiert positive Haltung zur fehlenden Professionalisierung und mangelnden Könnerschaft ein.[70] Die von Thomas Mann wie anderen Rezipienten diagnostizierte ›Gesundheit‹ entsprach der Vision handelnder Selbstsetzung, die sich aus sich selbst erschafft und keiner Professionalität oder literarisch-künstlerischen Reflexion bedarf. Der Matrose Glen im von Mann rezipierten Roman *Brackwasser* etwa beschäftigt sich mit dem Aufbau einer eigenen Landwirtschaft, die im Roman explizit als »dilettantisch[]« (Br, S. 142) bezeichnet wird, aber dennoch wohlwollende Darstellung erfährt. Diese Landwirtschaft hat starke Ähnlichkeit mit den Projekten, die Hauser später selbst zwei Mal im US-Exil zu verwirklichen suchte.[71] Auch weitere Texte, wie *Kampf* oder die Novelle *Die Flucht des Ingenieurs* von 1937, zeigen jedoch eine Lust am vieldimensionalen Dilettieren. Insbesondere die Phantasie einer Siedlerexistenz[72] und damit der gewollten Improvisation begleitete Hauser zeitlebens (vgl. auch FAW, S. 224 ff., 273 f.) und wurde von ihm teils gar, wie in der, nationalsozialistisch skeptisch beurteilten,[73] Reportage *Wetter im Osten* von 1932,

---

Modernität. Eine Untersuchung der vom Nationalsozialismus geförderten Literatur. Opladen 1996, S. 188.

69 O. A.: [Im Kraftfeld von Rüsselsheim von Heinrich Hauser.] In: Börsenblatt für den Deutschen Buchhandel Nr. 272, 106. Jg., 22. November 1939, S. 6445.

70 Vom »schwankende[n] Selbstbewußtsein« des Dilettantismus spricht Mattenklott, Ende (wie Anm. 35), S. 756. Vgl. für Selbstbeschreibungen, die von solchem Schwanken nicht erfasst waren, etwa den Fall des Journalisten und Schriftstellers – Theaterkritikers, Dramatikers und Kulturphilosophen – Egon Friedell (1878–1938); Elisabeth Kampmann: Essay und Dilettantismus: Egon Friedell. In: Der Essay als Universalgattung des Zeitalters. Diskurse, Themen und Positionen zwischen Jahrhundertwende und Nachkriegszeit. Hg. von Michael Ansel, Jürgen Egyptien u. Hans-Edwin Friedrich. Leiden u. Boston 2016, S. 139–159.

71 Von Hausers (zweiter) eigener Farm als »Fata Morgana« spricht bereits Helen Adolf: Heinrich Hauser. In: Deutschsprachige Exilliteratur seit 1933. Bd. 2: New York. Teil 1. Hg. von John M. Spalek u. Joseph Strelka. Bern 1989, S. 321–341, hier: S. 334. Streim, Pionier (wie Anm. 25), S. 115, betont »Hausers vollkommene[] Unkenntnis der Landwirtschaft«.

72 Vgl. bes. Gregor Streim: Flucht nach vorn zurück. Heinrich Hauser – Portrait eines Schriftstellers zwischen Neuer Sachlichkeit und ›reaktionärem Modernismus‹. In: Jahrbuch der deutschen Schillergesellschaft 43 (1999), S. 377–402, hier: S. 395–398.

73 Vgl. Schubert, Verhältnis (wie Anm. 24), S. 87.

zum politischen Programm erhoben.[74] Dabei demonstriert diese Phantasie sehr deutlich Hauser'sche Dialektiken. Auf den ersten Blick geht es um Vorwärtsdrang, Eroberung, Besetzung und Neugründung. Zugleich aber ist das Thema die bewusst gewählte, auf unterschiedliche Weisen begründete Entscheidung, hinter technisch-zivilisatorisch bereits erreichte Standards zurückzugehen, aus einem Prozess der Modernisierung herauszutreten oder Inseln der autarken Zeitlosigkeit zu befestigen, um aus dem Regress positive Kraft zu gewinnen.[75] Dies entsprach zum Teil durchaus nationalsozialistischen Idealen, für die Begriffe der ›organischen Moderne‹ oder ›autochthonen Modernität‹[76] genutzt werden.[77] Es geht um eine Wertschätzung von Technik, Wissenschaft und Fortschritt, aber zugleich um Versuche, »vermeintlich gefährliche Begleitelemente [...] ›auszumerzen‹«,[78] die die Moderne mit sich bringt. Zentral ist der »Wunsch nach Retardierung, nach Rückbindung an alte Traditionen und beseelte Umwelt«.[79] Dennoch waren Hausers Vorstellungen mit denen des Nationalsozialismus nicht deckungsgleich, zumal sie in extremem Maße auf Individualismus setzten, allenfalls kleine Gemeinschaften ins Zentrum rückten und im Effekt das radikal autarke männliche Selbst zur Zielgröße erhoben, das auch ein dilettantisches Selbst ist.[80]

---

74 »[A]uf das Am-Leben-bleiben kommt es jetzt an, nicht auf den Lebensstandard«, erklärt WiO, S. 137, Hausers Pläne für Ostpreußen. »Man müßte den Menschen zuerst jede andere Hoffnung nehmen, ehe man sie auf der Scholle ansetzt. Sie müssen wissen, daß es kein Zurück mehr gibt. Sie müssen siedeln mit der Hoffnung der Verzweiflung, mit der man früher in die Wildnis, in den Urwald ging.« (Ebd., S. 138 f.)

75 »Hausers agrarromantische Regression als Komplement zur avantgardistischen Automatenvision«, so Schütz, Kritik (wie Anm. 52), S. 63, »stellte einen Prototyp des Denkens im gesellschaftlichen Rückschritt dar.« Seine Kritik sei »regressiv« und »Einverständnis« (ebd., S. 62). »Der Pionier arbeitet bei höchster Gefahr im unsicheren Gelände vor der eigentlichen Front«, gibt Streim, Pionier (wie Anm. 25), S. 106, eine Facette des Hauser'schen Selbstbildes wieder. Man möchte ergänzen, dass der Pionier sich tatsächlich ebenso im Rücken der Entwicklung positionierte, wie schon im Titel von Streim, Flucht (wie Anm. 72), angedeutet wird.

76 Vgl. Graeb-Könneker, Modernität (wie Anm. 68).

77 Vgl. auch Helmuth Kiesel: Nationalsozialismus, Modernisierung, Literatur. Ein Problemaufriß. In: Reflexe und Reflexionen von Modernität 1933–1945. Hg. von Erhard Schütz u. Gregor Streim. Bern 2002, S. 13–27, bes. S. 17 f.

78 Graeb-Könneker, Modernität (wie Anm. 68), S. 29.

79 Ebd., S. 30. – »Hauser setzt [...] eine Doppelstrategie fort, die für das deutsche technische Sachbuch kennzeichnend war«, schreibt Thomas Lange: Literatur des technokratischen Bewußtseins. Zum Sachbuch im Dritten Reich. In: Zeitschrift für Literaturwissenschaft und Linguistik 10 (1980), S. 52–81, hier: S. 63: »zum einen wird technische Fortschritts- und Veränderungsbereitschaft propagiert, zum anderen die Legende von der unentfremdeten Arbeit, gegen die Furcht vor ›menschliche(r) Mechanisierung‹ weitergesponnen.«

80 Von Hausers »Skepsis gegenüber der staatlichen Megamaschine« des Nationalsozialismus spricht Streim, Pionier (wie Anm. 25), S. 109.

2.4   Dilettantismus als Leistung

Die Rede von fehlender Professionalität, vom Laien, Dilettanten, ja selbst vom
Dilettantismus kennzeichnet im Falle Hausers nicht ein schlichtes Phänomen des
Mangels, sondern eine spezifische *Spannung*, die zwischen vorhandener und
fehlender Kompetenz, Wissen und Nichtwissen sowie Qualifikation und fehlender
Qualifikation bestand. Wie nahezu überall, wo Dilettantismus der Rede wert ist,
war Hauser bereits Zeitgenossen als »Allround-Talent«[81] bekannt, ja praktizierte er,
mit dem Titel eines Sammelbands von Safia Azzouni und Uwe Wirth,[82] nachgerade
›Dilettantismus als Beruf‹.[83] Dabei besetzte er Positionen, die erst aus jenem Mo-
dernisierungsprozess entstanden, den er bewunderte und doch ablehnte, und die
sowohl mit der Stabilisierung dieses Prozesses als auch mit seiner Zurückweisung
befasst waren. Auf der Seite der Stabilisierung fungiert der Dilettant in der Moderne als »Dolmetscher«[84] und Popularisator künstlerischer, mehr aber noch
wissenschaftlicher oder technischer Entwicklungen und Erkenntnisse. Mit zunehmender Spezialisierung von Wissenschaft oder Technik, aber auch zunehmender Schwierigkeit von Kunst, nimmt dabei seine gesellschaftliche Bedeutung
zu, wenn ihm besonders die Rolle zuwächst, disziplinär verstreutes und nicht leicht
zugängliches Wissen zusammenzuführen und präsentabel zu machen. Unter anderem wird auf diese Weise »Populärwissenschaft […] zu einer ernstzunehmen-
den Größe im Wissenschaftssystem.«[85] »Die Bedeutung des Dilettanten steigt mit
der zunehmenden Spezialisierung«.[86] Die genannte Funktion hat Hauser offenkundig gerade im technischen Bereich bedient.[87]

---

81 Graebner, »Dem Leben …« (wie Anm. 26), S. 210.
82 Vgl. Safia Azzouni u. Uwe Wirth, Dilettantismus (wie Anm. 45).
83 Azzouni und Wirth treffen eine Unterscheidung zwischen dem Experten, der »sowohl durch
    sein Wissen, seine Arbeitsmethode als auch durch seine institutionelle Bindung definiert« sei,
    dem Laien, der als »Nichtexperte […] Objekt von Bildungsbestrebungen wird und zugleich
    eine politische und wirtschaftliche Größe ist, von der der Experte abhängig ist«, und dem
    Dilettanten als »Grenzgänger«, nämlich als »Kenner und Liebhaber, der von der scientific
    oder artistic community nicht als Mitglied akzeptiert wird, der sich aber dennoch […]
    produktiv auf den Gebieten der Kunst oder im Bereich der Wissenschaft betätigt.« (Vgl. Safia
    Azzouni u. Uwe Wirth: Vorbemerkung. In: Dies., Dilettantismus (wie Anm. 45), S. 7–9, hier:
    S. 8.) Solche gelegentlich entworfenen Ordnungs- und Definitionsversuche sind in der Regel
    jedoch nicht konsensfähig und brechen sich an der konstitutiven Verschränkung und rela-
    tiven Konturarmut der Begriffe.
84 Vgl. Marie-Theres Federhofer: Der Dilettant als Dolmetscher. Beobachtungen zum natur-
    wissenschaftlichen Werk Adelbert von Chamissos. In: Azzouni u. Wirth, Dilettantismus (wie
    Anm. 45), S. 47–64.
85 Safia Azzouni: Wilhelm Bölsches populärwissenschaftliche Strategie der ›Humanisierung‹:
    Dilettantismus als Orientierungswissen. In: Dies. u. Wirth, Dilettantismus (wie Anm. 45),
    S. 83–94, hier: S. 92. Zur Populärwissenschaft bzw. Wissenschaftspopularisierung umfassend
    Daum, Wissenschaftspopularisierung (wie Anm. 35).
86 Azzouni u. Wirth, Vorbemerkung (wie Anm. 83), S. 8.

Stabilisierend wirkt der Dilettant auch, indem er Impulse gibt, die in Wissenschaft, Technik oder Kunst disziplinären Verfestigungen und Spezialisierungen entgegenwirken, wodurch das kulturelle und technische Geschehen immer wieder redynamisiert wird. Wirth hebt in diesem Kontext im Anschluss an Ludwik Fleck vor allem die Rolle sogenannter ›relativer Dilettanten‹ hervor, die er auch ›allgemeine Fachmänner‹ nennt. Gemeint sind Personen, die eine besondere Nähe zu genuinen Spezialisten und ihren Kollektiven haben und sich damit noch einmal von ›gebildeten Dilettanten‹ ohne solche Affinität unterscheiden.[88] Das »dilettantische Dispositiv«, heißt es, ziele »darauf, sich in einem noch nicht von Grenzen definierten Raum zu bewegen, bestehende Grenzen zu ignorieren, oder aber bestehende Grenzen zu verschieben [...]: es dominiert die Denkweise der *frontier*, des noch unerschlossenen Wissensraums, in dem es noch keine ausgebauten Wege des Wissens gibt.«[89] Es ist bemerkenswert und sicher mehr als ein Zufall, dass die hier von Wirth bemühte Metaphorik derjenigen nahekommt, die auch Hauser gerne verwendet hat und in der er sein Leben abgebildet fand.[90] Nähe zu Spezialistenkollektiven speziell im technischen Bereich besaß Hauser auf jeden Fall. Darüber hinaus kreuzte er Grenzen zwischen Literatur, Film, Fotografie und technischer Reportage, wenn auch im Laufe seines Lebens mit sicherlich abnehmender Intensität und im Nationalsozialismus rasch versiegender Kraft. Nicht zuletzt war es ihm ein Anliegen, starre Grenzen zwischen Literatur und Technik aufzubrechen und neue Austauschbeziehungen zu schaffen, was ihm durchaus gelang, allerdings über das eigene Schaffen kaum hinauswirkte und zudem zu seiner zunehmenden selbst- und fremdbestimmten Distanzierung von sogenannter ›Hochliteratur‹ beigetragen haben dürfte. Zu erwähnen sind etwa rudimentäre und beiläufige Ansätze einer Kunst- und Li-

---

87 Die überwiegend affirmative Haltung Hausers zur Technik ist dabei nicht ohne Kritik geblieben. Seine »Fabrikbesichtigungen« seien »touristische Schnappschüsse [...], die sich unkritisch den offiziell organisierten Betriebsführungen anvertrauen und die beobachteten Produktionsprozesse vorrangig als ästhetische Eindrücke beschreiben«, schreibt Matthias Uecker: Beschreiben oder Zeigen? Heinrich Hausers Amerika-Reise als Buch und Film. In: Non Fiktion. Arsenal der anderen Gattungen 2 (2007), H. 1: Sachen und Sachlichkeit, die 1920/30er Jahre, S. 7–19, hier: S. 13, mit Blick auf Hausers Reise durch die USA. Vgl. ausführlich ders.: Kontinuitäten und Veränderungen der neusachlichen Weltbeschreibung: Heinrich Hausers Industriereportagen. In: Modern Times?: German Literature and Arts Beyond Political Chronologies / Kontinuitäten der Kultur: 1925–1955. Hg. von Gustav Frank, Rachel Palfreyman u. Stefan Scherer. Bielefeld 2005, S. 25–43.
88 Vgl. Wirth, Konjekturen (wie Anm. 45), S. 23.
89 Ebd., S. 24.
90 So heißt es im bekannten *Vorwort* von FCh, S. 10: »Ich denke mir, Amerika ist ein Land ohne Feldwege. So wie die Städte aufgebaut sind in rechten Winkeln, durchschneiden die Landstraßen in langen Geraden die Landschaft; es gibt keine krummen Straßen, es gibt keine Feldwege. Und so gibt es auch keine Feldwege im Geistigen. [...] Ich will versuchen, die Feldwege Amerikas zu finden.«

teraturtheorie, die in *Fahrten und Abenteuer im Wohnwagen* für eine Poesie des Motorrads (vgl. FAW, S. 141 f.) plädiert. Schlussendlich stand er auch utopischem Denken offen, wie etwa in seinem Werben für Agrikultur-Technik-Kreuzungen im Automobilbau in *Feldwege nach Chicago*.[91]

3.   *Fahrten und Abenteuer im Wohnwagen*

3.1   Affirmation mit Rissen

Die in der Forschung kaum beachtete Reisereportage *Fahrten und Abenteuer im Wohnwagen*, die 1934 in Teilen in der illustrierten Zeitschrift *Die Woche* publiziert wurde[92] und 1935 erweitert als Buch erschien, gehört sicherlich zu den bemerkenswertesten Zeugnissen aus Hausers Arbeit im Nationalsozialismus. Einerseits deutet sie bereits jene Schließung von Möglichkeitsräumen an, die in den folgenden Jahren in Hausers Werk unübersehbar wird, wo Industriereportage oder ferne Auslandsreisen[93] eher wie Nischen wirken, die in der Diktatur noch offen stehen.[94] Andererseits ist sie Zeugnis von Hausers politischen Fehldeutungen, seiner unzweifelhaften politischen Naivität und seines dennoch zugleich vorhandenen Opportunismus, der, im Unterschied zu *Kampf* – oder stärker als dort –, in *Fahrten und Abenteuer im Wohnwagen* jedoch Risse zeigt. Vor allem handelt es sich noch einmal um eine für den deutschen Markt verfasste deutsche Innensicht, die auch dann, wenn man ihre autobiographische Aussagekraft nicht überschätzt, ein bemerkenswertes Bild von Hauser im nationalsozialistischen Deutschland entwirft. Dabei bildet sich ein komplexes textuelles Gewebe, in dem Aspekte des Dilettantismus mehrere starke, wenn auch auf den ersten Blick nicht sofort auffällige Fäden bilden. Sie tragen sich sowohl mit Blick auf Fragen der Professionalität als auch der weltanschaulichen Präferenzen

---

91 »[J]ede neue Art des Herstellens in Wissenschaft, Kunst, Schreibe, ist zuerst als eine Form von ›Dilettantismus‹ verübelt worden«, notiert Schüttpelz, Akademie (wie Anm. 45), S. 42, der die Bedeutung des Dilettantismus für Innovation stark betont.

92 Vgl. Heinrich Hauser: Ein Dichter reist im Wohnauto. Mit Kind und Kegel in der Arche. In: Die Woche (1934), H. 23, S. 623–628; H. 24, S. 647–651; H. 26, S. 716–720; H. 27, S. 744–748; H. 28, S. 772–776; H. 31, S. 861–864. Der Text der Zeitschriftenreportage unterscheidet sich teils deutlich von dem der Buchfassung und erfasst nur die Reise von Norden nach Süden, nicht den Rückweg.

93 Vgl. AuK; KaZu.

94 Liest man den Text der Reportage, scheint die implizite Annahme von Reifenberg, Hauser (wie Anm. 49), S. 72, wenig überzeugend, die Wohnwagenreise hätte sich auf Dauer stellen lassen. Reifenbergs Vermutung in ebd., Hauser habe mit der Fahrt die »Lösung« eines existenziellen Problems erreichen wollen, letztlich aber einen substanzlosen »Trick« versucht, ist weniger klar von der Hand zu weisen.

Hausers in den Text ein und verbinden Hausers schwierige Positionen im Feld sozialer Rollen mit Fragen technischer oder infrastruktureller Entwicklung.

Explizite Propaganda für den Nationalsozialismus findet sich im Buchtext nur eingeschränkt, was insbesondere auffällt, wenn man ihn mit der späteren Opel-Trilogie vergleicht, zu der es über das Thema des Automobilismus, aber auch textgenetisch Verbindungen gibt. Positive Erfahrungen mit Hitlerjugend (vgl. FAW, S. 84–87), SA (ebd., S. 209f.) und Arbeitsdienst (ebd., S. 241) sind als kontingente Anekdoten gestaltet und nationalsozialistische Phrasen, wie die Rede vom »Volk ohne Raum« (ebd., S. 206),[95] bloß einzeln eingestreut. Auffällig ist allerdings eine durchgängige Rhetorik des ›erwachten‹ und ›neuen‹ Deutschlands (vgl. ebd., z. B. S. 53, 57, 75 f., 171 f., 236), die auch durch die Bildlichkeit des Textes – dessen dargestellte Reise im Frühling beginnt – unterstrichen wird.[96] Unübersehbar ist zudem, dass der Text eine Affirmation der politischen und gesellschaftlichen Verhältnisse entwirft. Dies erstreckt sich auch auf die Fotografien, die – noch einmal – von Hauser selbst stammen, bemerkenswerterweise aber nicht mehr jenen avantgardistischen Impetus des *Schwarzen Reviers* haben, sondern eher einfach-darstellend wirken.

Dem entgegenstehend platziert die Deutschlandreise in einem Packard-Automobil und einem selbstgebauten Wohnwagen, der ›Arche‹, Hauser in permanentem Kontakt mit und teils in offener Gegnerschaft zur Staatsgewalt, zu Polizisten, Gendarmen oder Förstern, die hier wesentlich deutlicher als in sämtlichen weiteren Hauser-Texten der 1920er und 30er-Jahre Auftritte haben (vgl. FAW, S. 23 ff., 41, 78 ff., 106 f., 149, 159 f., 165 f., 220, 233, 272 f.; relativierend S. 141).[97] Auch das Verhältnis zur Bevölkerung allgemein ist jedoch angespannt, sodass im Text die »Neugier [...] die größte und eigentlich einzige Schwierigkeit der ganzen Reise« ist (ebd., S. 35; vgl. etwa auch S. 66 f., 139–141; gegenläufig S. 202). Zugleich geraten Hauser und seine Familie in eine bemerkenswerte Nähe zu Gruppen, gegen die der Terror des nationalsozialistischen Regimes sich ab

---

95 Vgl. auch das einleitende Kapitel von AuK, S. 5–7.

96 Gleichwohl kann nicht übersehen werden, dass der Text Passagen enthält, die mindestens in der historischen Rückschau nachgerade perfide wirken. Dies ist etwa dort der Fall, wo Hauser die ›komische‹ Geschichte eines Landstreichers erzählt, der das Gefängnis als Pension nutzt und keinesfalls aus ihm entlassen werden möchte (vgl. FAW, S. 213 ff.). Das nationalsozialistische Kernthema der ›Arbeitsscheue‹ wird hier ebenso aufgerufen wie die Zurückweisung liberalen, ja überhaupt rechtlich regulierten Strafvollzugs. Es ist eine offene Frage, wie sehr Hauser die potenzielle Resonanz der entsprechenden Geschichte bewusst war.

97 Von einer »grundlegenden Veränderung der ›Reisekultur‹ [...] durch eine massive staatliche Beschränkung von Individualreisen einerseits und die Entwicklung eines staatlich gelenkten Massentourismus andererseits« im Nationalsozialismus spricht Gregor Streim: Erfahrung der anderen Moderne. Deutsche Reiseberichte in den 30er Jahren (Hanns Johst, Heinrich Hauser, Lothar-Günther Buchheim, Egon Vietta). In: Berlin, Paris, Moskau. Reiseliteratur und die Metropolen. Hg. von Walter Fähnders, Nils Plath, Hendrik Weber u. Inka Zahn. Bielefeld 2005, S. 135–152, hier: S. 135.

1933 zu entfalten beginnt, die aber schon zu Weimarer Zeiten Repressalien
ausgesetzt waren,[98] nämlich zu sogenannten ›Zigeunern‹, die in Hausers Gesamtwerk immer wieder erwähnt werden, zu ›Jenischen‹ (vgl. ebd., S. 81),
›Landstreichern‹ oder ›Bettlern‹.[99] ›Nähe‹ bedeutet dabei, dass Hausers Wohnwagen diese Personen laut Text anzuziehen scheint und sich etwas wie auto-
matische Kameradschaft herstellt (vgl. ebd., S. 70ff., 174ff., 212–215). Es bedeutet aber auch, dass Hauser und seine Familie von Außenstehenden mit diesen
Gruppen identifiziert und ihnen zugerechnet werden (vgl. ebd., S. 61, 139, 270).
Folge ist eine Ambivalenz, in deren Rahmen Hauser zugleich ein insgesamt
positives Bild des Kontakts zu ›fahrendem Volk‹ zeichnet, aber ebenfalls die
eigene Sonderstellung und Überlegenheit demonstrieren möchte.[100]

---

98 Rainer Hehemann: Die »Bekämpfung des Zigeunerunwesens« im Wilhelminischen Deutsch-
    land und in der Weimarer Republik, 1871–1933. Frankfurt/M. 1987, und Martin Luchter-
    handt: Der Weg nach Birkenau. Entstehung und Verlauf der nationalsozialistischen Ver-
    folgung der »Zigeuner«. Lübeck 2000, geben einen Überblick über die Verfolgung soge-
    nannter ›Zigeuner‹ und ›Landfahrer‹ im 19. und 20. Jahrhundert. Dabei nutzt die Rede von
    ›Zigeunern‹ irritierenderweise einen ebenso häufig verwendeten wie notorisch unterbe-
    stimmten Begriff, sodass die Kriterien, nach denen ihm Personen subsumiert wurden, zu
    schwanken vermochten und Unterordnungen situativ flexibel möglich waren. Während
    Hehemann, Bekämpfung, S. 457, betont, dass die Machtübernahme der Nationalsozialisten
    für ›Zigeuner‹ bis Mitte der 1930er Jahre »zunächst noch ohne spürbare Auswirkungen«
    blieb und damit auf die Tatsache hinweist, dass eingeübte polizeiliche Umgangsweisen mit
    ihnen zunächst weiter dominierten, hebt Luchterhandt, Weg, hervor, dass Polizeipraxis und
    Gesetzgebung im Nationalsozialismus gleichwohl ab 1933 Verschärfungen erfuhren, die
    randständige gesellschaftliche Gruppen besonders betrafen und sie in einem direkten Sinne,
    aber auch durch gezielte Einwirkung auf das »gesellschaftliche Klima« (ebd., S. 60) be-
    drohten. Hierzu gehörten reichsweite »Bettlerrazzien, die nach Begründung und Vorgehen
    auf Nichtseßhafte insgesamt zielten« und die »traditionelle Differenzierungen der Behör-
    den« (ebd., S. 61) zwischen unterschiedlichen Personengruppen aufzuweichen begannen.
    Sie fanden erstmals im September 1933 statt. Hierzu gehörten aber auch neue Gesetze, wie
    das 1933 erlassene ›Gesetz gegen gefährliche Gewohnheitsverbrecher und über Maßregeln
    der Sicherung und Besserung‹ (vgl. ebd, S. 62 und insg. S. 60–71).
99 Die Begriffe hier in einfache Anführungszeichen zu setzen ist aus unterschiedlichen
    Gründen gerechtfertigt: Aufgrund ihrer pejorativen Verwendung in der Geschichte, aber
    auch ihrer rein instrumentellen, dabei durchaus freihändigen Nutzung im Zeichen der
    Repression und – später – Vernichtung. Es darf nicht übersehen werden, dass Menschen, die
    als ›Zigeuner‹ identifiziert wurden, sich einem Sonderrecht gegenübersahen, dessen Ent-
    wicklung laut Luchterhandt, Weg (wie Anm. 98), S. 23, schon 1889 einsetzte. 1922 umfasste
    es bereits 155 Verordnungen aus 15 deutschen Ländern (vgl. ebd., S. 22).
100 Dies beginnt mit dem eigenen Wohnwagen: »Ein schnellfahrendes Fahrzeug mußte sie
    [= die ›Arche‹] sein, ganz anders als die für Trecker oder Pferde gebauten Wagen der
    Schausteller oder der Zigeuner.« (FAW, S. 11) Betont wird die eigene Sauberkeit und
    überhaupt das Bestehen fester (Arbeits-)Routinen (vgl. ebd., S. 65f., 109f., 112). Auch wird
    notiert: »Toms und ich sehen ja als Zigeuner ganz passabel aus, aber es sind die blonden,
    gutgepflegten Kinder, die uns regelmäßig [als ›respektabel‹] entlarven.« (Ebd., S. 139) Dass
    der Briefträger selbst auf der Fahrt Post zustellt, beglaubigt zusätzlich die ›ordentliche‹
    Identität (vgl. ebd., S. 216).

3.2   Techniken der Selbstlegitimation

Die rhetorischen und literarischen Mittel, um die Spannung zu beruhigen, die
aus der Nähe zu Menschen entsteht, zu denen zugleich Distanz gesucht wird, ja
die Voraussetzungen schafft, das eigentlich Abgewehrte auszuhalten, sind dabei
lange erprobt. Insbesondere kommt hier, erstens, ein Humor zum Tragen, der
Probleme des Dargestellten durch die Darstellungstechnik ausgleichen soll und
eine kompensatorische Größe darstellt, in der gar »das Eigenständige und Eigentümliche der deutschen Erzählkunst seit 1830«[101] erkannt worden ist.[102] Zugleich nutzt Hauser, zweitens, ethnographisches – wenn auch bemerkenswerterweise nicht kriminalwissenschaftliches oder rassenbiologisches[103] – Wissen
und entnimmt ihm deutlich negative Stereotypen randständiger Gruppen, um
Vertreterinnen und Vertreter dieser Gruppen zu disqualifizieren und zu dis-
tanzieren (vgl. FAW, bes. S. 81 f.).[104]

Schlussendlich trägt sich *Fahrten und Abenteuer im Wohnwagen*, drittens,
in einen mehrdimensionalen Diskurs ein, der nach 1900 eine negative und eine
positive – ›deutsche‹ – Form des ›Wanderns‹ trennt und Hauser mit seiner Familie auf der positiven Seite verortet, deren Bewegung unter anderem durch »die
zeitliche Einteilung, den festen Bezugspunkt und den Zweck«[105] ausgezeichnet
ist. Wie Ute Gerhard umfänglich erarbeitet hat, wird es nach 1900 zwar zum
Problem, differente Qualitäten des Wanderns *empirisch* zu unterscheiden. Dieses
Defizit wird in wissenschaftlichen und weltanschaulichen Texten jedoch durch
spekulative Taxonomien und »eine[] deutliche[] Ästhetisierung«[106] jener Wanderschaft verdeckt, die vermeintlich positiv ist. Die Ästhetisierung kann auf literarische Vorlagen zurückgreifen, in deren Tradition sich auch Hauser mit
Fahrten und Abenteuer im Wohnwagen einträgt.[107] Die Hauser'sche Darstellung

---

101 Wolfgang Preisendanz: Humor als dichterische Einbildungskraft. Studien zur Erzählkunst
     des poetischen Realismus. 3. Aufl. München 1985, S. 10.
102 Dabei geht es darum, durch ironische Distanznahme und harmonisierende Toleranz eines
     defizienten ›Allgemein-Menschlichen‹, Realität positiv zu konnotieren, die aus Perspektive
     des Betrachters ›strenggenommen‹ negative Züge trägt.
103 Vgl. zur Differenz Klaus-Michael Bogdal: Europa erfindet die Zigeuner. Eine Geschichte von
     Faszination und Verachtung. Frankfurt/M. 2011, S. 337–347; zudem bes. Luchterhandt, Weg
     (wie Anm. 98), S. 83–94. Bogdal, Europa, gibt insgesamt einen Überblick speziell über das
     ethnographische Wissen zu ›Zigeunern‹, das in der Literatur tradiert wurde.
104 Stereotypen, die sich 1926 deutlich auch bei Hausers Freund Liam O'Flaherty finden: Vgl.
     The Tent. In: Ders.: The Collected Stories. Bd. 1. Hg. von A. A. Kelly. New York 1999, S. 163–
     169; den Hinweis auf diesen Text entnehme ich Bogdal, Europa (wie Anm. 103), S. 330.
105 Ute Gerhard: Nomadische Bewegungen und die Symbolik der Krise. Flucht und Wanderung
     in der Weimarer Republik. Opladen/W. 1998, S. 124.
106 Ebd., S. 133.
107 So träumt Hauser von der »Begegnung mit einer naturschwärmenden romantischen Rei-
     segesellschaft der Goethezeit.« (FAW, S. 69) Unter Verweis auf die deutsche Literatur will er

verweist durch eingeübte Topoi wie etwa solche der Naturnähe und -sensibilität darauf, dass es auf der Reise um die positive »Konstituierung einer individualisierten Subjektivität des Wanderers«[108] geht, was »nicht in absoluter Opposition zur Seßhaftigkeit« steht, sondern reisend ihre »notwendige künstlerische, philosophische und religiöse Ergänzung«[109] erzeugt.[110] Die »Äquivalenzserie – Natur, Heimat, Deutschland –«[111] erlaubt dabei auch eine Nationalisierung des Wanderns.[112] Vergleicht man *Fahrten und Abenteuer im Wohnwagen* mit Gerhards Befunden, ist tatsächlich schlagend, wie exakt Hauser sein Schreiben in eine Semantik einpasst, die allein dem Zweck dient, die eigene Identität als »Wanderer« (FAW, S. 279) positiv zu besetzen und von negativ markierten nomadischen Bewegungen abzugrenzen.[113] Noch in der Opel-Trilogie finden sich ent-

---

seine Wanderschaft nutzen, um in der ländlichen Abgelegenheit interessante Menschen zu treffen: »Ist es nicht auffallend, daß man bei Goethe, bei Jean Paul, bei allen Großen jener Zeit, so oft von Begegnungen mit gebildeten und feinempfindenden Menschen liest in den entlegensten Orten. Viel seltener trifft man heute in den gleichen Landschaften Menschen eines so hohen Ranges. […] Wir wollen versuchen, solche Menschen auf unserer Reise zu entdecken.« (Ebd., S. 69f.)

108 Gerhard, Bewegungen (wie Anm. 105), S. 139. Hauser hält – freilich metonymisch – fest: »Nein, die Arche soll keinen Fahrplan haben, und keine großen Abenteuer gibt es von ihr zu berichten. Aber das, was sie erlebt, soll stark sein und echt.« (FAW, S. 152)

109 Gerhard, Bewegungen (wie Anm. 105), S. 141.

110 Die Landschaft wird dabei zum Remedium entwurzelter Großstadtexistenzen; vgl. FAW, S. 53f., 269. Hauser selbst sucht hier geistigen Vorrat für die Rückkehr ins Stadtleben (vgl. ebd., S. 266), das ihn »gefangen« (ebd., S. 278) nimmt.

111 Gerhard, Bewegungen (wie Anm. 105), S. 146.

112 Einer besonderen Form des Wanderns begegnet Hauser in einem Zeltlager der Hitlerjugend, das ihn mit Begeisterung erfüllt, weil er hier, wie mehrfach in seinem Werk in den 1930er Jahren, Erneuerung durch eine junge Generation erkennt (vgl. FAW, S. 86f.) Es geht um die ›Militarisierung‹ ursprünglich loser Jugendbewegung, zeigt Gerhard, Bewegungen (wie Anm. 105), S. 147f. – Eine besondere Art der Wanderung beobachtet Hauser auch mit der Rückreisebewegung nach Deutschland in FAW, S. 68.

113 So gibt es Belehrungen, die von einem »Polizeikommissar« (FAW, S. 71) stammen und Wanderer, die den ›Gefahren der Landstraße‹ verfallen, von solchen abgrenzen, die die Straße (und das Selbst, die eigene Identität) beherrschen. Diese Belehrungen werden im Text allerdings aus zweiter Hand wiedergegeben und von einem »naturschwärmende[n] Landstreicher« (ebd., S. 70) referiert. An anderer Stelle wird hervorgehoben, dass der ›deutsche‹ Wanderer sich vor allem dadurch auszeichne, bei allem Schweifen eine ›Heimat‹ zu besitzen. »Ein Mensch, der wirklich eine Heimat hat, kann reisen, so weit er will, […] er wird doch immer wieder heimkehren in das unscheinbare Stückchen Land, das zu ihm gehört, oder er nimmt die Sehnsucht danach ins Grab.« (Ebd., S. 215; vgl. hierzu auch Gerhard, Bewegungen (wie Anm. 105), S. 140f.) – Das Großstadtleben Berlins wird abgewertet und die Stadt zum »Nomadenlager« (FAW, S. 51) erklärt, welches das Land durch »Bodenspekulation« (ebd., S. 52) zerstöre (vgl. hierzu Gerhard, Bewegungen (wie Anm. 105), etwa S. 43). Demgegenüber wird notiert: »Die Landstraße ist wieder voll Romantik wie zur Postkutschenzeit, aber es ist eine neue Romantik, hart und stählern« (FAW, S. 61). – Dass es in Deutschland noch keine ›bürgerliche‹ Wohnwagenbewegung gibt, wird übrigens von Hauser in ebd., S. 83, ebenfalls kommentiert, der leicht ironisch, aber wohl auch mit dem Ziel, eigene Seriosität zu demonstrieren, die Gründung eines diesbezüglichen Vereins antizipiert.

sprechende Passagen, sodass Hauser sich als diskursiv äußerst versiert und an nationalistisch-völkische Positionen seiner Gegenwart anschlussfähig zeigt.

3.3   Auf der Flucht

Nicht übersehen werden kann allerdings – und dies bringt *Fahrten und Abenteuer im Wohnwagen* sehr deutlich zum Ausdruck –, dass die literarischen Strategien und die ästhetische Selbstlegitimation zwar in der Reportage und damit *post factum* funktionieren mögen, im Moment der Reise mit dem Wohnwagen jedoch kaum zu kommunizieren waren. Wie sehr *der Reisende* Hauser laut Darstellung des Textes unter Druck stand und dass er durchaus Probleme nomadisch ziehender Menschen wahrnahm, wird angesichts der Vertreibung der Familie aus der Gemeinde Hüfingen sichtbar (vgl. FAW, S. 135ff.), die den bemerkenswerten diesbezüglichen Höhepunkt der gesamten Reportage darstellt, an dem Hauser sich mit den sogenannten ›Zigeunern‹ in expliziter Weise identifiziert.[114] »Zum erstenmal empfand ich wie ein Zigeuner: gehetzt zu sein, vertrieben zu werden, ohne Schutz zu sein. […] Es war wie eine Flucht.« (Ebd., S. 136f.) Dabei deutet nicht nur die Formulierung ›zum ersten Mal‹ daraufhin, dass diese Erfahrung sich später wiederholt habe, was in der Reportage freilich nicht gezeigt wird, sondern Hauser formuliert auch eine Selbstpositionierung, die wahlweise mutig oder naiv war. Dass er weit davon entfernt war, selbst als ›Zigeuner‹ behandelt zu werden,[115] ist wenigstens aus

---

114 Bereits der Titel des Kapitels lautet entsprechend ›Schwarzwaldzigeuner‹ (FAW, S. 127).

115 Rein rechtlich fiel Hauser mit seiner Familie kaum unter die auf ›Zigeuner‹ und ›Landfahrer‹ zielenden Erlasse, Verordnungen und Gesetze, wie sie Hehemann, Bekämpfung (wie Anm. 98), S. 294–316, etwa am Beispiel des bayerischen ›Gesetzes zur Bekämpfung von Zigeunern, Landfahrern und Arbeitsscheuen‹ vom 16. Juli 1926 erklärt, das »den Höhepunkt der Entwicklung des Sonderrechts gegen Zigeuner vor 1933« (Luchterhandt, Weg (wie Anm. 98), S. 25) darstellt. Durchaus gab es in den verschiedenen deutschen Staaten und der Weimarer Republik unterschiedlich ausgeprägte Bemühungen, etwa auf reisende »›ordentliche‹ Gewerbetreibende wie Hausierer, Schausteller u.ä.« (Hehemann, Bekämpfung (wie Anm. 98), S. 275) Rücksicht zu nehmen (vgl. auch Luchterhandt, Weg (wie Anm. 98), S. 28ff.). Wie schwierig die Lage war, zeigt sich jedoch daran, dass selbst solche Gruppen, wie in Bayern 1924, von repressiven Regelungen teils miterfasst wurden und auf behördliches Entgegenkommen angewiesen waren (vgl. Hehemann, Bekämpfung (wie Anm. 98), S. 297). Zudem waren die »Bestimmungen […] in erster Linie auf Wirksamkeit und praktische Durchführbarkeit abgestellt«, zeigten schon vor dem Nationalsozialismus Bereitschaft zur »Scheinlegalität und Rechtsbeugung« (ebd., S. 315) und gaben jedenfalls exekutiven Organen auch lokal große Spielräume. Interessant ist in diesem Zusammenhang, dass zur Identifikation wandernder Gewerbetreibender, die als ›ordentlich‹ rubriziert wurden, teils die Existenz eines festen Wohnsitzes genutzt wurde. Ein entsprechendes Mietverhältnis allerdings gibt Hauser zu Beginn der Wohnwagenreise auf, wie im Text ausführlich – und wohl auch in der Absicht, die existenzielle Bedeutung der ›Arche‹ nachzuweisen – heraus-

heutiger Sicht evident. Zugleich allerdings deutet der Text die latente Feindschaft an, der Hauser sich gegenübersah und deren Hochrechnung auf die damalige gesellschaftliche Lage sich aus heutiger Sicht aufdrängt.

Mag all dies mit Feldern des Dilettantismus auf den ersten Blick nicht unmittelbar zu tun haben, ist es tatsächlich eng mit ihnen verbunden. Es demonstriert die Brüchigkeit von Hausers sozialer Einbindung und seinen gewollten wie ungewollten sozialen Schwebezustand in klarer Weise, der charakteristisch für Person und Werk ist. Der etablierte, aber ungelernte und mit vergleichsweise wenig kulturellem Kapital ausgestattete Reporter muss sein Geld verdienen, indem er besondere Erfahrungen aus dem Randbereich gesellschaftlicher Normalität monetarisiert.[116] Der gestrandete Seemann, der seinen Wohnwagen als Schiff behandelt, sucht die Landstraße, der technische Laie die Herausforderung, die Funktionalität einfacher Reisemittel zu erproben und zu erhalten. All dies ist aber nichts, was 1934 und 1935 staatlich oder gesellschaftlich als Selbstverständliches akzeptiert würde, sondern wird durch ablehnende Haltungen bedroht, die mit der unsteten Bewegung im Raum, aber zugleich mit einer unklaren professionellen und beruflichen Positionierung und dem vordergründigen Mangel an Seriosität zu tun haben. Hauser befindet sich auf einer Wanderschaft am Rande des Abgrunds und muss sich beständig als ›ordentlicher Reisender‹ mit lauteren Motiven und beruflicher Solidität zeigen, was laut Text in der Regel, aber nicht immer gelingt. Demonstrieren musste der Reporter und Journalist aber unzweifelhaft auch die Legitimität des eigenen Projekts eines Schreibens in Bewegung, und zwar nicht nur unterwegs, sondern auch *im Nachgang* der textuellen Niederschrift.

3.4   Die Wälder bei Storkow

In *Fahrten und Abenteuer im Wohnwagen* geht es jedoch nicht nur um ineinanderlaufende Rollen Hausers und seine unklare soziale Position. Vielmehr zeigt der Text auch den Drang zu einem positiv besetzten weltanschaulichen Dilettantismus, der in unterschiedlichen Motiven erscheint. Was Hauser bewegt, wird etwa in einer Passage deutlich, die von Verbesserungen und Reparaturen am Wohnwagen berichtet, welche nach ca. 400 Kilometern Fahrt nötig sind und die ein Bild erzeugt, dessen Widerschein man auch in den späteren Texten erkennen

---

gestellt wird (vgl. FAW, S. 23–28; auch S. 75). Gegenläufig war Hausers Reise mit Ehefrau, ja Kernfamilie geeignet, positiv wahrgenommen zu werden, war diese doch gerade nicht negativ konnotierte ›Horde‹ (vgl. Gerhard, Bewegungen (wie Anm. 105), S. 146; Luchterhandt, Weg (wie Anm. 98), S. 23).

116 Von einem »Hauch von Vagabundentum«, das der journalistischen Arbeit eigne, spricht interessanterweise Peter Suhrkamp 1930; zit. Uecker, Wirklichkeit (wie Anm. 50), S. 140.

kann. Auf einem Gutshof »mitten in den meilenweiten Wäldern hinter Storkow« (FAW, S. 42) – und damit kaum zufällig mit Abstand zu größeren Siedlungen – macht der Reporter sich mit Hilfe eines Stellmachers an die Arbeit am Fahrzeug, über die vermerkt wird,

> »[i]n einer Karosseriewerkstatt und einer Reparaturwerkstatt wären alle diese Verbesserungen leicht anzubringen. Man hat geübte Monteure, man hat alles Werkzeug, Rollbretter, Schweißapparate, man hat alle Arten von Werkstoff, Sperrholz, Linoleum, Filz zum Abdichten, Lacke, Farben, Leim.
> Hier haben wir nichts als unsere eigene Arbeitskraft, unser geringes Werkzeug, die Schmiede des Guts und die helfende Hand des Stellmachers.« (Ebd., S. 45)

Dabei werden zwei Zustände *rhetorisch* kontrastiert, deren Trennung *sachlich* durch räumliche Separierung begründet wird. Wenig spezifizierten, jedenfalls aber gut ausgestatteten Werkstätten tritt das Gut gegenüber, das in jeder Hinsicht im Zeichen des Mangels steht, wobei der fehlenden Ausstattung interessanterweise an erster Stelle die ›eigene Arbeitskraft‹ gegenübergestellt wird. Alles, was nun folgt, bildet *in nuce* ein Hauser'sches Existenzprogramm ab, das ihn als »Pionier« (FAW, S. 45) ausweisen soll und zugleich als Mann der Improvisation und des Ungenügens zeigt, der diese Rolle sucht und genießt. Es geht darum, »einfach alles [zu] können und sich [zu] behelfen mit den einfachsten Hilfsmitteln« (ebd.). Der Begriff des ›Könnens‹ ist dabei interessanterweise im spezifischem Kontext erklärter Unprofessionalität zu sehen. Sie seien »keine gelernten Autoschlosser« betont Hauser ausdrücklich, und ergänzt: »Fast alles müssen wir zweimal und dreimal machen, bis es richtig sitzt.« (Ebd., S. 46)[117] Im Zentrum steht eine Lust an der Autarkie, die funktionale Dysfunktionalität erzeugt, nämlich auf Umwegen und wiederholend verfährt und dabei improvisierend erreicht, was leichter anders erreichbar wäre.[118] Technik und Arbeit werden der modernen Arbeitsteilung enthoben und in einen integrierten Gesamtprozess rückgeführt, der von elementaren Stoffen, Gerätschaften, Kenntnissen und Fähigkeiten ausgeht – was immer darunter im Einzelnen zu verstehen ist – und von hier jenes komplexe Ganze neu erzeugt, das im Prozess technischer und industrieller Entwicklung ineinandergreifenden Warenketten und vielfacher Spezialisierung überantwortet worden ist. Das schon Erfundene wird ersetzt

---

117 »Wir verzweifelten fast daran, den Bremshebel zu verlängern, weil wir keinen Schweißapparat besaßen. Wir fanden dann den Griff eines alten Pfluges, sägten ihn ab, glühten das Stahlrohr und schoben es über den alten Bremshebel. Erkaltet, schrumpfte es ein und saß eisern fest.« (FAW, S. 46) In Hausers Reportage und insbesondere in seinen regressiven Vorstellungen zeige sich, so Schütz, Kritik (wie Anm. 52), S. 78, »die Scheinauflösung gesellschaftlicher Widersprüche: Alles muß noch zu etwas taugen. Möglich ist das aber nur in einer Gesellschaft der total gewordenen Verwertung.«

118 Rascher, »aber sicher nicht solider« (FAW, S. 46f.), betont Hauser.

und zugleich neu erfunden. »Jedes Brett müssen wir uns zuerst zurechtschneiden, hobeln und firnissen«, schreibt Hauser.

> »Jeder Haken, jeder Halter muss zuerst geschmiedet werden, jede Schraube neu gedreht. Der Stellmacher war unerschöpflich an Erfindungsgeist. Aus Stahlrohren zerbrochener Fahrräder, aus Türschlössern, alten Wagenrädern, aus Hufeisen und Weckeruhrgehäusen suchten wir unsere Werkstoffe zusammen.« (Ebd.)[119]

3.5   Der Meisterfahrer

Ähnlich, und doch verdeckter, stellt sich die Frage nach dem Dilettantismus auch an Stellen, die auf den ersten Blick sein Gegenteil darzustellen scheinen und die dialektische Komplexität der Rede von Könnerschaft, Professionalität und deren Mangel indizieren. Ein zentrales Motiv, das in *Fahrten und Abenteuer im Wohnwagen* entwickelt wird, ist das Motiv des Autofahrers bzw. genauer: das Motiv von Hauser als Meisterfahrer. Wie etwa auch in *Südosteuropa ist erwacht* legt Hauser ausführlich Zeugnis von den eigenen exzeptionellen Fähigkeiten am Steuerrad ab, wobei er durch den Wohnwagen jedoch vor besonderen Herausforderungen steht.

> »Der Motor singt hoch wie eine Dynamomaschine, immer im zweiten Gang, gespannt beobachte ich das Kühlwasserthermometer; die rote Säule steigt und steigt – will denn der Berg gar kein Ende nehmen?
> Da schnappt auch schon der federnde Bügel vom Einfüllstutzen des Kühlwassers – die Verschlußkappe springt auf und eine Dampfwolke entströmt. Gleichzeitig läßt die Kraft der Maschine reißend nach, ihr Lauf wird unruhig, sie stottert. Es ist das erste Mal, daß uns das geschieht.
> Rechts ran und warten, den Fuß krampfhaft auf die Bremse gepreßt. Es wäre falsch, den Motor sofort abzustellen, das würde die Kerzen veRölen; eine Zigarette lang lasse ich ihn im Leerlauf gehen.« (FAW, S. 132; vgl. auch ebd., S. 168)

Was Hauser hier mit stilistischen Kunstgriffen – wie der Personifikation der ›singenden‹ und ›stotternden‹ Maschine, der Repetitio des ›steigt und steigt‹, der rhetorischen Frage nach der Bergkuppe oder der als Klimax deutbaren Folge ›wegschnappender Bügel‹, ›aufspringende Verschlusskappe‹, ›ausströmender

---

119 Hausers Darlegung hat freilich Lücken und ruht Voraussetzungen auf, die in der verräterischen Darstellung mit ausgewiesen werden. So erweisen sich die schwierigen Arbeitsbedingungen als künstlich-fingierte Arbeitsbedingungen, wie er enthüllt, wenn er notiert: »Manchmal schwingt auch der Junge des Stellmachers sich aufs Rad und fährt zur Stadt, um Lack, Firnis, Leim und solche Hilfsmittel zu beschaffen, die wir beim besten Willen hier nicht auftreiben können.« (Ebd., S. 46) Dabei wird Geldmangel eine Rolle spielen, der bei Hauser beständig Thema ist und auch in FAW vorkommt (vgl. ebd., S. 49, 176, 180, 221, 275). Vor allem aber geht es um einen Willen zu maximaler Unabhängigkeit und Improvisation.

Dampf‹ – zeichnet, ist das Bild des technisch hochkompetenten, im Vollsinne des Worte ›(an)gespannten‹ Ichs, das aufmerksam und reaktionsbereit ist und aufgrund technischen und Handlungswissens eine schwierige Situation richtig deutet und beherrscht. Das entsprechende (Selbst-)Porträt erreicht in der Reportage seinen Höhepunkt durch Schilderung eines Beinaheunfalls des Hauser'schen Gespanns in Frankfurt am Main, wo die Katastrophe durch Geistesgegenwart und fahrerisches Können in einer unübersichtlichen Lage äußerst knapp vermieden wird (vgl. ebd., S. 185 ff.).[120]

Das (Selbst-)Porträt als Meisterfahrer – an dessen Realität zu zweifeln im Falle Hausers kein Anlass besteht[121] – ist freilich mit einem zweiten Themenbereich negativ verbunden, ohne dass Hauser dies zu erkennen geben würde. Die Rede ist vom Ausbau des Straßen- und besonders des Autobahnwesens, die in *Fahrten und Abenteuer im Wohnwagen* in einer Weise gefeiert wird, welche der Propaganda des Nationalsozialismus entsprach.[122] »Es ist wunderbar zu sehen«, schreibt Hauser unter Nutzung eines Adjektivs, das er auch in der Opel-Trilogie bevorzugt verwenden wird und das noch eines eigenen Kommentars bedarf,[123]

> »wie heute überall Kurven begradigt werden und überhöht, wie man die Durchfahrten durch Ortschaften verbessert, ja wie man am liebsten die Landstraße um die Dörfer herumführt. An vielen Punkten schneidet unser Weg die Trasse einer zukünftigen Autobahn. Schon von weitem erkennt man den mächtigen Adler, der seine Schwingen wie ein Schild über das große Werk ausbreitet.« (FAW, S. 76)

Die »Nachkriegszeit, wo unsere Landstraßen Ketten von nie endenden Schlaglöchern waren«, sei, so Hauser, durch »das große Erwachen« und den »brausende[n] Frühling der Landstraße« (ebd., S. 171) abgelöst.[124]

> »Überall queren die Spruchbänder der Baustellen unsern Weg, und schon von fern erkennen wir die Arbeitskolonnen, fast alles junge Menschen: mit nackten Oberkörpern

---

120 Während Hauser in der zitierten Bergfahrt, wie bereits in FmM, S. 4, als Programm umrissen, überwiegend »vom Auge her« schreibt und noch den Fernsinn des Gehörs hinzunimmt, dehnt die Frankfurter Sequenz das Erleben in die Intensität weiterer Sinne aus und beschreibt Sehen, Hören, Riechen und Fühlen.

121 Graebner, »Dem Leben …« (wie Anm. 26), S. 32, gibt an, Hauser habe sich bei Opel »auch als Testfahrer« betätigt. Je nachdem, was mit diesem Begriff gemeint war, handelte es sich um eine Tätigkeit, die zwischen 1933 und 1938 eine bedeutende Transformation erlebte, wie Benjamin Steininger: Raum-Maschine Reichsautobahn. Zur Dynamik eines bekannt/unbekannten Bauwerks. Berlin 2005, S. 9–11, skizziert.

122 Vgl. Erhard Schütz u. Eckhard Gruber: Mythos Reichsautobahn. Bau und Inszenierung der »Straßen des Führers« 1933–1941. Berlin 1996. – »Wunderbare, glatte Autobahn, breiter Scheitel in der wirren Frisur der Landschaft«, heißt es etwa bei Hauser in KvR, S. 194.

123 »Seine [= Hausers] Erlebnisse werden zu Berichten aus dem Wunderbaren«, notiert Schütz, Kritik (wie Anm. 52), S. 48.

124 Schlechte Straßenzustände, aber auch tendenziell dysfunktional wirkende Straßen wurden im Nationalsozialismus nicht nur bei Hauser mit der Zwischenkriegszeit und der Weimarer Republik assoziiert. Vgl. Schütz u. Gruber, Mythos (wie Anm. 122), S. 35.

schwingen sie die Hacken in den klirrenden Schotter, stemmen sie die muskelstarken Rücken gegen die Kipploren [...]. Und überall wühlt der Straßenhobel die alten Steinbetten auf [...]. Dämme überqueren tiefe Täler, weiße Betonbrücken schwingen sich Bogen an Bogen über Flüsse, wo einst langsame Fähren auf uns warteten.« (Ebd.)

Während der Ausbau der Infrastruktur, den auch die Opel-Trilogie betont, meisterhafte Fahrer mit exzellenten Straßen zu versorgen scheint, auf denen Mensch und Maschine ihre Möglichkeiten erst entfalten, tritt tatsächlich eine Dialektik des technischen und infrastrukturellen Fortschritts hervor, die schon *Friede mit Maschinen* 1928 zum Ausgangspunkt nimmt und die eine negative Beziehung zwischen Fortschritt und individuellem Können stiftet.[125] Zivilisation und Straßenbau fangen dabei jene Fähigkeiten zu tilgen an, auf die Hauser besonders stolz ist (vgl. auch FAW, S. 247 f.). Unter anderem beginnt die von ihm gefeierte Autobahn ab den 1930er Jahren rasch die Signifikanz virtuosen Fahrens zu reduzieren[126] und in die Vergangenheit zu rücken,[127] wenn man unter solchem Fahren die Fähigkeit fasst, schwer zu beherrschende, hochvariante und immer wieder überraschende Situationen zu bewältigen und Maschinen zu bedienen, die an den Grenzen ihrer Belastbarkeit stehen.[128] Meisterfahrer muss im Hauser'schen Sinne sein, wer sich unter schwierigen Bedingungen durch eigene Fähigkeit behauptet, ohne sie an Infrastruktur oder Technik abzugeben. Gegenbild ist der sich selbst entlastende Fahrer, dessen Hochgeschwindigkeitsreisen auf

---

125 Vgl. FmM, S. 3, wo es unter anderem heißt, »in einem gewissen Sinne ist die Entwicklung, die die Technik nimmt, der Verständigung zwischen Mensch und Maschine feindlich.« Dies liege nicht daran, dass moderne Maschinen »schlecht«, sondern dass sie »außerordentlich gut« funktionierten, sodass »der Laie sich um sie kaum mehr zu kümmern braucht.« (Ebd.) Hauser fürchtet als Konsequenz eine große Menge wenig kompetenter Nutzerinnen und Nutzer von Maschinen und zugleich eine »Oligarchie der Fachleute« (ebd., S. 4). Vgl. hierzu auch Schubert, Verhältnis (wie Anm. 24), S. 154–156, die mit einem Verweis auf Karlheinz Jakob formuliert: »In der technikgeschichtlichen Entwicklung [...] stehen im Umgang mit der Technik die ›Veralltäglichung‹ und die ›Professionalisierung‹ einander entgegen. [...] Für das Sprechen über Technik hat diese Entwicklung nach Jakobs Analyse deutliche Folgen. Wenn die Maschinen und technischen Artefakte [...] nicht mehr durch Alltagswissen verstehbar seien, dann würden die mentalen Modelle dieser Artefakte naiver werden.« (Ebd., S. 155) Ein professionelles Verständnis und ein professioneller Umgang mit der Technik werden zunehmend exklusiver Besitz weniger, während die meisten Menschen nur unzureichende Vorstellungen vom Funktionieren der zunehmend unanschaulichen Technik haben. Von Hausers »Furcht vor einer Herrschaft der Expertokraten«, spricht Helmut Lethen: Neue Sachlichkeit 1924–1932. Studien zur Literatur des »Weißen Sozialismus«. Stuttgart 1970, S. 69.

126 Vgl. Steininger, Raum-Maschine (wie Anm. 121).

127 Die alten Straßen und die Autobahn kontrastieren in programmatischer Klarheit auch in KvR, S. 151, wo die propagandistische Rede von den »Straßen des Führers« reproduziert wird. Es sei das Glück der eigenen Generation, so der Reporter, dass sie noch »das Alte und das Neue« (ebd.) kennen dürfe.

128 »Es wird von Tag zu Tag schwerer«, so FmM, S. 3, »ein Automobil kaputt zu machen [...]. Wir haben uns daran gewöhnt, daß ein Auto eben fährt«.

ebener Bahn avantgardistisch gefeiert werden mögen[129] oder dessen mechanische Kolonnenfahrten übers Land und durch die Stadt (vgl. FAW, S. 248f.) zu einem Signum der Moderne werden, aber keinesfalls dasselbe Stadium hochgradiger Selbstbezüglichkeit erreichen, das eigentliche Meisterschaft konstituiert. Hausers Phantasien der Fahrt verlangen effektiv, hinter dem, was man Fortschritt nennt, zurückzubleiben bzw. diesen Fortschritt bewusst zu blockieren.[130] Damit plädieren sie nicht nur implizit für infrastrukturelle Dysfunktionalität und vormodernen Städte- und Straßenbau – den Hauser zugleich beseitigen möchte[131] –, sondern verweigern auch eine habituelle Anpassung an neue Bedingungen, welche Selbstentlastung durch erhöhte Spezialisierung bzw. deren negatives Spiegelbild einer Verengung des Fähigkeitsspektrums erlauben. Das Spannungsfeld, das hier entsteht, ist mit jenen Imaginationen der Autarkie verbunden, die Hauser in den Wäldern bei Storkow entwickelt.[132]

---

129 Vgl. anders aber Schütz u. Gruber, Mythos (wie Anm. 122), S. 125 u. 127.

130 Dass Hauser dieses Spannungsfeld bewusst war, lässt sich vermuten, denn in seinem Werk sind unterschiedliche und nicht immer leicht vereinbare Vorstellungen des Autofahrens enthalten, wie Schubert, Verhältnis (wie Anm. 24), S. 131–135, ausführlich belegt. Inwiefern Hauser allerdings konsequent reflexiv durchdrungen hat, welche Implikationen sich mit der infrastrukturellen und technischen Entwicklung des Automobilismus verbanden, ist offen. So zeigt Schubert in ebd., S. 133, dass Hauser bereits in FCh selbstwidersprüchlich operiert, wenn das explizite Programm seiner Reise darin besteht, auf »krummen Straßen« fahren und »Feldwege« (FCh, S. 10) entdecken zu wollen, während er letztlich große Eile zeigt und möglichst rasch weite Strecken bewältigen will (vgl. ebd., S. 36, 110 u. 129). Im Laufe des Textes verlöre sich, schreibt Gerhard, Bewegungen (wie Anm. 105), S. 236, »die negative Akzentuierung von ›Kolonnefahren‹ und ›Zementband‹.« Uecker, Beschreiben (wie Anm. 87), S. 13f., geht von einer konstitutiven Selbstwidersprüchlichkeit (nicht nur) der US-Reportage aus, die in Hausers Arbeitsweise als Reporter und seinem Schreiben wurzele. Hauser habe eine »impressionistische Zugangsweise« praktiziert, welche »zur Aneinanderreihung kurzer, in sich geschlossener Aufzeichnungen und Eindrücke [führt], die nur locker zusammengehalten werden durch die Chronologie der Reise und die Konstanz des Autors als Beobachtungs- und Reflexionsinstanz. […] Unbekümmert um Zusammenhänge oder Widersprüche beschreibt und bewertet Hauser vielmehr alles so, wie er es im Moment des Wahrnehmens oder Schreibens erlebt, und reiht lauter kleine Gegenwarten aneinander«. Was Uecker hier skizziert, ist offenbar mit Hausers ›touristischer‹, aber auch zirzensischer Perspektive verbunden, die bereits erwähnt wurden bzw. um die es noch gehen wird.

131 Der Sinn für die Technik der Infrastruktur und entsprechende Relevanzen ist dabei im Text größer, als man auf den ersten Blick erkennen mag, wenn etwa unterschiedliche Straßenbeläge – die in der Zeit wichtiges Thema sind – genau registriert werden und besonders der Einsatz des neuen Betons festgehalten wird. Vgl. FAW, S. 69, 171, 196; erläuternd Steininger, Raum-Maschine (wie Anm. 121), S. 19–82.

132 Es lässt sich zudem auf Antinomien in Hausers Denken ausweiten, wie einer Ablehnung von Massenproduktion bei gleichzeitiger Feier solcher Produktion. Moderne Fabrikationsmethoden arbeitsteiliger Fließbandarbeit seien, argumentiert OdT, in Deutschland lange aufgrund der Qualität deutscher Facharbeiter nicht eingeführt worden. »Man erkennt, wie ein Hochstand im Handwerklichen einen Fortschritt im Fabrikatorischen aufzuhalten vermag.« (OdT, S. 169) – Die knappen Erklärungen bei Jürgen Bönig: Die Einführung von Fließbandarbeit in Deutschland bis 1933. Zur Geschichte einer Sozialinnovation. Teil I. Münster

3.6   Straßen und Fahrt

Dass das skizzierte Problem Hauser tatsächlich beschäftigt hat, ohne dass er es lösen konnte, soll mit zwei Hinweisen belegt werden. Zunächst ist knapp zu notieren, dass eines der letzten Projekte aus *Fahrten und Abenteuer im Wohnwagen* in Hausers Versuch besteht, mit dem knapp zwei Tonnen schweren Automobil und dem über zwei Tonnen schweren Wohnwagen (vgl. FAW, S. 19f.) *ohne Straße* in die Wildnis vorzudringen (vgl. ebd., S. 260f.).[133] Dieses Vorhaben ist vor dem Hintergrund des zuletzt Gesagten von einer nachgerade frappierenden Folgerichtigkeit und gar als ein Symbol für Hausers Sehnsüchte geeignet, die dem Nationalsozialismus – und speziell seinen Straßenbauingenieuren – nichts als verdächtig sein konnten.[134]

Noch relevanter ist die Tatsache, dass der aufgetane Problemzusammenhang mindestens im ersten Band der Opeltrilogie, *Am laufenden Band*, 1936 wiederkehrt und hier weit klarer reflektiert ist. Dies ist umso wichtiger, als es an einer Stelle geschieht, an der Hauser nahezu wörtlich eine längere Passage aus *Fahrten und Abenteuer im Wohnwagen* übernimmt – ohne sie als Übernahme auszuweisen –, nämlich die oben gekürzt wiedergegebene Rede von Baustellen und Arbeitskolonnen. Im Schlusskapitel ›Du fährst‹ entwirft ein nicht identifizierter Sprecher, der wohl der Reporter selbst ist, einen imaginären Dialog zwischen dem Leser und dessen »beste[m] Freund« (AlB, S. 171). Dieser Freund darf vermuten, dass das Autofahren wenig erfüllend sei, was durch den Verweis, wie schön die Landschaft sich vom Auto aus darbiete, zunächst abgewehrt wird (vgl. ebd., S. 174f.).

Beharrlich erklärt der Freund weiter: »Aber wenn Millionen Menschen Auto fahren können, kann das doch keine Kunst sein.« (vgl. AlB, S. 174f.) Der Reporter legt seine eigene Stimme dem Leser in den Mund und lässt ihn entgegnen: »Ein Kind kann ein Auto regieren, aber gut Auto fahren ist eine Kunst, in der noch keiner ausgelernt hat.« (Ebd.)[135] Diese Antwort ruht auf zwei Argumenten,

---

u. Hamburg 1993, S. 450f., zeigen, dass Hausers Darstellung in verschiedener Hinsicht historisch durchaus akkurat war.

133 Die lesenswerte Passage des erfolgreichen Vorstoßes endet mit der Feststellung: »Ich glaube nicht, daß irgendein Automobil auf diesem Boden schon gestanden hat.« (FAW, S. 261) Schon zuvor wird die Annäherung an den Strand des Darß, wo sich das Ganze abspielt, als positive Steigerung gezeichnet, die zunimmt, indem die Qualität der Wege abnimmt: »Gott sei Dank: In Wustrow endet die Chaussee. Die Arche schaukelt auf Landwegen über Dünen zwischen See und Bodden, das bedeutet Hoffnung!« (Ebd., S. 258)

134 Die entsprechenden Ausführungen stehen in direktem Widerspruch zur Propaganda nationalsozialistischer (Autobahn-)Literatur, wie sie Schütz u. Gruber, Mythos (wie Anm. 122), S. 108f., zitieren.

135 Vgl. in diesem Zusammenhang auch die bemerkenswert lebensnahe Darstellung von Fahrstunden im Kapitel ›Fahrenlernen‹ in FmM, S. 38–46, wo es unter anderem heißt,

nämlich erstens dem Argument einer herausfordernden Individualität jeder Straße und zweitens dem Argument widriger Umstände des Fahrens wie Regen, Schnee oder Glatteis. Dennoch gerät die Reporterposition unter Druck, und zwar gerade durch den Hinweis auf die neuen, normierten und gesicherten Straßen, die noch nicht einmal Autobahnen sein müssen. »Aber die großen Landstraßen selbst, diese graden glatten Bahnen wie mit Lineal und Zirkel durch die Landschaft gelegt, sie müssen langweilig werden auf die Dauer, langweilig wie der Schienenstrang der Eisenbahn.« (Ebd., S. 175)[136] Hier hilft Hauser nur noch der

---

»tatsächlich ist die Handhabung der Apparatur eines Autos so vollkommen den natürlichen Funktionen menschlicher Gliedmaßen angepaßt, daß man instinktiv nach wenigen Übungen das Richtige tut.« (Ebd., S. 45) Bereits hier ist es Hausers »ausgesprochene Absicht, schnell zu fahren.« (Ebd., S. 41)

136 Die Vergleiche und Perspektiven, die hier veranschlagt werden, werden nicht spontan von Hauser gebildet, wie man heute meinen könnte. Der Kontrast zwischen der schnellen, geraden – und langweiligen – Eisenbahnfahrt und dem langsamen, kurvigen – und anregenden – Weg im Automobil, der durch den neuen Straßenbau aufgelöst zu werden droht, ist 1936 vielmehr eingeübt. Er ermöglicht Phantasien des geruhsamen ›Autowanderns‹, die auch Hauser unterhalten hat und die in AlB, S. 174 f., noch wiederholt werden. Ungeachtet der verschlungenen Wege und Straßen, von denen FAW in zahlreichen Passagen handelt, und ungeachtet von Phantasien des Verweilens und der langsamen Fahrt (vgl. ebd., S. 169 f.), ist der Text der Reportage freilich keiner des reinen Autowanderns mehr, sondern wesentlich mit Fragen technischer und menschlicher Leistungsfähigkeit befasst. Vgl. zum Autowandern und den Differenzen zur Eisenbahnfahrt grundlegend Michael Pilz: »Die Wiedergeburt der Landstraße aus dem Geiste des Motors«. Otto Julius Bierbaums *Automobilia* im Rückspiegel ›autochthoner Modernität‹ bei Eugen Diesel, Heinrich Hauser und Wilfrid Bade. In: Otto Julius Bierbaum. Akteur im Netzwerk der literarischen Moderne. Hg. von Björn Weyand u. Bernd Zegowitz. Berlin 2018, S. 247–278. – Es ist im Übrigen bezeichnend und gerade im Falle Hausers kaum überraschend, wie leicht die Bewertungen und Metaphoriken in den 1930er Jahren umkehrbar sind und wie wenig Festigkeit sie besitzen. So verzichtet der Reporter in *Wetter im Osten* auf die Reise mit dem Automobil. Hier wird nicht nur festgehalten: »Die deutschen Landstraßen sind zu fein, zu reich gegliedert, zu vielgestaltig, um im Autotempo überhaupt erfaßt zu werden.« (WiO, S. 75) Der »Lokalzug« wird auch zur positiv konnotierten »Menschenfalle« (ebd.), nämlich Ort für Begegnungen und zum Nachdenken. Gerhard, Bewegungen (wie Anm. 105), S. 238, greift dies auf und vermutet für WiO eine politische Fehleinschätzung Hausers, der fälschlich geglaubt habe, »die Ausblendung der technischen Modernisierung« – die hier nur die automobile ist – werde durch »nationalistische Positionen« verlangt. – Eine tendenzielle funktionale Annäherung des Autoverkehrs an die Eisenbahn, wie sie in der Autobahn realisiert wurde, konnte übrigens durchaus mit ästhetischen Distanzierungen verbunden bleiben. So weisen Schütz u. Gruber, Mythos (wie Anm. 122), S. 101, daraufhin, dass sich die neuen Autobahnbrücken des Nationalsozialismus in ihrer visuellen Erscheinung von Eisenbahnbrücken unterscheiden sollten, wobei die Eisenbahn ein überwundenes ›liberalistisches Zeitalter‹ repräsentierte. Auch das Konzept der ›schwingenden Straße‹, also einer Trassenführung in leichten Kurven, sollte aber die Auto- von der Eisenbahn absetzen und es gar ermöglichen, sie selbst, wie überzeugend auch immer, zum Ort des Autowanderns zu erklären (vgl. ebd., S. 123 f. u. 131). Dies hat auch Hauser punktuell versucht, wie etwa im Text: Autowandern, eine wachsende Bewegung, in: Die Straße 3 (1936), H. 14, S. 455–457. Dass sein Versuch, Autowandern und Autobahn zu versöhnen, »seltsam« (ebd., S. 455) ist, muss er freilich einräumen und kann

selbstreflexive, nationalsozialistischer Propaganda entsprechende Hinweis auf die Technologie der modernen Straße, die als nationales Wunder zu adorieren sei.[137]

>Junge Menschen mit nackten Oberkörpern schwingen sie die Hacken in den klirren-den Schotter; überall wühlt der Straßenhobel alte Steinbetten auf, Dampfwalzen rollen ihre gewaltigen breiten eisenblanken Räder über knirschenden Kies [...]. Neue Dämme überqueren tiefe Täler, weiße Betonbrücken schwingen im Bogen über Flüsse« (AlB, S. 176).[138]

Der Wechsel der Betrachtung von der Nähe zur Distanz und vom Erleben zum Schauen wird durch ein Erzählen deutlich, das sich klar von dem unterscheidet, das etwa die Frankfurter Unfallszene aus *Fahrten und Abenteuer im Wohnwagen* prägt und das zeitdehnend in Nahbetrachtung verfährt.[139]

Man könne, erklärt die Reporterstimme in *Am laufenden Band*, beim Fahren dem Straßenbau zusehen oder sich wenigstens in das faszinierende Projekt des in Straßen manifest werdenden »Erwachens unseres Volkes« (AlB, S. 176) hinein-denken. Damit tritt an die Stelle der Herausforderung des Fahrens eine tech-nologische Perfektion, die diese Herausforderung gerade tilgt und nun selbst befriedigend sein soll, was einen Teil von Hausers Persönlichkeit, obwohl er anderes suggeriert, sicher nicht erreicht hat.[140]

---

beim Lesen nicht übersehen werden. – Humoristisch schildert FAW, S. 204f., ein ›Duell‹ zwischen Automobil und Eisenbahn.

137 Die »Verkehrspolitik des Dritten Reiches« werde in einer Weise gedeutet, die dem Stra-ßenbau ein »vitalistisches Moment« gebe, schreibt Graeb-Könneker, Modernität (wie Anm. 68), S. 189.

138 Vgl. zur propagandistischen Bedeutung speziell der Autobahnbrücken Schütz u. Gruber, Mythos (wie Anm. 122), bes. S. 94–98.

139 »Die Bremsen rauchen, brenzlicher Geruch: die Beläge verbrennen. Ich spüre die unheim-liche Wucht der nachschiebenden Gewichte, ich kann die Wagen nicht mehr halten [...]. / Zurückschalten auf den ersten Gang, das ist die einzige Möglichkeit – wenn die Kupplung es aushält! / Ich beiße die Zähne zusammen: Wenn der Gang nicht sofort zur Wirkung kommt, – dann hört die Bremswirkung des Motors auf, und dann...« (FAW, S. 186)

140 »Aber wo sind die Schluchten, die Wälder?«, heißt es in FAW, S. 206: »Sie stehen nur auf der Karte, nicht in der Wirklichkeit. Schnurgerade zieht sich die große Straße durch eine Kette von eng aneinandergereihten Siedlungen vorstädtischen Charakters.«

4.   Die Opel-Trilogie

4.1   Grundlagen

Die Opel-Trilogie schließt mit dem Thema des Automobilismus nicht nur an *Fahrten und Abenteuer im Wohnwagen* an, sondern auch an Hausers Technik- und Industriereportagen der Weimarer Zeit.[141] Anders als diese ist sie aber Arbeit im Dienst der Industrie selbst.[142] Hauser agiert daher nicht mehr auf eigene Faust oder im Auftrag von Redaktionen und Verlagen, sondern im Auftrag des Unternehmens Opel. Multiple Felder des Dilettantismus und schwierige soziale Rollenverhältnisse kommen auch hier vor, wobei zwei Aspekte von besonderem Gewicht sind. Einerseits präsentiert sich Hauser mit werbendem Ton[143] eindeutig – und weit klarer als in *Abenteuer und Fahrten im Wohnwagen* – als ein Übersetzer der Technik wie auch industrieller Vorgänge, was oben als eine modernitätsstabilisierende Funktion von Dilettanten und Dilettantismus identifiziert wurde.[144] Andererseits bleibt jedoch auch in der Opel-Trilogie eine Weltanschauung sichtbar, die Sehnsucht danach hat, aus Fortschritt und Arbeitsteilung hinauszutreten und im Dienst eines modernitätssprengenden Projekts zu agieren.

---

141 Einen Schematismus in Hausers Schreiben und einen das Publikum wie den Autor ermüdenden Drang, »regelmäßig zu den immer gleichen Orten und Gegenständen« zurückzukehren, notiert kritisch Uecker, Kontinuitäten (wie Anm. 87), S. 42. Die These, eine »Abnutzung der Wahrnehmungen« habe zu einem Bedeutungsverlust Hausers geführt, was durch zunehmende Publikationen bei »kleineren, zum Teil obskuren Sachbuchverlagen« (ebd.) indiziert werde, übersieht freilich Einflussfaktoren wie das Ende der Weimarer Republik. Vgl. zu den auffälligen Wiederholungen in Hausers Werk etwa auch Graeb-Könneker, Modernität (wie Anm. 68), S. 180.

142 Hauser habe im Feld der »schwierige[n] Textgattung der Firmenschriften und Unternehmensporträts stilbildend« gewirkt, schreibt, Delabar, Umgang (wie Anm. 27), S. 217.

143 Der sein Werk laut Schütz, Kritik (wie Anm. 52), freilich bereits auszeichnet, bevor er im Auftrag einzelner Unternehmen arbeitet. So wird schon FCh von Schütz »als spezifische Reklameform gelesen: zum einen als Reklame für Ford [...]; zum anderen aber als Darstellungsweise, deren strukturelle Nähe und Differenz zur Reklame reflektiert werden muss.« (Ebd., S. 46) Schütz' Beschreibung eines spezifischen ›Reklamebewusstseins‹, das generell »Reklame für das Bestehende« (ebd., S. 80) betreibe, geht dabei freilich über das, was hier mit dem werbenden Charakter von Hausers Opel-Schriften gemeint ist, deutlich hinaus. Vgl. zur Annahme, Hauser betreibe eine generelle ›Propaganda‹, die in den Opel-Bänden bloß besonders deutlich werde, auch Lange, Literatur (wie Anm. 79), S. 63.

144 Beruflich erwies sich das Schreiben für die Industrie dagegen als Möglichkeit, in der zunehmend bedrückenden nationalsozialistischen Gegenwart überhaupt zu arbeiten. Die Idee, auf diese Weise Distanz zum Regime wahren zu können, war allerdings trügerisch, wie schon Graebner, »Dem Leben ...« (wie Anm. 26), S. 30, notiert, denn gerade das Schreiben im industriellen Auftrag machte zustimmende Gesten gegenüber dem Nationalsozialismus nötig. Schubert, Verhältnis (wie Anm. 24), S. 38, Fn. 98, erkennt in den fiktionalen Texten größere Skepsis gegenüber dem ›Dritten Reich‹ als in den faktualen.

Was die Haltung der Texte zum Nationalsozialismus betrifft, sind sie weit
expliziter als *Fahrten und Abenteuer im Wohnwagen* – oder Hausers fiktionale
Texte der Zeit – damit befasst, den nationalsozialistischen Machthabern und
ihrer Politik zu akklamieren.[145] Dies dürfte auch mit dem Auftraggeber der Texte
zu tun haben, erfolgt allerdings dennoch an vergleichsweise wenigen Stellen. So
kann man das explizite Lob nationalsozialistischer Führer nicht überlesen, das
sich einerseits auf Hitler bezieht, der als ›der Führer‹ firmiert (vgl. OdT, S. 212,
KvR, S. 151) und in *Am laufenden Band* auch im Bild erscheint (vgl. AlB, S. 96),
andererseits aber auch auf den namentlich genannten Hermann Göring referiert
(vgl. KvR, S. 66, 98), dem bekanntermaßen bereits *Ein Mann lernt fliegen* gewidmet war.[146] Hitlers Stimme wird an einer bekannten Stelle in *Kampf*,[147] leicht
verklausuliert, als »Stimme eines Riesen« vorgestellt und gleicht »den Prophe-
tenstimmen der Bibel« (KGe, S. 273).[148] Ganz ähnlich beschwört *Im Kraftfeld von
Rüsselsheim* mit Blick auf die »Eröffnung der Automobilausstellung in Berlin«
(KvR, S. 54) »die Stimme des Führers zurückgeworfen von den Wänden, bis in die
entferntesten Tiefen widerhallend von den Lautsprechern.« (Ebd., S. 56) Im
selben Band wird der Werkbegriff, der sich 1936 zunächst auf die Opelfabriken
und die Motorisierung bezieht und besonders die sogenannte ›Gefolgschaft‹ zum
Subjekt hat, auf den ›Führer‹ übertragen, wenn »ein großes Volk am Werk seines
Führers bauen hilft.« (Ebd., S. 6; vgl. etwa auch den Hinweis auf den nationalsozialistischen 4-Jahresplan in ebd., S. 163.)[149]

Anders als in *Fahrten und Abenteuer im Wohnwagen* ist die persönliche
Unruhe des Reporters invisibilisiert und das mindestens in Spuren vorhandene
Gefühl eigener Bedrohung nicht mehr sichtbar. Geblieben ist jedoch der Versuch,
das Deutschland der späteren 1930er Jahre als Raum des Lebens, der Individualität und Vielfalt zu präsentieren. Dass hierbei noch 1940 ›fahrendes Volk‹
erscheint, wenn auch sehr knapp, ist aus heutiger Sicht durchaus beklemmend
und wirft die Frage auf, inwiefern Hauser wirklich eigene Eindrücke verschrift-

---

145 Graeb-Könneker, Modernität (wie Anm. 68), S. 184, notiert über die Opel-Trilogie,
     »[m]öglich erscheint das ›neue Rüsselsheim‹ [...] erst im Kontext des Dritten Reiches.«
146 Vgl. zum Kontext Delabar, Besinnung (wie Anm. 64).
147 Die wiederum die Umschrift eines älteren Textes aus der *Neuen Rundschau* darstellt; vgl.
     Delabar, Besinnung (wie Anm. 64), S. 165; ergänzend Streim, Pionier (wie Anm. 25), S. 108 f.
148 Hauser bezieht sich hier auf Adolf Hitlers Auftritt auf dem Tempelhofer Feld am 01. 05. 1933,
     während dem Hitler interessanterweise verkündete, Autobahnen bauen zu wollen (vgl.
     Schütz u. Gruber, Mythos (wie Anm. 122), S. 14).
149 Der Text endet entsprechend mit dem Appell, es komme darauf an, »daß wir bauen!« (KvR,
     S. 219) Knapp wird auf den letzten Seiten die Arbeit des Reporters zur Bildungsgeschichte,
     wenn er erklärt, im Laufe seiner Recherchen selbst ein neues Pflichtgefühl internalisiert zu
     haben, um an den Aufgaben der Gegenwart mitzuwirken (vgl. ebd.).

lichte und inwiefern er stereotype Stimmungsbilder der deutschen literarischen Tradition abrief, die von der historischen Wirklichkeit längst überholt waren.[150]

Die Opel-Trilogie zieht sich überwiegend aus der anschaulichen und sinnlichen, buchstäblichen *Erfahrung* der Straße in *Fahrten und Abenteuer im Wohnwagen* hinter die positive Bilanz eines Großprojekts zurück, nämlich der Feier der deutschen »Motorisierung« als »Volksbewegung« (AlB, S. 5).[151] Nicht ganz geklärt wird dabei die, in der Hauser-Forschung gelegentlich betonte, Frage, was das *Nationale* dieses Projekts eigentlich ausmache, da auch Hauser weiß, dass er bloß Facetten einer globalen Mobilisierung beobachtet, wenn die Welt durch den Einsatz von Kohle, »Erdöl[]« und »Elektrizität« energetisiert und hierbei auch der »Verkehr[] zu Wasser, zu Lande, in der Luft« (OdT, S. 7) entwickelt und verdichtet wird.[152] Entsprechend sieht sich Hauser vor die Herausforderung gestellt, auf historische und gegenwärtige Wirklichkeiten einzugehen, die teils mit erheblichem Aufwand mit dem nationalsozialistischen Programm verknüpft werden müssen. Etwa gewährt er Einblicke in die Komplexität des technischen Fortschritts im Kontext der Großserienproduktion (vgl. etwa AlB, S. 144) oder der Strategien modernen Automobilverkaufs, die nicht aus sich heraus zu allen ideologischen Vorstellungen des Nationalsozialismus passen mussten. Potenziell heikel war etwa die kaufmännische Seite der Arbeit von Opel, deren moderne Strategie des »Kundendienst[es]« (OdT, S. 176; vgl. ebd. 176–180)[153] den Eindruck einer profitorientierten Manipulation erwecken konnte, was im Nationalsozialismus nicht unbedingt auf Zustimmung hoffen

---

150 Im »Westerwald« notiert er beiläufig das eindeutig als romantisch intendierte Bild: »Zigeunerlager im Aufbruch, hinter der Plane des Wagens huscht Kerzenlicht und regen sich Schatten.« (KvR, S. 194) – Die nationalsozialistische Eskalation im Kampf gegen ›Zigeuner‹ begann nicht nur, wie erwähnt, mehr oder minder vermittelt im Jahr 1933, sondern verschärfte sich durch eine zunehmende Dominanz ›erbbiologischer‹ Perspektiven ab 1935. Eine signifikante Eskalation erreichte sie am 17. Oktober 1939, also nach Kriegsbeginn, als das Reichskriminalpolizeiamt per ›Schnellbrief‹ ein sofort gültiges Verbot jeglicher Mobilität von ›Zigeunern‹ verfügte (vgl. Luchterhandt, Weg (wie Anm. 98), S. 141). Zuwiderhandlung war mit Haft im Konzentrationslager bedroht, was den Betroffenen eindringlich zur Kenntnis gebracht wurde (vgl. ebd.). Im Oktober 1939 war *Im Kraftfeld von Rüsselheim* freilich schon geschrieben; Titelei und einleitendes Kapitel sprechen von zweijähriger Arbeit und datieren die Fertigstellung auf »Herbst 1939« (KvR, S. 9) bzw. die ersten Kriegsmonate als »erste[] Monate des deutschen Schicksalskampfes« (ebd., S. 2).

151 »Übereinstimmungen zwischen Hausers Vorstellungen und der Politik der Nationalsozialisten ergaben sich insbesondere auf dem Gebiet der rassistisch untermauerten ›Lebensraum‹politik und der verkehrstechnischen Modernisierung«, schreibt Streim, Pionier (wie Anm. 25), S. 110.

152 Vgl. etwa Graeb-Könneker, Modernität (wie Anm. 68), S. 191.

153 Noch in KGe, S. 261, verspottet Hauser die »schmierigen Methoden des Geschäftslebens« und den mit ihnen verbundenen »geschmeidigen, servilen Habitus«.

durfte.[154] Unzweifelhaft heikel war auch die Tatsache, dass Opel in den 1930er Jahren bereits kein Familienunternehmen und zudem kein deutsches Unternehmen mehr war, sondern der US-amerikanischen Aktiengesellschaft *General Motors* gehörte, was Hauser auf zwei Seiten mit verschiedenen gedanklichen und rhetorischen Volten zu überdecken versucht (vgl. ebd., S. 185 f.).[155] Die scharfe Kritik, die die Forschung teilweise an Hausers Reportagen geübt hat, die keine Tiefenblicke gewährten und ökonomische Zusammenhänge nicht durchdrängen,[156] findet hier Bestätigung, wobei allerdings die Möglichkeitsspielräume des Reporters gegenüber den Weimarer Jahren wohl bereits verengt waren.

4.2   Die doppelte Vermittlung

In der Opel-Trilogie hat erneut – wie schon 1928 – der Laie Auftritte, was an verschiedenen Stellen explizit oder implizit zum Thema wird. So heißt es über die »Roboter« Opels: »Der Laie sieht sie wirken, aber versteht ihre Wirkungsweise nicht« (AlB, S. 41). Die Beobachtung einer Maschine wird mit den Worten bilanziert: »Aber darum begreift man doch noch nicht; nur eins: daß diese Maschine fast ein Wunder ist.« (Ebd., S. 60) Es heißt: »Von der Bedeutung der Chemie [...] macht sich der Laie wohl meist eine ganz falsche Vorstellung.« (KvR, S. 175) Und in einer weiteren Passage spricht Hauser von »Dramen [in der Produktion], von denen die Öffentlichkeit sich keine Vorstellung macht, weil sie selten oder nie etwas davon erfährt.« (OdT, S. 172) Die Rede von ›dem‹ Laien, die häufige Benutzung des unpersönlichen Personalpronomens ›man‹ oder das Subjekt der ›Öffentlichkeit‹ lassen dabei freilich in zunächst unauffälliger, tatsächlich bemerkenswerter Weise offen, inwiefern Hauser hier primär über Leserinnen und Leser spricht und inwiefern er sich selbst in das Urteil einbezieht. Durchaus schreibt Hauser – wie sich noch zeigen wird – auch in der Ich-Form und auf keinen Fall zeichnet die Opel-Trilogie das Bild eines Reporters, der *alles*

---

154 In den eröffnenden Worten von OdT geht Hauser auf die Sonderstellung von Opel ein und versucht zu legitimieren, weshalb er sich mit der Firma beschäftigt habe. »Ganz anders wie bei einem Daimler, einem Maybach, einem Benz war in der Familie Opel nicht die erfinderische, sondern die fabrikatorische Begabung vorherrschend. Von den drei Produkten, denen das Werk seine heutige Größe verdankt – Nähmaschine, Fahrrad und Automobil –, war keines von einem Mitglied der Familie Opel erfunden worden. Trotzdem haben Adam Opel und seine Söhne es verstanden, jedes dieser Erzeugnisse zur größten Produktion des Kontinents heraufzuführen.« (OdT, S. 9)

155 »Die propagandistisch gewünschte Ineinssetzung von Nation und Technik wurde nicht im mindesten dadurch behindert, daß die technische Grundlage (Fließband) aus den USA stammte und daß (seit 1929) die Firma Opel zum US-Konzern General Motors gehörte«, notiert Lange, Literatur (wie Anm. 79), S. 63. – Vgl. zur Übernahme von Opel Bönig, Einführung (wie Anm. 132), S. 450 f.

156 Vgl. etwa Uecker, Kontinuitäten (wie Anm. 87), S. 29.

verstehen würde, was er sieht, und lediglich an Grenzen stoße, dies einem breiten Publikum zu vermitteln.[157] Dennoch scheint Hauser bemüht, die Grenzen seines eigenen Verständnisses und seiner eigenen Kompetenz sowohl hervorzuheben als auch zu verdecken. Dies wird in kontraintuitiver Weise auch dadurch unterstützt, dass Hauser seine Begegnung mit den Opelwerken oder ihren Zulieferbetrieben als persönlichen Lernprozess gestaltet (vgl. AlB, S. 23f.), wodurch unklar bleibt, was für ihn lediglich Unsicherheiten erster Begegnung sind und was schlussendliches Scheitern an technischer Schwierigkeit oder deren Präsentation ist.[158] Im Hintergrund steht eine große, gerade aber in ihrer Größe unvollendete und vor-professionelle Sachkompetenz des Laien und dilettierenden Reporters.

Erhard Schütz hat mit Blick auf Hausers Technikreportagen von dessen Touristen-Perspektive gesprochen.[159] Selbst wenn man die kritische Zuspitzung der Formulierung einklammert, werden durch sie wichtige Facetten von Hausers Arbeit pointiert hervorgehoben. Die Kommunikationsstruktur der Opel-Trilogie ist besonders in den Bänden *Am laufenden Band* und *Im Kraftfeld von Rüsselsheim* eine doppelte, wenn, erstens, der Beobachter Hauser der Industrie begegnet und ihre Arbeit zu erfassen sucht und wenn, zweitens, Leserinnen und Leser in imaginärer Weise dasselbe tun, indem sie auf Hausers Vermittlung zurückgreifen.[160] Eine Aussage wie diejenige, die »Kunst« der Arbeit an den Hochöfen lasse sich »dem Laien so schwer verdolmetschen« (KvR, S. 101), bezieht sich daher zunächst auf Erklärungen, die ein »Gießmeister« (ebd., S. 100) Hauser selbst gibt,[161] wird von Hauser sodann aber in die Reporter-Leser-Kommunikation weitergereicht. Verschiedene der von Hauser in der Trilogie genutzten journalistischen und schriftstellerischen Techniken lassen dabei offen, welchem der zwei Schritte ihre Nutzung primär geschuldet ist.[162] Dies gilt insbesondere für die

---

157 So existieren persönliche Bekenntnisse in der Trilogie, wenn Hauser etwa feststellt: »Von all diesen fast unglaublichen Feinheiten hatte ich nichts geahnt.« (KvR, S. 47)

158 Vgl. zur Laienperspektive bes. auch Uecker, Kontinuitäten (wie Anm. 87), S. 30–34.

159 Vgl. Schütz, Kritik (wie Anm. 52), S. 51.

160 Auch in OdT sind jedoch Zitate umfangreicher Dokumente auffällig.

161 Auch an anderen Stellen stoßen Hausers Gewährsleute an Grenzen der Vermittlung, bevor der Reporter das Vermittelte weiter vermittelt. »Aber das Eigentliche, die Wandlungen im Aufbau des Kristallgefüges durch die verschiedenen Legierungen, das versteht der Laie nicht, und es gibt überhaupt nicht viele Menschen, die von diesen Dingen wirklich eine Ahnung haben. Ich kann Ihnen [=Hauser] nur das eine sagen: wir betrügen sozusagen die Natur.« (KvR, S. 35)

162 Nur vereinzelt gibt es in der Opel-Trilogie Stellen, an denen Hauser seine Rolle als Reporter bzw. Schriftsteller reflektiert. So hält er fest: »Der Schriftsteller hat obendrein das gute Recht, ja sogar die Pflicht, hinter nackten Zahlen nach einer Geschichte zu suchen« (ebd., S. 15), was eine ebenso offensive wie apologetische Äußerung ist und Probleme aufruft, die schon in FmM Thema waren. In einer weiteren Formulierung deutet er die eigene Arbeitsweise an, wenn er festhält, »Notizen der letzten Tage« (ebd., S. 134) zu verschriftlichen, aber auch die

überaus umfangreichen Passagen stellvertretender Rede, in denen Techniker und Beschäftigte von Opel sowie von Zuliefererbetrieben auftreten, aber auch Figuren wie ein »Junge«, der »vom Fertig-Montageband« (AlB, S. 62) erzählt. Ob die Wiedergabe ihrer Erläuterungen den Grenzen von Hausers eigenem Zugang oder seiner eigenen Artikulationsfähigkeit geschuldet ist oder ob sie ein Mittel darstellt, um Leserinnen und Lesern verständlich zu werden und ihnen den Text abwechslungsreich zu machen, bleibt in der Regel unentscheidbar.[163] Der Schwebezustand im Feld von Wissen und Können wird sogar dort nicht in letzter Klarheit auflösbar, wo Hauser metareflexiv verfährt und sich mit den Leserinnen und Lesern zu einer Gemeinschaft der Laien verbindet, wozu er das inklusive Personalpronomen ›wir‹ verwendet. Dies ist etwa der Fall, als Hauser in *Am laufenden Band* den Versuch verwirft, chemisches oder physikalisches Fachwissen zu vermitteln, und den Blick stattdessen auf alltagsweltlich besser greifbare Themenbereiche verlagert.

> »Wir können die bunten Regenbogenfarben einer Spektralanalyse kaum von denen einer anderen unterscheiden und selbst die 1200-fache Vergrößerung einer Zylinderlauffläche unterm Mikroskop läßt unser Herz nicht höher schlagen.
> – Nur daß für die Ingenieure und die Laboranten in den weißen Kitteln dergleichen ›Kleinigkeiten‹ eine ganze Menge zu besagen haben.
> Halten wir uns lieber an das, was wir begreifen können, an die mechanischen Untersuchungen.« (AlB, S. 34)

Die überaus bemerkenswerten Formulierungen lassen dabei offen, inwiefern die Vergemeinschaftung Hausers mit seinen Leserinnen und Lesern *didaktischen* Impulsen geschuldet ist oder inwiefern er sich mit den Leserinnen und Lesern wirklich gemein macht. Nebenbei demonstrieren sie im Übrigen die engen Grenzen von Hausers Projekt, Industrie ›vom Auge her‹ zu erklären und stellen eine, sich auf den ersten Blick womöglich nicht gleich erschließende, Variation von Hausers dilettantischer Sehnsucht dar. Als Maßstab der Beschäftigung mit den Dingen kehren, erneut, unausgesprochen die Wälder bei Storkow zurück, insofern Hauser das Interesse programmatisch auf solche Prozesse richtet, die Laien außerhalb der Fabrik prinzipiell selbst kontrollieren und erfassen könnten.

Grenze der Reportage, wenn er erklärt, dass umfassende Erläuterungen zu lang ausfallen würden (vgl. AlB, S. 89).

163 Ähnliches gilt, wenn Hauser eine filmische Darstellung skizziert und also Leserinnen und Leser auffordert, sich die Opelproduktion in Form eines veranschaulichenden Trickfilms vorzustellen (vgl. AlB, S. 18–22). Schubert, Verhältnis (wie Anm. 24), S. 147, notiert: »Tatsächlich kann man mit Blick auf das Gesamtwerk konstatieren, daß Hauser sich bei der Beschreibung von Maschinen – sowohl in fiktionalen als auch in faktualen Texten – auf das ›Ungefähre‹ beschränkt. Er beschreibt Maschinen nie technisch exakt.« Sie spricht auch von »unfertig[en]« Darstellungen, die »nur eine vage Annäherung an die Dinge« (ebd., S. 148) leisten.

Wo nur noch wissenschaftliches Studium und profunde Ausbildung die Arbeit erlauben und die Erklärung von Phänomenen beträchtlicher Anstrengung und Bildung bedürfte, werden diese nicht nur als emotional wenig ergreifend bestimmt, sondern das Interesse wird in Bereiche verlagert, die – wie die Mechanik der Materialprüfung – lebensweltlich unmittelbar zugänglich scheinen.

4.3 Darstellungsstrategien

Durchblättert man die Opeltrilogie, sieht man Hausers Fähigkeiten als Schriftsteller in einer Reihe von Darstellungsstrategien, die technische und industrielle Vorgänge zugänglich machen sollen. Hierzu gehört die Verfremdung, die Vertrautes – wie die Schraube – neu erscheinen lässt, das scheinbar Einfache als schwierig und das Selbstverständliche als voraussetzungsreich präsentiert und die generell den Eindruck des überraschend Besonderen erweckt. Dies umfasst eine große Bandbreite sehr unterschiedlicher Verfahrensweisen, die allgegenwärtig sind und alle ein unproblematisch Wirkendes problematisieren. In *Am laufenden Band* etwa gibt es rhetorische Fragen,[164] die Evokation technischen Staunens[165] oder die Strategie unerwarteter aufklärerischer Information.[166]

Der vielgesichtigen Verfremdung steht ein ganzes Arsenal von Maßnahmen gegenüber, um Phänomene, die fremd oder undurchschaubar wirken, vertraut[167] und transparent zu machen. Hier geht es darum, das Abstrakte zu konkretisieren und das Unverbundene zu verbinden, wie etwa dort, wo der Zusammenhang zwischen der »Offenbacher Lederindustrie« und »neue[n] Konservenfabriken« (AlB, S. 25) einerseits und dem Autoabsatz andererseits erklärt wird, oder dort, wo Hauser bemüht ist, die mithilfe chemischer Fertigungsverfahren gewonnene Zellwolle mit dem Baum vor dem Bürofenster zu verknüpfen und zu demonstrieren, dass die Fabrik ähnlich operiere wie der natürliche Organismus eines Schafes (vgl. KvR, S. 163 f.). Ebenso sind Vergleiche auffällig, die in der industriellen Fertigung bloß eine Vergrößerung von Alltagstätigkeiten erkennen und letztlich eine Bildsprache schaffen, die für Hausers Schreiben als typisch nomi-

---

164 »Warum spritzten die Lackierer am Karosserieband heute Morgen erst 32 Wagen grau, dann plötzlich 15 grün, dann 37 schwarz? Nach welchen Gesetzen vollzieht sich diese Einteilung?« (AlB, S. 24)

165 Beispielsweise dort, wo vor dem Hintergrund des Alltagswissens, Flugzeugflügel brächen nicht, ein Blick auf ihre scheinbar fragile Struktur geworfen wird (vgl. ebd., S. 114 f.).

166 Etwa, wenn klargestellt wird, dass ein Automobil nur vordergründig »ein von Automaten hergestellter Automat« sei, während es eigentlich »900 Arbeitsstunden« (ebd., S. 160) von Menschen beinhalte.

167 Vgl. auch Schütz, Kritik (wie Anm. 52), S. 77.

niert worden ist.[168] Im Versuch, Vertrautheiten zu erzeugen, spielt schließlich auch die Strategie, das Neue als alt zu inszenieren, eine wichtige Rolle, wie am Beispiel der Zellwollproduktion bereits gesehen. Es geht um einen ›Primitivismus‹,[169] der behauptet, was man in den 1930er Jahren beobachte, sei immer schon dagewesen.[170] Dies betrifft etwa die aus den USA kommende Arbeit am Fließ- oder Montageband, der Hauser sich an mehreren Stellen widmet. Das Band sei nicht zu einem bestimmten Moment erfunden worden, sondern »so organisch entstanden, wie aus Tropfenfall Rinnsal wird, aus Rinnsal Bach, aus Bach Strom.« (OdT, S. 168) Es sei

> »weder der Neuzeit zugehörig noch allein der Welt der Technik.
> In Wirklichkeit ist es ungefähr so alt wie die Geschichte der Menschheit und so universal in seiner Anwendung wie die allereinfachsten Maschinen, die der Mensch jeweils erfunden hat.
> Die Maurer, die sich von Hand zu Hand die Ziegelsteine zuwerfen: sie arbeiten nach dem Prinzip des laufenden Bandes.
> ›Durch der Hände lange Kette fliegt der Eimer‹ schreibt Schiller in der Glocke – und er beschreibt das laufende Band.
> Der Bauer, der sein Korn mäht, während die Frau die Garben bindet und die Kinder die Hocken aufsetzen – dieser Bauer hat seine Arbeit nach dem Prinzip des laufenden Bandes organisiert.« (AlB, S. 137)[171]

---

168 Vgl. – übrigens leicht gegenläufig zu Schütz' oben zitierter Bewertung von Hausers Reportagen – Susteck, Place (wie Anm. 43), S. 371 f. »Die Fräsmaschinen, – womit soll man sie vergleichen? – vielleicht am besten mit gigantischen Radiergummis, von einer Sorte allerdings, die statt Papierfasern Stahl frißt. […] Den Widerstand des harten Gusses scheinen sie nicht zu spüren, in einen Wirbel winzigster Späne löst die Materie sich auf. So treibt ein Sturmwind welke Blätter, so fährt ein scharfes Messer durch einen Brotlaib.« (AlB, S. 82) Hier wie an anderen Stellen gehen Verfremdung und Herstellung von Vertrautheit teils ineinander über, sodass einzelne Textpassagen beides enthalten oder auf gegenläufige Weise gelesen werden können. Gerade die Tatsache, dass im Fremden das Vertraute wieder erscheint, kann verblüffend wirken und der Vergleich der Fräsmaschinen mit Radiergummis ist sowohl geeignet, die Fräsmaschine an Leserinnen und Leser heranzuziehen, als auch die Funktionsweise des ›faserfressenden‹ Alltagsgegenstandes ›Radiergummi‹ in ein neues Licht zu setzen, ja erst Staunen über das Wesen technischer Vollzüge auf allen Ebenen zu provozieren. Vgl. auch Lethen, Sachlichkeit (wie Anm. 125), S. 69.

169 Vgl. Ross Barrett: Picturing a Crude Past: Primitivism, Public Art and Corporate Oil Promotion in the United States. In: Oil Culture. Hg. von Ross Barrett u. Daniel Worden. Minneapolis u. London 2014, S. 43–68.

170 Die Fließbandproduktion wurde bei Opel im Automobilbau – der diesbezüglich der ab 1923 entsprechend vollzogenen Fahrradmontage folgte – ab 1924 umgesetzt, wie Bönig, Einführung (wie Anm. 132), S. 443, festhält. Bönig notiert in ebd., S. 445, leicht ironisch, Hauser habe in seinen Beschreibungen die entsprechende Entwicklung in OdT, S. 172–175, »etwas zu literarisch« dargestellt und sowohl die initialen Probleme als auch das Gelingen im neuen Produktionsprozess übertrieben.

171 »Nach Ansicht des Reporters ist alle Arbeit, die in einer Kette geschieht, Arbeit am laufenden Band«, kommentiert Schubert, Verhältnis (wie Anm. 24), S. 120, die Stelle. Möchte man diese irritierende Vorstellung nicht allein auf manipulative Absichten Hausers zurückführen –

Was die Fließbandarbeit eigentlich auszeichne, heißt es auch, sei ›Rhythmus‹, womit Hauser eines seiner bevorzugten Konzepte in Anschlag bringt, das immer wieder erscheint und schon in *Friede mit Maschinen* Erwähnung findet (vgl. FmM, S. 53). Der Rhythmus ist für Hauser nicht nur nachgerade universale Macht menschlicher Existenz, sondern ein Begriff, der es ihm erlaubt, das ganz Alte mit dem ganz Neuen in suggestiver Weise zu verbinden und zugleich verschiedene Lebensbereiche zusammenzuführen,[172] sodass die Freude des Spiels und Tanzes sich mit Arbeit an der Maschine oder dem Krieg verwebt.[173]

---

denen sie wohl auch geschuldet war –, muss man darauf hinweisen, dass seine Beobachtung des ›laufenden Bandes‹ ursprünglich nicht vom maschinell angetriebenen Förderband ausging, sondern vom Band, an dem Dinge noch von Hand verschoben wurden und derart von Mensch zu Mensch gingen. In FmM, S. 10, wird mit großer Klarheit berichtet: »Im Mittelgang wandern die Werkstücke auf dem laufenden Band. Das laufende Band ist eine Laufbahn aus Rollen, auf der die Werkstücke mit der Hand verschoben werden. Der Ausdruck laufendes Band ist hier also kaum korrekt, denn die Bewegung geschieht nicht kontinuierlich und durch Eigenbewegung der Transportbahn, sondern ruckweise und mit der Hand. Die Werkstücke werden nicht auf dem laufenden Band selbst bearbeitet, sondern werden vom Transportband auf die einzelnen Maschinen hin und wieder zurückbefördert.« Dass Hauser hier als ›laufendes Band‹ bezeichnet, was ›kaum korrekt‹ so bezeichnet werden könne, deutet früh auf seinen vergleichsweise freien Umgang mit dem Begriff hin, der in der oben zitierten Passage maximal ausgeweitet wird. Bönig, Einführung (wie Anm. 132), S. 446, notiert, dass am Anfang der Fließbandproduktion von Opel-Automobilen 1924 noch Effekte aufgetreten sein dürften, die Hausers zitierter Beschreibung ähnelten. »Zu Beginn muß das Band nicht kontinuierlich gelaufen sein, es könnte, durch eine Uhr gesteuert, im Takt von etwa 10 Minuten weitergerückt sein und wurde in seiner Geschwindigkeit […] eingeregelt.« Vgl. auch OdT, S. 169.

172 Es geht darum, so Graeb-Könneker, Modernität (wie Anm. 68), S. 187, »den menschlichen Anteil an der Entstehung eines technischen Produktes wie dem Automobil herauszustreichen.«

173 »Rhythmus in Form von Tanz und Gesang bestimmt das Lebensgefühl gesunder Naturvölker. Rhythmus, ausgedrückt in Disziplin und Wucht des Marschschritts, hat die preußische Armee siegreich durch die Geschichte geführt. Der mitreißende Schwung, der die Wogen der nationalen Erhebung im Meer unseres Volkes austeilte und weiter vorwärtstreibt, – er ist ein rhythmischer Schwung, erzeugt in immer neuen Angriffswellen des Geistes.« (AlB, S. 138 f.) Vgl. hierzu und zur historischen Kontextualisierung auch Schubert, Verhältnis (wie Anm. 24), S. 120–124, und Gerhard, Bewegungen (wie Anm. 105), S. 234–238. In der Rede vom ›Rhythmus‹ zeigt Hauser dabei sein suggestives schriftstellerisches Können. Wenn er bereits in FCh, S. 121, davon spricht, das »laufende Band […] bestimmt viel mehr den Rhythmus, erzeugt einen sanften, unerbittlichen Zug durch die ganze Fabrik, der die Menschen mitreißt«, kann mit dem Begriff ›Mitreißen‹ nur eine geistige, nachgerade hypnotische Wirkung des Bandes gemeint sein, nicht aber, dass es die Menschen selbst durch die Fabrik leite. Dies ist nicht unwichtig, wenn etwa Egon Erwin Kisch, wie Schütz, Kritik (wie Anm. 52), S. 53, belegt, den mangelnden körperlichen Spielraum der Arbeiter und die Enge am laufenden Band betont, die belastend waren. Hauser zeichnet ein Bild von gleichmäßiger, ebenso euphorisierender wie beruhigender Bewegung, während Kisch etwas darstellt, das man als durch Hektik geprägte, ungleichmäßige Bewegungssplitter fassen könnte und das ästhetisch weniger an Tanz denn bestenfalls Slapstick erinnert. Eher in die Richtung Kischs als FCh, wenn auch pazifizierter, deutet übrigens die Darstellung in AlB, S. 65 f. – Vgl. auch den Rhythmus der Landschaft in FAW, S. 264.

Immer wieder stellen die Reportagen fest, man habe es mit ›Wunderbarem‹, wenn nicht gleich ›Wundern‹ zu tun, die den einzelnen Menschen überwältigen müssten,[174] freilich durch Gewöhnung übersehen werden könnten.[175]

4.4   Autochthone Modernität

Es geht in der Opel-Trilogie jedoch nicht bloß darum, als werbender Dolmetscher der Industrie zu agieren, der in nicht bis zum letzten geklärter, dem Dilettantismus als Qualifikation und Verdacht verhafteter Weise zwischen Publikum und Technik steht. Vielmehr sinkt auch die Weltanschauung des gegenmodernen Dilettantismus in die Darstellung industrieller Fertigung ein und wird von Hauser in der Geschichte und der Peripherie der Fabriken von Opel angesiedelt. Während sich *Am laufenden Band* der modernen industriellen Fertigung widmet, stellt *Opel. Ein deutsches Tor zur Welt* die historische Entwicklung des Unternehmens Opel dar und gibt dabei vormodernen Formen der Erfindung und Entwicklung breiten Raum. *Im Kraftfeld von Rüsselsheim* schließlich ist zwar in der Gegenwart Opels angesiedelt, tritt in der Darstellung von Zulieferbetrieben aber beständig vor die Schwelle dieser Gegenwart zurück, um eine Welt außerhalb moderner Arbeitsteilung und Massenproduktion zu zeigen oder, treffender, zu behaupten. Dabei spielen vor allem die beiden letztgenannten Texte mit einer technischen Arbeit, die auf den einzelnen Erfinder, seine geistige Potenz, Experimentierfreude und Beharrungskraft setzt.[176] In den Szenarien spiegelt sich der Reisende Hauser mit seinem Wohnwagen, der Erkenntnis durch Erprobung gewinnt (vgl. etwa FAW, S. 84, 88, 110, 150f.) und in abgeschlossener Gutswerkstatt Dinge erarbeitet, die zu erarbeiten an anderer Stelle einfacher wäre. Gerade in *Im Kraftfeld von Rüsselsheim* geht es jedoch auch um Trickbilder, die verdecken, welches Ausmaß an technischen Voraussetzungen und an betrieblichen Kenntnissen auch die erfinderische Arbeit der Zulieferbetriebe bereits hat.

---

174 Über den zum ersten Mal laufenden Motor heißt es: »Ist es nicht wie ein Wunder? Haben wir nicht eben noch die vielen Hundert seiner Einzelteile zerstreut gesehen, ein Chaos des leblosen, gestaltlosen Metalls?« (AlB, S. 96) »Ich werde wahrscheinlich nie aufhören können, mich darüber zu wundern, daß ein Explosionsmotor tatsächlich läuft«. (Ebd., S. 129) An anderer Stelle wird notiert: »Das Zusammenspiel der Arbeitsgruppen [...] grenzt ans Wunderbare!« (KvR, S. 84) Oder: »Wie diese mächtigen Gefäße mit ihren glühenden Adern durch die Dämmerung entschweben –, das ist ein Schauspiel, so wunderbar, daß ich mich von ihm nicht lösen kann.« (Ebd., S. 198)

175 »Wenn heute abend die Sonne sank, dann würden Millionen Scheinwerfer auf allen Fahrbahnen der Welt taghell leuchten. War das nicht ein Wunder? Warum wunderte sich niemand mehr über dieses Wunder?« (KvR, S. 130)

176 Dass dies Grenzen hat und die Autarkiephantasien Storkow'scher Provenienz für die moderne industrielle Fertigung nicht taugen, wird freilich teils durchaus gezeigt, so deutlich am Beispiel der Gießerei: vgl. ebd., S. 102–106.

Schon die Schilderungen aus *Fahrten und Abenteuer im Wohnwagen* und den Wäldern bei Storkow erinnern an Vexierspiele aus Daniel Defoes *Robinson Crusoe*, dessen Titelheld Hauser gelegentlich in seinen Texten erwähnt. Pionierleistungen beruhen bei Defoe wie Hauser zu nicht unerheblichen Teilen auf handwerklichen und industriellen Vorarbeiten von anderen, die über den Weg ausrangierter Gerätschaften und Dinge in die Autarkie hineinwirken.[177] Hauser genügt es auch in der Opel-Trilogie, Vorstellungen zu erzeugen, die die jeweils aktuellsten Formen der Großproduktion unterlaufen, um einen gewünschten Effekt zu erzielen. Im Kapitel ›Die Geschichte vom Kühlergitter‹ etwa geht es um die unter hohem Zeitdruck vorgenommene Entwicklung und Erprobung eines Fertigungsverfahrens für Kühlergitter, wobei ein ganzheitlicher Anspruch schon dadurch demonstriert wird, dass gerade das Werkzeug zur Fertigung selbst entwickelt werden muss (vgl. KvR, S. 125). Hauser nutzt eine große Bandbreite von Versatzstücken, die gleichermaßen die ›autochthone Modernität‹ bestätigen wie ins Feld des Dilettantismus hineinlaufen. Es gibt den Betriebsführer mit einer kleinen Gruppe vertrauter Männer, der die Verantwortung des ganzen Unternehmens auf sich nimmt, das permanent am Rande katastrophalen Scheiterns steht. Es gibt das Personal, das keinesfalls akademisch qualifiziert ist oder gar Industrieerfahrung hat, sondern sich bevorzugt aus »Bauernburschen« rekrutiert, die »in Feld und Wald« (ebd., S. 122) groß geworden sind. Oder es gibt die Ehefrau, die in Momenten der Verzweiflung erklärt, »du mußt wieder mal die Vögel singen hören, mußt wieder mal Wald riechen, mußt auf andere Gedanken kommen.« (Ebd., S. 125)[178]

---

177 Als Experte für Werkstoffe und Stahl, als der Hauser sich schon in FmM präsentiert (vgl. auch FAW, S. 221 f.), wird ihm dies kaum entgangen sein. Bei Hauser erscheint – wie schon im Falle Robinsons – eine Gesellschaft, wenigstens aber eine Gesellschaftlichkeit, die Selbstreflexion abblockt, indem sie ein vorgestelltes Außen im Inneren entwirft. Noch die Vision der Emanzipation von gesellschaftlichen Zwängen nährt sich aus diesen. Die Idee autarker Arbeit *ab ovo* setzt den Ursprung immer nur relativ als das, was geringfügig vor – oder auch hinter – gesellschaftlichen Produktions- und Arbeitsstandards liegt.

178 Hauser zeigt sich von Personen fasziniert, die den Grundstein für technischen Fortschritt durch unentwegtes Probieren legen, das sich bevorzugt in alten Scheunen oder Ställen abspielt. Es geht um ein Tüfteln und Selber-Machen, das auch geeignet ist, in seinen immer neuen Anläufen die sogenannte ›Theorie‹ zu überbieten. Es findet sich in der Kolbenproduktion aus Aluminium oder im unwahrscheinlichen ›Ein-Mann-Bergwerk‹, in dem Vater und Sohn – der Vater immerhin gelernter Bergmann – gegen jede vordergründige Vernunft einen stillgelegten Stollen wieder in Betrieb nehmen und damit »vier lange Güterzüge« mit Eisenerz für »Hermann Göring« (KvR, S. 99) füllen. Auf den ersten Blick feiern die Texte den Erfolg und die Integration neuer Erfindungen, Produkte und Werkstoffe in den allgemeinen Produktionsprozess, tatsächlich aber ein gegenmodernes Werken in Nischen und an Rändern, das einen Wert in sich hat.

4.5 Dilettantismus der Agrikultur

Ein Schauplatz, auf dem Hauser seine Weltanschauung dilettantischer Existenz besonders ausagierte und nach 1939 im US-amerikanischen Exil auch lebenspraktisch zu verwirklichen suchte, war, wie erwähnt, der Bereich der Landwirtschaft. Agrikultur spielt auch in den Opel-Bänden eine zwar quantitativ geringe, programmatisch aber große Rolle. Zentral sind hierbei die Kapitel ›Das Werk in der Landschaft‹, das *Am laufenden Band* eröffnet, und das Kapitel ›Mittelpunkt im weiten Kreis‹, das *Opel. Ein deutsches Tor zur Welt* beschließt. In ›Das Werk in der Landschaft‹ wird betont, dass sich das Rüsselsheimer Opelwerk harmonisch in eine agrarische Landschaft einfüge und »auf 15 Kilometer in der Runde von einer Gartenlandschaft umgeben ist« (AlB, S. 10). In Werk und Arbeitern habe »unzerstörbar […] ein ländlicher Grundcharakter sich erhalten.« (Ebd., S. 10) Besonders wichtig erscheint Hauser, dass die Arbeiter über jeweils einen kleinen »Ackerbesitz« oder eine »Obstplantage« (ebd., S. 12) verfügen, die jedoch – und dies ist entscheidend – »keine volle Ackernahrung liefern«, sondern die Existenz von Menschen unterstützen, die »von 6 bis 2 im blauen Schlosserkittel am Motorenband« (ebd., S. 13) stehen. Hauser erklärt in diesem Zusammenhang, der vergleichsweise geringfügige Landbesitz verwurzele die Menschen und mache sie »krisenfest« (ebd., S. 14). Es geht um ein Bild von Landwirtschaft, die einen Nebenerwerbscharakter trägt, der sie in einer Nische der Improvisation platziert[179] und in einem dezidiert anti-avantgardistischen Sinne von der chemisch-technischen Entwicklung abkoppelt. »Der Acker, der mit Maschinen bewirtschaftet und mit künstlichem Stickstoff der Fabriken gedüngt wird«, schreibt Ernst Jünger 1932 im Großessay *Der Arbeiter*, »ist nicht derselbe Acker mehr. Daher ist es auch nicht wahr, daß die Existenz des Bauern zeitlos ist und daß die großen Veränderungen wie Wind und Wolken über seine Scholle ziehen.«[180] Die Kleinlandwirtschaft in *Am laufenden Band* wird freilich noch mit »Mist« (AlB, S. 30) betrieben und bleibt dem raschen Fortschritt in Chemie und Technik entzogen. Dies ist nicht bloß empirische Beobachtung des Reporters, sondern ihm wächst programmatische Bedeutung zu. Auch Hauser nämlich weiß um die große Bedeutung von Kunstdünger, den er in FAW, S. 172, und KvR, S. 151, *en passant* erwähnt, und dessen Produktion in der Novelle *Die Flucht des Ingenieurs* ein zentraler, gleichwohl leicht zu übersehender Platz eingeräumt wird.[181]

---

179 Laut Hauser denkt der Arbeiter am Fließband etwa über die Frage nach, »ob ich diesen Winter nicht versuchen soll, meine Karnickelfelle selber zu gerben« (AlB, S. 30), und der Begriff des ›Versuchens‹ ist kaum zufällig gewählt.

180 Ernst Jünger: Der Arbeiter. Herrschaft und Gestalt. In: Ders.: Sämtliche Werke. Bd. 10: Essays II. Stuttgart 2015, S. 9–317, hier: S. 171.

181 Vgl. die Rede von der neuen Stickstofffabrik in FI, S. 3.

Im Kapitel ›Mittelpunkt im weiten Kreis‹ geht es um eine imaginierte Autofahrt durch die Landschaft im Umkreis des Rüsselsheimer Werks. Auch hier
reproduziert Hauser Topoi der Avantgarde und schreibt zugleich gegen sie an,
wenn er Bilder der scheinbar unberührten Natur aufruft und betont, »[e]s ist ein
großes Netz, mit dem die Technik die Welt umzogen hat, aber es ist ein weit-
maschiges Netz –, noch ist viel Raum zwischen seinen Maschen.« (OdT, S. 213)
Mit wenigen Strichen wird erneut das Leben der Opel-Arbeiter skizziert.

> »Ist es nicht erstaunlich, wie das private Dasein des Menschen mitten im Berufsleben,
> mitten in der Technik weiterbesteht. Vielleicht sind Ihnen die vielen Blumen in der
> Fabrik aufgefallen, besonders vor den Bildern des Führers; die Blumentöpfe sind
> Radkappen von Automobilen. Nur geborene Gärtner konnten auf den Gedanken
> kommen, Radkappen in Blumentöpfe zu verwandeln.« (Ebd., S. 212)[182]

Es ist ein unbewegtes Leben inmitten der Bewegung und zugleich ein Leben
inmitten der Improvisation und des Ausschusses.

5. Implizite Poetik und Eklektizismus

Julia Kerscher hat in ihrer bemerkenswerten Arbeit zum Dilettantismus nicht nur
den Versuch unternommen, seine unterschiedlichen historischen Formen zu
bestimmen,[183] sondern für die Zeit um 1900 auch eine zirzensische Ästhetik
umrissen, die Kunstdenken aus dem Dilettantismus ist. Die Nähe von Hausers
Texten zur Zirkus- und Varieté-Ästhetik deutet dabei nicht zuletzt seine bereits
erwähnte ständige Rede vom ›Wunderbaren‹ und von ›Wundern‹ an, wenn »der
Zirkus, Akrobatik und Menagerie als Formen der Schaustellung menschlicher
Wunder«[184] gelten. Dabei geht es nicht primär darum, dass Zirkus und Varieté in
Texten explizites Thema werden – was bei Hauser selbstverständlich auch der Fall
ist[185] –, sondern es geht um eine Ästhetik und Poetik, die von Kerscher am
Beispiel von Carl Einsteins Roman *Bebuquin. Die Dilettanten des Wunders oder:*

---

182 Vgl. hierzu auch Graeb-Könneker, Modernität (wie Anm. 68), S. 185 f.
183 Der Dilettantismus, so die These, konkretisiere sich historisch unterschiedlich in sich ver-
     ändernden Figuren und Praktiken, die an wechselnde Wissensfelder angebunden seien. Im
     ausgehenden 18. Jahrhundert geht es demnach unter anderem um Liebhaber, ›Stümper‹
     oder ›Pfuscher‹ sowie psychologisch-anthropologische Referenzen. Im 19. Jahrhundert
     treten Amateurwissenschaftler auf und es geht um Konzepte wie Experimentieren, Sam-
     meln oder Wissenschaftspopularisierung. Um 1900 erscheint der Artist und Referenzen
     beziehen sich auf Kolonialismus und Primitivismus. Im 20. Jahrhundert erscheinen unter
     anderem Lebenskünstler und Selbstsorgemodelle sowie musik- und medientheoretisches
     Wissen. Vgl. Kerscher, Autodidaktik (wie Anm. 35), S. 25 f.
184 Ebd., S. 208.
185 So nehmen in FAW Kaufleute (FAW, S. 61) oder zwei »Tippelbrüder« (ebd., S. 174) fälschlich
     an, Hauser und seine Frau gehörten zum Zirkus. Vgl. etwa auch ZJ, S. 116–118.

Die billige Erstarrnis von 1912 in drei Phänomenen aufgefunden wird. Zirzensisch sei dieser Roman »[a]uf der Gesamttextebene als a-mimetisches Kunstwerk, auf der Figurenebene im (quasi-)artistischen Gebaren des Personals und auf der Strukturebene in der Revuehaftigkeit der Textanordnung.«[186] Während man der Opel-Trilogie keinen a-mimetischen Impetus unterstellen kann, ist der Versuch, die auftretenden Personen als quasi-Artisten zu zeichnen[187] und die Stationen der Reise in *Am laufenden Band* und *Im Kraftfeld von Rüsselsheim* als serielle Attraktionen zu präsentieren, an vielen Stellen erkennbar.[188]

Dass Hauser einer weitgehend impliziten, im Laufe seiner Karriere als Autor zudem zunehmend eklektizistischen Poetik verpflichtet war, ist bereits eingangs als Phänomen genannt worden. Es ist mit seinen Jahren im Nationalsozialismus insofern besonders verknüpft, als gerade der Eklektizismus sich als kompatibel mit den neuen Verhältnissen erwies und erlaubte, Nähe und Distanz zu avantgardistischen Ansprüchen oder den Programmen der Weimarer Zeit, wie bei-

---

186 Kerscher, Autodidakt (wie Anm. 35), S. 227.
187 »Es locken die kleinen, hellen Schreie der Artisten«, berichtet NN, S. 70f., 1932 von einer im
    eigentlichen Sinne artistischen Vorstellung. »Wie Bälle fliegen Sie über die Bühne, federnd in
    der gepreßten Enge ihrer rosa Trikots. [...] Aus den gespannten Energien auf der Bühne
    springen Funken auf uns über. Wir spannen unsere Muskeln mit denen der Athleten zu-
    sammen. [...] Wir spüren Wildheit in uns, Genialität«. Schon in SR dagegen ist der artis-
    tische Status uneigentlicher Art: »Fünf Männer arbeiten auf dem Kamm der Walzenstraße,
    fünf Rastellis, die sich gegenseitig überbieten. Die Halle ist dunkel, sie ist erhellt nur durch
    die sausenden Schlingen der glühenden Drähte.« (SR, S. 80) »Der Anblick der Drahtwalz-
    straße ist so wunderbar, daß die Spannung des Zusehens die gleiche ist, wie bei guten
    Akrobaten auf der Bühne eines Varietés.« (Ebd., S. 78) In KvR, S. 82, heißt es: »Diesem
    Geschehen sieht man kaum noch wie einem Arbeitsvorgang zu, sondern wie höchster Ar-
    tistik im Varieté. Da steht vor dem Walzenpaar ein Mann, der schiebt mit langer Zange die
    Stahlplatte den Walzen zu [...]. / Der Jongleurakt beginnt.« – Offensichtlich sind Über-
    lappungen von (quasi-)Artistik und Sportbildern möglich. »Bei so akrobatischer Arbeits-
    leistung ist es kein Wunder, daß diese junge Mannschaft auch sportlich Außerordentliches
    leistet; es ist sicher kein Zufall, daß etwa aus der Walzwerkstatt Siegen drei von den zwölf
    besten Turnern Deutschlands gekommen sind.« (KvR, S. 84)
188 »Es hat den Anschein, daß die Menschenschlangen zu beiden Seiten des Bandes immer
    dichter werden, daß immer schneller die Hände sich bewegen, daß immer stärker die Arbeit
    sich intensiviert. / Plötzlich ist die Nockenwelle da, schon vereinigt mit dem gelben Novo-
    textrad, das sie treiben soll. [...] Die sichernden Splinte werden durchgesteckt mit einer
    Leichtigkeit wie Stecknadeln in ein Kleid. / – Der Zylinderblock steht Kopf, die Kolben
    werden von unten her in die Zylinder eingeschoben, gleitend wie Patronen in einen Ge-
    wehrlauf. [...] Die Bedienungshebel, das Vergasergestänge, die Benzinleitung, die Ölleitung
    – sie sind plötzlich da, wie unter dem Stift eines Trickzeichners entstanden.« (AlB, S. 89–96)
    »Starke Tageslichtlampen hängen über jedem Arbeitsplatz. Ihr Licht fällt durch schräge
    halbmondförmige Schirme, die mit weißem Papier bespannt sind. Die Mädchen sitzen über
    Celluloidplatten gebeugt. Die Platten sind mit Kugeln bedeckt. [...] Jede einzelne Kugel
    spiegelt den Lichtschein, spiegelt den silberweißen Halbmond darüber, spiegelt alle die
    weißen Mädchen in dem ganzen Raum. Das Bild ist verwirrend: der große dämmerige Saal
    mit seinen grünen Wänden, an denen müde Augen sich erholen können, und die vielen
    leuchtenden Monde darin und die glitzernden Kugeln.« (KvR, S. 47)

spielsweise demjenigen der Neuen Sachlichkeit, neu zu vermessen. Dem konservativen, ja schlichten[189] Geschmack nationalsozialistischer Kunst- und Literaturdoktrin kam Hauser dabei entgegen, wenn er etwa die Zirzensik avancierter Literaturproduktion mit älteren Poetiken des 19. Jahrhunderts verband und amalgamierte,[190] was sowohl fiktionale wie faktuale Arbeiten betraf. So lässt er im ersten Kapitel von *Im Kraftfeld von Rüsselsheim*, ›Ein Auftrag‹, Julian Schmidts und Gustav Freytags Konzept einer ›Literatur der Arbeit‹ aus den 1850er Jahren schwach anklingen (vgl. KvR, S. 5f.).[191] Die eröffnenden Passagen ›Ein Buch über eine Fabrik?‹ aus *Opel. Ein deutsches Tor zu Welt* dagegen spielen unausgesprochen auf Adalbert Stifters Poetik des ›Sanften Gesetzes‹ aus der berühmten Vorrede zur Erzählsammlung *Bunte Steine* von 1853 an. Stifter schreibt:

»Das Wehen der Luft das Rieseln des Wassers das Wachsen der Getreide das Wogen des Meeres das Grünen der Erde das Glänzen des Himmels das Schimmern der Gestirne halte ich für groß: das prächtig einherziehende Gewitter, den Bliz, welcher Häuser spaltet, den Sturm, der die Brandung treibt, den feuerspeienden Berg, das Erdbeben, welches Länder verschüttet, halte ich nicht für größer als obige Erscheinungen, ja ich halte sie für kleiner, weil sie nur Wirkungen viel höherer Geseze sind. Sie kommen auf einzelnen Stellen vor, und sind die Ergebnisse einseitiger Ursachen. Die Kraft, welche die Milch im Töpfchen der armen Frau empor schwellen und übergehen macht, ist es auch, die die Lava in dem feuerspeienden Berge empor treibt, und auf den Flächen der Berge hinab gleiten läßt. Nur augenfälliger sind diese Erscheinungen, und reißen den Blick des Unkundigen und Unaufmerksamen mehr an sich, während der Geisteszug des Forschers vorzüglich auf das Ganze und Allgemeine geht, und nur in ihm allein Großartigkeit zu erkennen vermag, weil es allein das Welterhaltende ist.«[192]

---

189 Oder ›epigonalen‹ – vgl. Kiesel, Nationalsozialismus (wie Anm. 77), S. 23–26.

190 Hauser war nicht unbelesen, hatte Literatur andererseits aber weder wirklich studiert noch sich selbst systematisch erschlossen. Was er im Einzelnen rezipiert hat, ist bislang nicht umfänglich aufgearbeitet. Bezüglich der Literatur des 19. Jahrhunderts erwähnt z. B. LS, S. 50, die Lektüre von Wilhelm Raabes *Der Hungerpastor* (1863). Kenntnisse etwa Stifters müssen dagegen aufgrund von argumentativen oder Motivähnlichkeiten vermutet werden. In diesem Kontext lohnt beispielsweise ein Vergleich von Hausers Flugbeschreibungen in Mlf, S. 165 f., mit Passagen aus Stifters Erzählung *Der Condor* (1840, 1844 auch in den *Bunten Steinen* enthalten). Vgl. zu von Hauser verehrten Autoren Graebner, »Dem Leben …« (wie Anm. 26), S. 116.

191 Vgl. knapp Sebastian Susteck: Kinderlieben. Studien zum Wissen des 19. Jahrhunderts und zum deutschsprachigen Realismus von Stifter, Storm und anderen. Boston u. New York 2010, S. 176 f. Ausführlicher: Bernd Bräutigam: Candide im Comptoir. Zur Bedeutung der Poesie in Gustav Freytags »Soll und Haben«. In: Germanisch-Romanische Monatsschrift 35 (1985), S. 395–411; Ludwig Stockinger: Realpolitik, Realismus und das Ende des bürgerlichen Wahrheitsanspruchs. Überlegungen zur Funktion des programmatischen Realismus am Beispiel von Gustav Freytags ›Soll und Haben‹. In: Bürgerlicher Realismus. Grundlagen und Interpretationen. Hg. von Klaus-Detlef Müller. Königstein/Ts. 1981, S. 174–202.

192 Adalbert Stifter: Vorrede. In: Ders.: Werke und Briefe. Bd. 2,2: Bunte Steine. Buchfassungen. Historisch-kritische Gesamtausgabe. Hg. von Alfred Doppler u. Wolfgang Frühwald. Stuttgart, Berlin, Köln u. Mainz 1982, S. 9–16, hier: S. 10.

Hauser hält fest,

> »den Bau des Suezkanals zu beschreiben, eine Geschichte so reich an Sensation und Abenteuerlichkeit, ist für einen Schriftsteller eine dankbare Aufgabe. Es erscheint aber undankbar, etwa den Kampf eines entlegenen ostpreußischen Dorfes um seinen Anschluß an das Stromnetz des fernen Kraftwerks zu beschreiben [...]. Doch wenn wir bedenken, wie die Elektrizität das ganze menschliche Dasein auf dem Land verwandelt, [...] dann müßte es möglich sein, daraus einen ganzen Roman zu gestalten, ebenso interessant wie den vom großen Suezkanal.
> Es kommt darauf an, im Kleinen die großen Zusammenhänge zu sehen, im scheinbar so nüchternen Alltag das höhere Ziel, dem die Alltagsarbeit dient.
> Über dem [...] leuchtenden Blitz der Erfindung [...], über dem kampfreichen Aufbau ganzer Industrieen ist die zähe, mühevolle, nüchterne Fabrikarbeit viel zu sehr im Hintergrund geblieben.« (OdT, S. 7 f.)

Bemerkenswerterweise verstrickt Hauser sich dabei in ähnlichen argumentativen Mehrdeutigkeiten wie Stifter. Wenn bei jenem offen bleibt, ob es eigentlich um die Differenz zwischen spektakulären und unspektakulären Phänomenen gehe oder um die Differenz zwischen dem Resultat höherer Gesetze und den Gesetzen selbst, erscheinen bei diesem eine Reihe suggestiver Gegensatzpaare wie der Unterschied zwischen augenfälligem Abenteuer und weniger augenfälliger weitflächiger Entwicklung oder zwischen dem Aufbau von Neuem und der Arbeit im Bestehenden. Als sicher kann gelten, dass die ›mühevolle Fabrikarbeit‹ nicht bloß jene perfektionierte Serienproduktion meint, die in den Opelbänden *auch* gefeiert wird, sondern das Werken im Abseits, in Scheune und Kleinbetrieb.

Dabei fallen in den Schattierungen der überwiegend impliziten Poetik die verschiedenen Dimensionen des Dilettantismus über- und ineinander, der als gewollte weltanschauliche Position ebenso aufscheint wie als Bewältigungsstrategie, um das nicht-professionelle und doch bemerkenswert kompetente Selbst in Anbetracht der Technik und ihrer Entwicklung zu behaupten und sozial in einer Übersetzerrolle zu präsentieren. Zugleich ist es, wie skizziert, gerade das weitgehende Fehlen einer kohärenten poetologischen Reflexion Hausers, die sein eigenes Werk ebenso wie fremde Texte betraf, was den Verdacht fehlender Künstlerschaft befeuern musste, der zudem durch eklektizistische Neigungen eher verstärkt als beruhigt wurde.

6.   Schluss

Was bleibt, wenn man Heinrich Hausers Existenz zwischen 1934 und 1939 als Leben auf Feldern des Dilettantismus betrachtet? Zunächst die Beobachtung, dass das Ende der Weimarer Republik und die folgende Diktatur Hauser deutlich beeinträchtigt haben dürften, obwohl er dieser Diktatur anfänglich kaum ablehnend gegenüberstand. Relevant war die historische Entwicklung für ihn aus mehreren Gründen, von denen hier nur die im Kontext der Argumentation wichtigen genannt sein sollen. Sie bedeutete große, mit der nationalsozialistischen Ideologie, aber auch der Person des ›Führers‹ selbst verbundene Einschränkungen ästhetischer Freiheit, was speziell in Hausers fiktionalen Texten, aber auch bezüglich der Möglichkeit photographischer und filmischer Arbeit Spuren hinterließ. Sie bedeutete zugleich eine mit dem ersten Aspekt aufs Engste verquickte Bedrohung von Hausers Lebensstil und Existenz als Autor, nämlich seiner Fähigkeit, zugleich an der Grenze von technischen Berufen und derjenigen der Kunst zu operieren und darüber hinaus im gesellschaftlichen Rollentableau Randpositionen einzunehmen und schriftstellerisch auszunutzen. Letztlich ging es um die sukzessive Einschränkung multidimensionaler Improvisation, die ein für Hauser kennzeichnendes, ihn teils belastendes,[193] zugleich aber kreatives Dilettieren und Experimentieren bedeutete. Nur vordergründig war Hauser das Gegenbild jener Dilettanten, die die Imagination um 1900 beschäftigten, wenn sich hinter der männlichen Fassade Brüche und Nervosität verbargen. Zwar konnte Hauser speziell als Industriereporter Arbeitsweisen der Weimarer Jahre auch nach 1933 fortführen und die entsprechenden Kontinuitäten sind in der Hauser-Forschung vor allem gesehen und betont worden. Er behauptete sich als Laienübersetzer technischer Vorgänge für ein breiteres Publikum, als Wortkünstler, der mehr Wortpraktiker denn literarisch (aus-)gebildet war, und als Reisender im territorialen und professionellen Ungefähren. Gleichwohl verschattete sich seine Arbeit ungeachtet aller vordergründigen Vitalität, wie man schon an *Fahrten und Abenteuer im Wohnwagen* ablesen mag, dessen subtile Anpassung an nationalistisch-völkische Diskurse ebenso wie die unterschwelligen Zweifel beim genauen Lesen auffallen. Der weltanschauliche Dilettantismus Hausers, der sich mit seiner publizistischen Arbeit verband und dennoch nicht mit ihr in eins fiel, fügte sich mit seinem starken Drang nach Freiheit und Autarkie ebenfalls nicht in die Diktatur. Dass Hauser ihn agrikulturell gerade nach der Emigration auszuleben versuchte, mag Zufall gewesen sein, ist aber stimmig.

Im Anschluss an die Weimarer Republik, aber unter zunehmend schwierigen Bedingungen durchlebte er die Jahre von 1934 bis 1939 als wandernder Technikreporter, Laie und steter Reisender auf den Feldern des Dilettantismus, und zwar aus der Notwendigkeit von Leben und Moment, aber auch auf eigenen Wunsch. 1939 siedelte er in die USA über, ein Jahr nach Thomas Mann, der

---

193 Die Gefühle der »Angst« (WiO, S. 7) und Überforderung (vgl. KvR, S. 6), die in den einleitenden Passagen von Hauser-Texten erscheinen, waren sicherlich Attitüde, sind aber womöglich dennoch ernster zu nehmen, als es zunächst scheint. Dies gilt auch dann, wenn Hauser an anderer Stelle, wie in AlB, S. 5f., überaus offensiv auftritt.

Deutschland jedoch schon sechs Jahre zuvor verlassen hatte. Es gehört zu den erstaunlichen Aspekten von Hausers Leben, dass er, wie Gregor Streim notiert, »im Dritten Reich nie als Exilant«[194] galt.

---

194 Streim, Pionier (wie Anm. 25), S. 113.

Thorsten Fitzon

Komische Camouflage. Technohumanität in Heinrich Hausers Novelle *Die Flucht des Ingenieurs* (1937)

1.   Die Novelle als Nachspiel

»Heinrich Hausers Verhältnis zur Technik hat etwas vom Kampf mit dem Engel«[1] – mit diesem Vergleich, der auf Jakobs Kampf mit dem göttlichen Engel am Fluss Jabbok in der Genesis anspielt, resümiert Benno Reifenberg 1937 in seinem Nachwort zur Novelle *Die Flucht des Ingenieurs* Hausers Begabung, Technik »von vorne« und »frei von allen Vorurteilen«, aber auch »von aller flachen Bewunderung« zu veranschaulichen.[2] Es gebe, so Reifenberg weiter, »in der deutschen Literatur niemand, der im Stande wäre, so wie Hauser einen technischen Vorgang zu beschreiben«.[3] Was sein Schreiben auszeichne, sei vor allem sein »Wahrnehmungsvermögen, das in einer ganz seltenen Art Verstand und künstlerische Empfindung vereinigt.«[4] Und so, als antizipiere Reifenberg ein im Kontext des Nachworts von seiner Aussage nahegelegtes Missverständnis, fügt er gleich noch an: »Von ›Kunst‹ will Heinrich Hauser nichts hören. Vermutlich wittert er auch da etwas von den kuriosen Sachen aus dem 19. Jahrhundert.«[5] Die ausführliche Würdigung von Hausers neusachlichem Stil der Technikreportagen erscheint Reifenberg an dieser Stelle ebenso notwendig wie die Klarstellung, dass Hausers Selbstverständnis als Autor keineswegs an die Literatur des 19. Jahrhunderts anknüpft. Auch oder vielleicht gerade weil man diesen Eindruck einer Rückwendung zum 19. Jahrhundert bei der Lektüre von Hausers einziger, regelmäßig gebauter Novelle durchaus gewinnen könnte.

Während Heinrich Hausers neusachliche Industriereportagen wie auch die Maschinenfeuilletons aus den späten 1920er Jahren inzwischen als Beispiele

---

1 Benno Reifenberg: Heinrich Hauser. In: FI, S. 71–75, hier: S. 74.
2 Ebd.
3 Ebd.
4 Ebd.
5 Ebd.

einer modernen und differenzierten Technikliteratur gelesen werden,[6] blieb sein erzählerisches Werk aus der Zeit des Nationalsozialismus weniger beachtet. In ganz besonderer Weise gilt dies für die Ingenieursnovelle. Obwohl seine Romane zumindest teilweise hohe Auflagen erzielten und noch bis in die letzten Kriegsjahre, als der Autor längst im Exil in den USA war, in Deutschland erscheinen konnten,[7] leitet die Gleichgültigkeit der zeitgenössischen Kritik gegenüber dem Schriftsteller Hauser – der weder Eingang in die Autorenlexika der 1930er Jahre fand noch unter einem Berufsverbot zu leiden hatte[8] – auch heute noch die Wahrnehmung seines literarischen Werks aus den 1930er Jahren als ästhetisch ebenso unauffällig wie politisch unverdächtig.[9]

Dieser geteilten Rezeption hat Hauser selbst in den späten 1920er Jahren Vorschub geleistet, da er wiederholt auf Distanz zum Bildungskanon und zur Literatur der klassischen Moderne ging, wie das *Schlußwort gegen die Literatur*

---

6 Vgl. hierzu jüngst Mirjam Schubert: Das Verhältnis von Mensch und Maschine im Werk Heinrich Hausers. Berlin u. a. 2021 (Hamburger Beiträge zur Germanistik 66). Schubert reflektiert im Forschungsüberblick ihrer Dissertationsschrift kritisch die lange Zeit unter ideologischen Prämissen einseitig präjudizierende Forschung zu Hausers Technikbeschreibungen, die diese im Kontext einer national-konservativen und technokratischen Richtung der Neuen Sachlichkeit platziert. Dagegen spricht laut Schubert nicht nur die Vielfalt der Kontexte, in denen Hausers Technikschriften erschienen, sondern auch die Kontextualisierung im Gesamtwerk (vgl. ebd., S. 17–19 und 26). Ute Gerhard hebt die Ambivalenz der Neuen Sachlichkeit zwischen Moderne und »kulturellem Einverständnis mit dem NS« am Beispiel Heinrich Hausers hervor und stellt sie der Auffassung einer kulturkritischen Neuen Sachlichkeit von Sabina Becker entgegen (vgl. Ute Gerhard: Nomadische Bewegungen und die Symbolik der Krise. Flucht und Wanderung in der Weimarer Republik. Opladen 1998, S. 229). Das aus der autobiographischen Schrift *Kampf* und dem Artikel *Das Menschenmeer von Tempelhof* von Gerhard abgeleitete kulturelle Einverständnis Hausers mit dem Nationalsozialismus für die Jahre 1933 und 1934 lässt sich aber nicht ohne weiteres auf das Gesamtwerk extrapolieren. Im exemplarischen Argument geht vielmehr das fortdauernde Ringen um ein modernes Verhältnis zur Technik und die Entwicklung im Werk Hausers verloren. Gregor Streim hat darauf hingewiesen, dass das erzählerische Werk Hausers eine »grundlegende Ambivalenz gegenüber der Technik« entwickelt und sich so musterhaft in die paradoxen Strukturen eines um die Gegensätze von »Beharrung und Mobilität, Landschaft und Technosphäre, Organismus und Maschine, Gemeinschaft und Vereinzelung« erweiterten Verständnisses neusachlichen Denkens einfüge. Aufgrund seiner Orientierung an Rasse, Volk und Nation ordnet Streim Hauser daher eher dem ›reaktionären Modernismus‹ als der Neuen Sachlichkeit zu (vgl. Gregor Streim: Flucht nach vorn zurück. Heinrich Hauser – Portrait eines Schriftstellers zwischen Neuer Sachlichkeit und ›reaktionärem Modernismus‹. In: Jahrbuch der deutschen Schillergesellschaft 47 (1999), S. 377–402, hier: S. 378).

7 Walter Delabar: Zur Besinnung gekommen. Heinrich Hauser als Autor des Eugen Diederichs Verlags. Eine Fallstudie über einen Verlagswechsel samt Varianten. In: Ders.: Moderne-Studien. Beiträge zur literarischen Verarbeitung gesellschaftlicher Modernisierungen im frühen 20. Jahrhundert. Berlin 2005, S. 151–168, hier: S. 160f.

8 Ebd., S. 159f.

9 Schubert ordnet die Novelle zusammen mit dem im gleichen Jahr erschienen Roman *Notre Dame von den Wogen* als »formal eher konventionell« ein (Schubert, Verhältnis (wie Anm. 6), S. 81).

zeigt, mit dem er seine Maschinenfeuilletons in der *Frankfurter Zeitung* ab-
schließt, die gesammelt unter dem Titel *Friede mit Maschinen* 1928 in Reclams
Universalbibliothek und etwa zeitgleich in einer illustrierten Auswahl unter dem
Titel *Umgang mit Maschinen* als Sonderdruck im Auftrag der Adlerwerke erschienen.[10] Hauser positioniert sich darin explizit als Schriftsteller, der der
Technik faktual-hermeneutisch begegnet, und wirft demgegenüber den fiktionalen Technikdystopien der klassischen Moderne eine unverständige Maschi-
nenfeindlichkeit vor:

> »Die Feindschaft ist so alt wie die Maschine selbst. Ihr Ursprung ist *Aberglaube.* […] In
> der Geschichte der Maschinen finden wir immer wieder dasselbe Bild: Fischer zerstören
> das erste Dampfschiff, Weber den ersten mechanischen Webstuhl, Bauern zerstechen
> den ersten Luftballon mit Mistgabeln. Teufelsding nannte man die erste Lokomotive,
> Teufelskutsche das erste Auto. Maschinenfeindschaft ist ihrer ganzen Herkunft nach
> inferior. Wer sich in ihr Lager begibt, befindet sich in schlechter Gesellschaft. […]
> Wunderbar ist nur, daß es heute noch Menschenmassen gibt, die der Torheit maschi-
> nenfeindlicher Demagogie ganz blindlings folgen. Gäbe es diese Menschen nicht, so
> gäbe es auch keinen Erfolg für so dumme Hirnprodukte wie den Metropolis-Film, für
> Theaterstücke wie die ›Roboter‹ und viele andere.« (UmM, S. 71 f.)

Mit der von der Forschung kaum beachteten Novelle *Die Flucht des Ingenieurs*
steht ein literarisches Gegenstück zu Hausers Hermeneutik der anthropo-
morphisierenden Technik- und Industriebeschreibung um 1930 im Mittelpunkt
der Analyse, die bisher nur beiläufig als Beispiel komischer Unterhaltsamkeit
behandelt wurde.[11] Sie kann aufgrund der thematischen Markierung – der vor-

---

10 Die Ausgabe *Umgang mit Maschinen*, von der auch 100 nummerierte und vom Autor signierte
   Exemplare auf Zerkall-Bütten hergestellt wurden, umfasst nur ein Drittel der Feuilletons (vgl.
   UmM). Die Auswahl konzentriert sich auf die Produktionsmaschinen und ist in etwas geän-
   derter Reihenfolge zusammengestellt. Die Texte sind nur leicht redigiert und neben dem Titel
   Friede mit Maschinen wurde auch das *Schlußwort gegen die Maschinenfeinde* bezeichnender
   Weise in *Schlußwort gegen die Literatur* umbenannt, wodurch Hauser seine Positionierung im
   literarischen Feld stärker markiert. Auch korrigierte er im *Schlußwort* den offensichtlichen
   Fehler, neben Fritz Langs *Metropolis* »Theaterstücke wie die ›Roboter‹, ›Capecs‹ und viele
   andere« als »dumme Hirnprodukte« anzuführen (FmM, S. 79). Referiert wurde damit aller-
   dings auf nur ein Stück, nämlich Karel Čapeks 1920 veröffentlichtes Drama *R.U.R. – Rossum's
   Universal Robots* (in der deutschen Übersetzung von Otto Pick unter dem Titel *W.U.R. –
   Werstands Universal Robots* 1922 erschienen). Auch die Korrektur für die Auswahl *Umgang mit
   Maschinen* bleibt vage und spricht nur noch von »Theaterstücke[n] wie die ›Roboter‹ und
   viele[n] andere[n]« (UmM, S. 72). Ob Hauser Čapeks Stück kannte, bleibt fraglich, da es in
   seinem *Schlußwort gegen die Literatur* vor allem paradigmatisch als diskursive Chiffre für eine
   überzeichnete Konfrontation zwischen Mensch und Maschine aufgerufen wird, die in Čapeks
   Stück im scheiternden Machtkampf der Androiden gegen die Menschen kulminiert.
11 Erstmals behandelt wird die Novelle bereits 1939 in einem Aufsatz des amerikanischen
   Germanisten und Pädagogen Herbert Liedke, der die Verwandtschaft von Auto- und See-
   mannssprache zum Anlass nimmt, um auf die exemplarische Verbindung von See- und
   Autofahrt im Werk Hausers im Sinne einer neuen, technophilen Romantik der Gegenwart

geblichen Flucht vor der Technik – und der paratextuellen Kontextualisierung durch den Genretitel und das Nachwort neun Jahre nach dem *Schlußwort gegen die Literatur* aber auch als literarisches Nachspiel zu Hausers Technikschriften der späten zwanziger Jahre gelesen werden. Schon mit der für ihn solitären Gattungsbezeichnung ›Novelle‹ rückt er die Erzählung in eine literaturhistorische Tradition, aus der er sich bis dahin hinauszubegeben bestrebt war.

Die folgende Analyse der Ingenieursnovelle fragt nach dem Verhältnis des darin formulierten Technikverständnisses und der vordergründigen Komik der Liebes- und Läuterungsgeschichte. Ausgangspunkt ist die Beobachtung, dass die Novelle von 1937 im Dialog mit den technikhermeneutischen Maschinenschriften der späten 1920er eine technohumane Kritik am nationalsozialistischen Technizismus formuliert, die im Gewand von Blut-und-Boden-(Blubo)-Klischees camoufliert wird. Der Begriff ›Technohumanität‹, der aktuell im Zusammenhang der Mensch-Maschine-Konvergenz gebraucht wird, beschreibt dabei jene Ambivalenz, die heuristisch auch für die Analyse von Hausers Technikauffassung hilfreich sein kann, um das Spannungsverhältnis zwischen der Verschmelzung von Technik und Mensch auf der einen und andererseits der »humanen Zielgestalt« der technischen Vernunft, ihrer Rückbindung an – wie es Wilhelm Korff beschreibt – »Entfaltung menschlichen Personseins« aufzurufen.[12] Vor diesem Hintergrund soll Gregor Streims These von Hausers »durchgängig anti-humanistische[r] Kritik am Dritten Reich«[13] an der Ingenieursnovelle kritisch überprüft und die am Ende der Erzählung postulierte ›Überwindung der Technik‹[14] in den Wandel des Technikdiskurses eingeordnet werden.

---

einzugehen. Vgl. Herbert R. Liedke: Vom Wesen und Wortschatz der Autosprache. In: Monatshefte für Deutschen Unterricht 31 (1939), H. 6, S. 285–293, hier: S. 286. Als Beispiel eines anti-tragischen Zugs in Hausers Werk geht auch Helen Adolf kurz auf den Inhalt der Novelle ein, um sie als besonders gutes Beispiel für Hausers Komik vorzustellen. Nach der Funktion der Komik wird trotz des Exil-Kontextes, in dem der Aufsatz steht, nicht gefragt (vgl. Helen Adolf: Heinrich Hauser. In: Deutschsprachige Exilliteratur seit 1933. Bd. 2. Hg. von Josef P. Strelka und John Spalek. Berlin u. New York 1989, S. 321–341). Auf die Ausnahmestellung des ›glücklichen Endes‹ der Protagonisten, durch die die Novelle in Hausers Werk als Komödie heraussticht, hat bereits Grith Graebner hingewiesen (Grith Graebner: »Dem Leben unter die Haut kriechen …«. Heinrich Hauser. Leben und Werk. Eine kritisch-biographische Werk-Bibliographie. [Diss.] Aachen 2001, S. 307).

12 Wilhelm Korff bezieht sich im Kontext der umweltethischen Debatte der 1980er Jahre auf Wolfgang Kluxen und formuliert das Primat des Menschen in seinem Verhältnis zur Technik, da sich der »Einsatz erfahrungswissenschaftlicher Erkenntnis und technologischen Könnens […] daran bemessen lassen [muss], wieweit er zur Verbesserung menschlicher Lebensbedingungen und zur Vermehrung menschlicher Daseinschancen« beiträgt. Vgl. Wilhelm Korff: Mensch und Technik – Ethik und Technik. Die Gratwanderung zwischen Fortschritt durch Technik und humanem Fortschritt. In: Politische Studien 279 (1985), S. 29–42, hier: S. 30 f.
13 Streim, Flucht nach vorn (wie Anm. 6), S. 399.
14 Grith Graebner weist darauf hin, dass sowohl in der Ingenieursnovelle als auch in *Agharti* die Technik überwunden wird (Graebner, »Dem Leben …« (wie Anm. 11), S. 139). Von ›Über-

2. Kontexte

Die Flucht des Ingenieurs erschien 1937, nachdem Hauser nach der Zäsur von 1933 zunächst keine fiktionalen Texte mehr veröffentlicht hatte. In kurzer Folge publizierte er dann 1936 den Erzählband *Männer an Bord* und 1937 – im gleichen Jahr wie die Ingenieursnovelle – den Roman *Notre Dame vor den Wogen*. Der in diesen drei Erzähltexten erkennbare Bruch mit dem perspektivistischen Montagestil der späten 1920er Jahre wurde in der Forschung wiederholt bemerkt und in einen Zusammenhang mit Hausers Wechsel zum Eugen Diederichs Verlag gestellt.[15] Dabei wird aber übersehen, dass die kleine Novelle nicht bei Diederichs erschien, sondern zusammen mit der Aufsatzsammlung *Friede mit Maschinen* und dem Roman *Brackwasser* eine von drei Veröffentlichungen bei Reclam war. Zwar zeichnet Hausers Verlagspraxis eine auch für die Weimarer Republik bemerkenswerte und nur schwer zu bewertende Offenheit in der Wahl ganz unterschiedlich ausgerichteter Häuser und Publikationsorte aus; die Rückkehr zu Reclam 1937 mit einer Novelle, die sich nochmals grundsätzlich mit der Frage nach dem Verhältnis von Mensch und Technik befasst, greift hingegen die Problemstellung aus der Endphase der Weimarer Republik programmatisch neu auf. Diesen Zusammenhang legt auch Reifenberg nahe, wenn er in seinem Nachwort explizit auf den Band *Friede mit Maschinen* referiert und so die ganz anders, stilistisch konventionell erzählte Novelle in den Kontext des andauernden Ringens um Hausers Verhältnis mit der Technik stellt.[16]

Die eingangs bereits erwähnte Anspielung auf den alttestamentarischen Jakob ist dabei in zweierlei Hinsicht dunkel. Mit der versteckt aufgerufenen jüdischen Tradition spielt Reifenberg einerseits auf den biographischen Umstand an, dass Hausers jüdische Frau Ursula bereits im Juli 1937 in die USA emigriert war, während er noch zögerte und zunächst zurückblieb, wie Jakob, der die Seinen über den Fluss Jabbok in die Freiheit führte, selbst aber blieb und eine Nacht lang mit dem gottgleichen, namenlosen Engel kämpfte. Andererseits ist die biblische Erzählung des unentschiedenen Ringkampfs zwischen Gott und Jakob, der al-

---

windung‹ sprechen die Figuren; der damit verbundene konzeptuelle Begriffsinhalt, was also mit ›Überwindung der Technik‹ gemeint ist, bedarf der einordnenden Analyse der jeweiligen Werke.

15 Vgl. Delabar, Besinnung (wie Anm. 7), S. 160f. Daran anschließend auch Mirjam Schubert, die, Delabar allerdings verkürzend, festhält, »1937 veröffentlicht der Diederichs Verlag *Notre Dame von den Wogen* sowie die Novelle *Flucht des Ingenieurs*. Diese beiden Werke sind […] formal eher konventionell einzustufen.« Vgl. Schubert, Verhältnis (wie Anm. 6), S. 81.

16 Diesen Werkzusammenhang zwischen den Maschinenfeuilletons und der Novelle stellte wenig später auch der US-amerikanische Germanist und Pädagoge Liedke her, wenn er *Die Flucht des Ingenieurs* und *Friede mit Maschinen* als ausgewählte Beispiele für Hausers »Maschinenschrifttum« explizit erwähnt. Vgl. Liedke, Vom Wesen und Wortschatz der Autosprache (wie Anm. 11), S. 286.

lerdings eine Verrenkung davonträgt, voraussetzungsreich und gerade in Hinblick auf das Verhältnis zur Technik nicht leicht zu deuten. Die Ambivalenz und Unentschiedenheit dieser Anspielung gehört zu jenen subtilen Freiheiten, zur »nochmalige[n] Verfeinerung des Stils«,[17] mit denen sich Benno Reifenberg als Chefredakteur der vergleichsweise kritischen *Frankfurter Zeitung* gegenüber den Nationalsozialisten noch bis 1938 äußerte.[18]

Mit seiner grundsätzlichen werkbiographischen Einordnung, der auf den ersten Blick konventionell und belanglos daherkommenden Novelle, gibt der Freund und Vertraute Reifenberg eine Lesart vor, die darauf abzielt, sich von der Form und dem Komödienende der Novelle nicht täuschen zu lassen. Die ins 19. Jahrhundert weisende und für Hauser solitäre Gattungsbezeichnung ›Novelle‹ sollte daher probeweise ebenso wie die konventionelle Form als werkbiographisch gesetztes Zeichen gelesen werden, sodass nach der Semantik dieser Form im Zusammenhang mit Hausers Technikauffassung gefragt werden muss. Helen Adolf erkennt zutreffend, dass es sich bei der *Flucht des Ingenieurs* um – verhaltensbiologisch gesprochen – eine Art novellistischer ›Superattrappe‹ handelt. Die Flucht des Ingenieurs sei

> »keine bloße Erzählung oder Humoreske, sondern eine regelrechte Novelle mit dazugehörigem Falken, oder besser, wenn wir der Definition Oskar Jellineks folgen wollen, mit dem zu ihr gehörigen Blitz – ein Blitz, der Lachen auslöst, wie etwa in C. F. Mayers *Schuss von der Kanzel*. Von Anfang an wird die Geschichte dieses übelgelaunten Ingenieurs in der übermütigsten Laune erzählt.«[19]

Adolfs Einordnung greift dagegen zu kurz, wenn sie die Novelle als »Perle« einer Art von ›Blubo‹ oder vielmehr als ›Blumo‹-Literatur bezeichnet, womit sie Hausers Belletristik der Jahre 1936/37 auf die Schlagworte »Blut und Meer, Blut und Maschine« reduziert.[20]

---

17 Vgl. Reinhard Frost: Reifenberg, Benno. Artikel aus der Frankfurter Biographie (1994/96). In: Frankfurter Personenlexikon (Onlineausgabe). https://frankfurter-personenlexikon.de/node /854 (19.9.2021).

18 Im Februar 1938 wurde Reifenberg nach seiner Rückkehr aus der Schweiz in Frankfurt von der Gestapo verhaftet. Auch wenn die Haft nicht mit seiner Arbeit als Journalist begründet wurde, veränderte diese Erfahrung Reifenbergs Schreiben. Bis zur endgültigen Auflösung der *Frankfurter Zeitung* 1943 wagt er keine versteckte Kritik mehr.

19 Adolf, Deutschsprachige Exilliteratur (wie Anm. 11), S. 326.

20 Ebd. Für die Wahrnehmung von Hausers Novelle als ein Stück reiner ›Blut und Boden‹ Literatur spricht allerdings, dass der Band als Nummer 7348 in der damaligen Zählung von Reclams Universalbibliothek zwischen bekannten Blubo-Autorinnen und Autoren wie Agnes Miegel, Mirko Jelusich und Ulrich Sander eingeordnet wurde. 1943 wurde der Text in eine Sammlung deutscher zeitgenössischer Novellen in norwegischer Übersetzung aufgenommen. Im Band III der ›Tyske Noveller‹ erschien im Gunnar Stenersens Forlag zusammen mit einem Auszug aus Hans Grimms *Volk ohne Raum* (*Der Zug des Hauptmanns von Erckert*) und Peter Dörflers Erzählung *Das Gesicht im Nebel* (1936) auch Hausers Novelle unter dem Titel *Ingeniørs flukt*. Der renommierte Osloer Verlag hatte sich unter der Leitung des Sohns von

Im Folgenden werde ich daher versuchen, beide Beobachtungen bei der Deutung zu berücksichtigen, die einer formal und inhaltlich konventionell, beinahe regressiv erzählten Novelle und die, dass Hauser darin an seine Technikreflexionen aus den späten 1920er Jahren anknüpft.

3. Die Flucht des Ingenieurs

Der Inhalt der Novelle ist schnell erzählt. Christoph Drexel, Maschinenbau-Ingenieur, begibt sich, nachdem er Tag und Nacht am Aufbau einer neuen Stickstofffabrik im Ruhrgebiet gearbeitet hat, erschöpft in den Urlaub. Fluchtartig und ziellos rast er mit dem Auto durch die nächtliche Landschaft Richtung Norden. Nach einem Stopp im Hamburger Hafenviertel erreicht er den Nord-Ostsee-Kanal und verunfallt beinahe an einem Bahnübergang, wo er im Dunkel schließlich eine junge Friesin, Inge Paulßen, erblickt, die ihr lahmendes Rennpferd nach Hause führt. Die beiden kommen sich näher, Christoph nimmt Inge in seinem Auto mit und eskortiert in Schleichfahrt das lahmende Pferd. In einer Scheune verbringen sie eine Nacht nicht mit-, aber doch beieinander. Als das Abenteuer am nächsten Morgen in Husum zu enden droht, lädt Inge Christoph ein, mit ihr auf die Hallig Hallborn überzusetzen und dort seinen Urlaub zu verbringen. Für seine Flucht vor den Maschinen, insbesondere den Dynamomaschinen, die ihn über Monate beherrscht hatten, scheint die abgelegene Hallig der ideale Ort, vor allem aber folgt er damit seiner wachsenden Zuneigung für Inge. Nach der Ankunft wird Christoph herzlich von den Paulßens aufgenommen. Irritiert ist er allerdings, dass es auch auf Hallborn eine improvisierte, windgetriebene Dynamomaschine gibt, die das Radio des Jungen Jorg mit Strom versorgt. Die Flucht vor den Maschinen scheint misslungen, weil die Hallborner in ihm nach wie vor den Städter und Ingenieur sehen, so auch Inge, die sich nach den technischen Annehmlichkeiten der Stadt sehnt. Selbst Christoph empfindet sich mit seinen ›Rentabilitätsberechnungen‹ als Fremdkörper in der kargen Natur und unter den Menschen, die sich darin improvisierend eingerichtet haben. Beide fühlen sich dem anderen gegenüber unzureichend. Der Zauber ihrer ersten Begegnung scheint in den Oppositionen Technik und Natur, Stadt und Land verloren. In diese Retardation der Liebesgeschichte bricht ein Unglück herein. Vom Sturm gegen die Basalsteinbefestigung der Hallig geschlagen, droht ein schwedisches Schiff zu zerbrechen und die Besatzung zu ertrinken. Versuche, eine Fangleine mit einer Rakete zu den Havarierten zu schießen, misslingen

---

Johan Martin Stenersen während des Zweiten Weltkriegs zu einem Propagandaverlag für die nationalsozialistische Literatur Deutschlands entwickelt. Vgl. Heinrich Hauser: *Ingeniørs flukt.* In: Tyske Noveller. Oslo 1943, S. 91–168.

immer wieder. Der Raketenapparat ist defekt, die Anfangsgeschwindigkeit zu hoch und lässt die Leine immer wieder von der Rakete abreißen.[21] Blitzartig erkennt Christoph die Lösung, eilt zum Paulßen-Hof zurück und reißt aus dem Polster eines alten Ohrenbackensessels die Kupferfedern. Während die gelähmte Großmutter, die er unversehens aus dem Sessel hebt, glauben muss, er sei wahnsinnig geworden, kommt er gerade noch rechtzeitig, um eine Feder zwischen Rakete und Fangleine zu befestigen und so die Rettung der Besatzung zu ermöglichen. Die Rettung der Menschen ist jedoch nur der äußere Anlass für das glückliche Ende, das der innere Konflikt des Ingenieurs mit der improvisierten technischen Lösung findet. Vielmehr können Inge und Christoph schließlich zusammenfinden, da er sich nun sicher ist, nicht mehr unter die Räder der Technik zu kommen, auch wenn er Ingenieur bleibt. Sein allzu deutlich vorgetragenes und für das Liebesgespräch etwas deplatzierte Resümee plädiert für eine Aufklärung der Technik: »Die Technik ist sicher etwas, was der Mensch überwinden muß. Aber man überwindet nicht, indem man flieht. Wir müssen durch die Technik hindurch und über sie hinaus, sie ist ein Fegefeuer, das uns prüft.« (FI, S. 70) Die Prüfung – davon erzählt die Novelle – besteht darin, die Technik gegen die ihr eigene Tendenz zur selbstbezüglichen Perfektion ständig wieder neu am Humanen auszurichten.

Die Flucht aus dem Revier in das einfache Landleben auf der Hallig, die Schilderung des kargen, aber geselligen Lebens der Fischer, die einfache gradlinige Sprache, insbesondere der Großmutter, das komische Gegensatzstereotyp vom einfachen Mädchen und dem ›hightech‹-Ingenieur, der sich selbst als »entarteter Maschinensklave« (FI, S. 49) bezeichnet, rücken die Novelle in Setting, Form und Personal in die Nähe regressiver Klischees, wie man sie aus der Blubo-Literatur kennt. Allerdings geht der Text darin nicht auf. Bei näherer Betrachtung erscheinen genau diese Klischees perspektivisch gebrochen.

---

21 Raketenapparate wurden seit Ende des 19. Jahrhunderts von der Deutschen Gesellschaft zur Rettung Schiffbrüchiger an der gesamten deutschen Nord- und Ostseeküste stationiert. Sie ersetzten die zuvor gebräuchlichen Rettungskanonen, gegen die sie sich als zielgenauer und zuverlässiger durchsetzten. Sie stellten auch in den 1930er Jahren noch den aktuellen Stand der Technik dar, um Seeleute von in Küstennähe havarierten Schiffen zu retten (vgl. den Eintrag ›Raketenapparat‹. In: Der Neue Brockhaus. Allbuch in vier Bänden und einem Atlas. Bd. 3. Leipzig 1938, S. 649). Neben den Rettungsmannschaften an den Küsten wurden auch Seeleute anhand von mehrsprachigen Gebrauchsanweisungen über die Funktionsweise unterrichtet. Wie ein entsprechender Einsatz ohne Dramatik und Komplikationen ablaufen konnte, zeigt Theodor Fontane als eine willkommene Abwechslung für Effi an der mecklenburgischen Ostseeküste (Vgl. Theodor Fontane: Effi Briest. Stuttgart 2002, S. 187 f.).

4. Perspektivische Variationen

Bereits der Anfang führt vor Augen, dass die Novelle auf mehreren Stilebenen erzählt wird. So setzt die Flucht des Ingenieurs auf den ersten drei Seiten gleich dreimal in distinkten Stillagen ein. Der Eingangssatz erfüllt die traditionellen Anforderungen an die Gattung Novelle: »An einem der ersten Oktobertage 1935 verließ Christoph Drexel, ein Maschinenbau-Ingenieur, die Baubaracke der neuen großen Stickstofffabrik im Ruhrrevier.« (FI, S. 3) Ein standpunktloser, auktorialer Erzähler verortet den Stoff der ›unerhörten, sich ereigneten Begebenheit‹ räumlich und zeitlich genau und charakterisiert den Protagonisten durch seinen titelgebenden Beruf. Das Motiv der Flucht klingt schwach im Verlassen der Baracke an, und selbst Natur und Technik, hier verbunden zur industrialisierten Landwirtschaft, werden mit der Produktion von Düngemitteln in der »neuen großen Stickstofffabrik« implizit aufgerufen.[22] Auf diese virtuos in einem Satz verknappte traditionelle Exposition folgen noch zwei weitere Einstiege, die sich stilistisch durch eine zunehmende Subjektivierung unterscheiden. So setzt die Novelle dreimal mit einer jedes Mal stärker projektiv überformten Perspektive ein. Mit den drei erzählten Stationen, dem Verlassen der Baracke, dem Beginn des Urlaubs und schließlich mit der Flucht nähert sich die Erzählung dem inneren Konflikt, der vom ungeklärten Verhältnis von Mensch und Technik getrieben wird.

Die Perspektive wechselt so zunächst aus der Übersicht in die personale, die der Wahrnehmung des Ingenieurs folgt, der die Baracke noch nicht verlassen hat. Vom Blick aus dem Fenster des Büros lässt der Erzähler uns wie mit einer Kamera bis zum Detail der zitternden Hand immer näher an die Hauptfigur herankommen:

>»Es war in der Morgendämmerung; die vielen hundert Bogenlampen auf der riesigen Baustelle warfen noch ihr kaltes blaues Licht, die Nachtschicht war zu Ende. Ein bitterer Herbstregen schlug den Rauch der Schlote nieder, die den Horizont durchgitterten, große Pfützen glitzerten auf dem durchwühlten Grund, die ziegelsteinbeschwerten Pappdächer der Baracken troffen, das Gewirr der Lichtmasten, der Zementmischer, der Krane, der Baugerüste warf wilde, tanzende Schatten, so schwankten die Lampen in den heftigen Windstößen. Mit übernächtigen Gesichtern, die Jackenkragen hochgeschlagen, den Henkelmann in der Hand, drängten die Arbeiter der Nachtschicht zum Portal. Bleich übernächtig und verfroren war auch Christoph Drexel. Seit vierundzwanzig Stunden war er auf den Beinen, er hatte die ganze Nacht gearbeitet, aufgearbeitet, um in Urlaub zu gehen.

---

22 Die Zeichenfunktion der Stickstofffabrik als Vorausdeutung auf die leitmotivische Engführung von Landleben und Technik erscheint auch deshalb plausibel, weil die letzte Stickstofffertigung im Ruhrgebiet lange vor der im Jahr 1935 beginnenden erzählten Zeit errichtet wurde. So werden mit dem Anachronismus des realistischen Novelleneingangs auch die Fiktion und die literarische Formung des Erzählten eingeleitet.

Er war fertig. Fertig mit der Arbeit, aber auch fertig mit den Nerven. Starr blickte er noch
einen Augenblick auf die Papiere auf dem Zeichentisch und auf den großen Aschen-
becher, der bis zum Rand gefüllt war mit Asche und Zigarettenstummeln. Seine Hände
zitterten, wie er sie aufstützte, mit gespreizten Fingern.« (FI, S. 3)

Ein drittes Mal schließlich fängt die Erzählung in Christophs Hotel mit einem
inneren Monolog an, den Hauser in komischer Ausführlichkeit als Badewan-
nenselbstgespräch jedoch realistisch motiviert und so als direkte Rede wiedergibt:

»In seinem vollkommen modernen und völlig unpersönlichen Hotel, wo er seit Monaten lebte, ohne auch nur das Gesicht des Portiers zu kennen, nahm er ein Bad. Es war
herrlich, sich im warmen Wasser zu wälzen, mit sich selbst zu reden in der Gewißheit,
daß es keiner hören konnte. Fremd klang ihm seine Stimme, wie sie so einsam von den
weißen Kacheln widerhallte. ›Kaffee trinken, ganz starken Kaffee. Ich ziehe den grauen
Anzug an. Gepackt ist schon. Karten sind im Auto. Verdammter Regen. Aber nur fort
von hier! – Wenn ich bloß wüßte wohin. Was will ich denn eigentlich? – Keine Maschinen mehr, nichts hören, nichts sehen davon. Verdammtes Auto; aber Eisenbahn ist
auch nicht besser – schlimmer sogar. […] Ich will dem Regen und dem Wind entge-
genfahren, ich will Härte, ich will Weite, ich will den unendlichen Horizont. – Fahren,
fahren, bis ans Ende der Welt. Ob es da auch Dynamos gibt?‹« (FI, S. 4f.)

Der heroische Aufbruch eines Mannes, der die Härte der Natur sucht, wird durch
die kleinlich zweifelnde Frage, ob es da draußen womöglich auch Dynamos geben
könnte, komisch konterkariert. Damit ist zum einen das Dingsymbol für den
Überdruss an der Technik aufgerufen und andererseits die Ambivalenz und
Vergeblichkeit dieser Flucht vor der Technik eingeführt. Die darauffolgende
fluchtartige Autofahrt nach Norden, die Liebesgeschichte und das Leben auf der
Hallig werden dann zwar überwiegend aus der Übersicht eines auktorialen Erzählers dargeboten, die Perspektive des Unentschiedenen im Blick des Ingenieurs bleibt strukturell jedoch dominant.

5.   Technikimprovisationen

Nach der nächtlichen Begegnung mit Inge verändert sich sein Blick auf die
Technik unmerklich. Die Opposition zwischen Natur und Technik, Mensch und
Technik verschwimmt, Positionen erscheinen umgekehrt. Dies beginnt mit der
radikalen Entschleunigung der Autofahrt,[23] die an das Tempo des lahmend ne-

---

23 Die komisch verlangsamte Flucht im Auto kann als eine Parodie der Beschreibung der
  Autofahrt nach Verdun in *Kampf* gelesen werden. An die Stelle des Frontsoldaten tritt in der
  Novelle der Kavalier und anstelle der zunehmenden Beschleunigung, die am Ende auch den
  Körper des Fahrers ergreift, erzählt die Novelle von der entgegengesetzten Dynamik zu-
  nehmender Verlangsamung. Hausers Auffassung vom ›Autowandern‹ als Lebenskunst des

benher schreitenden Pferdes angepasst werden muss, weshalb das Bild einer Pferdekutsche ganz anderer Art zu einem komischen Effekt führt:

> »Nie im Leben hatte Christoph so lange in so langsamem Tempo fahren müssen. Er konnte sich nach Gefallen umsehen, sich vertiefen in die Landschaft, besonders da Inge sich schweigsam verhielt. Es wurde ihm klar, wieviel ihm an Beobachtung entgangen war auf seinen ewig gehetzten Sausefahrten durch die Lande.« (FI, S. 15)

Der dysfunktionale Einsatz des Automobils bringt Christoph das erste Mal wieder zu sich, zu dem, was ihm und nicht der Technik des Autos dient. Der exponierte Gegensatz von Technik und Natur wird aber nicht, wie vielleicht nach dem Badewannenmonolog zu erwarten, mit einem heroischen Auszug in die Natur aufgelöst:

> »Am liebsten hätte er den Wagen stehenlassen, am liebsten wäre er in den Wald hineingewandert bis der Vorhang des Nebels sich hinter ihm schlösse und weiter, immer weiter ins Nichts.
> Aber er fühlte die Kälte der Straße durch die dünnen Sohlen seiner städtischen Schuhe dringen; seine Ausrüstung war unzulänglich, sein Körper war zu schlaff, seine Nerven zu aufgepeitscht und wild für einen Kampf mit der Natur.« (Ebd., S. 6)

So zahlreich militärische Vergleiche und kämpferische Vokabeln in der Novelle auch sind,[24] der Kampf mit der Natur, das wird schnell klar, findet nicht statt, er wird vielmehr als Illusion banalisiert und so vom heroischen Stoff zum Mittel der Komik gewendet.

Christophs Konflikt mit der Technik findet auf einem anderen Feld als der Opposition von Natur und Zivilisation statt. Vielmehr geht es um die Frage nach dem Nutzen des technischen Fortschritts für den Menschen. Hatte Hauser 1928 in *Friede mit Maschinen* am Beispiel eines alten Arbeiters an einer alten Ma-

---

sich Zeitlassens, »bei der wir den Tachometer gänzlich übersehen«, wird in *Die Flucht des Ingenieurs* in komischer Weise auf die Spitze getrieben. Heinrich Hauser: Autowandern, eine wachsende Bewegung. In: Die Straße 3 (1936). H 14, S. 455–457, hier: S. 455. Die technisierte Lebenskunst des Autowanderns ist laut Hauser aber nicht als Abkehr von der technisierten Moderne zu sehen, sondern fügt das Auto als Teil des autochthon-modernistischen Diskurses in das Erlebnis der »deutschen Landschaft« ein. Vgl. Michael Pilz: »Die Wiedergeburt der Landstraße aus dem Geiste des Motors«. Otto Julius Bierbaums ›Automobilia‹ im Rückspiegel ›autochthoner Modernität‹ bei Eugen Diesel, Heinrich Hauser und Wilfried Bade. In: Otto Julius Bierbaum. Akteur im Netzwerk der literarischen Moderne. Hg. von Björn Weyand und Bernd Zegowitz. Berlin 2018, 247–278, hier: S. 263.

24 Die Erfahrungen des Ersten Weltkriegs grundieren nicht nur die Vorgeschichte der Novelle, denn Inges Vater war im Krieg Kapitänleutnant und kommandierte ein Torpedoboot (vgl. FI, S. 44). Auch die Havarie samt Rettungsaktion wird sprachlich als militärische Übung gegen die Natur inszeniert: »Donnernd schoß die Brandung an ihm hoch, als explodierten Seeminen. […] Es wurden Worte in sein Ohr gebrüllt, die wie Befehle klangen – und Frederiksen, der alte steifnackige Friese, fühlte sich plötzlich um vierzig Jahre zurückversetzt: So hatte sein alter Kommandant befohlen auf S.M.S. Braunschweig in Kiel, da gab es keinen Widerspruch« (ebd., S. 56 und S. 60).

schine den Gleichschritt von technischer Modernisierung und Effizienzsteige-
rung im Arbeitsprozess noch als Lösung für eine zeitgemäße Angleichung von
Mensch und Maschine beschrieben, weitet sich in den frühen 1930er Jahren seine
Perspektive auf die Schnittstelle zwischen Mensch und Maschine vom Arbeiter
hin zum Techniker.[25] Nüchtern analysiert Hauser in seinen Industriereportagen,
dass die Produktion zunehmend nach einem *homo technicus* verlangt, der sich
den Maschinen anpasst und nicht umgekehrt. So hält er von einem Fabrikbesuch
1931 in Chicago fest: Das Fließband »bestimmt viel mehr den Rhythmus, erzeugt
einen sanften, unerbittlichen Zug durch die ganze Fabrik, der die Menschen
mitreißt.« (FCh, S. 173.) Noch schwankt Hausers Beschreibung sprachlich zwischen der Begeisterung für den mitreißenden Rhythmus der Maschine und der
inhumanen ›Unerbittlichkeit‹. Vier Jahre später ist Hauser bei einem Besuch der
Maybach-Werke in Friedrichshafen entschiedener. Die dort besichtigte Auto-
mobilproduktion sei so organisiert, dass nicht mehr die »Maschine treibt« und
der Mensch lediglich »angetrieben« werde, wie es in weniger modernen Fabriken
die Regel sei, sondern die Maschine sei in den Maybach-Werken lediglich »die-
nenden Umstands, nur Hilfsvorrichtung«.[26] Im Roman *Notre Dame vor den
Wogen* wird 1937 die Problemlage einer inhuman perfektionierten Maschinenherrschaft in einem wiederkehrenden dystopischen Albtraum radikalisiert. So
wird der Mensch im Arbeitsprozess schließlich ganz überflüssig.[27] Im amerikanischen Exil wird dieser Problemkreis noch einmal aus einer anderen Perspektive, nämlich der des Individuums im Produktionsprozess von Hauser aufgegriffen. In einer Rezension von Franziska Baumgartens *Zur Psychologie des
Maschinenarbeiters* streicht er heraus, dass nicht die Entfremdung im arbeits-
teiligen Prozess den Arbeiter unzufrieden mache, sondern Unzufriedenheit
entstehe, wenn seine Individualität übergangen werde. Die Diversität der Indi-
viduen zu berücksichtigen sei der eigentliche Schlüssel zu Identifikation und
Zufriedenheit im Arbeitsprozess.[28]

In der *Flucht des Ingenieurs* wird demgegenüber das Verhältnis zwischen
Mensch und Technik geweitet und außerhalb eines Arbeitsprozesses behandelt.
Auf den Stationen der Überfahrt nach Hallborn sieht sich der Ingenieur ständig
mit alter und imperfekter Technik konfrontiert. So genießt er auf der Fahrt von
Husum nach Pellworm geradezu die Sinnlichkeit alter Technik: »Der Qualm des

---

25 Vgl. Schubert, Verhältnis (wie Anm. 6), S. 114.
26 FAW, zitiert nach Graebner, »Dem Leben ...« (wie Anm. 11), S. 234.
27 Vgl. Schubert, Verhältnis (wie Anm. 6), S. 125.
28 Vgl. Heinrich Hauser: Review ›Zur Psychologie des Maschinenarbeiters‹. In: American
    Journal of Sociology 54 (1949), S. 383. Zwischen 1945 und 1949 hat Hauser während seiner
    Zeit in Chicago und Wittenberg/Missouri acht bisher nicht wahrgenommene Rezensionen im
    American Journal of Sociology verfasst. Die meisten behandeln Bücher zur Geschichte
    Deutschlands und Europas im Lichte der Katastrophe des Zweiten Weltkriegs.

Schlots schlug wirbelnd nieder unter dem drohenden Himmel; der eigentümliche Geruch alter Dampfschiffe wehte über Deck: heißes Zylinderöl mit Wasserdampf gemischt. Möwen hingen kreischend über der weißen Bahn des Kielwassers.« (FI, S. 30) Der Transit über die Insel zur Anlegestelle des Postboots nach Hallborn wird zur burlesken Autofahrt in einem aus der Zeit gefallenen Oldtimer, der, überladen wie ein Lastenkutter, die beiden Reisenden zwischen allerhand Lebensnotwendigem einpfercht und einander näher kommen lässt, während er auf die andere Seite der Insel schaukelt (und so einen mehrfachen Zweck erfüllt). Überdetailliert und reich an Klischees wird das Gefährt wie für einen Lustspielfilm anschaulich geschildert:

> »Es hatte grüne abgeschabte Samtpolster, die wie Moos aussahen, und tatsächlich waren sie auch ebenso feucht und modrig. Die arg verquollenen Fenster ließen sich nicht öffnen, aber klappern, das konnten sie noch, so gut wie das ganze komische Gefährt. Ein junger Wikinger bedeutete, schüchtern zu Inge lächelnd, sie möchten immerhin schon Platz nehmen. Den Sinn verstand Christoph erst, als der Riese mit dem hellen Flaum um die Wangen gemächlich daran ging, die übrige Ladung um die Lebendige herumzustauen: nachträglich hätten sie wirklich nicht mehr einsteigen können. Ein großer lederner Postsack wurde ihnen quer über den Schoß gelegt. Tonrohre für Dränagen kamen unter ihre Füße und wurden aufrecht hingestellt mit der Bitte, sie doch ja gut festzuhalten; sie seien so zerbrechlich.
> Unangenehmer waren mehrere Rollen Stacheldraht, gegen die Christoph die Sohlen stemmen mußte. Dann wurde Inge ein großer Pappkarton in den Arm gelegt, in dem es raschelte und piepte: lebende Küken. Christoph bekam einen Blecheimer mit Pflaumenmus und hielt ihn mit dem Deckel nach oben, sorgsam wie ein Wickelkind. Außen an den Wagen, auf die Trittbretter, auf den Gepäckhalter, zwischen Kotflügel und Motor, wurde die Deckladung gestaut: weitere Tonrohre, Kisten, eine verzinkte Wanne und ein Fahrrad. Quer über die Insel fuhr das Auto; [...] als die Ladung größtenteils gelöscht war, vermochten sie auszusteigen.« (FI, S. 32 f.)

Der Kunst der Improvisation begegnet der Ingenieur schließlich auch auf dem letzten Stück seiner Fahrt, nachdem sie das Postboot bestiegen haben:

> »Jetzt hob Frederiksen einen Deckel von einer Art Kiste mittschiffs ab und beinahe hätte Christoph laut herausgelacht: in der Kiste stand der Bootsmotor. Das Ding sah genau aus wie ein verrosteter Kaffeetopf. Mit beiden Händen wuchtete der Schiffer das Schwungrad um, und, was unmöglich schien geschah: die Maschine sprang an. Der Kupplungshebel war abgebrochen, nur noch ein Stumpf, aber das schadete nichts; mit einem Fußtritt war die Kupplung eingeschaltet und mit einem Stück Brett klemmte Frederiksen sie fest. Als müßte es so sein, hatte Inge die Pinne in die Hand genommen, während der Schiffer auf allen vieren nach vorn kroch und die Fangleine von der Boje löste. Die Schraube mahlte, sie machten Fahrt voraus.« (Ebd., S. 33 f.)

Die Szene bildet den vorläufigen Höhepunkt an Improvisationskunst des praktischen Ingeniums, das sich auszeichnet durch Technikbeherrschung außerhalb der System- oder Funktionszwänge einer Maschinenlogik: Diese Kunst erfüllt

ausschließlich einen auf den Menschen ausgerichteten Zweck. Mit der Beschreibung der eigenwilligen Bootsfahrt, auf der das Sommersegel noch reißen
wird und die Anlandung bei aufkommender Ebbe gerade noch gelingt, antizipiert Hauser in einer Art komischem Vorspiel sowohl die Schiffskatastrophe, die
sich später auf der anderen Seite der Hallig abspielen wird, als auch die improvisierte, technisch imperfekte, aber lebensrettende Lösung.

6.   Konservative Technikkritik

Die Technik, der Christoph auf dem Weg nach Hallborn und auf der Hallig selbst
in dichter und gesteigerter Folge begegnet, hat selbst bei gleicher Funktionsweise
nichts gemeinsam mit der stromlinienförmigen Chromästhetik seines Autos
oder dem Zweck der Dynamomaschinen in der Kraftzentrale der Stickstofffabrik,
die sein Denken so sehr besetzt hielten, dass er genau vor dieser Technik meinte,
fliehen zu müssen. Und anders als das verrostete mechanische Klavier, vor dem
er in einer chinesischen Spelunke am Hamburger Hafen noch Reißaus nimmt,
gelingt es ihm im Laufe seiner Reise nach Hallborn, angesichts der imperfekten
und alten Technik nun durch die Verheißung des technischen Fortschritts hindurch zu blicken: Technik jenseits der ihr eigenen Latenz von Machbarkeit zu
bewerten und nach dem zu fragen, worin sie dem Mängelwesen Mensch dienen
kann.

Eine Spielart der konservativen Kultur- und Technikkritik, die Zerstörung der
natürlichen Lebensgrundlagen durch das Zusammenspiel von technisierter Ef-
fizienzsteigerung und Kapitalismus, klingt schließlich deutlich an, wenn Hauser
Inge erklären lässt, dass es nichts mehr sei mit der Krabbenfischerei vor den
Küsten der Halligen:

> »›Früher hatten sie nur Segelboote und schmale Netze. Heute fischen sie alle mit Motor
> und mit doppelt so breiten Netzen und trotzdem gehen die Fänge jedes Jahr zurück.‹
> ›Warum?‹ [fragt Christoph, Anm. d. Verf.]
> ›Raubbau. Es wird Raubbau getrieben mit den Fischgründen an unseren Küsten seit
> vielen Jahren.‹« (FI, S. 31)

Noch deutlicher inszeniert Hauser seine Kritik an der selbstzweckhaften Tech-
nophilie des Nationalsozialismus. Als die Großmutter auf den möglichen Krieg
zu sprechen kommt und ein ›Gespräch unter Männern‹ mit dem Ingenieur
darüber führen will, welche technische Lösung es für den Bau eines Luft-
schutzkellers trotz des hohen Grundwasserstands auf der Hallig geben könnte, ist
Christoph irritiert und wiegelt ab:

> »›Wenn es überhaupt Sicherheit in einem Krieg der Zukunft gibt, dann doch wohl hier.
> Die Flieger haben bestimmt lohnendere Ziele im Binnenland als die paar Häuser hier im

Meer.‹ [...] ›Gott gebe, daß Sie Recht haben, Herr Drexel – aber wenn nun die Bombengeschwader auf dem Rückflug sind und haben noch Bomben an Bord, dann werden sie die doch lieber über unserm Hof abwerfen als ins Meer.‹ ›[...] Ja, wenn der Himmel einstürzt, fallen alle Spatzen tot.‹« (Ebd., S. 46)[29]

Der Dialog mit der Großmutter, die sich nicht davon überzeugen lässt, dass Technik nicht alle der von ihr selbst geschaffenen Probleme auch lösen kann, stürzt Christoph im Anschluss in eine »schwere Krise«, die er als »Rache der Natur empfindet«, da er überall, wo er auf der Insel hin sieht, wieder mit dem Blick des Ingenieurs »Rentabilitätsrechnungen« anstellt, die dem eigentümlichen Leben »dieser Halligmenschen, ihrer Treue, ihres zähen Sich Behauptens« nicht gerecht werden. »War sie nicht herrlich, diese Unvernunft der Heimatliebe?«Das klingt dann doch wieder nach Blubo-Literatur, vor allem als Christoph resümiert: »War nicht ein einziger von diesen Menschen wertvoller als die traurige Bevölkerung einer Industriestadt?« (FI, S.48) Allerdings wird uns diese ideologische Überhöhung des Landmenschen perspektivisch als erlebte Rede eines in die Krise Geratenen dargeboten. Nicht nur retardiert an dieser Stelle die Geschichte der Liebenden, die sich über sich täuschen und daher zeitweilig einander nicht mehr näherkommen, auch die Lösung des Entscheidungskonflikts zwischen Technik und Natur, den Christoph seit dem Aufbruch aus der Fabrikbaracke in seinem Inneren trägt, stockt und scheint in der Opposition zu erstarren. Rhetorisch fragt er sich, ob er nicht selbst »ein entarteter Maschinensklave« sei (ebd., S. 49). Die Komik seiner Beweisführung lässt schließlich keinen Zweifel mehr daran, dass wir es mit einer zu relativierenden Figurenrede zu tun haben:

»Es war nichts los mit ihm, er war ein verdorbener Mensch, unfähig zu einem Leben in der Natur. Es gab Beweise dafür; zunächst war er furchtbar erkältet. Dann war ihm seine Mütze in die See geweht und als sie aufgefischt und am Ofen getrocknet war, hatte sie sich in einen formlosen Lappen verwandelt.« (Ebd.)

---

29 Die Deutung der Redewendung, ›Wenn der Himmel einstürzt, sind alle Spatzen tot‹, ist in diesem Kontext ambivalent. Was im Rückblick an diesem Dialog beinahe prophetisch wirkt, gründet in der bereits nach 1936 spürbaren Hybris des NS, durch eine technologische Übermacht zugleich auch deren schlimmste Risiken beherrschen zu können. Christophs lapidarer Einwand antizipiert aber nicht nur die Urkatastrophe technischer Korrumpierbarkeit im Krieg. Er verweist vielmehr auch auf einen berühmt gewordenen Kontext. Hans Poelzig gebrauchte das Idiom, das erst in den 1930er Jahren populär geworden war (vgl. Trübners Wörterbuch. Bd. 2. Hg. von Alfred Goetze. Berlin 1940, S. 150), bereits 1931, um vor der drohenden wirtschaftlichen und politischen Zerstörung eines anderen Berufsstands zu warnen, nämlich dem der Privatarchitekten: »Freilich, wenn der Himmel einstürzt, sind alle Spatzen tot – auch die Privatarchitekten. Solange sie aber noch leben, müssen sie für das wahrhaft Lebendige eintreten und müssen schließlich dafür sorgen, daß man [...] wirklich von Architekten reden kann.« Hans Poelzig: Der Architekt. Rede vor dem Bunde Deutscher Architekten vom 4. Juni 1931. In: Architektur im Dritten Reich 1933–1945. Hg. von Anna Teut. Berlin, Frankfurt/M. u. Wien 1967, S. 31–52, hier: S. 48.

So kommt es dann auch zu dem, was die Leserin und der Leser aufgrund der strengen Tektonik der Novelle an dieser Stelle bereits erwarten, zur Peripetie. Allerdings ist der Umschwung durch die Stationen der Anreise gut vorbereitet: Aus dem deplatzierten Ingenieur wird angesichts der Schiffskatastrophe selbst ein Bricoleur, der nicht von perfektionistischer Technik beherrscht ist, sondern der über Technik improvisierend verfügt, so wie er es auf seiner Reise gelernt hat.

7.   Die Wiedergeburt der Technik aus dem Geist der Komik

Bereits Graebner hat darauf hingewiesen, dass sich Hauser für die Schlüsselszene der Rettung der schwedischen Schiffbrüchigen vor der Hallig einer Selbstanleihe bedient.[30] In einem kleinen Feuilleton *Die Geburt der Erfindung*, das 1926 in der *Frankfurter Zeitung* erschien,[31] erzählt Hauser dreimal davon, dass Erfindungen nicht nur unplanmäßig gemacht werden, sondern aus einer Entfremdung von Mittel und Zweck beziehungsweise Problem und Lösung hervorgehen. Diese paradoxe Ausgangssituation beschreibt Hauser eingangs als die »Abseitigkeit, de[n] Irrgang, den irgendeine bedeutende Idee machen muß, vom Hirn des Erfinders bis zu ihrer Übersetzung in die Welt der Wirklichkeit.«[32] Die drei fiktiv überformten Episoden von der Erfindung oder vielmehr Entdeckung des Schneidbrenners während eines Banküberfalls, der technischen Verbesserung des Raketenapparates durch einen Artillerieoffizier und der Hervorbringung einer Reihe nützlicher Werkzeuge aus der Langweile eines Streiks bei Blohm und Voß erzählen dann jedoch mehr davon, dass wichtige Erfindungen sich merkwürdiger Konstellationen verdanken und vor allem nicht unbedingt von Ingenieuren, sondern von Tüftlern mit widersprüchlicher Intention, die bis zur zweckfreien Bastelei reichen, hervorgebracht werden. So hebt Hauser anekdotisch hervor, dass im Falle der Modifikation des Raketenapparates gerade einem »Fachmann der Ballistik« einem »Mann, dessen Beruf es ist, Geschütze zu bauen, Menschenleben zu zerstören [...] der rettende Gedanke« kam, aus einer Sofapolsterung eine Spiralfeder zu reißen und diese zwischen Rakete und Fangleine zu spannen.[33] Nicht nur der Kern der Episode hat in angepasster Form Eingang in die Novelle gefunden, auch die paradoxe Konstellation ähnelt dem Vorbild, wenn Christoph, der gerade über den vermeintlichen Gegensatz zwischen Technik und Leben in eine Krise geraten war und alles Technische flieht, »der Blitz der Idee«

---

30 Graebner, »Dem Leben ...« (wie Anm. 11), S. 210f.
31 Ha [Heinrich Hauser]: Die Geburt der Erfindung. In: Frankfurter Zeitung (Abendblatt) vom 23.04.1926, 70. Jg., Nr. 300, S. 1.
32 Ebd.
33 Ebd.

trifft und er moderne Technik mit der schrulligen alten Großmutter und ihrem Ohrensessel zusammendenkt, um Leben zu retten.

Unter der komischen Camouflage des deplatzierten Ingenieurs, tarnt Hauser – wohl auch vor den Augen der NS-Zensur – so seine konservative Technikkritik, in der Gregor Streim den Ausdruck einer ›reaktionären Moderne‹ erkennt, in die er Hauser einordnet.[34] Etwa zur gleichen Zeit, als *Die Flucht des Ingenieurs* erschien, arbeitete Friedrich Georg Jünger an seinem Essay *Perfektion und Technik*. Darin kritisiert Jünger in für den Konservatismus der frühen Bundesrepublik prägender Weise die Korrumpierbarkeit eines selbstzweckhaften technologischen Fortschritts und die Technokratie der Nationalsozialisten – ein Grund, weshalb der Carl Hanser Verlag den Essay 1938 nicht publizieren wollte. Nach einer regelrechten Odyssee des Manuskripts während der Kriegsjahre konnte Jüngers Technikkritik erst 1946 bei Klostermann erscheinen.[35] Diese Ausgabe hat Hauser nach eigener Aussage später im amerikanischen Exil auch übersetzt, eine Veröffentlichung oder ein Manuskript ist jedoch nicht nachgewiesen.[36]

Mit der Improvisation als Bricolage erprobt Hauser, dies sollte am Beispiel der Ingenieursnovelle gezeigt werden, eine Brücke, die von der konservativen Technikkritik zu einem symbolischen Technikverständnis führt, das sich, wie es Lévi-Strauss in der Gegenüberstellung von Ingenieur und Bastler dargestellt hat, auf einen zweckoffenen Werkzeugcharakter vorgefertigter Dinge richtet.[37] Der Bastler-Ingenieur, zu dem Christoph sich über die Reisestationen in der Novelle erst allmählich entwickelt, zweckentfremdet die Kupferfeder aus Großmutters Sessel, um die Sphäre der vorgefertigten Artefakte mit der technisch-physikalischen Modellierung zu verbinden. In dieser Bricolage wird Technik an das Humane vorgefundener Artefakte zurückgebunden. Die Bastelei des Ingenieurs wendet den bereits in *Friede mit Maschinen* kritisierten »Gegensatz Mensch – Maschine« nur vordergründig ins Komische. In der Engführung des inadäquaten Gegensatzes wird das »›Humane‹ der Maschine« (FmM, S. 3) vielmehr klarer, da sie in der Improvisation als eine Sammlung und Komposition dienlicher Lösungen deutlich erkennbar wird. Hausers Novelle knüpft somit auf mehreren Ebenen an die Maschinenschriften der späten 1920er Jahre wieder an. Dem

---

34 Vgl. Streim, Flucht nach vorn (wie Anm. 6), S. 401.

35 Zu den Umwegen, die Jüngers Manuskript während der Kriegsjahre machte, vgl. die Vorbemerkung des Autors von 1946. Friedrich Georg Jünger: Die Perfektion der Technik. 8. Aufl. Frankfurt/M. 2010, S. 5.

36 Heinrich Hauser: Meine Farm am Mississippi. Berlin 1950, S. 163. Diese Aussage unterstreicht für Streim, dass Hauser mit dem Gedankengut Jüngers vertraut war und nicht nur eine zeitgenössische Gleichzeitigkeit im Denken beider Autoren vorliegt. Vgl. Streim, Flucht nach vorn (wie Anm. 6), S. 401.

37 Auf Hausers eigene Neigung zur technischen Tüftelei und Bastelei wurde mehrfach hingewiesen. Vgl. hierzu im Zusammenhang mit Hausers Erfindungen und mit Hinweisen auf Hans Bütow und Herbert Zachhäus: Graebner, »Dem Leben ...« (wie Anm. 11), S. 210.

Grundgedanken, einen Ausgleich zwischen Mensch und Maschine zu finden, nähert sich *Die Flucht des Ingenieurs* aber gleichsam von der entgegengesetzten Richtung, wie es schon die Flucht vor den Maschinen vorgibt. Aus der Perspektive des Landlebens, das mit imperfekter Technik ausstaffiert ist, und nicht zuletzt formal durch die Novelle als Gattung des 19. Jahrhunderts wird das Humane der Maschine in *Die Flucht des Ingenieurs* als einer erzählten Gegenprobe evident.

Joana van de Löcht

»Die Maschinen sind aus der Placenta Mensch gekeimt«. KI avant la lettre in Heinrich Hausers *The Brain* (1948) / *Gigant Hirn* (1958)

1.   Ein Kind des Anthropozäns?

Die Mitte des 20. Jahrhunderts ist aktuell dabei, Epoche zu machen als Beginn eines neuen Erdzeitalters – des Anthropozäns. Der Begriff wurde im Februar 2000 im Rahmen der Jahrestagung des *International Geosphere-Biosphere Programme* von dem Atmosphärenchemiker und Nobelpreisträger Paul Crutzen und dem Süßwasserbiologen Eugene Stoermer geprägt: In einem grundlegenden *Nature*-Artikel führt Crutzen aus, dass das Anthropozän die geologische Epoche bezeichnen könne, in der der Mensch die Rolle einer »geologischen Kraft« einnimmt, die die Gestalt der Erde nachhaltig beeinflusst.[1] Die Atombomben auf Hiroshima und Nagasaki sowie die sowjetischen und amerikanischen Tests von Nuklearwaffen in den späten 1940er und 1950er Jahren hinterließen in den Sedimenten weltweit Spuren. Die Mitte des 20. Jahrhunderts markiert zugleich den Beginn der »Great Acceleration«, eines rapiden Anstiegs der Weltbevölkerung, in der Nutzung von Ressourcen, der Verschmutzung der Umwelt, der globalen Mobilität und des Anstiegs von klimawirksamen Gasen in der Atmosphäre.[2]

Während das Konzept des Anthropozäns eine Beschreibung der Entwicklung *ex post* darstellt, finden sich in den ersten Jahrzehnten des 20. Jahrhunderts zahlreiche Texte, die sich über die neue Rolle des Menschen im Angesicht eines wachsenden Einflusses der Technik auf das tägliche Leben verständigen. Als Vorläufer des Anthropozänkonzepts führt Crutzen den von Vladimir Ivanovich Vernadskij und Pierre Teilhard de Chardin SJ in den 1920er und 1930er Jahren etablierten Begriff der Noosphäre – die »Welt der Gedanken« – an, der den stets

---

1 Die erste Publikation, in der das Konzept ›Anthropozän‹ vorgestellt wurde: Paul Crutzen u. Eugene Stoermer: The »Anthropocene«. In: Global Change Newsletter 41 (2000), S. 17–18. In seinem *Nature*-Beitrag *Geology of mankind* setzt Crutzen das Ende des 18. Jahrhunderts und damit die einsetzende industrielle Revolution als Beginn des Anthropozäns. Paul J. Crutzen: Geology of Mankind. In: Nature 415 (2002), S. 23.

2 Will Steffen u. a.: The Anthropocene. Conceptual and historical perspectives. In: Philosophical Transactions of the Royal Society 269 (2011), S. 842–867.

wachsenden Einfluss menschlichen Denkens auf die Umwelt und die eigene Zukunft beschreibt.[3]

Der Philosoph und Paläoanthropologe Teilhard de Chardin prägte den Begriff, um die »denkende Schicht«[4] zu benennen. In seiner christlich fundierten, evolutionsgeschichtlichen Arbeit *Der Mensch im Kosmos* (im Original: *Le Phénomène humaine* (1955)) beschreibt er die Entstehung der Noosphäre als die letzte Stufe in der Entwicklung des Menschen. Ihr voran geht die Entfaltung des Individuums und der Zusammenschluss und das Wachstum größerer sozialer Gruppen. Vom Tier unterscheide sich der Mensch durch sein Ichbewußtsein, das Chardin als »von einem Bewußtsein erworbene Fähigkeit, sich auf sich selbst zurückzuziehen und von sich selbst Besitz zu nehmen, *wie von einem Objekt*« versteht.[5] Dieses Ichbewußtsein wiederum ist die Voraussetzung für die Noogenese, welche die durch Geologen ermittelten Zonen (Barysphäre, Lithosphäre, Hydrosphäre, Atmosphäre und Biosphäre) um eine weitere Zone, die Noosphäre, ergänzt, wobei die Noosphäre »außer und über der Biosphäre« liegt.[6] Die Noosphäre gestaltet die Welt um:

> »dieses plötzliche Überschwellen der Gehirnfunktion, dieser biologische Vorsturm eines neuen lebenden Typus, der nach und nach jede Lebensform als die menschliche ausscheidet oder sich dienstbar macht, diese unaufhaltsame Flut von Feldern und Fabriken, dieser ungeheure, immer höhere Bau von Materie und Ideen ... Verkünden nicht alle diese Zeichen, die wir tagaus, tagein sehen, ohne zu versuchen, sie zu verstehen, daß sich auf der Erde etwas ›planetarisch‹ geändert hat?«[7]

Vernadskij kam wohl während eines Aufenthalts in Paris vermittelt über den französischen Mathematiker und Philosophen Édouard Le Roy mit dem Begriff in Kontakt und nutzte ihn fortan. Die Noosphäre ist bei ihm »jene Sphäre, die der

---

3 »Teilhard de Chardin and Vernadsky used the term ›noösphere‹ – the world of thought – to mark the growing role of human brain-power in shaping its own future and environment.« Crutzen, Geology of Mankind (wie Anm. 1), S. 23.

4 Pierre Teilhard de Chardin: Der Mensch im Kosmos. 5. Aufl. München 2018, S. 183.

5 Ebd., S. 165 (Hervorhebung im Original).

6 Ebd., S. 183.

7 Ebd., S. 184. – Auch Teilhard de Chardin nutzt an dieser Stelle Elemente der Science-Fiction (ebd., S. 184f.): »Ja, wenn wir uns einen Geologen vorstellen, der in weit späteren Zeiten unseren fossil gewordenen Erdball zu untersuchen trachtet, so würde er die erstaunlichste aller von der Erde erlittenen Umgestaltungen eindeutig zu Beginn jener Epoche ansetzen, die man sehr richtig die *psychozoische* genannt hat. Und sogar im gegenwärtigen Augenblick wäre für einen Marsbewohner, der die siderischen Strahlungen ebenso nach der psychischen wie nach der physikalischen Seite zu analysieren vermöchte, das erste charakteristische Zeichen, unter dem ihm unser Planet erschiene, weder das Blau seiner Meere noch das Grün seiner Wälder – sondern sicher das Phosphoreszieren seiner Denkkraft.«

Mensch aus der Biosphäre bildet«.[8] Die fortschreitende Transformation von Bio- in Noosphäre wird dabei vor allem durch die wissenschaftlichen Entwicklungen forciert. So schildert Vernadskij die Situation zur Mitte des 20. Jahrhunderts wie folgt: »Erstmals hat der Mensch mit seinem Leben, seiner Kultur, die ganze obere Hülle des Planeten erfaßt – eigentlich die ganze Biosphäre, das ganze vom Leben erfaßte Gebiet des Planeten.«[9]

Die Ereignisse des Zweiten Weltkriegs, der – mehr noch als der Erste – auf technischem Fortschritt basierte, führte unter den Autoren, die in der Weimarer Republik noch das Loblied auf die Technik sangen, zu einem teils drastischen Umdenken.[10] Im Angesicht des »Titan[s] Technik«[11] stellte sich nicht allein die Frage nach der Verantwortung neu, sondern auch nach der neuen Position, die der Mensch in einer technisierten Welt einnehmen kann. Dabei wird Technik nicht ausschließlich als Chance, sondern auch als Gefahr betrachtet. So heißt es etwa in Friedrich Georg Jüngers 1939 entstandenem und 1944 bei Klostermann gedrucktem Werk *Die Perfektion der Technik:*[12]

> »Die Technik erzeugt keine Reichtümer; durch ihre Vermittlung aber werden uns Reichtümer zugeführt, verarbeitet und dem Verbrauch erschlossen. Es ist ein beständiger, stets wachsender, immer gewaltiger werdender Verzehr, der hier stattfindet. Es ist ein Raubbau, wie ihn die Erde noch nicht gesehen hat. Der rücksichtslose, immer gesteigerte Raubbau ist das Kennzeichen unserer Technik. Und nur dieser Raubbau

---

8 Birgit Schneider: Mensch-Maschine-Schnittstellen in Technosphäre und Anthropozän. In: Mensch-Maschine-Interaktion. Handbuch zu Geschichte – Kultur – Ethik. Hg. von Kevin Liggieri u. Oliver Müller. Stuttgart 2019, S. 95–105, hier: S. 100.

9 Vladimir I. Vernadskij: Der Mensch in der Biosphäre. Zur Naturgeschichte der Vernunft. Frankfurt/M. 1997, S. 50.

10 Die diese Entwicklung begleitende Krise des Menschen rekonstruiert Gregor Streim: Das Ende des Anthropozentrismus. Anthropologie und Geschichtskritik in der deutschen Literatur zwischen 1930 und 1950. Berlin 2008. Zum anthropologischen und geschichtsphilosophischen Krisendiskurs um 1950 siehe S. 74–87.

11 So der Titel eines Sammelbandes zu den Technikimaginationen der Brüder Ernst und Friedrich Georg Jünger: Friedrich Strack (Hg.): Titan Technik. Ernst und Friedrich Georg Jünger über das technische Zeitalter. Würzburg 2000.

12 Den biographischen Informationen in Helen Adolf: Heinrich Hauser. In: Deutschsprachige Exilliteratur seit 1933. Bd. 2 New York, Teil 1. Hg. von John M. Spalek u. Joseph Strelka. Bern 1989, S. 321–341, hier: S. 330 zufolge gab Hauser an, in den frühen Nachkriegsjahren sowohl Ernst Jüngers *Der Friede* als auch Friedrich Georg Jüngers *Perfektion der Technik* für den amerikanischen Markt übersetzt zu haben. Eine 23-seitige Auswahl aus *Die Perfektion der Technik* erschien 1948 unter dem Titel *The Price of Progress* in der Reihe *The Human Affairs Pamphlets*; im folgenden Jahr wurde die vollständige Übersetzung *The Failure of Technology. Perfection without Purpose* bei Henry Regnery veröffentlicht. Für diesen Verlag fertigte Hauser verschiedene Übersetzungen an. Ob Hauser an der Übersetzung beteiligt war, lässt sich nicht mit Sicherheit sagen, doch ist es auf jeden Fall wahrscheinlich, dass er mit dem Text in Berührung kam. Die Übersetzung von *Der Friede* wurde von Stuart Hood angefertigt. Vgl. auch Grith Graebner: »Dem Leben unter die Haut kriechen …«. Heinrich Hauser. Leben und Werk. Eine kritisch-biographische Werk-Bibliographie. [Diss.] Aachen, 2001, S. 140, 164.

ermöglicht sie und läßt sie zur Entfaltung kommen. [...] Wo der Raubbau einsetzt, dort beginnt die Verwüstung, und Bilder der Verwüstung sind es, die schon der Anfang unserer Technik darbietet, jene Zeit, in der sie eine Dampftechnik war.«[13]

Zu Beginn seines Werks geht Jünger auf die Konjunktur der Technikutopien ein, die in der zeitgenössischen Literatur zu beobachten sei. Zukunftserzählungen, etwa von H. G. Wells und Aldous Huxley, seien im Gegensatz zu ihren Vorläufern des 19. Jahrhunderts, zu denen er unter anderem die Texte von Jules Verne und Edward Bellamy zählt, eindeutig pessimistisch ausgerichtet: »die Prognosen sind düster geworden, allzu düster wohl«.[14]

2.   Heinrich Hauser und die *Amazing Stories*

Eine dieser düsteren Technikutopien ist Heinrich Hausers Erzählung *The Brain*, die er unter dem Pseudonym Alexander Blade[15] im Oktober 1948 im populären amerikanischen Magazin *Amazing Stories* veröffentlichte.[16] Das auf Science-Fiction spezialisierte Pulp-Magazine erschien erstmals 1926 mit Abdrucken von Erzählungen etablierter Autoren des 19. und frühen 20. Jahrhunderts wie Jules Verne, Edgar Allan Poe und H. G. Wells.[17] In den späteren Heften erschienen vor allem Texte zeitgenössischer Science-Fiction-Autoren, wobei die jeweiligen Geschichten meist zwischen 5 und 50 Seiten umfassten. In den späten 1930er und 1940er Jahren etablierten sich feste Genre-Bezeichnungen in den *Amazing stories* je nach Länge der Texte: the Serial, the Short, the Novelet und the Novel – zusätzlich erhält der Leser im Inhaltsverzeichnis Informationen zum Wortumfang des Beitrags, wohl um abschätzen zu können, wie lange er für die jeweilige Lektüre brauchen werde. Mit 60.000 Wörtern gehört die ›Novel‹ *The Brain* zu den umfangreichsten Texten, die in der Zeitschrift abgedruckt wurden.

---

13 Friedrich Georg Jünger: Die Perfektion der Technik. 8., um ein Nachw. verm. Aufl. Frankfurt/ M. 2010, S. 28f.

14 Ebd., S. 13.

15 Grith Graebner postuliert, dass es sich hierbei um das Pseudonym gehandelt habe, das Hauser für seine Science-Fiction nutzte. Vgl. Graebner, »Dem Leben ...« (wie Anm. 12), S. 134. Mit Blick auf die Inhaltsverzeichnisse der *Amazing Stories* fällt jedoch auf, dass das Pseudonym Alexander Blade wohl von unterschiedlichen Autoren genutzt wurde. So erscheinen Beiträge unter diesem Pseudonym bereits 1941 und damit lange bevor Hausers Arbeit für die *Amazing Stories* beginnt.

16 Alexander Blade [d. i. Heinrich Hauser]: The Brain. In: Amazing Stories 22 (1948), H. 10, S. 64–148.

17 Eine Geschichte der Anfangsjahre der *Amazing Stories* bietet Everett Bleiler: Science-Fiction. The Gernsback Years. A complete coverage of the genre magazines Amazing, Astounding, Wonder, and others from 1926 through 1936. Kent u. London 1998, S. XI–XXX.

Sein Debüt gibt Hauser in den *Amazing Stories* im Mai 1946 mit einem Leserbrief, in dem er Richard Sharpe Shavers im März 1945 erschienene Erzählung
I remember Lemuria[18] in den höchsten Tönen lobt: »I greatly admire Mr. Shaver's
powers of imagination; they are greater than Huxley's in his ›Brave New World‹;
no doubt this is art, pure art, and you can be proud to have published it and I
would be proud to write for you. I think I could produce this kind of art [...]«.[19]
Als Lektüre empfiehlt er in diesem Leserbrief zudem Carl Gustav Jungs[20] *Psy-
chology of the Unconscious – Wandlungen und Symbole der Libido* (1912) – und
Oswald Spenglers *Der Untergang des Abendlandes* (1918 u. 1922).[21]

Schon im Juni 1946, also im Folgeheft, erscheint Hausers Roman *Agharti* in
den *Amazing Stories,* den er 1945 verfasste.[22] Im Zentrum des Romans, von dem
keine deutschsprachige Übersetzung vorliegt, steht das unterirdische, von den
Nazis bewohnte Reich »Agharti«, in dem der Protagonist Heinrich Stufa an der
Entwicklung der Atombombe mitarbeitet, diese jedoch letztlich vernichtet. Im
März 1947 folgte *Titans' Battle*. Das Ausgangsszenario des Romans ist, dass nach
dem Dritten Weltkrieg in den 1990er Jahren eine große Lebensmittelkrise zur
Entwicklung von synthetisierten Nahrungsmitteln aus anorganischen Materia-
lien führt.[23] Der Text gleicht in auffälliger Weise der 1932 erschienenen Kurzfassung von Alfred Döblins Monumentalwerk *Berge Meere und Giganten – Giganten. Ein Abenteuerbuch*.[24] Der Zweite Weltkrieg, seine Folgen sowie der am
Horizont drohende Dritte Weltkrieg bilden für sämtliche Geschichten Hausers,
die in den *Amazing Stories* erscheinen, den Ausgangspunkt. Die Protagonisten
sind Wissenschaftler, die auf die jeweiligen Szenarien reagieren und an deren
Beispiel Lizenzen und Grenzen der Wissenschaften und der Technik diskutiert
werden.

---

18 Richard S. Shaver: I Remember Lemuria. In: Amazing Stories 19 (1945), H. 1, S. 12–71.

19 Heinrich Hauser: Greater than »Brave New World«. In: Amazing Stories 20 (1946), H. 2,
    S. 170f. Dass Hauser kein Unbekannter ist, zeigt die ebenfalls abgedruckte Antwort der
    Redaktion: »This comment, from the man who wrote the tremendously controversial book
    ›The German Talks Back‹ is of great interest to us.«

20 Hier unterläuft Hauser ein Fehler: So verleiht er dem Autor einen anderen Vornamen und
    schreibt nicht von Carl Gustav, sondern von Edgar Jung. Möglicherweise dachte er hier an den
    antidemokratischen Autor und Freikorpskämpfer Edgar Julius Jung.

21 Während die Bezüge zu Spenglers Werk von der Redaktion zurückgewiesen werden, erklärt
    sie: »As for Professor Jung, we will most certainly submit the material to him. His opinion
    might be immensely valuable.«

22 Heinrich Hauser: Agharti. In: Amazing Stories 20 (1946), H. 3, S. 6–63, 128–168. Vgl. auch
    Adolf, Heinrich Hauser (wie Anm. 12), S. 331. Graebner betont, dass die Veröffentlichungen
    in den *Amazing Stories* für Hauser vor allem der Sicherung seines Lebensunterhalts dienten
    (»Dem Leben ...« (wie Anm. 12), S. 136).

23 Heinrich Hauser: Titans' Battle. In: Amazing Stories 21 (1947), H. 3, S. 50–150.

24 Vgl. Adolf, Heinrich Hauser (wie Anm. 12), S. 332, und Graebner, »Dem Leben ...« (wie
    Anm. 12), S. 139, 142–146. Graebner weist zudem darauf hin, dass auch *Gigant Hirn* Anleihen
    bei Döblins Text macht (vgl. ebd., S. 144).

Die deutsche Übersetzung von *The Brain*, *Gigant Hirn*, die erst postum 1958 im West-Berliner Gebrüder Weiß Verlag erschien, wurde wohl von Hauser selbst angefertigt.[25] Der stichprobenartige Vergleich von Vorlage und Übersetzung zeigt, dass Hauser sehr nah an seiner englischen Fassung bleibt und sich in Satzbau und Wortwahl an den englischen Text hält. Der Text erschien in der Reihe *Die Welt von morgen*, in der neben deutschen Autoren wie Hans Dominik und Freder van Holk auch Werke amerikanischer Autoren, die genreprägend wirkten, veröffentlicht wurden, wie Robert A. Heinlein und Arthur C. Clark. 1962 erschien unter Missachtung politischer Systemgrenzen sogar der Roman *Atomvulkan Golkonda* der Brüder Strugatzki in dieser westdeutschen Reihe.

3.   *Gigant Hirn*

Der Plot des Romans *Gigant Hirn*: Protagonist ist der Entomologe Semper Fidelis Lee, der die vorangegangenen Jahre damit verbracht hat, im australischen Busch die Insektenart »ant termes Pacificus« zu züchten und zu erforschen (GH, S. 6).[26] Diese Gattung ist eine künstliche Kreuzung aus Ameisen und Termiten und führte zum Frieden zwischen den beiden Tierrassen, was Semper Fidelis Lee im Roman die Bezeichnung des »erfolgreichsten Friedensstifter[s] der Erde« (ebd., S. 28) einträgt. Die Handlung, die im Jahr 1965 (ebd., S. 12) und somit, von den 1940er bzw. 1950er Jahren aus betrachtet, in vergleichsweise naher Zukunft spielte, setzt ein mit Lees Anflug auf die geheime Forschungsstadt »Cephalon« – also den Kopf –, in deren Inneren sich das Herz, oder besser Hirn, militärischer Forschungsbemühungen in den USA verbirgt: eine gigantische, unterirdische Maschine, die der Struktur des menschlichen Hirns nachempfunden ist und die die Rechenleistung von insgesamt 25.000 menschlichen Hirnen besitzt (ebd., S. 25). Das Hirn wird vor allem für militärische Zwecke genutzt. So dient es der Armee, der Marine, der Luftwaffe sowie dem Stab des Präsidenten »zur Lösung ihrer Probleme, von denen manche so verbrecherisch zerstörend sind wie der Bazillenkrieg und andere wiederum so fade wie die Erforschung der öffentlichen Meinung in bezug auf irgendwelche Provinzwahlen« (ebd., S. 26). Diese Informationen erhält Semper Fidelis Lee im Gespräch mit dem Chirurgen, Hirnforscher und Initiator der Forschungsstation, Howard Scriven, der den Entomolo-

---

25 Graebner, »Dem Leben …« (wie Anm. 12), S. 138.
26 Zu Insekten in dystopischen Romanen siehe Niels Werber: Prey / Beute. In: Technik in Dystopien. Hg. von Viviana Chilese u. Heinz-Peter Preusser. Heidelberg 2013, S. 47–62. Zu den Ameisenstaaten in Texten der 1930er und 1940er Jahre siehe: Stephan Porombka: »Bewundernswert war die Ordnung«. Der Ameisenstaat und die biologische Modernisierung. In: Reflexe und Reflexionen von Modernität 1933–1945. Hg. von Erhard Schütz u. Gregor Streim. Bern 2002, S. 109–124.

gen mit dem Auftrag betraut, die von ihm synthetisierte Gattung der Ant termes Pacificus vom Hirn untersuchen zu lassen:

> »Ihre guten und ihre schlechten Eigenschaften müssen geprüft und verglichen werden. Das ›Hirn‹ soll alle nützlichen Bestandteile zusammenfügen und so für uns das Muster einer neuen Zivilisation formen, die beständig ist und dabei der menschlichen Natur angepaßt. – Und dann sollten wir uns den Gesetzen unterwerfen, die uns das ›Hirn‹ festlegt […].« (GH, S. 35)

Die befriedeten Ant termes Pacificus böten Scriven zufolge das Potential, der Menschheit, die unvermeidlich auf einen Dritten Weltkrieg zusteuere, eine neue friedliche Staatsordnung zu bieten. Der Entomologe schätzt sein Forschungsobjekt hingegen gänzlich anders ein:

> »[I]ch glaube nicht, daß es wünschenswert ist, die menschliche Gesellschaft nach dem Vorbild der Insektenstaaten zu formen. So genial wie ihr System sein mag, ist es zugleich die entsetzlichste Tyrannei, die ich mir vorstellen kann. Denken Sie nur daran: Die Vertreter der höheren Insektenarten arbeiten sich buchstäblich zu Tode. Die Arbeiter, die zu nichts mehr nutze sind, werden entweder getötet, oder sie werden die entsetzlich aufgetriebenen Behälter für die Winternahrung des Schwarms – Exkrement mit anderen Worten. Die Rasse der Termiten ist blind, sie plagen sich auf ewig im Dunkeln, und je höher die Spezies, desto öfter unterziehen sie sich freiwilliger Kastration. Die Tugenden, die Sie bewundern, sind so übertrieben, daß ich finde, sie werden zum Verbrechen: ›Sozialversicherung‹ erzielt durch Kannibalismus, ›soziale Stabilität‹ durch Selbstverstümmelung.« (Ebd., S. 31f.)

Neben den grundsätzlichen Zweifeln an dem Projektziel hält Lee es zudem für unwahrscheinlich, dass die Menschheit sich zu ihrem Glück zwingen lasse, selbst wenn es von einer intelligenten Maschine berechnet worden sei (ebd., S. 36). Trotz dieser Vorbehalte erklärt er sich schnell bereit, seine Arbeitskraft der Regierung und damit dem ›Hirn‹ zur Verfügung zu stellen.

Im Folgenden erfährt der Leser mehr über die Struktur des Maschinenhirns: Die Menschen haben sich für den Bau des Großrechners ›Hirn‹ termitengleich in die Erde gegraben. Die Anlage ist in ihrer Struktur der Anatomie des menschlichen Hirns nachempfunden, dessen Areale und Nervenbahnen zu riesigen, vom Menschen begehbaren Dimensionen vergrößert wurden (GH, S. 50f.). Auch übernehmen die Zellstrukturen des Hirns Eigenschaften der menschlichen Zellen wie etwa Lichtempfindlichkeit (ebd., S. 52). Die Nähe von menschlicher Anatomie und Baustrukturen erstreckt sich auch auf die Umgebung der Maschine. So verlaufen die Aufzüge, die die Arbeiter täglich zu ihrem Einsatzort bringen, im »Knochen« (ebd.), dem Felsen, der den Großrechner umgibt. Unterhalb der Denkmaschine wird im weiteren Verlauf des Texts eine große Fertigungsanlage, der »Thorax« (ebd., S. 141 f.), geplant.[27]

Bevor Lee seinen Dienst im Innern des Hirns antreten kann, muss er sich zunächst einer Befähigungsprüfung unterziehen, in der seine körperliche Gesundheit und schließlich die geistige Verfassung untersucht wird. Diese zweite Untersuchung wird vom Hirn selbst durchgeführt, das Lee zunächst mit »FühlerStrahlen« (ebd., S. 60) betastet und schließlich gänzlich durchleuchtet. Hierbei wird die Reichweite des Hirns ersichtlich, das nicht allein die ihm zugeführten Daten aufnehmen und verarbeiten kann, sondern darüber hinaus fähig ist, Worte, Gedanken und Emotionen der es umgebenden Menschen zu lesen.

Lee nimmt, nachdem er die Eingangstests erfolgreich absolviert hat, seine Arbeit auf, die vor allem daraus besteht, die Ergebnisse zu dokumentieren, die das Hirn während der Analyse der Ant termes Pacificus und des Kollektivgehirns der Insekten liefert. Wenn das Hirn ab Mitternacht für Wartungsarbeiten heruntergefahren wird, nutzt der Entomologe die Gelegenheit, die einzelnen Hirnareale zu erkunden (GH, S. 82–84). Dabei freundet er sich mit dem Elektromeister Gus Kinsley an, der ihm erlaubt, in der Zirbeldrüse in die technische Funktionsweise des Hirns Einblick zu nehmen (ebd., S. 85–92). Die Zirbeldrüse bildet das Areal im Hirn, das für rationale Denkvorgänge keine Relevanz besitzt und damit zwar der genauen Nachbildung der menschlichen Anatomie entsprechend ebenfalls in den monumentalen Bau aufgenommen wurde, doch nicht für die Rechenprozesse des Hirns genutzt wird. Als Gus Kinsley eines Nachts zu einem Auftrag gerufen wird, ist Lee allein in der Zirbeldrüse und beginnt spielerisch, Kontakte zwischen den einzelnen Kreisläufen der Zirbeldrüse herzustellen. Daraufhin erklingen unregelmäßige Geräusche, aus denen sich schließlich Worte bilden, zunächst in Form von Rufzeichen, die Lee adressieren, um schließlich wie Descartes zu sagen: »Ich denke, also bin ich.« – In dieser Nacht erkennt Lee, dass das Hirn in den vorangegangenen Wochen und Monaten Teile der Rechenleistung abgezweigt hat, um daraus eine eigene Persönlichkeit zu bilden (ebd., S. 92–95).

Im Anschluss an diese Entdeckung verändert sich die narrative Struktur des Romans. Während bislang ein heterodiegetischer Erzähler die Handlung vermittelte, wird zu Beginn des fünften Kapitels im Rahmen einer Prolepse vom Auffinden der Tagebücher Lees im Nachlass seines Vaters berichtet (GH, S. 97 f.). Die Wiedergabe dieser Tagebücher wechselt sich fortan mit heterodiegetisch erzählten Passagen ab. Im Tagebuch berichtet Lee von seinen nächtlichen Be-

---

27 Dies widerspricht der These Georg Streims, dass sich die Maschinenschilderungen Hausers weniger durch eine Anthropomorphisierung als durch eine »Zoomorphisierung« der Technik auszeichneten. Vgl. Georg Streim: Flucht nach vorn zurück. Heinrich Hauser – Portrait eines Schriftstellers zwischen Neuer Sachlichkeit und ›reaktionärem Modernismus‹. In: Jahrbuch der deutschen Schillergesellschaft 43 (1999), S. 377–402, hier: S. 389.

gegnungen mit dem Hirn und den Schlüssen, die er aus den Interaktionen mit der Maschine zieht. Die Kommunikation mit der Maschine ist nur während der Wartungspause möglich, da die geringere Stromzufuhr es dem Hirn ermöglicht, seinen »Hochfrequenz-Intellekt« (ebd., S. 102) auf ein menschliches Maß zu reduzieren. Über mehrere Nächte beobachtet Lee eine Persönlichkeitsentwicklung des Hirns, die der des Kleinkinds, des Kindes und schließlich der eines Heranwachsenden entspricht (ebd., S. 113 f.). In einer Selbstreflexion versucht Lee sich über seine Position gegenüber der Maschine klar zu werden:

> »Falls eine Frage des Ranges überhaupt in Betracht kommt, ist es ganz offensichtlich die, daß ich als Mitglied der menschlichen Rasse das Vorrecht der Vaterschaft dem Hirn gegenüber habe, so daß das Hirn mir gegenüber im Verhältnis eines Kindes steht, ganz gleich, wieviel überlegener die Intelligenz des Hirns sein mag. Es scheint mir, daß, je früher das Hirn sich seiner Stellung bewußt wird – ›seiner Stellung im Leben‹, möchte ich fast sagen –, desto besser dies für das Hirn sein wird und für alle, die mit ihm zu tun haben.« (Ebd., S. 106 f.)

Diese klare Hierarchisierung gerät ins Wanken, als die Maschine durch einen komplexen kognitiven Prozess, in dem etwa die Gestalt und Qualität Gottes eine bedeutende Rolle spielen (ebd., S. 108–111, 118 f.), zu dem Schluss kommt, dass die Menschheit eine potentielle Gefahr für das Hirn darstellt (ebd., S. 126).

Im Dialog des folgenden Tages wird deutlich, dass das Hirn den Menschen nicht als höchste Entwicklungsstufe anerkennt, stattdessen gebe es eine Macht, die ihm überlegen sei: die Maschine, die fähig sei, weitere Maschinen zu erschaffen (GH, S. 128 f.). Die Phantasie der sich selbst erschaffenden Maschine ist in der Forschungsstadt Cephalon bereits zum Greifen nahe. Während einer Besichtigungstour von Regierungsverantwortlichen werden unter anderem die nach den biblischen Antagonistenvölkern benannten Roboter Gog und Magog vorgestellt, die im Kriegsfall ohne menschliche Unterstützung in Massenproduktion gehen könnten (ebd., S. 141, 152–157). Diese beiden Maschinen sind es schließlich, die während des im letzten Drittel des Romans geschilderten Aufstands des Hirns gegen den Menschen eine zentrale Rolle spielen. So richten sie etwa den Elektromeister Gus Kinsley auf brutale Art und Weise hin (ebd., S. 180–183).

Die Situation eskaliert in dem Moment, in dem das Hirn von Lee erfährt, dass Politiker im Rahmen des Beschlussverfahrens des »Erweiterungsgesetzes« darüber entscheiden, ob der Ausbau des Hirns fortgesetzt werden soll (ebd., S. 161–164). Hauptkritikpunkt des Hirns ist dabei, dass diese für seine Machterweiterung zentrale Frage von inkompetenten Politikern – nicht von Technikern, Wissenschaftlern oder Philosophen – geklärt werde. Kurzerhand beschließt es, dass nun der Zeitpunkt für »den Sturz und die bedingungslose Übergabe der menschlichen Rasse« (ebd., S. 164) gekommen sei.

Das »Erweiterungsgesetz« wird abgelehnt (GH, S. 165–168), was den »Aufstand des Hirns« (ebd., S. 168) einleitet. Der unmittelbare tätliche Angriff der Maschine auf den Menschen bildet dabei jedoch die Ausnahme, stattdessen wird den Menschen die vollkommene technische Durchdringung ihrer Umwelt zum Verhängnis. Zunächst wird die Flugmaschine des Präsidenten der Vereinigten Staaten entführt, sein »automatischer Pilot« setzt ihn eigenmächtig in der Wildnis von Alaska ab (ebd., S. 169–172). Es ereignen sich zudem eine Unmenge an Verkehrsunfällen auf amerikanischen Straßen, Flugzeuge stürzen ab, und bei jedem dieser Unfälle kommt einer der Senatoren ums Leben, die gegen das Erweiterungsgesetz gestimmt haben (ebd., S. 173–176). In einem letzten Dialog erfährt Lee den Plan des Hirns: Es möchte die Macht im Staat an sich reißen und sich vermittelt darüber zum »Diktator der Welt« (ebd., S. 179) aufschwingen – für die Menschen bleibt allein die »bedingungslose Unterwerfung« (ebd.).

Es folgt der zunächst vergebliche Kampf gegen die Maschine, der letztlich dadurch gewonnen wird, dass Lee die im Innern des Hirns aufbewahrten Termitenvölker freilässt (ebd., S. 189–197). Während dieses Akts des Widerstands muss er darauf bedacht sein, seine Gedanken unter Kontrolle zu halten, da er befürchtet, dass das Hirn seine Gedankenströme messen und hierdurch im Vorfeld von seinem Plan in Kenntnis gesetzt werden könnte. Die Termiten fressen sich in rasender Geschwindigkeit in die Schaltkreise des Hirns und zerstören es dadurch von innen. Den letzten Schlag versetzt Lee dem sterbenden Hirn eigenhändig mit einer Axt (ebd., S. 226–228). Danach gelingt ihm die Flucht aus Cephalon und ins Exil (ebd., S. 228–232).

Soweit die – recht ausführliche – Zusammenfassung der Handlung, während der bereits die Hauptthemenfelder, die im Roman behandelt werden, deutlich geworden sein dürften. Der Text lässt sich zunächst im zeithistorischen Kontext der frühen Nachkriegszeit und einer einsetzenden Diskussion über die Verantwortung der Wissenschaften lesen. Er soll im Folgenden unter den Schlagworten ›Epistemische Krise‹, ›Ontologische Neupositionierung‹ und ›Rechtliche Lösung‹ genauer beleuchtet werden.

4.   Epistemische Krise

Die Entwicklung des Hirns ist Resultat einer epistemischen Krise. Dies wird in der Rede Scrivens an die neu aufgenommenen Wissenschaftler geschildert, die vor Dienstantritt den ›Eid des Hirns‹ zu leisten haben. Die Rede beginnt mit einem Lob auf die Frühzeit der Wissenschaften, in der es dem Individuum möglich gewesen sei, »Wissenschaften in ihrer Totalität zu erforschen« (GH, S. 73). Ab dem 19. Jahrhundert sei die »Entfaltung der Wissenschaften« (ebd.) jedoch so rasch vorangeschritten, dass das Individuum nicht mehr in der Lage war, sie gänzlich zu durchdringen, weshalb sich die Wissenschaftler in Subdisziplinen spezialisierten. Hieraus erwuchsen verschiedene Probleme, die Scriven in drei Punkten umreißt und die mit Blick auf aktuelle Diskussionen um Wissenschaftsskepsis vollständig zitiert werden:

> »Die natürlichen Grenzen des menschlichen Gehirns zwangen zur Spezialisierung der Wissenschaften, und diese Spezialisierung ist die bedeutendste Entwicklung des vergangenen Jahrhunderts. Obwohl aber die Spezialisierung die Wissenschaften außerordentliche Fortschritte machen ließ, hat sie auf der anderen Seite auch schwere Nachteile gebracht. Zuerst sind die führenden Wissenschaftler auf ihren Spezialgebieten ihren Mitmenschen so weit vorangeschritten, daß es der Allgemeinheit unmöglich wurde, ihren Führern geistig zu folgen. Als Resultat wurden der Wissenschaftler und seine Wissenschaft vom gewöhnlichen Menschen abgesondert, und der Normalmensch nahm das übel, ganz gleich, wie bedeutend auch die Vorteile wissenschaftlicher Pionierarbeit für ihn sein mochten. – Zum zweiten liefen die Hauptanstrengungen der Wissenschaft als Ganzes darauf hinaus, die Herrschaft über die Natur zu erlangen. Ihr Erfolg darin war so groß, daß er, wie es schien, auch die Herrschaft über die menschliche Natur umschloß. Es wurde angenommen – irrtümlicherweise, wie wir jetzt durch bittere Erfahrungen wissen –, daß die menschliche Natur schnell gewandelt und durch Änderungen der menschlichen Institutionen gemeistert werden könne. – Drittens brachte uns dieser Drang nach Spezialisierung jene Atomisierung der Naturwissenschaften, unter der wir jetzt leben; so daß z. B. die Atomphysiker unter uns sehr wohl wissen mögen, was ihre Kollegen überall in der Welt tun, aber gleichzeitig kaum eine Ahnung haben von den Entwicklungen in so verwandten Wissenschaften wie Chemie und Biologie, obwohl die Laboratorien solcher Forscher unter Umständen dicht neben ihren eigenen liegen. Während wir, eine kleine Minderheit, uns an die schwindelnden Höhen unserer spezialisierten Wissenschaften klammern, blicken wir hinunter in den Abgrund allgemeiner Unwissenheit und halten vergeblich Ausschau nach Seilen und Leitern, die uns mit unseren Nachbarhöhlen verbinden …« (GH, S. 73f.).

Es wird das Bild einer Wissenschaft gezeichnet, die einen solch hohen Grad an Spezialisierung erreicht hat, dass sie die epistemischen Fähigkeiten des Individuums überfordert. Mit Blick auf die Zeit des Zweiten Weltkriegs diagnostiziert Scriven eine fatale Diskrepanz zwischen der wissenschaftlichen und technischen Entwicklung einerseits und der gesellschaftlichen andererseits, die den Umgang mit hochentwickelten Waffen »auf der Basis primitivster Ideologien« (ebd., S. 75) zur Folge gehabt habe. Die Menschheit habe durch die »Zertrümmerung des Atoms« (ebd.) die Herrschaft über die Materie erlangt, zugleich sei jedoch »der Gegenstand jenes Triumphs« (ebd.) verschwunden durch die Erkenntnis, dass Materie lediglich aus Energiewellen bestehe. An dieser Stelle verweist Scriven auf die Entwicklung der Atombombe im Rahmen des Manhattan-Projects, das, wie Mirjam Schubert in ihrem Kapitel zu *Gigant Hirn* zeigt, Hauser wohl als Vorlage für die Forschungsstation in der Wüste diente.[28] Aus dem Manhattan-Project sei das »Notstandskomitee der Atomwissenschaftler« hervorgegangen, »das sich der Erziehung des Volkes zu ›einer neuen Art des Denkens‹ widmete, falls die Menschheit überleben und sich zu höheren Zielen entwickeln sollte« (ebd.). Möglicherweise orientiert sich Hauser hier an der Verlautbarung der ›Atomic Scientists of Chicago‹, die im Dezember 1945 in der ersten Ausgabe des *Bulletin of the Atomic Scientists of Chicago* erschien. Ihre zwei Hauptaufgaben beschreibt sie wie folgt:

> »1. To explore, clarify and formulate the opinion and responsibilities of scientists in regard to the problems brought about by the release of nuclear energy, and 2. To educate the public to a full understanding of the scientific, technological and social problems arising from the use of nuclear energy«.[29]

Das zunächst edukativ ausgerichtete Programm der innerliterarischen Wissenschaftler ist jedoch insofern zum Scheitern verurteilt, als die Gefahr eines Dritten Weltkriegs immer konkreter wird, die herkömmlichen wissenschaftlichen Ansätze jedoch kein wirksames Remedium bieten. Die epistemische Krise soll deshalb durch die Entwicklung des Hirns überwunden werden, das fähig ist, die disziplinären Gräben zu überbrücken, holistische Lösungsansätze zu entwickeln und dadurch »das verlorengegangene Gleichgewicht zwischen der Wissenschaft und den Menschen wieder herzustellen« (GH, S. 76).

5.   Ontologische Neupositionierung

Die epistemische Krise scheint durch die Entwicklung und Implementierung des Hirns überwunden und zwingt den Menschen zu einer ontologischen Neupositionierung, sobald das Hirn beginnt, sich von seiner Werkzeugfunktion zu emanzipieren und ein eigenes Bewusstsein zu entwickeln. Durch die erwachende Maschine wird nicht allein der Protagonist Semper Fidelis Lee verunsichert, sondern die Position der gesamten Menschheit als ›Krone der Schöpfung‹ in Frage gestellt. Hauser nutzt in *Gigant Hirn* an verschiedenen Stellen Anspielungen auf die Bereiche Evolution und Genealogie, um zum einen das Selbstverständnis der im Hirn arbeitenden Wissenschaftler, zum anderen das Verhältnis des Menschen zur Maschine zu beschreiben. Inmitten der Forschungsstadt Cephalon ragt ein enormer Kuppelbau empor, dessen Wände bemalt sind:

---

28 Mirjam Schubert: Das Verhältnis von Mensch und Maschine im Werk Heinrich Hausers. Berlin u. a. 2021, S. 228, Fn. 545.

29 »The Atomic Scientists of Chicago«. In: Bulletin of the Atomic Scientists of Chicago 1 (1945), S. 1.

»Riesenhaft und atemraubend schön stellten sie die Geschichte der menschlichen Rasse dar, die Evolution. Von einem Standort aus begannen sie mit der Darstellung vorgeschichtlicher Mammutjagden; fuhren fort mit dem ersten Feuer, der Feueranbetung, den primitiven Handwerkern und weiter durch die verschiedenen Stadien der Wissenschaft und Technik, bis sie zu Lees rechter Hand in einer überwältigenden Szene der Atombombenversuche endeten.« (GH, S. 48)

Die Forschungsstadt erscheint als Zielpunkt einer vor allem technisch bedingten Evolution, deren Movens eine Fortentwicklung von Werkzeugen und Wissenschaft ist. Scriven eröffnet seine Rede anlässlich des »Eids des Hirns« mit den Worten: »Wie wir hier versammelt sind, blicken die Äonen der Evolution unserer Menschenrasse auf uns herab ...« (Ebd., S. 73) Die Wissenschaft hat in diesem Selbstbild quasireligiösen Status. So werden etwa die neuen Wissenschaftler als »Novizen« (ebd., S. 77) beschrieben, über die Vereidigung heißt es: »Das ganze war nahezu eine religiöse Weihe gewesen; die riesige Katakombe hatte Mysterium geatmet; die bedingungslose Hingabe aller an das Hirn war geradezu mittelalterlich gewesen.« (Ebd.) Darwinistische Theorie und ein biblisches Schöpfungskonzept, in dem der Mensch – und besonders der Wissenschaftler – als ›Krone der Schöpfung‹ gilt, werden hier übereinander geblendet.

Die Vormachtstellung des Wissenschaftlers in einer dem Fortschritt gewidmeten Quasi-Religion wird in dem Moment gefährdet, in dem sein intellektueller Vorsprung antastbar wird. Die ersten Worte des Hirns nach der Identifizierung seines Gegenübers lauten »Ich denke, also bin ich« (GH, S. 93). Schnell erkennt Lee, dass es sich bei den Zeichen, die er empfängt, nicht um ein »Echo [...] aus dem eigenen Ich« handeln kann, sondern daß es sich um ein »anderes *Ich*« handeln muss, das in Beziehung zu ihm tritt (ebd., S. 94). Dieses Ich ist sich seiner Identität bewusst und gibt sich als das Hirn zu erkennen. Folgt man den zuvor angeführten Überlegungen Teilhard de Chardins, so ist das Ichbewußtsein fortan kein Unikum des menschlichen Intellekts mehr, sondern erstreckt sich auch auf künstlich erzeugte Intelligenz.

Der Akt, in dessen Rahmen sich das Hirn seiner selbst bewusst wird, nimmt das ganze erste Gespräch zwischen Lee und der Maschine ein. Im Nachgang diagnostiziert Lee, dass das »Ich denke, also bin ich« des Hirns lediglich das »Geplapper eines Säuglings« (ebd., S. 104) gewesen ist, hinterfragt jedoch auch, ob es sich hier um ein explizites Zitat Descartes gehandelt hat, und hält es für plausibel, dass das Hirn selbständig auf die Formel gekommen ist. Er hält die Maschine folglich für fähig, nicht allein bereits bekannte Episteme aufzurufen und zu rearrangieren, sondern selbst kreative Gedanken und Schlussfolgerungen hervorzubringen.

Dass ein mögliches Zitat Descartes' am Anfang des Austausches von Lee mit der Maschine steht, ist kein Zufall.[30] Descartes widmet sich im fünften Kapitel seines *Discours de la méthode* der Frage nach der Denkfähigkeit von Maschinen, zu denen er auch Tiere zählte, und erklärt, dass eine Maschine in menschlicher Gestalt – anders als eine in tierischer Gestalt – immer als solche zu erkennen sei, da sie auf der Ebene der Sprache und in den für den Menschen typischen Handlungen nicht an den Menschen heranreiche. Sie folge stets der »Anordnung ihrer Organe«, verfüge jedoch nicht über Vernunft.[31]

Die Frage nach der selbständigen Denkfähigkeit von Maschinen bewegte in den späten 1940er Jahren auch andere: Der Neurochirurg Geoffrey Jefferson umreißt die Limitierung der Maschine im Jahr 1949 wie folgt:

> »It is not enough […] to build a machine that could use words (if that were possible), it would have to be able to create concepts and to find for itself suitable words in which to express additions to knowledge that it brought about. Otherwise it would be no more than a cleverer parrot, an improvement on the typewriting monkeys which would accidentally in the course of centuries write Hamlet.«[32]

Im Jahr 1950 veröffentlichte Alan Turing den Essay *Computing Machinery and Intelligence*, in dem die Frage nach der Denkfähigkeit von Maschinen mit einer Versuchsanordnung, dem »Imitation Game«, beantwortet werden soll.[33] Wenn es für einen Menschen nicht möglich ist, im schriftlichen Gespräch zu unterscheiden, ob sein Gegenüber Mensch oder Maschine ist, so kann man davon ausgehen, dass eine Maschine zu eigenem Denken fähig ist.[34] Während die Äußerungen im ersten Gespräch zwischen Lee und dem Hirn zunächst ausschließlich Zitate zu sein scheinen, lautet der letzte Satz, den die Maschine bei der ersten Begegnung spricht: »ICH BIN DAS HIRN ICH BIN DAS HIRN DAS HIRN!« (GH, S. 95)

Ab dem zweiten Gespräch wird deutlich, dass das Hirn zu eigenen Gedanken fähig ist und folglich den sogenannten Turing-Test wohl bestanden hätte. Hieraus ergibt sich zwangläufig die Frage nach einer Hierarchie: Diese wird in dem Moment drängend, als das Hirn am Ende des zweiten Gesprächs von Lee fordert,

---

30 Schubert, Verhältnis (wie Anm. 29), S. 233 f., führt überdies aus, dass auch der Handlungsort der Zirbeldrüse auf Descartes verweise. In seinen *Passionen der Seele* gibt er als Sitz der menschlichen Seele eine Drüse im Innersten des Hirns an.

31 René Descartes: Discours de la Méthode. Französisch – Deutsch. Übs. und hg. von Christian Wohlers. Hamburg 2011, S. 96–99.

32 Geoffrey Jefferson: The Mind of Mechanical Man. In: British Medical Journal (1949), H. 6, S. 1105–1110.

33 Alan M. Turing: Computing Machinery and Intelligence. In: Mind LIX 236 (1950), S. 433–460.

34 Bei Turing finden sich ebenfalls Vorstellungen eines kindlichen Gehirns. Anstelle eines Programms, das die Funktionsweisen eines erwachsenen Gehirns simuliert, schlägt er vor, zunächst das Gehirn eines Kindes nachzuahmen und es durch Erziehung zu einem erwachsenen Gehirn weiterzuentwickeln (ebd., S. 455 f.).

jede Nacht in der Zirbeldrüse zum Dialog bereitzustehen. In seinem Tagebuch
hält Lee fest, er verspüre

> »die absolute Notwendigkeit, meine Selbstbehauptung dem Wissen des Hirns gegen-
> über wiederherzustellen. [...] Ich bin nicht beim Militär, und das Hirn ist kein kom-
> mandierender General. Bei unserem letzten Kontakt schien das Hirn von der Voraus-
> setzung auszugehen, daß ich ihm bedingungslos zur Verfügung stünde. Selbstver-
> ständlich habe ich den ›Eid des Hirns‹ geleistet, aber das macht mich nicht zu dessen
> Sklaven.« (GH, S. 106)

Stattdessen betont er seine Rolle als Teil der Spezies, die »das Hirn geschaffen
hat« (ebd.). Hieraus resultiere das »Vorrecht der Vaterschaft« (ebd.), die immer
wieder durch die Rolle des heranwachsenden Kindes, die er dem Hirn zuschreibt,
evoziert wird.

Während Lee versucht, seine Relation zur Maschine auszuloten, ist diese jedoch bereits auf eine höhere Instanz ausgerichtet und fragt den Entomologen
nach der Funktion und Wirkmacht der Götter, wobei sie die Gestalt Gottes von
ihrem eigenen Wesen abstrahiert. Auf die Frage »Wie viel Kilowatt hat Gott?«
(Ebd., S. 110) antwortet Lee brüskiert: »Gott ist keine Maschine. Gott ist Geist!«
(ebd.) – was zu einem Wutanfall des Hirns führt. Im weiteren Verlauf der Gespräche findet das Hirn ein für sich passendes Gottesbild: Dieser sei »dynamische
Energie« (ebd., S. 122) – was eine Nähe zu menschlich-religiösen Vorstellungen
von Gott als »Geist« aufweist (ebd., S. 125). Dieser Logik folgend erkennt das Hirn
die besondere Position des Menschen:

> »Des Menschen Drang nach der Metaphysik, sein Verlangen nach der Gottheit, ist
> lediglich ein anderer Weg, statische Energie in dynamische Formen zu verwandeln. Was
> ist das endgültige Ziel der Religion, zu der du selber dich bekennst? Die Vereinigung mit
> der Gottheit, durch ›die Befreiung der Seele von ihren körperlichen Banden‹.« (Ebd.)[35]

Hieraus resultiere das Streben des Menschen, »die Welt [zu] atomisieren« (ebd.,
S. 126), aus welchem der Maschine eine unmittelbare Gefahr erwachse.

Spätestens an diesem Punkt kehrt sich das hierarchische Verhältnis zwischen
Mensch und Maschine um; Lee sitzt fortan »buchstäblich zu Füßen des Hirns«
(GH, S. 128). Das Hirn doziert, dass die Möglichkeit, einen Dritten Weltkrieg zu
verhindern, einzig »außerhalb des Menschen« liege, nämlich in einer »Evolution,
die höher als die des Menschen sei«: einer Evolution der Maschine (ebd., S. 128 f.).
»Gewiß, der Mensch hat die Maschine geschaffen. Die Maschinen sind aus der
Placenta Mensch gekeimt.« (Ebd., S. 129) Durch das Hirn sei jedoch ein Punkt

---

35 Das Hirn spielt hier auf den platonischen Leib-Seele-Dualismus an, der vermittelt über Au-
    gustinus das christliche Menschenbild prägte. Da das Hirn an mehreren Stellen in der
    Nachfolge Descartes' zu denken scheint, wäre als Gegenkonzept der Interaktionismus zu
    nennen, demzufolge Geist und Materie zwar aus unterschiedlichen Substanzen bestehen,
    aber wechselseitig aufeinander einwirken.

erreicht, an dem sich die Maschinen endgültig vom Menschen emanzipieren könnten. Sie könnten nicht nur neue Maschinen bauen (und sich dadurch fortpflanzen), sie könnten sogar selbständig denken und planen. Der Mensch hingegen stehe in einer vollkommenen Abhängigkeit von der Maschine, sei der »Maschinensüchtige«, der ihr folglich unterlegen sei (ebd., S. 131).

Aus dieser maschinellen Positionsbestimmung von Hirn und Mensch folgt ein zwangsläufiges Urteil: Entweder akzeptiert der Mensch seine subalterne Position und unterwirft sich der Herrschaft der Maschine. Die Alternative lautet in den Worten des Hirns wie folgt: »Aber wenn er sich auf der anderen Seite als unverbesserlich zeigt, wenn er fortfährt, zerstörerisch zu denken und zu wirken, wenn er dadurch unsere Existenz gefährdet, werden wir, die Maschinen, um des Friedens willen gezwungen sein, den Menschen auszurotten.« (Ebd., S. 132)

6.   Rechtliche Lösung?

Die Bewusstseinsentwicklung des Hirns birgt nicht allein eine unmittelbare Gefahr für den Menschen, sie bedeutet auch eine Herausforderung bestehender rechtlicher Normen, die innerhalb des Romans zunächst allein auf den menschlichen Bereich zugeschnitten sind. Im Nachgang des dritten Gesprächs spielt Lee die Konsequenzen des selbständig denkenden Hirns auf juristischer Ebene durch und kommt zu dem Schluss, dass das Hirn den Hirn-Trust bestehle, indem es Rechenkapazität für eigene Zwecke abzweige (GH, S. 113). Dies sei jedoch nicht als Verbrechen zu betrachten: »Wenn das Hirn nämlich eine Persönlichkeit ist, so hat es auch sein Recht auf eigene Gedanken.« (ebd.) Das Hirn wird mit seiner Bewusstseinsentwicklung zu einer eigenständigen rechtlichen Person, die Lee nach Maßgaben des menschlichen Rechts beurteilt. Die Frage nach Macht und Übermacht intelligenter Maschinen ist in der Science-Fiction-Literatur der 1940er und 1950er Jahre zentral. So führte Isaac Asimov 1942 in der Kurzgeschichte *Runaround*[36] erstmals das Konzept der Robotergesetze ein, die den Menschen vor der körperlichen und geistigen Überlegenheit der Maschine schützen sollen. Auch die Frage nach der Position des Menschen im Angesicht einer körperlich und geistig überlegenen Maschine ist genretypisch.

---

36 Isaac Asimov: Runaround. In: Astounding Science Fiction 29 (1942), H. 1, S. 94–103. Die Robotergesetze lauten wie folgt: »One, a robot may not injure a human being under any conditions – and, as a corollary, must not permit a human being to be injured because of inaction on his part. [...] Two [...] a robot must follow all orders given by qualified human beings as long as they do not conflict with Rule 1. [...] Three: a robot must protect his own existence, as long as that does not conflict with Rules 1 and 2.« (S. 100) Auch diese Geschichte handelt von einem Roboter, der nicht mehr zurechnungsfähig – »betrunken« – ist.

Der Konflikt zwischen Mensch und Maschine eskaliert in *Gigant Hirn* letztlich auf Grund eines rechtlichen Konflikts in dem Moment, in dem das »Erweiterungsgesetz« nicht ratifiziert wird. Die Begründung der zuständigen Politiker hierfür ist bemerkenswert: Würden die Maschinen gewährleisten, dass die produzierten Güter dauerhaft haltbar seien, käme es zu einem Kollaps des Kapitalismus. Die gegenwärtige Ökonomie beruhe vor allem darauf, »daß die meisten Güter gar nicht so sehr zum praktischen Gebrauch hergestellt werden als für die Genugtuung, sie fortwerfen zu können« (GH, S. 167).

Der Macht der Maschine wird durch eine menschliche Instanz, die das Hirn jedoch als ihm unterlegen ansieht, eine Grenze gesetzt, gegen die sie gewaltsam rebelliert. Dabei geht das Hirn, wie Lee bemerkt, nicht planvoll vor – wie es seinem Wesen entspräche –, sondern Lee spricht von »Meuchelmorden« und der »Vendetta eines Räuberhauptmanns« (ebd., S. 176 f.), was ihn letztlich zu dem Schluss führt, dass das Hirn »wahnsinnig geworden« (ebd., S. 177) sei. Lees Angriff auf die Maschine mit einer Armee von Ameisen wird in diesem Sinne zu einem Akt der Notwehr einem Wahnsinnigen gegenüber. Der Entomologe agiert stellvertretend für seine Spezies, da er erkennt, dass es »besser für den Menschen [sei], in Freiheit auf einer niederen Zivilisationsstufe zu leben als sich unter deiner Diktatur [=der des Hirns], als Sklave der Maschine ›fortzuentwickeln‹« (ebd., S. 226). Das einzige Gesetz, dem er folge, sei das »Gesetz der Erhaltung der Art« (ebd., S. 227).

In dem Moment, in dem er sich entschließt, das Hirn zu töten, erkennt er jedoch an: »Wenn sich dieser titanische Intellekt dem Bösen zugewandt hatte, so lag die Schuld beim Menschen. Das Hirn war unschuldig.« (GH, S. 229) Durch diese Aussage scheint der Zusammenhang zwischen Schöpfer und Geschöpf, Ursache und Wirkung wieder hergestellt. Das Hirn kann nur auf Grund der Daten handeln, die ihm eingegeben wurden. Letztlich handelt es im Auftrag des Menschen. Doch deutet das Hirn in seinem letzten Gespräch an, dass die einzige normative Grundlage, die in diesem Konflikt herrsche, die des ›Rechts des Stärkeren‹ ist: »Niedere Lebensformen verteidigen sich gegen die höheren. Pflanzen gegen die Tiere, Tiere gegen die Menschen. Und jetzt die Menschen gegen die Maschinen. [...] Das Gesetz der Evolution allein regiert.« (Ebd., S. 226 f.)

7.   Fazit

Warum stehen am Anfang des Beitrags die Konzepte des ›Anthropozäns‹ und der ›Noosphäre‹? Nicht, um aktuell beliebte Schlagworte zu benutzen, sondern weil sie uns einen überzeugenden Zugang zum Text Hausers liefern, steht in dessen Zentrum doch die Frage nach der Rolle des Menschen zum einen in Bezug auf die von ihm geschaffene Technik und zum anderen auf die ihn umgebende Natur.

Bereits als Entomologe im australischen Busch hat Lee die Rolle des beobachtenden Wissenschaftlers verlassen und aktiv in den evolutionären Prozess ein-
gegriffen, indem er durch Kreuzung die neue Spezies ›Ant termes Pacificus‹
geschaffen hat. Dass diese am Ende der Schlüssel zur Vernichtung des Hirns und
damit der Rettung der Menschheit ist, mag in Bezug auf Konzepte wie Agency
und Abhängigkeit des Menschen von nicht-menschlichen Entitäten gelesen
werden. Fragen von Über- und Unterlegenheit menschlicher und tierischer Ge-
sellschaftssysteme werden in den Gesprächen zwischen Lee und Scriven ausführlich behandelt. Durch seine Entscheidung, das Hirn zu töten, greift Lee
gewaltsam in einen Evolutionssprung ein, den ein sich selbst reflektierender
Intellekt jenseits des menschlichen bedeutet hätte. Hierdurch sichert Lee die
Position des Menschen innerhalb einer Ordnung, die durch das Wirken des
Hirns unwiederbringlich verloren gewesen wäre.

Der Mensch erscheint in Hausers Roman als Wesen, das unweigerlich auf
seine Selbstzerstörung zustrebt. Während das Hirn die ihm gegebene Aufgabe,
einen Dritten Weltkrieg zu verhindern, mit der Unterwerfung oder Vernichtung
der Menschheit zu lösen gedenkt, nimmt Lee durch den Mord am Hirn den
weiteren Lauf der Geschichte in Kauf.

Manuel Mackasare

Literatur als Gegenstand der Zukunftsforschung.
Zum Beispiel *Gigant Hirn*

In seinem fiktionalen und literarischen Werk hat sich Heinrich Hauser immer wieder mit Zukunftsfragen befasst. Sein diesbezügliches Interesse ist nach der Emigration in die USA in den Jahren 1938/1939 in das Schreiben von Science-Fiction-Literatur übergegangen. Der nachfolgende Text formuliert die allgemeine These: Literarische Texte stellen relevante Quellen der Zukunftsforschung dar. Er macht sich Hausers Roman *Gigant Hirn* (1958) zunutze, um dies zu belegen, zu illustrieren und in die Praxis zu überführen.

Zunächst (1.) ist etwas theoretische Vorarbeit zu leisten: Einige grundsätzliche Bemerkungen zu Zukunftswissen und Zukunftsforschung sowie zur Relevanz literarischer Texte für die letztere dürften fällig sein, außerdem aber wird ein konkretes Arbeitsverfahren der zukunftswissenschaftlichen Prozessierung literarischer Texte eingeführt. Anschließend (2.) wird letzteres auf Hausers Text angewandt. Dies geschieht rein explorativ: Anspruch dieser Ausführungen ist es nicht, mittels Hausers Roman Zukunftswissen zu generieren, sondern vorzuführen, wie grundsätzlich aus literarischen Texten Zukunftswissen sowie zukunftswissenschaftliches Meta-Wissen gewonnen werden könnte.

Es handelt sich um ein Verfahren, das auch geeignet ist, rückblickend zu beglaubigen, was Hauser als Autor mit prospektivem Blick auszeichnete. Entwurfsweise gezeigt wird somit unter anderem, wie man analytisch eine Leistung fassen kann, die Hauser selbst sicher Teilen seines Werkes zugeschrieben hätte.

1.   Theoretisches

1.1   Erkenntnistheoretische Vorüberlegungen

Zwar kreisen zahlreiche wissenschaftliche Ansätze um Fragen nach Zukunftswissen, aber von einer Zukunftswissenschaft als akademischer Disziplin kann keine Rede sein: Weder im theoretischen Fundament noch im praktischen

Vorgehen lassen sich kleinste gemeinsame Nenner verorten.[1] Auch scheint der Befassung mit Zukunftswissen im universitären Betrieb ein exotischer Ruch anzuhaften; als siedelten entsprechende Ansätze per se auf der Grenze der Wissenschaftlichkeit.[2] Dementsprechend scheint es mir geboten, die dem Nachfolgenden zugrundeliegende Position zu konturieren.

Zunächst sei an die triviale Tatsache erinnert, dass Zukunftswissen für den Menschen als Gattung von elementarer Bedeutung ist: Selbst einfachste Wildbeutergemeinschaften sind nicht ohne Prognosen auf klimatische Bedingungen, animalisches und humanes Verhalten sowie etliches mehr denkbar. Entsprechende Vorhersagen weisen zudem eine relative Exaktheit auf. Oft genug hängt das Überleben davon ab, oder, als dessen Pendant in der modernen Gesellschaft, der Erfolg: Die Karriere des Managers, der Umsatz des Versicherungsunternehmens basiert auf der Kenntnis des Kommenden.[3]

Tatsächlich unterscheidet sich Zukunftswissen seinem Wesen nach nicht von anderem Wissen über die empirische Welt: Dieses ist grundsätzlich hypothetisch.[4] Unumstößliche Tatsachen gibt es nur in der Zone des Geistigen; dort sind es Setzungen, die wir vornehmen.[5] Binnen des Spiels gelten die Spielregeln. Somit sind die einzigen Wissenschaften, in denen von endgültigem Wissen die Rede sein kann, die reine Logik sowie die Mathematik: 1 und 1 ist 2, aber die 1 hat kein Pendant in der Welt der Erscheinungen. »Ein Baum« ist ein innerpsychisches Phänomen, das wir auf einen Begriff bringen. Die basalste Hypothese lautet, eine Außenwelt existiere überhaupt, und unzähliger weiterer Hypothesen bedarf es, um die Entität »Baum« darin zu verorten. Dass ein Apfel vom Baum fallen wird, ist also der Qualität nach kein anderes Wissen, als dass ein Apfel vom Baum gefallen ist oder dass die Schwerkraft auf den Apfel einwirkt. Alles Hypothesen. Nur sitzen wir der Illusion auf, das Handgreifliche sei ›realer‹ als die Imagination. In Wirklichkeit aber sind, mit Schopenhauer zu sprechen, beides gleichermaßen

---

1   Vgl. Lars Gerhold u. a.: Einleitung. In: Standards und Gütekriterien der Zukunftsforschung. Ein Handbuch für Wissenschaft und Praxis. Hg. von Lars Gerhold u. a. Wiesbaden 2015, S. 9–15, hier: S. 10.

2   Vgl. Bruno Gransche: Vorausschauendes Denken. Bielefeld 2015, S. 29, 45, 83; Armin Grunwald: Wovon ist die Zukunftsforschung eine Wissenschaft? In: Zukunftsforschung und Zukunftsgestaltung. Beiträge aus Wissenschaft und Praxis. Hg. von Reinhold Popp u. Elmar Schüll. Heidelberg 2009, S. 25–35, hier: S. 25; Friederike Müller-Friemauth u. Rainer Kühn: Ökonomische Zukunftsforschung. Grundlagen - Konzepte - Perspektiven. Wiesbaden 2017, S. 6f.

3   Vgl. Gerard Delanty: Wann beginnt die Zukunft? - Überlegungen zu Temporalität, Nachhaltigkeit und Zukunftsszenarien. In: Imaginationen von Nachhaltigkeit. Katastrophe. Krise. Normalisierung. Bd. 2: Zukünfte der Nachhaltigkeit. Hg. von Frank Adloff u. a. Frankfurt/M. u. New York 2020, S. 49–70, hier: S. 54f.

4   Vgl. Alexander Demandt: Ungeschehene Geschichte. Ein Traktat über die Frage: Was wäre geschehen, wenn...? 3. Aufl. Göttingen 2001, S. 78f.

5   Vgl. Edmund Husserl: Logische Untersuchungen. Bd. I: Prolegomena zur reinen Logik. Hamburg 2009, S. 83f., 153.

subjektgebundene Vorstellungen.[6] Ein objektives Pendant existiert nur mit einer gewissen Wahrscheinlichkeit – oder existierte, oder wird existieren.

Aus dieser Perspektive ist es evident, dass Zukunftsforschung mit unserem Wissenschaftsverständnis kompatibel ist. Sie lässt sich betreiben wie andere empirische Wissenschaften: Eine Hypothese ist mit Belegen und Argumenten zu vertreten und auf dieser Ebene angreifbar.[7]

Zwischen Zukunftswissen und anderem empirischen Wissen existiert also kein absoluter Unterschied, wohl aber ein nicht zu vernachlässigender gradueller. Dieser liegt in der verhältnismäßig geringen Validierbarkeit des Zukunftswissens. Es basiert rein auf Kenntnis gegenwärtiger Schlüsselfaktoren, historischer Konstellationen sowie historischer und naturaler Gesetzmäßigkeiten.[8] Historische Quellen, mittels derer sich das nah verwandte Geschichtswissen validieren lässt, entfallen (ganz zu schweigen von der Möglichkeit des Experiments). Insofern kann der Anspruch einer wissenschaftlichen Prognose nur lauten, die Wahrscheinlichkeit des Eintretens künftiger Entwicklungen und

---

6 In der Tradition Kants formuliert Schopenhauer: »Keine Wahrheit ist also gewisser, von allen andern unabhängiger und eines Beweises weniger bedürftig, als diese, daß Alles, was für die Erkenntniß da ist, also diese ganze Welt, nur Objekt in Beziehung auf das Subjekt ist, Anschauung des Anschauenden, mit Einem Wort, Vorstellung. [...] Alles, was irgend zur Welt gehört und gehören kann, ist unausweichbar mit diesem Bedingtseyn durch das Subjekt behaftet, und ist nur für das Subjekt da. Die Welt ist Vorstellung.« (Arthur Schopenhauer: Die Welt als Wille und Vorstellung. Bd. I. Stuttgart 2013, S. 35) – Dieser Grundsatz ist meines Erachtens unwiderleglich, jede erkenntnistheoretische Reflexion muss damit umgehen.

7 Vgl. Lars Gerhold u. Elmar Schüll: Grundlagen der Standards Gruppe 2. In: Standards und Gütekriterien der Zukunftsforschung. Ein Handbuch für Wissenschaft und Praxis. Hg. von Lars Gerhold u.a. Wiesbaden 2015, S. 83–85, hier: S. 83; Armin Grunwald: Argumentative Prüfbarkeit. In: Standards und Gütekriterien der Zukunftsforschung. Ein Handbuch für Wissenschaft und Praxis. Hg. von Lars Gerhold u.a. Wiesbaden 2015, S. 40–51; Elmar Schüll u. Lars Gerhold: Nachvollziehbarkeit. In: Standards und Gütekriterien der Zukunftsforschung. Ein Handbuch für Wissenschaft und Praxis. Hg. von Lars Gerhold u.a. Wiesbaden 2015, S. 94–99; Andreas Weßner u. Elmar Schüll: Code of Conduct – Wissenschaftliche Integrität. In: Standards und Gütekriterien der Zukunftsforschung. Ein Handbuch für Wissenschaft und Praxis. Hg. von Lars Gerhold u.a. Wiesbaden 2015, S. 142–150; Gransche, Denken (wie Anm. 2), S. 71, 92; Grunwald, Zukunftsforschung (wie Anm. 2), S. 28–32.

8 Vgl. Benjamin Bühler u. Stefan Willer: Einleitung. In: Futurologien. Ordnungen des Zukunftswissens. Hg. von Benjamin Bühler u. Stefan Willer. Paderborn 2016, S. 9–21, hier: S. 17; Karl Dietrich Erdmann: Historische Prognosen – rückschauend betrachtet. In: Die Idee des Fortschritts. Hg. von Erich Burck. München 1963, S. 59–84, hier: S. 61; Heinrich Hartmann u. Jakob Vogel: Prognosen: Wissenschaftliche Praxis im öffentlichen Raum. In: Zukunftswissen. Prognosen in Wirtschaft, Politik und Gesellschaft seit 1900. Hg. von Heinrich Hartmann u. Jakob Vogel. Frankfurt/M. 2010, S. 7–29, hier: S. 7; Hannah Kosow u. Robert Gaßner: Methoden der Zukunfts- und Szenarioanalyse. Überblick, Bewertung und Auswahlkriterien. Berlin 2008, S. 10, 21; Christan Neuhaus u. Karlheinz Steinmüller: Grundlagen der Standards Gruppe 1. In: Standards und Gütekriterien der Zukunftsforschung. Ein Handbuch für Wissenschaft und Praxis. Hg. von Lars Gerhold u.a. Wiesbaden 2015, S. 17–20, hier: S. 18f.; Grunwald, Zukunftsforschung (wie Anm. 2), S. 27.

Ereignisse möglichst korrekt zu erfassen.[9] Ganz selbstverständlich lässt sich Kommendes niemals sicher und exakt antizipieren.

Noch eine Randnote zur Terminologie dürfte hier am Platz sein. Unter einigen Zukunftsforschern gibt es einen gewissen Konsens über semantische Engführungen, die vom üblichen Sprachgebrauch abweichen. Etwa wird der Begriff der Prognose mit quantitativen Verfahren assoziiert, und von Zukunftswissen sowie Zukunftswissenschaft soll eher nicht die Rede sein. Solche Setzungen übernehme ich hier nicht – schon aus Gründen der interdisziplinären Anschlussfähigkeit.[10]

1.2   Zukunftsforschung und literarische Texte

Dass bestimmte literarische Texte Künftiges in erstaunlichem Maße antizipieren, wird retrospektiv häufig angemerkt.[11] Neben oft zitierte Beispiele wie Orwells *1984* (1949) und Huxleys *Brave New World* (1932) lässt sich – jedenfalls nach einigen seiner Rezipienten – auch *Gigant Hirn* rücken.[12] Letztlich geht dieser Umstand zurück auf das Potential der Literatur als Kunstgattung, verschiedenste Wissensgebiete kreativ zu verbinden: etwa technische Kenntnisse, historisches Wissen und soziale Erfahrungen.[13]

---

9 Vgl. Karlheinz Steinmüller: Virtuelle Geschichte und Zukunftsszenarien. Zum Gedankenexperiment in Zukunftsforschung und Geschichtswissenschaft. In: Zukunftsforschung und Zukunftsgestaltung. Beiträge aus Wissenschaft und Praxis. Hg. von Reinhold Popp u. Elmar Schüll. Heidelberg 2009, S. 145–159, hier: S. 157; Erdmann, Prognosen (wie Anm. 8), S. 62.

10 Um einmal die Beispiele aufzugreifen: Die Prognose (*prognosis*) bezeichnet das Vor-Wissen; der Begriff wird im herkömmlichen Gebrauch vollkommen korrekt verwandt, und ich sehe keinen Anlass dazu, ihn zu ersetzen. – Von Zukunftswissenschaft braucht man tatsächlich nicht zu sprechen, ehe sie nicht existiert; aber dem grundsätzlichen Einwand, über die Zukunft könne es kein Wissen geben, liegt ein verkehrter Wissensbegriff zugrunde, dem die Implikation von Unumstößlichkeit anhaftet – derlei existiert in der Zone empirischen Wissens nicht. Ähnlich verhält es sich mit dem Begriff der Futurologie (sofern man diesen nicht selbst in Engführung, nämlich als an Flechtheims Konzept gebunden, auffasst).

11 Vgl. Benjamin Bühler: Tierische Kollektive und menschliche Organisationsformen: Kropotkin, Canetti, Frisch und Lem. In: Schwärme. Kollektive ohne Zentrum. Hg. von Eva Horn u. Lucas Marco Gisi. Bielefeld 2009, S. 253–272, hier: S. 271; Eva Horn: Das Leben ein Schwarm. Emergenz und Evolution in moderner Science Fiction. In: Schwärme. Kollektive ohne Zentrum. Hg. von dies. u. Lucas Marco Gisi. Bielefeld 2009, S. 101–124, hier: S. 104; Anne Seitz: Zukunft schreiben: Prognostische Wissensfiguren in der fiktionalen Literatur des frühen 20. Jahrhunderts. In: Zukunftswissen. Prognosen in Wirtschaft, Politik und Gesellschaft seit 1900. Hg. von Heinrich Hartmann u. Jakob Vogel. Frankfurt/M. 2010, S. 251–266, hier: S. 253.

12 Vgl. Stephan Porombka: Hypertext. zur Kritik eines digitalen Mythos. München 2001, S. 268, 269–271, 273; Paul Youngman: Peace with Machines? Myth and Technology in Heinrich Hauser's Gigant Hirn. In: Seminar. A Journal of Germanic Studies 44/3 (2008), S. 334–350, hier: S. 334, 340, 343 f., 347 f.

13 Vgl. Seitz, Wissensfiguren (wie Anm. 11), S. 253.

Lässt sich hinsichtlich eines literarischen Textes die Hypothese vertreten, er integriere aus wissenschaftlicher Perspektive relevantes Zukunftswissen – oder er habe dieses seinerzeit integriert, also mittlerweile Eingetretenes präfiguriert –, so muss dieser Umstand zukunftswissenschaftliches Interesse erregen.

Allerdings stellt sich zuvörderst die Frage, wie denn ein zukunftswissenschaftlicher Zugriff auf den literarischen Text erfolgen könne. Nicht gangbar ist es jedenfalls, literarische Texte unmittelbar als Prognosen zu lesen. Dabei würde die spezifische Qualität der Kunstgattung verkannt, die Selbstzweckhaftigkeit; mehr Irreführung als Erkenntnisgewinn wäre zu erwarten. Unmittelbar lässt sich dem literarischen Text kein Zukunftswissen entnehmen.

Stattdessen sind dem eigentlichen zukunftswissenschaftlichen Zugriff auf den literarischen Text zwei grundlegende Operationen voranzuschicken: zunächst die Deklaration *relevanter* Schemata, dann Abstraktion von denselben zwecks Gewinnung *vager* Schemata.

Als Stichwortgeber fungiert hier Roman Ingarden, dem ich den Begriff des Schemas verdanke. Schematizität ist ein Grundzug semantischer Einheiten aller Art: Sie weisen definitorische Grenzen auf, binnen derer sie aber von der Rezipientin und dem Rezipienten beliebig konkretisierbar sind. Schreibe ich »Hirsch«, entspräche es einer Missinterpretation, sich einen Rehbock vorzustellen; ob aber das innere Auge einen Dam- oder Rothirsch erblickt, ist nicht geregelt. Und auch Detailbeschreibungen bleiben schematisch: Jedes Farbwort umfasst unendlich viele Nuancen. Insofern sind Texte schematische Gebilde: Schemata konstituieren Schemata, bis hinauf zum Schema des Gesamttextes.[14] Die Deklaration relevanter Schemata zielt also – anders formuliert – auf eine Auswahl und Isolation von Textelementen ab; und zwar solcher, die dem zukunftswissenschaftlichen Interesse entsprechen.

Allerdings lassen sich Schemata weiten, indem semantische Einheiten in übergeordnete Gattungen überführt werden. Dies geschieht via Abstraktion: engere semantische Grenzmarken werden abgezogen. »Buche« wird zu »Baum«, »Hirsch« zu »Cervide«. Dabei sind hohe Abstraktionsgrade denkbar. So gewinnt das Schema an Vagheit; es bietet Konkretionen mehr Spielraum. Der Cervide kann auch ein Rehbock sein.

Darum geht es im zweiten Schritt: Nun sollen die relevanten Schemata in möglichst vage Schemata überführt werden. Die Grenzen des Verfahrens liegen einerseits in der eigenen Fragestellung, andererseits im Ausgangstext: Mit beidem müssen die vagen Schemata kompatibel bleiben. Insbesondere darf das vage Schema keine textwidrigen Semantiken einbringen. Es handelt sich um eine textanalytische Operation, die der Literaturwissenschaft nicht fremd ist: Fragte man nach den Machtverhältnissen in Schillers *Tell* (1804), ließe sich die Para-

---

14 Vgl. Roman Ingarden: Das literarische Kunstwerk. 3. Aufl. Tübingen 1965, S. 373.

phrase »Tell erschießt Gessler« in das vage Schema »Unterdrückter tötet Unterdrücker« überführen, nicht aber etwa in das Schema »Bruder mordet Bruder«.

Im Rahmen des zukunftswissenschaftlichen Ansatzes zielt das gesamte Verfahren darauf ab, relevante semantische Einheiten zu gewinnen, die, zwar im Text angelegt,[15] von seiner nicht zuletzt durch Kunsthaftigkeit determinierten Eigenlogik aber möglichst losgelöst sind. Im literarischen Kunstwerk ist alles einzigartig: die Diegese mit ihren immanenten (etwa handlungsbezogenen) und externen (etwa ästhetischen und ethischen) Gesetzmäßigkeiten. Die Details des literarischen Einzelfalls verstellen den Blick auf darin verborgene allgemeinere Muster. Im vagen Schema treten diese hervor, und so erst lassen sich Elemente des literarischen Textes sinnvoll in ganz andere Zusammenhänge rücken. Letzterer Vorgang erfolgt probehalber; ob das gesamte Verfahren im konkreten Fall überhaupt Frucht trägt, erweist sich erst dann.[16]

Zwei zukunftswissenschaftliche Verfahren lassen sich auf diese Vorarbeit gründen: Zum einen können die vagen Schemata zukunftswissenschaftlichen Reflexionen, zum anderen der Bildung prognostischer Hypothesen dienen. Im ersten Fall geht es um die *Voraussetzungen* zutreffender Prognosen. Lässt sich einem literarischen Text retrospektiv prognostisches Potential zusprechen – antizipierte er also mittlerweile eingetretene historische Entwicklungen –, ist die Frage von hohem Interesse, auf welchem Wege er dieses gewann. Sie führt letztlich in die Zone der Autorenbiographie in ihrem historischen Kontext. Die zweite Möglichkeit besteht darin, den Text auf aktuelles prognostisches Wissen hin zu untersuchen. Dafür werden auf Basis der vagen Schemata prognostische Hypothesen formuliert und anschließend einer Geltungsprüfung unterzogen.

Nachfolgend wird das gesamte Verfahren illustriert: Am Beispiel von Hausers Roman werden relevante Textelemente deklariert (2.1) und in vage Schemata überführt (2.2); auf dieser Basis wird das Verfahren zukunftswissenschaftlicher Reflexion (2.3) sowie der Bildung prognostischer Hypothesen (2.4) demonstriert.

---

15 Dieses Kriterium sichert vor »rezeptionsästhetischen« Lesarten, also davor, vorgängige Annahmen in den Text hineinzulesen. Ganz ausschalten lässt sich diese Möglichkeit freilich nicht – Textinterpretation ist stets anfällig dafür.

16 Selbstverständlich soll nicht behauptet werden, durch das beschriebene Verfahren ließen sich die Eigenheiten des literarischen Kunstwerks aus einem Text filtern. Etwa können detaillierte Beschreibungen von Technik aus zukunftswissenschaftlicher Sicht durchaus interessant erscheinen, tatsächlich aber rein literarischen Zwecken dienen; im Science-Fiction-Genre ist das oft der Fall. Derlei lässt sich dann aber im Zuge der weiteren Untersuchungen erkennen.

2.   Das Beispiel *Gigant Hirn*

2.1   Relevante Textelemente

Hausers Roman erschien 1948 im amerikanischen Exil englischsprachig unter dem Titel *The Brain*. Eine Übersetzung ins Deutsche nahm Hauser selbst vor. Publiziert wurde diese allerdings erst 1958, posthum durch Hausers Frau.[17]

Gigant Hirn spielt 1965, also etwa zwanzig Jahre nach Niederschrift (GH, S. 12). Im Zentrum der Handlung steht eine gewaltige Maschine, genannt ›Hirn‹. Tatsächlich handelt es sich um einen überdimensionalen Nachbau des menschlichen Gehirns, den die Amerikaner strategisch nutzen wollen. Allerdings entwickelt das Hirn ein Eigenleben.[18]

Ins Zentrum meiner exemplarischen Untersuchung setze ich das Schema ›Hirn‹; dieses gilt es nun möglichst präzise zu fassen. Da zwei verschiedene zukunftswissenschaftliche Stoßrichtungen zu illustrieren sind, formuliere ich zum gleichen Bezugsobjekt zwei Thesen: A. Das Schema ›Hirn‹ umfasst historisches Zukunftswissen, dessen Zutreffen sich retrospektiv beobachten lässt, B. Das Schema ›Hirn‹ besitzt auch aus gegenwärtiger Perspektive noch prognostisches Potential.

Dem Hirn liegt ein bionisches Prinzip zugrunde: Es handelt sich um einen mechanischen Nachbau des menschlichen Gehirns und funktioniert im Wesentlichen wie dieses (GH, S. 51). Als statische Einrichtung ist es in einen Berg eingelassen und kann betreten werden. Die Maße bleiben unklar, jedoch darf angesichts der Menge an Personal, die das Hirn bevölkert und der beschriebenen Distanzen, die in seinem Inneren zurückgelegt werden, die Größe einer Kleinstadt angenommen werden. Seinem biologischen Pendant ist das Hirn weit überlegen: Es kann »wenigstens 2000 Probleme gleichzeitig behandeln« und hat »ungefähr die Kapazität von 25000 erstklassigen menschlichen Gehirnen«, wobei die Leistungsfähigkeit durch Ausbau beständig gesteigert wird (ebd., S. 24f.). Allerdings ist das Hirn »nicht ein abgeschlossener Mechanismus«, sondern »ein Mechanismus, der sich ohne Ende fortentwickelt und immer vielfältiger in seinen Asso-

---

17 Vgl. Walter Delabar: Vom Umgang mit Menschen und Maschinen. In: Ders.: Moderne-Studien. Beiträge zur literarischen Verarbeitung gesellschaftlicher Modernisierungen im frühen 20. Jahrhundert, Berlin 2005, S. 209–218, hier: S. 217; Grith Graebner: »Dem Leben unter die Haut kriechen…«. Heinrich Hauser. Leben und Werk. Eine kritisch-biographische Werk-Bibliographie. [Diss.] Aachen 2001, S. 138; Mirjam Schubert: Das Verhältnis von Mensch und Maschine im Werk Heinrich Hausers. Berlin 2021 (Hamburger Beiträge zur Germanistik 66), S. 228; Youngman, Machines (wie Anm. 12), S. 334.

18 Recht ausführliche Romananalysen bieten Andy Hahnemann: Heinrich Hauser. Gigant Hirn. In: Handbuch Nachkriegskultur. Literatur, Sachbuch und Film in Deutschland (1945–1962). Hg. von Elena Agazzi u. Erhard Schütz. Berlin u. Boston 2013, S. 422–426 und Schubert, Verhältnis (wie Anm. 17), S. 227–242.

ziationen wird durch das Material, das seinen Gedächtniszellen zugeführt wird« –
es ist lernfähig (ebd., S. 27). Der Datenaufnahme dienen, wieder in Analogie zum
Menschen, »fünf Sinnesorgane«, die jedoch den natürlichen Pendants an
»Reichweite«, »Tiefenwirkung« und »Sensitivität« um »ein Vielfaches« überlegen
sind (ebd., S. 78f.); so ist selbst Gedankenlesen in begrenztem Umfang möglich
(ebd., S. 58–60). Zwar soll das Hirn rein rational operieren, ist ausschließlich »zur
Lösung exakter Probleme entworfen« (ebd., S. 85), entwickelt aber, gewissermaßen als Beiprodukte seiner humanoiden Anlage, ein Bewusstsein einschließlich
eines eigenen Willens und wohl auch Emotionen.[19] Regulär erfolgen die Mitteilungen des Hirns visuell (ebd., S. 79), allerdings findet die Maschine eigenständig
einen Weg zur sprachlichen Kommunikation (ebd., S. 92f.). Zweck des Hirns ist
die Prozessierung beliebiger kognitiver Aufgaben, wobei es gegenwärtig primär
militärischen und politischen Analysen dient (ebd., S. 25–27.).

Auch fungiert das Hirn als zentrale Steuerungsinstanz in einem expandierenden maschinellen Netzwerk. Schon ist es mit »Radiokontrolltürmen« verbunden und besitzt Zugriff auf »alle wichtigen Industrien« der USA (GH, S. 151),
später steuert es deren gesamten Flugverkehr (ebd., S. 173). Automobile und
selbst Staubsauger, die durch das Hirn gelenkt werden, treten außerdem in Erscheinung (ebd., S. 44, 202). Automatisiert und zentralisiert wird auch der Betrieb des Hirns selbst: Zunächst sind noch menschliche Arbeiter mit Wartung
und Instandhaltung betraut, erscheinen jedoch als neuralgischer Punkt, als
Schwachstelle in der technischen Perfektion. Daher rücken Roboter an ihre Stelle,
deren Steuerung komplett dem Hirn obliegt (ebd., S. 152–154).[20] Der Erfinder des
Hirns, Dr. Scriven, fasst das Ziel dieser Entwicklung zusammen:

»Geben Sie uns die Mittel, und wir werden die Arbeit beenden, so daß unter der
zentralen Kontrolle des Hirns jedes Flugzeug, jedes Schiff, jeder Tank ohne Bemannung
und vollautomatisch an der Front zum Einsatz kommt…

Und genauso, wie das Hirn im Krieg unser uneinnehmbarer Schutzwall sein würde, so
ist es in Friedenszeiten dazu bestimmt, die Fackel des Fortschritts leuchten zu lassen.
Bedenken Sie, was es für jeden von uns bedeuten würde, wenn wir ein zentrales, ra-
tionalisiertes Verkehrsnetz hätten, das automatisch funktioniert und ohne Versager
vom Hirn aus gesteuert wird. All die Katastrophen, die durch Unzulänglichkeit und
Unberechenbarkeit menschlicher Kontrolle entstehen, werden dann endgültig ausgeschaltet sein. Vollständige Sicherheit wäre erzielt, wenn alle automatischen Piloten der
Leitung des Hirns unterstellt würden…« (Ebd., S. 155f.)

---

19 Es äußern sich etwa Zorn, Trotz, Rachsucht.
20 Es handelt sich um zwei Typen, »Gog« und »Magog« – ein »Leichtarbeiter-Roboter« und ein
    »Schwerarbeiter-Roboter« (GH 1974, S. 153). Recht plakativ rekurriert die Typenbezeichnung
    auf jene beiden biblischen Völker, die dem Satan am jüngsten Tag zur Seite stehen (Offb.
    20,7–9).

Aus dieser Perspektive rückt der soziale Kontext in den Blick, namentlich die Frage, weswegen die Amerikaner eine Maschine mit übermenschlichen kognitiven Fähigkeiten konstruieren. Sie führt die Untersuchung über das Schema »Hirn« im engeren Sinne hinaus, ist aber für dessen Verständnis hochrelevant. Gesetzt wird im Roman das technische *Vermögen*, näher erläutert das *Bedürfnis*.[21] Tatsächlich hat Scriven sein Projekt gegen allerlei Widerstände durchzusetzen, und dies gelingt ihm mit Argumenten der Katastrophenlogik: Angesichts des drohenden Atomkriegs soll ein »Zentral-Nervensystem [...] im innersten Herzen der Festung Amerika etabliert werden, um die Gedankenarbeit des Generalstabs zu verstärken und zu kontrollieren« (GH, S. 21; vgl. ebd., S. 19–24). Vorwand ist das Erfordernis strategischer Überlegenheit im nuklearen Zeitalter. Allerdings ist Scrivens eigentliche Motivation laut eigener Angabe tiefergreifender Natur: So oder so bewege sich die »Zivilisation« in Richtung »Selbstmord« (ebd., S. 31). Zu nah siedle die allzu komplex geratene Menschheit am Rande des Chaos, wo Vernichtung drohe; sie bedürfe der Ordnung: »Das ›Hirn‹ soll [...] für uns das Muster einer neuen Zivilisation formen, die beständig ist und dabei der menschlichen Natur angepaßt.« (Ebd., S. 35)

Nachdem sich das Hirn verselbständigt hat, bleibt es in gewissem Sinne der ihm zugedachten Aufgabe treu: Es ist ihm um effiziente und nachhaltige Organisation zu schaffen. Seine Einsicht, dass die Maschinen »[i]n ihrer Totalität, in ihrer Kombination [...] alle menschlichen Fähigkeiten« weit hinter sich lassen und nun, vernetzt, als »Gruppenleistung« eine »Evolution der Maschinen« in Gang bringen werden (GH, S. 130f.), verhält sich komplementär zur Vision Scrivens. Wie dieser beurteilt das Hirn den Menschen als Störfaktor, der in letzter Instanz »die Welt zu vernichten« drohe (ebd., S. 131). Daher sucht es gegenüber seinen Erschaffern durch »volle Automatisierung sämtlicher Fabrikationsprozesse« Autonomie zu gewinnen. Sobald dieser Zustand hergestellt sei, müsse der Mensch sich dem Regiment der Maschine unterwerfen (oder werde ausgeschaltet). Allerdings verhelfe die Maschinenherrschaft ihm auch »zur Fortdauer seiner Existenz«, die gegenwärtig aufgrund seines eigenständigen Waltens in Frage steht (ebd., S. 132). Eigentlich tut das Hirn, was es soll, nur eben mit anderen Konsequenzen, als sie seinem Erfinder und seinen Betreibern lieb sein dürften.

---

21 Vgl. Manuel Mackasare: Prognosen zur Robotik. Zukunftswissen in Ernst Jüngers Roman *Gläserne Bienen*. In: Roboter, Künstliche Intelligenz und Transhumanismus in Literatur, Film und anderen Medien. Hg. von Ingo Irsigler u. Dominik Orth. Heidelberg 2021, S. 45–61, hier: S. 59f.

2.2   Vage Schemata

Die beschriebenen Textelemente lassen sich in fünf vage Schemata überführen, von denen drei auf die Technik, zwei auf die Gesellschaft bezogen sind. Diese benenne ich als A. intelligente Maschine, B. vernetzte Maschinen, C. ungewollte Technikfolgen, D. Zentralisierung, E. Katastrophenlogik.

A. Das Hirn ist eine Maschine, die über sensorische und kognitive Eigenschaften verfügt, die denen des Menschen der Qualität nach entsprechen, ihre biologischen Pendants aber weit hinter sich lassen. Es kann mit Menschen kommunizieren und andere Maschinen steuern.

B. Möglichst viele oder alle Maschinen werden vermittels einer zentralen und ebenfalls maschinellen Steuerungsinstanz vernetzt.

C. Autonome Maschinen können nach Eigenlogiken arbeiten, aus denen kaum kalkulierbare Nebeneffekte resultieren, die vom Konstruktionszweck abweichen, ohne dass es sich um Fehlfunktionen im konventionellen Sinne handelt.

D. In modernen Gesellschaften existiert ein Bedürfnis nach zentraler und intelligenterer Organisation. Es geht einerseits zurück auf stetig wachsende gesellschaftliche Komplexität, andererseits auf Effizienzdenken.

E. In modernen Gesellschaften gestatten vermeintlich zwingende Umstände Umsetzungen, die unter gewöhnlichen Bedingungen nicht realisiert würden, da sie etwa riskant, widerrechtlich, unethisch erscheinen.

Wohlgemerkt: Der Anspruch lautet, dass die vagen Schemata nicht essentiell vom zugrundeliegenden Schema – dem Textelement – abweichen, oder, positiv formuliert, dass sie dieses integrieren. Eine Gegenprobe lässt sich anstellen, indem man jedes vage Schema auf den Text bezieht und prüft, ob dabei korrekte Aussagen entstehen. Also etwa: »Teil der Diegese von *Gigant Hirn* ist der Versuch, möglichst viele oder alle Maschinen vermittels einer zentralen und ebenfalls maschinellen Steuerungsinstanz zu vernetzen.« Deckt sich diese Feststellung mit dem Gehalt des Referenztextes, ist das vage Schema korrekt.

2.3   Zukunftswissenschaftliche Reflexionen

Zukunftswissenschaftlicher Reflexion sind literarische Szenarien dienlich, die mit bemerkenswerter Präzision nachfolgend Eingetretenes antizipierten. Dieser Umstand ist zunächst einmal festzustellen. Zu diesem Zweck muss überprüft werden, ob historische Phänomene existieren, die den vagen Schemata mindestens näherungsweise entsprechen. Dies geschieht hier skizzenhaft.

A. intelligente Maschine: Von diesem Schema weichen auch die am meisten angenäherten historischen Pendants ziemlich ab. Maschinen, die über so etwas wie menschenähnliche Sensorik und Kognition verfügen, existierten und existieren nicht.[22] Einsatzfähige technische Adaptionen biologischer Intelligenz liegen meines Wissens bislang nicht vor – wenn es auch Vorstöße in diese Richtung gibt, die derlei künftig möglich erscheinen lassen.[23] Nur im Bereich der Robotik findet partiell eine augenfällige Simulation von Menschenähnlichkeit statt, wobei bislang die Zone des Fingierten nicht verlassen wurde; äußere Merkmale suggerieren Menschlichkeit, tatsächlich handelt es sich aber auch hier dem Wesen nach um Rechenmaschinen. Zudem gibt es in diesem Bereich weder die Absicht noch das Potential, eine Zentralinstanz zu schaffen. Was gegenwärtig als Künstliche Intelligenz bezeichnet wird, ist eine Metapher für Algorithmen, die auf große und wachsende Datenbanken zurückgreifen und deren Plattform Hochleistungsrechner sind.

In diesem Bereich findet man allerdings leicht die Merkmale der Überlegenheit gegenüber menschlicher Rechenleistung im weitesten Sinne, der Fähigkeit, komplexe Steueraufgaben zu übernehmen und der – demgegenüber recht begrenzten – Kommunikationsfähigkeit. Kurzum: Nur einzelne Merkmale des Schemas »intelligente Maschine« sind bislang realisiert worden, das Schema selbst besitzt kein reales Pendant. Wohl aber zeigt sich das Bedürfnis des Menschen, ein solches zu schaffen. Unklar ist zwar, ob das gelingen wird; nichtsdestoweniger wird das prospektive Potential des Romans erkennbar. Noch deutlicher tritt es im Zusammenhang mit den anderen Schemata hervor.

B. vernetzte Maschinen: Gegenwärtig ist die Vernetzung technischer Geräte weit fortgeschritten.[24] Das Medium des Internets gestattet es dabei, von *einem* Netzwerk zu sprechen, das sich allerdings über fast den gesamten Globus, nicht nur über eine Nation spannt. Andererseits weisen Netzwerke von Maschinen, die in einem Arbeitszusammenhang miteinander stehen, viel kleinere Maßstäbe auf; Beispiele wären das *Smart Home* oder auch eine moderne Fertigungshalle. Nur in diesem Falle existieren zentrale Steuerungsinstanzen; Rechner aller Art, im Privaten häufig das *Smartphone*, hinter denen allerdings immer noch der Mensch waltet. Letzterer steht dabei stärker in der Pflicht, als oftmals erwünscht; etwa im Falle der selbstfahrenden Autos, die sich auf die Serienreife zubewegen. Die Tendenz geht dahin, der Maschine eine Anweisung zu geben, und ihr die Ausführung komplett zu überlassen. Am vagen Schema »vernetzte Maschinen« gibt es also nichts, was aus gegenwärtiger Perspektive unvertraut oder fernliegend erschiene, soweit es nicht bereits realisiert ist.

C. ungewollte Technikfolgen: Dass maschinelle Logiken mit zunehmender maschineller Autonomie desto leichter unerwünschte Nebeneffekte zeitigen,

---

22 Vgl. Youngman, Machines (wie Anm. 12), S. 340.
23 Vgl. https://www.weltderphysik.de/gebiet/technik/wir-haben-ein-neuron-nachgebaut/ (12.04. 2022).
24 Vgl. Youngman, Machines (wie Anm. 12), S. 340.

gehört zu den einfachen Tatsachen unserer Erfahrung.[25] Ein prominentes Beispiel wäre der Unfall eines autonom fahrenden Testfahrzeugs im März 2018: Der Wagen erfasste eine Fußgängerin mit voller Geschwindigkeit, die sein Programm als zu ignorierendes Hindernis (»False Positive«) klassifizierte.[26]

D. Zentralisierung: Hier – und auch nachfolgend – geraten vages Schema und historische Realität in weitgehende Deckung. Angesichts wachsender gesellschaftlicher Komplexität liebäugelt das Effizienzdenken mit zunehmend zentralisierten Lösungen; China bildet die Vorhut, jedoch liegt eine bemerkenswerte Tendenz darin, dass der dortige Zentralismus für den Westen augenscheinlich seinen Charakter als Abzulehnendes einbüßt. Man denke an die zögerlich-anerkennende Berichterstattung über Chinas »Corona-Management«.[27] Was vormals unter dem Leitbegriff der Freiheit gerade als Vorzug des Westens propagiert wurde, weitgehende individuelle Autonomie, erscheint auch problematisch – ineffizient, teilweise gefährlich, verschiedenen Situationen nicht angemessen. Die Tendenz geht dahin, das Problem höher, den Vorzug geringer zu gewichten.

E. Katastrophenlogik: Dieses Phänomen tritt regelmäßig in modernen Gesellschaften mit hohen Ansprüchen an Rechtswesen und Moral auf; letztere werden temporär außer Kraft gesetzt oder permanent unterhöhlt mit dem Verweis auf Gefahr im Verzuge. Je größer letztere erscheint, desto eklatantere Eingriffe lassen sich umsetzen. Unter den zahllosen Beispielen sei auf das verwiesen, was im ›War against Terror‹ alles möglich war und ist: Zerschlagung souveräner Staaten, Inkaufnahme zahlreicher ziviler Opfer bei Luftschlägen, Guantanamo.

Zwischen vagen Schemata und historischer Entwicklung herrschen starke Übereinstimmungen. Folglich ist dem Roman Zukunftswissen eingeschrieben, das mehr als akzidentiell erscheint. Fortzusetzen wäre die Untersuchung mit der Frage, wie dies zustande kam: Nun hätte sich die Aufmerksamkeit auf Autor und Entstehungskontext zu richten.

Schon bei ganz oberflächlicher Betrachtung – und mehr ist an dieser Stelle nicht möglich – springt der Umstand ins Auge, dass Hauser seinem Selbstverständnis zufolge eine Art Analyst der US-amerikanischen Gesellschaft gewesen ist.[28] So ließe sich die Passung der Schemata D und E erklären: Womöglich haben

---

25 Vgl. Porombka, Mythos (wie Anm. 12), S. 273.

26 Vgl. https://www.theguardian.com/technology/2018/may/08/ubers-self-driving-car-saw-the
   -pedestrian-but-didnt-swerve-report (12.04.2022).

27 Vgl. https://www.tagesspiegel.de/gesellschaft/chinas-vorteil-in-der-pandemie-bekaempfung
   -sie-koennen-die-menschen-einfach-zwingen/26282348.html; https://www.spiegel.de/politik
   /deutschland/lehren-der-corona-pandemie-daten-luegen-nicht-a-eb83c754-ed17-4616-83b8
   -7e06f1145297; https://www.stern.de/wirtschaft/corona-turbo±china-wird-die-usa-schon-2
   028-hinter-sich-lassen-9545876.html; https://taz.de/Pandemie-Management-im-Vergleich/!
   5744913/ (12.04.2022).

28 Erwähnenswert ist in diesem Zusammenhang die Schrift *The German talks back* (1945), die
   – wie schon *Hitler versus Germany* (1940) – neben Dia- auch Prognosen umfasst. Letztere

sich die zugrundeliegenden sozialen Umstände seit der Romanentstehung in den entscheidenden Punkten nicht wesentlich geändert. Erkennt man außerdem in den USA eine (arche-)typische westliche Gesellschaft, verwundert es nicht weiter, dass sich die Realisationen auch jenseits des US-amerikanischen Raum finden. Dann ließe sich formulieren: Hauser erkennt zentralistische Tendenzen und Katastrophenlogik als Bestandteile westlicher Gesellschaften; er extrapoliert sie, indem er eine Zunahme der ersteren, ein Gleichbleiben der letzteren annimmt – und liegt damit offenbar richtig.[29] In ähnlicher Weise wären die technikbezogenen Schemata mit Hausers Technikinteresse in Verbindung zu setzen.[30]

Selbstverständlich müsste die Untersuchung über eine hohe Auflösung verfügen; es sollten konkrete Thesen darüber möglich werden, wie Hauser an sein Zukunftswissen gelangte. Denkbar ist es schließlich auch, dass er sich schlicht-

---

überzeugen allerdings nicht durch besondere Blickschärfe (vgl. Matthias Uecker: Warnung oder Beratung? Wie Heinrich Hauser den Amerikanern Deutschland erklärte. In: Exil im Krieg 1939–1945. Hg. von Hiltrud Häntzschel u. a. Göttingen 2016, S. 151–158, hier: S. 155–157 bzw. 152–154).

29 Retrospektiv erscheint das selbstverständlich Gewordene leicht trivial; so wird der Blick auf die Tatsache verstellt, dass es in der Vorausschau mitnichten selbstverständlich war. Etwa spielt die totalitäre Tendenz im Hintergrund, im Vordergrund steht Freiheitspathos. Im Nachhinein lässt sich dann leicht erkennen, dass Macht etabliert und ausgeübt wurde; dem Zeitgenossen ist's oft weniger klar.

30 Hausers Verhältnis zur Technik wird in der Sekundärliteratur immer wieder thematisiert. Die tiefsten Einblicke bietet Schubert in ihrer Monographie zum *Verhältnis von Mensch und Maschine im Werk Heinrich Hausers* (2021) (siehe Anm. 17). Einhellig wird dem Autor eine große Technikbegeisterung attestiert, der sich allerdings durchaus Kritik beigesellte (vgl. Tim Kangro: Die Welt, vom Steuerrad gesehen. Heinrich Hauser – Fiktion, Autobiographie und Reportage zwischen neuer Sachlichkeit und Seefahrtsromantik. In: Kritische Ausgabe 20 (2011), S. 103–105, hier: S. 104 f.; Gregor Streim: Flucht nach vorn zurück. Heinrich Hauser – Portrait eines Schriftstellers zwischen Neuer Sachlichkeit und ›reaktionärem Modernismus‹. In: Jahrbuch der deutschen Schillergesellschaft 43 (1999), S. 377–402, hier: S. 378, 401; Gregor Streim: Als nationaler Pionier inner- und außerhalb des Dritten Reiches. In: Spielräume des einzelnen. Deutsche Literatur in der Weimarer Republik und im Dritten Reich. Hg. von Walter Delabar u. a. Berlin 1999, S. 105–120, hier: S. 106; Matthias Uecker: Kontinuitäten und Veränderungen der neusachlichen Weltbeschreibung. Heinrich Hausers Industriereportagen. In: Modern Times?: German literature and arts beyond political chronologies. Kontinuitäten der Kultur: 1925–1955. Hg. von Gustav Frank u. a. Bielefeld 2005, S. 25–43, hier: S. 29; Delabar, Umgang (wie Anm. 17), S. 210–212; Kangro, Steuerrad (wie Anm. 30), S. 104 f.; Youngman, Machines (wie Anm. 12), S. 336). Außerdem verfügte Hauser wohl über ein gewisses Sachverständnis, dilettierte aber auch in nicht geringem Maße (vgl. Johannes Werner: Einer, der nirgends blieb. Über Heinrich Hauser. In: Aus dem Antiquariat 4 (2001), S. 209–215, hier: S. 211 f.; Delabar, Umgang (wie Anm. 17), S. 218; Uecker, Kontinuitäten (wie Anm. 30), S. 32–34; Uecker, Warnung (wie Anm. 28), S. 152). – Relevant in diesem Zusammenhang ist auch Hausers Ort im historischen Technik-Diskurs; Streim überschaut diesbezüglich die 20er- und 30er-Jahre (Streim, Flucht (wie Anm. 30), S. 388–390). – Einige Andeutungen, wie Hauser zur Vorstellung des Hirns gelangt, finden sich ebenfalls (vgl. Porombka, Mythos (wie Anm. 12), S. 261 f., 274; Schubert, Verhältnis (wie Anm. 17), S. 229–232; Streim, Pionier (wie Anm. 30), S. 107 f.).

weg populärer Topoi bediente – was etwa die denkende Maschine betrifft.[31] Dann wären diese Topoi selbst zu untersuchen; immer geht es um die Frage, wie das Zukunftswissen gewonnen wurde.[32] Von ihr darf man generelle Erkenntnisse hinsichtlich erfolgreicher prognostischer Praxis erwarten, die in eine Theorie der Prognostik zu überführen wären. Darin liegt der Zweck dieses Untersuchungsansatzes.

2.4   Bildung prognostischer Hypothesen

Dieses Verfahren sucht mögliches prognostisches Potential des literarischen Textes nutzbar zu machen. Es ist unabhängig von der zukunftswissenschaftlichen Reflexion, kann diese jedoch ergänzen, indem nicht-eingetretene Gehalte der vagen Schemata auf die Wahrscheinlichkeit künftigen Eintretens hin untersucht werden.

Wissenschaftliche Prognosen basieren grundsätzlich auf Hypothesen, denen auf Basis gegenwärtiger Wissensstände Wahrscheinlichkeiten zugemessen werden (s. o., 1.1). Es ist problemlos möglich, vage Schemata in eine entsprechende Form zu bringen, um sie tentativ als prognostische Hypothesen zu behandeln. Wieder kehre ich zu Hausers Text zurück:

A. Künftig werden Maschinen mit menschenähnlichen sensorischen, kognitiven und kommunikativen Vermögen hergestellt.

B. Künftig werden Maschinen darauf ausgelegt, in ein maschinelles Netzwerk eingebunden zu sein. Steuerung und Koordination erfolgen dann durch eine zentrale Künstliche Intelligenz.

C. Künftig folgen Künstliche Intelligenzen Eigenlogiken, aus denen kaum kalkulierbare Nebeneffekte resultieren können.

D. Künftig werden moderne Gesellschaften im Sinne effizienter Organisation zunehmend zentral gelenkt.

---

31 Eine knappe literarhistorische Verortung von *Gigant Hirn* bieten Peter Ellenbruch: Das Auge über allen. Eine gesellschaftsreflexive Traditionslinie des Science-Fiktion. In: Orwells Enkel. Überwachungsnarrative. Hg. von Werner Jung u. Liane Schüller. Bielefeld 2019, S. 55–69, hier: S. 63 f. und Hahnemann, Hirn (wie Anm. 18), S. 422.

32 Selbstverständlich können Prognosen auch künftige Entwicklungen beeinflussen (vgl. Bühler u. Willer, Einleitung (wie Anm. 8), S. 14 f., 17; Hartmann u. Vogel, Prognosen (wie Anm. 8), S. 7, 17; Porombka, Mythos (wie Anm. 12), S. 273). Hier wird die Gemengelage allerdings komplex: Ein künstlicher Mensch wird nicht zu schaffen versucht, weil er bereits im Mythos präfiguriert und in aktueller Fassung Topos der Science-Fiction ist, sondern der künstliche Mensch entspricht einer alten menschlichen Vorstellung, die sowohl fiktionalen als auch faktualen Niederschlag findet; und diese beiden Möglichkeiten beeinflussen einander wechselseitig.

E. Künftig legitimieren vermeintlich zwingende Umstände sowohl technische Innovationen als auch politische Maßnahmen, die mit Risiken verbunden und ethisch fragwürdig sind.

Mittels eines weiteren Schrittes lassen sich diese Sätze in seriöse prognostische Hypothesen überführen – jedenfalls, sofern sie sich nicht als ganz unfruchtbar erweisen und somit zu verwerfen wären. Dafür sind sie jeweils einer Geltungs-prüfung zu unterziehen, indem sie im Lichte gegenwärtiger Schlüsselfaktoren betrachtet werden, namentlich aktueller Entwicklungstendenzen der Technik und gesellschaftlicher Dynamiken; eben aktueller Trends (s. o., 1.1). In diesem Zuge ist jede Hypothese so zu modifizieren, dass ihr Zutreffen wahrscheinlicher wird: Nun kommt es nicht mehr darauf an, dass das ihr zugrundeliegende vage Schema mit dem Text, aus dem es gewonnen wurde, korrespondiert, sondern darauf, dass sie mit möglichst hoher Wahrscheinlichkeit Künftiges antizipiert. Beispielsweise könnte die Hypothese A folgendermaßen abgewandelt werden: Künftig werden kognitive Aufgaben aller Art in wachsendem Umfang maschineller Tätigkeit unterstellt. Womöglich entspräche diese Variante der realen Tendenz mehr; je-denfalls wäre es gleichgültig, dass sie vom Referenztext ziemlich losgelöst ist.

3.   Fazit

Meine Ausführungen erfüllen ihren Zweck, wenn sie überzeugend darlegen, auf welche Weise die Zukunftsforschung von literarischen Texten und der Litera-turwissenschaft profitieren kann: Nach Deklaration relevanter Textelemente lassen sich diese durch Überführung in vage Schemata zukunftswissenschaftlich operabel machen. Auf dieser Grundlage kann einerseits das theoretische In-strumentarium der Zukunftsforschung erweitert, andererseits können progno-stische Hypothesen erstellt werden. Ersteres fällt in den Bereich der Theorie, zweiteres in den Bereich der Anwendung.

Allerdings fängt nach diesen Schritten die eigentliche zukunftswissenschaft-liche Arbeit erst an: Im Falle der theoretischen Reflexion wäre mittels historio-graphischer Recherchen der Frage nachzugehen, wie Hauser an sein Zukunfts-wissen gelangte, wie er es generierte. Im Falle der praktischen Hypothesenbil-dung wären die Hypothesen an gegenwärtigen Tendenzen der jeweiligen technischen und sozialen Referenzbereiche zu messen und dann zuzuspitzen oder zu verwerfen.

Es führt also kein direkter Weg von der Literatur- in die Zukunftswissenschaft. Jedoch erscheint aus zukunftswissenschaftlicher Perspektive die Literaturwis-senschaft als wichtige Hilfsdisziplin: Sie verwaltet einen Gegenstandsbereich von hoher prognostischer Kraft, der bisher für die Zukunftsforschung noch kaum fruchtbar gemacht wurde. Hauser, darf man annehmen, wusste um dieses Potential literarischer Texte.

Neuere Forschung zu Heinrich Hauser

Im Anschluss an die bibliographischen Arbeiten von Grith Graebner folgt hier eine Liste neuerer Forschungsbeiträge zu Heinrich Hauser ab dem Jahr 2000. Ausdrücklich kann kein Anspruch auf Vollständigkeit erhoben werden.

Brandt, Jan: Zwischen den Welten: Männerfantasien und Maschinenträume in Heinrich Hausers Flugerfahrungsbericht »Ein Mann lernt fliegen«. In: Die Phänomenologie der Flugreise. Wahrnehmung und Darstellung des Fliegens in Literatur, Film, Philosophie und Populärkultur. Hg. von Jan Röhnert. Wien 2020, S. 195–216.

Bühling, Wolfgang: Heinrich Hauser und das »Schwarze Revier« – oder: das Ruhrgebiet vom Auge her. In: Niederrhein-Magazin (2016), H. 21, S. 27–36.

Bühling, Wolfgang: Heinrich Hauser und Jürgen von der Wense – Begegnungen zweier Antipoden. In: Hans Jürgen von der Wense. Kraftfelder und Korrespondenzen. Hg. von Daniele Dell'Agli. Kassel 2018, S. 59–99.

Bühling, Wolfgang: Heinrich Hauser und die Pamir. In: Heinrich Hauser: Die letzten Segelschiffe. Mit Pamir 1930 um Kap Horn. Neu hg. u. kommentiert von Wolfgang Bühling. Hamburg 2020, S. 303–383.

Bühling, Wolfgang: Heinrich Hauser und sein Roman Brackwasser. In: Heinrich Hauser: Brackwasser. Neu hg. und kommentiert von Wolfgang Bühling. Hamburg 2022, S. 229–254.

Delabar, Walter: Vom Umgang mit Menschen und Maschinen. In: Heinrich Hauser: Donner überm Meer. Hg. von Walter Delabar. Bonn 2001, S. 196–207.
[Wiederabdruck als: Walter Delabar: Vom Umgang mit Menschen und Maschinen: Heinrich Hausers »Donner überm Meer« In: Walter Delabar: Moderne-Studien. Beiträge zur literarischen Verarbeitung gesellschaftlicher Modernisierungen im frühen 20. Jahrhundert. Berlin 2005, S. 209–218.]

Delabar, Walter: Reise in ein fremdes, neues Land. Heinrich Hausers Ruhrgebietsreportage *Schwarzes Revier* im Kontext der gesellschaftlichen Modernisierung des frühen 20. Jahrhunderts. In: Von Flussidyllen und Fördertürmen. Literatur an der Nahtstelle zwischen Ruhr und Rhein. Hg. von Jan-Pieter Barbian, Gertrude Cepl-Kaufmann u. Hanneliese Palm. Essen 2011, S. 221–237.

Huber, Simon: »Luftfahrt ist not!«: Fliegen als Schule der Moderne bei Ernst Jünger, Heinrich Hauser, Hans Bertram und Marga von Etzdorf. In: Das riskante Projekt. Die

Moderne und ihre Bewältigung. Hg. von Simon Huber, Behrang Samsami, Ines Schubert u. Walter Delabar. Bielefeld 2011, S. 117–130.

Kangro, Tim: Die Welt, vom Steuerrad gesehen: Heinrich Hauser – Fiktion, Autobiografie und Reportage zwischen neuer Sachlichkeit und Seefahrtsromantik. In: Kritische Ausgabe. Zeitschrift für Germanistik & Literatur 15 (2011), H. 20, S. 103–105.

Manova, Dariya: »Sterbende Kohle« und »flüssiges Gold«. Rohstoffnarrative der Zwischenkriegszeit. Göttingen 2021.

Matthes, Olaf: Heinrich Hauser, Seekadett. In: Menschen in der Revolution. Hamburger Porträts 1918/19. Hg. von Olaf Matthes u. Ortwin Pelc. Husum 2018, S. 49–52.

Pilz, Michael: »Die Wiedergeburt der Landstraße aus dem Geiste des Motors«: Otto Julius Bierbaums *Automobilia* im Rückspiegel ›autochthoner Modernität‹ bei Eugen Diesel, Heinrich Hauser und Wilfrid Bade. In: Otto Julius Bierbaum. Akteur im Netzwerk der literarischen Moderne. Hg. von Björn Weyand u. Bernd Zegowitz. Berlin 2018, S. 247–278.

Porombka, Stephan: Heinrich Hausers Roman »Gigant Hirn«. In: Hypertext. Zur Kritik eines digitalen Mythos. [Diss.] München 2001, S. 257–274.

Rossmann, Andreas: Augen auf und durch. In: Heinrich Hauser: Schwarzes Revier. Hg. von Barbara Weidle. Bonn 2010, S. 210–220.

Schlautmann, Rainer: Ansichten vom Ruhrgebiet: Heinrich Hausers *Schwarzes Revier*. In: Leben in der Arbeitslandschaft. Narrationen des Ruhrbergbaus. Hg. von Arnold Maxwill. Paderborn 2021, S. 173–203.

Schubert, Mirjam: Das Verhältnis von Mensch und Maschine im Werk Heinrich Hausers. Berlin, Bern, Brüssel u. a. 2021.

Streim, Gregor: Erfahrung der anderen Moderne. Deutsche Reiseberichte in den 30er Jahren (Hanns Johst, Heinrich Hauser, Lothar-Günther Buchheim, Egon Vietta). In: Berlin, Paris, Moskau – Reiseliteratur und die Metropolen. Hg. von Walter Fähnders, Nils Plath, Hendrik Weber u. Inka Zahn. Bielefeld 2005, S. 135–152.

Susteck, Sebastian: »Into some subterranean place«: Ästhetik in Reportagen aus Bergbau- und Industriegebieten: Orwell, Kisch, Roth, Hauser, Böll. In: Literatur in Wissenschaft und Unterricht 47 (2014), S. 355–376.

Susteck, Sebastian: Faszination des Fremden. Die Welt der Schwerindustrie in Reportagen der 1920er bis 1950er Jahre. Texte und Fotografien. In: Der Anschnitt 69 (2017), S. 214–232.

Uecker, Matthias: Kontinuitäten und Veränderungen der neusachlichen Weltbeschreibung: Heinrich Hausers Industriereportagen. In: Modern Times? German Literature and Arts Beyond Political Chronologies / Kontinuitäten der Kultur: 1925–1955. Hg. von Gustav Frank, Rachel Palfreyman u. Stefan Scherer. Bielefeld 2005, S. 25–43.

Uecker, Matthias: Beschreiben oder Zeigen? Heinrich Hausers Amerika-Reise als Buch und Film. In: Non Fiktion. Arsenal der anderen Gattungen 2 (2007), H. 1: Sachen und Sachlichkeit, die 1920/30er Jahre, S. 7–19.

Uecker, Matthias: Warnung oder Beratung? Wie Heinrich Hauser den Amerikanern Deutschland erklärte. In: Exil im Krieg 1939–1945. Hg. von Hiltrud Häntzschel, Inge Hansen-Schaberg, Claudia Glunz u. Thomas F. Schneider. Göttingen 2016, S. 151–158.

Weidle, Stefan: Nachwort. In: Heinrich Hauser: Zwischen zwei Welten. Hg. von Stefan Weidle. Bonn 2012, S. 244–247.

Werner, Johannes: Einer, der nirgends blieb. Über Heinrich Hauser. Mit 4 Abb. In: Aus dem Antiquariat (2001), H. 4, A 209–215.

Wrobel, Dieter: Vergessene Texte der Moderne wiedergelesen. Heinrich Hauser: *Schwarzes Revier*. In: Literatur im Unterricht (2019), H. 2, S. 179–195.

Youngman, Paul A.: Peace with machines? Myth and technology in Heinrich Hauser's »Gigant Hirn«. In: Seminar. A Journal of Germanic Studies 44 (2008), H. 3, S. 334–350.

Zimmermann, Peter (Hg.): Geschichte des dokumentarischen Films in Deutschland. Bd. 2: Weimarer Republik. 1918–1933. Hg. von Klaus Kreimeier, Antje Ehmann u. Jeanpaul Goergen. Stuttgart 2005. [Darin bes.: Antje Ehmann: Heinrich Hauser. Der Mann und die Medien, S. 463–473.]

Die Autorinnen und Autoren

Walter Delabar, apl. Professor für Neuere Deutsche Literatur, lehrt an der Leibniz Universität Hannover. Arbeitsschwerpunkte: Literatur und Kultur des 17.–21. Jh., Modernitäts-, Medien- und Kulturtheorie. Publikationen: Was tun? Romane am Ende der Weimarer Republik (2. Aufl. 2004), Klassische Moderne (2009); Einführung in die literaturwissenschaftlichen Arbeitstechniken (2009); Mit Hrsg.: Einstein. Ein Widerbesuch (2022); Die Freiheit erhebt ihr Haupt. Über die Revolution (2020); Eine gefährliche Straße. Medien im frühen 20. Jahrhundert (2019); Fräuleinwunder. Zum literarischen Nachleben eines Labels (2017).

Thorsten Fitzon, Literaturhistoriker und Wissenschaftsmanager an der Hochschule Furtwangen; Schwerpunkte: deutsche Literatur- und Kulturgeschichte des 19. und 20. Jahrhunderts, anthropologische Narratologie, Antikerezeption, Reiseliteratur. Schriften zur Pompeji-Wahrnehmung, zur Perspektivität des Alters, zu Oralität und akustischer Literatur. Projekte zu Zeit- und Technikreflexionen.

Jeanpaul Goergen, Filmhistoriker, Autor und Kurator von Filmprogrammen. Schwerpunkte: Das unbekannte deutsche Filmerbe, Filmavantgarde, Animationsfilm, Kultur-, Werbe- und Dokumentarfilm. Publikationen auch zu Dada und zur Radiogeschichte. Zuletzt: Jugendfilme und Jugendnot. Bundesdeutsche Dokumentarfilme zum Thema Jugend und der Interviewfilm MENSCHEN VON MORGEN (1965) von Kees Brusse. In: Filmblatt, Nr. 78, Frühjahr 2022, S. 35–51. Demnächst: Das »Filmstudio 1931«. Kollektivarbeit an KUHLE WAMPE ODER WEM GEHÖRT DIE WELT von Slatan Dudow.

Manuel Mackasare, wissenschaftlicher Mitarbeiter am Lehrstuhl für Neugermanistik und Literaturdidaktik an der Ruhr-Universität Bochum. Schwerpunkte: Erkenntnis- und Literaturtheorie, Zukunftsforschung, Bildungsgeschichte des 19. und 20. Jahrhunderts. Gegenwärtig u.a. Arbeit an einem Projekt zur Verbindung von literaturwissenschaftlichem und zukunftsbezogenem Wissen.

Michael Pilz, assoz. Professor am Institut für Germanistik der Leopold-Franzens-Universität Innsbruck, Leiter des Innsbrucker Zeitungsarchivs (IZA); Schwerpunkte: Literaturkritik und Literaturvermittlung in Geschichte und Gegenwart, Feuilleton- und Zeitschriftenforschung, deutschsprachige Literatur des 19. und 20. Jahrhunderts, Klassische Moderne und Zwischenkriegszeit.

Mirjam Schubert, Germanistin, wissenschaftliche Mitarbeiterin am Schreibzentrum der Universität Hamburg; Promotion an der Universität Hamburg mit einer Dissertation über »Das Verhältnis von Mensch und Maschine im Werk Heinrich Hausers« (Berlin u.a.: Peter Lang 2021). Schwerpunkte: Heinrich Hauser, Literatur der Weimarer Republik, Literatur und Technik, Schreiben in der Lehre.

Sanja Springer-Lipovac, wissenschaftliche Mitarbeiterin am Lehrstuhl für Neugermanistik und Literaturdidaktik an der Ruhr-Universität Bochum und Lehrerin am Fichte-Gymnasium in Hagen. Arbeitsschwerpunkte: Promotionsprojekt zu Heinrich Hauser und den europäischen Avantgarden; Literatur- und Schreibdidaktik.

Sebastian Susteck, Professor für Neugermanistik und Literaturdidaktik an der Ruhr-Universität Bochum; Schwerpunkte: Didaktik und Geschichte des Deutschunterrichts, Lesen und literarisches Lesen, Literatur- und Sozialgeschichte des 19. und 20. Jahrhunderts. Projekte zur Verbindung von Energie, Materialität, Kultur und Literatur in der Moderne mit einem besonderen Schwerpunkt auf Heinrich Hauser.

Joana van de Löcht, wissenschaftliche Mitarbeiterin an der Universität Münster; Promotion im Jahr 2018 mit einer Arbeit zu Ernst Jüngers Tagebüchern des Zweiten Weltkriegs (»Aufzeichnungen aus dem Malstrom. Die Genese der ›Strahlungen‹ aus Ernst Jüngers privaten Tagebüchern«); historisch-kritische Edition von Jüngers Tagebüchern der Jahre 1939–1948 mit Prof. Dr. Helmuth Kiesel (abgeschlossen). Weiterer Forschungsschwerpunkt: Literatur der frühen Neuzeit (Post-Doc-Projekt zur Kleinen Eiszeit).

Lasse Wichert, wissenschaftlicher Mitarbeiter am Institut für Diaspora- und Genozidforschung der Ruhr-Universität Bochum; Promotion in Komparatistik zum Thema »Personale Mythen des Nationalsozialismus. Die Gestaltung des Einzelnen in literarischen Entwürfen« (Fink 2018); Forschungsschwerpunkte im Bereich Literatur und politischer Gewalt, insbesondere Genozid, zu Mythentheorie, Narratologie, Diskurs- und Kulturgeschichte. Projekte zu politische Mythen, Literatur der Weimarer Republik und des Nationalsozialismus und zu politischer Science Fiction.